김기찬
등기신청서류의 작성

김기찬 편저

2차 | 기본서 제3판

10년간 9회

★ 전 체 ★
수 석

합 격 자 배 출

박문각 법무사

브랜드만족
1위
박문각

등기신청서류의 답안은 부동산등기법 과목에서 이론으로 배운 내용들을 실제 신청서의 양식에 맞추어 작성하고 첨부서면의 제공 근거를 정확하게 적시할 수 있어야 합니다. 이러한 특성이 있다 보니 공부했던 내용임에도 완전히 새롭게 느껴지는 과목이기도 합니다. 이러한 수험생들의 고충을 반영하여 더욱 효율적이고 입체적으로 접근할 수 있도록 아래와 같은 내용을 반영하여 좋은 수험서를 만들기 위해 노력하였습니다.

이 책의 특징

1. 신청서 작성의 주요 쟁점과 주요 첨부서면의 도표형식의 편제

등기신청서류의 답안은 수많은 종류의 신청서들의 공통점과 차이점을 정확하게 구별하여 신청서의 내용을 기재하여야 하므로, 본 교재에서는 공통점과 차이점이 한눈에 들어올 수 있도록 도표형식으로 정리하였습니다. 또한 주요 첨부서면도 핵심적인 내용을 도표형식으로 정리하여 보다 쉽고 오래 기억될 수 있도록 하였습니다.

2. 인터넷등기소 등기신청서 작성례와 핵심 예규 · 선례 반영

등기신청서류의 답안은 일정한 양식에 맞추어 작성하여야 하므로, 인터넷등기소에 공시된 기본적인 등기신청서 작성례를 바탕으로 핵심 쟁점 및 예규 · 선례의 쟁점을 반영하였습니다. 또한 첨부서면 중 특수한 등기신청에 관하여 실무상 제공하여야 하는 첨부서면들이 있으므로 이와 관련된 서면의 누락이 없도록 하였습니다.

3. 첨부서면 해설의 구조화

첨부서면의 종류는 다양하며 등기신청서의 종류에 따라 다른 첨부서면들을 제공하여야 합니다. 이렇게 개별적으로 검토되어야 하는 첨부서면들을 구조화시켜 정리하지 않으면 쟁점이 누락되거나 잘못된 첨부서면을 제공하게 되는 오류를 범할 수 있습니다. 따라서, 첨부서면 해설을 구조화시켜 실전 답안작성에서의 오류를 방지할 수 있도록 하였습니다.

일러두기

① 본서는 법원행정처에서 발간한 「법원실무제요 부동산등기실무」Ⅰ권~Ⅲ권을 반영하였습니다.

② 본서에서 부동산등기법은 "법"으로, 부동산등기규칙은 "규칙"으로 표기하였으며, 그 외 법령명은 그대로 사용하거나 법원실무제요의 약칭을 사용하였습니다.

감사 인사

본서가 나오기까지 많은 분들의 도움이 있었습니다. 책을 만드는 과정에서 여러 조언을 아끼지 않으신 서울법학원의 이혁준 교수님, 김승호 부장님, 박남수 부장님께 감사드리며, 출간을 위해 애써주신 박문각 출판팀과 노일구 부장님께 감사드립니다.

마지막으로 항상 격려와 관심을 가지고 힘이 되어주는 가족과 누구보다 사랑하는 아내에게 감사의 인사를 드립니다.

편저자 김기찬 드림

응시자격

당해 시험의 제2차 시험일을 기준으로 법무사법 제6조 각 호의 1에 해당하는 결격사유가 없어야 하며, 법무사규칙 제15조의 규정에 의하여 응시자격을 정지당한 자는 응시할 수 없다.

시험방법

가. 제1차 시험 : 객관식 필기시험
나. 제2차 시험 : 주관식 필기시험(제1차 시험 합격자 및 면제자에 한함)

시험과목

구분	제1차 시험	제2차 시험
제1과목	헌법(40), 상법(60)	민법(100)
제2과목	민법(80), 가족관계의 등록 등에 관한 법률(20)	형법(50), 형사소송법(50)
제3과목	민사집행법(70), 상업등기법 및 비송사건절차법(30)	민사소송법(70), 민사사건관련서류의 작성(30)
제4과목	부동산등기법(60), 공탁법(40)	부동산등기법(70), 등기신청서류의 작성(30)

※ 괄호 안의 숫자는 각 과목별 배점비율임.

응시원서 접수

1 접수방법 등

가. 「대한민국 법원 시험정보」 인터넷 홈페이지(http://exam.scourt.go.kr)에 접속하여 접수할 수 있음.

나. 구체적인 방법은 접수기간 중에 시험정보 인터넷 홈페이지에서 처리단계별로 안내함.

다. 원서접수 시에는 미리 3.5㎝×4.5㎝(140×180 pixel) 크기의 모자를 쓰지 않은 상반신 사진을 스캔하여 jpg(jpeg) 형식의 파일로 준비하여야 하고, 응시수수료 10,000원 외에 별도의 처리비용(카드결제, 실시간 계좌이체, 휴대폰결제)이 소요됨.

2 원서접수 시 유의사항

가. 제1차 시험은 응시자의 주소지에 관계없이 응시지역(시험장소)을 선택할 수 있고(서울, 대전, 대구, 부산, 광주 중에서 택일), 본인이 선택한 응시지역(시험장소)에서만 응시할 수 있으며 접수기간이 종료한 후에는 선택한 응시지역(시험장소)을 변경할 수 없음.

나. 신체상의 장애로 인하여 객관식 답안지(O.M.R.용지) 작성이 현저히 불편한 응시자에 대하여 법무사자격심의위원회의 의결로 시험시간 연장 등 조치의 필요성 유무를 결정하므로 이에 해당하는 응시자는 응시원서 접수기간 내에 장애인임을 증명하는 종합병원의 진단서, 장애인등록증 사본 등의 소명자료를 첨부한 신청서를 법원행정처 인사 운영심의관실로 제출하여야 하며, 의결내용에 대하여는 추후 개별적으로 통지함.

시험의 일부면제

가. 법무사법 제5조의2 제1항에 의한 경력이 있는 자는 제1차 시험을 면제함.

나. 법무사법 제5조의2 제2항에 의한 경력이 있는 자는 제1차 시험의 전과목과 제2차 시험과목 중 제1과목 및 제2과목을 면제함.

다. 제1차 시험에 합격한 자에 대하여는 다음 회의 시험에 한하여 제1차 시험을 면제함.

라. 시험의 일부('가항 내지 다항'에 해당하는 자)를 면제받고자 하는 자는 당해 시험의 응시자격 요건을 갖추어야 하며, 응시원서 접수기간 내에 면제사항을 기재한 응시원서를 반드시 제출하여야 함.

마. '가 및 나'항의 경력산정은 당해 시험의 제2차 시험일(시험을 수일간 실시하는 경우 첫 일자)을 기준으로 함.

바. '가 및 나'항에 의하여 시험의 일부 면제를 받고자 하는 자는 해당 근무경력사항이 포함된 경력증명서를 응시원서 접수기간 내에 법원행정처 인사운영심의관실로 제출하여야 함.

합격자 결정

법무사규칙 제13조에 의함.

※ 기타사항은 법무사시험 공고문 참조

★ **차례** ★

CONTENTS | PREFACE | . GUIDE

PART 01 총론

Chapter 01 서설

Chapter 02 개시

Chapter 03 신청절차

차례

★ **차례** ★

CONTENTS | PREFACE | GUIDE

PART 02   각론

차례

01 절 등기제도

우리나라 부동산등기 제도는 물적편성주의를 채택하고 있으며, 토지등기부와 건물등기부가 이원화되어 있다. 권리에 관한 등기는 원칙적으로 공동으로 신청하여야 하는 공동신청주의를 채택하고 있다. 이러한 등기신청이 있게 되면 등기관은 등기신청에 대하여 부동산등기법상 그 등기신청에 필요한 서면이 제출되었는지 및 제출된 서면이 형식적으로 진정한 것인지를 심사하여 등기를 완료하여야 한다.

이에 따라 등기가 완료되면 물권변동의 효력 또는 대항력 등이 발생하므로 유효한 등기가 마쳐지기 위하여 등기신청 행위(신청서의 작성 및 첨부서면의 제공 등)는 그 중요성이 크다고 볼 수 있다.

02 절 등기소

등기소는 등기사무에 관한 권한을 가지고 등기사무를 담당하는 국가기관을 말하며, 등기사무는 부동산의 소재지를 관할하는 지방법원, 그 지원(支院) 또는 등기소(이하 "등기소"라 한다)에서 담당한다. 따라서 유효한 등기가 마쳐지기 위해서는 부동산의 소재지의 관할 등기소에 등기를 신청하여야 하며 이를 등기신청서 을지에 표시하여야 한다.

개정 법률에서는 등기신청인의 시간적·경제적 부담을 완화하기 위하여 관할 등기소가 다른 여러 개의 부동산과 관련하여 등기목적과 등기원인이 동일한 등기신청 등이 있는 경우에는 그중 하나의 관할 등기소에서 해당 신청에 따른 등기사무를 담당할 수 있도록 하기 위하여 법 제7조의2가 신설되었고, 상속·유증으로 인한 등기신청의 경우에는 부동산의 관할 등기소가 아닌 등기소에서도 그 신청에 따른 등기사무를 담당할 수 있도록 하기 위하여 법 제7조의3이 신설되었다.

03 절 등기관

등기관은 지방법원장(등기소의 사무를 지원장이 관장하는 경우에는 지원장을 말한다)의 지정을 받아 지방법원, 그 지원 또는 등기소에서 등기사무를 처리하는 자를 말한다.
등기관은 등기사건의 처리에 관해서는 자기의 권한과 책임하에 독자적으로 등기사무를 처리하는 독립관청으로써 그 직무권한에 있어 독립성을 가지나, 각자 자기 책임하에 사건을 처리하고 위법부당한 사건 처리에 대하여는 처리자인 등기관 개인이 스스로 책임을 진다(등기예규 1364).

04 절 등기부

현재의 등기부는 전산정보처리조직에 의하여 입력·처리된 등기정보자료를 편성·기록한 기억장치(자기디스크, 자기테이프 그 밖에 이와 유사한 방법으로 일정한 등기사항을 기록·보관할 수 있는 전자적 정보저장매체를 포함한다)를 말한다(법 제2조 제1호, 제11조 제2항, 규칙 제18조).
정확한 등기신청서를 작성하기 위해서는 이러한 등기부에 기재된 내용을 해석할 수 있어야 하며, 등기부를 바탕으로 등기신청서를 작성하게 된다.

01 절 신청주의

I 일반론

① 신청주의란 당사자의 신청이 있어야만 등기절차가 개시되는 것을 말한다. 등기란 부동산에 관한 권리관계를 공시하는 것이어서 당사자의 신청에 맡기는 것이 그 권리의 현황을 가장 잘 공시할 수 있기 때문이다. 따라서 신청주의에서는 당사자에게 등기할 것을 강제하거나 등기관이 직권으로 등기하는 등의 경우는 특별히 법률로 정한 경우에만 가능하다. 신청주의에 관한 입법주의로는 공동신청주의와 단독신청주의가 있다.

② 부동산등기법은 "등기는 당사자의 신청 또는 관공서의 촉탁에 따라 한다. 다만 법률에 다른 규정이 있는 경우에는 그러하지 아니하다(법 제22조 제1항)."라고 규정함으로써 신청주의를 채택하였다.

③ 즉 등기는 원칙적으로 당사자의 신청으로 하여야 하며, 예외적으로 법률에 다른 규정이 있는 경우에는 등기관이 직권으로 하거나(법 제32조 제2항 등) 법원의 명령(법 제106조)에 의한 등기가 가능하다.

II 신청서의 제출

등기신청의 방법에는 방문신청과 전자신청이 있다(법 제24조 제1항).

1. 방문신청(서면신청)

① 방문신청을 하는 방법으로는 신청인이 스스로 작성한 등기신청서를 제출하는 '일반 서면신청'과 '전자표준양식에 의한 신청(이른바 e-Form신청)'이 있다.

② 일반 서면신청은 규칙 소정의 사항이 기재되어 있는 신청서(규칙 제43조)와 첨부서면(규칙 제46조)을 제공하는 것을 말하며, 신청서에는 신청인이나 그 대리인이 기명날인하거나 서명하여야 한다.

③ 전자표준양식에 의한 신청은 인터넷 등기소에 접속하여 일정한 사항을 입력하여 부동산등기시스템에 저장한 후 그 내용을 종이(신청서)로 출력하여 첨부서면과 함께 등기신청을 하는 방문신청의 한 형태이다(규칙 제64조).

④ 방문신청의 방법으로 등기신청을 할 때에는 당사자 본인이나 그 대리인(대리인이 자격자대리인인 경우에는 대리인 본인 또는 그 출입사무원을 말한다)이 직접 등기과·소에 출석하여 등기신청서를 접수담당자에게 제출하여야 하고, 우편에 의한 신청은 인정되지 않는다. 이처럼 방문신청에 있어서 출석주의를 취하는 이유는 당사자가 등기소에 출석하여 등기를 신청하도록 함으로써 등기신청의 진정을 담보하기 위한 것이다.

2. 전자신청

① 정보통신기술의 급속한 발달로 신청인 등이 직접 등기소에 출석하지 않고도 등기신청의 의사를 표명할 수 있는 기술적 토대가 마련되었다. 그에 따라 신청인이 인터넷을 이용해 등기신청을 할 수 있도록 부동산등기시스템을 재정비하였고 그에 따른 등기신청이 바로 전자신청이다.

② 즉 전자신청은 종이에 의하지 않고 신청인이 등기소에 출석할 필요 없이 신청서를 전자적으로 제출하는 것이라고 할 수 있다. 따라서 전자신청의 경우 출석주의가 배제된다고 할 수 있다.

③ 이에 따라 신청인에게 등기소에 출석하지 않는 등의 편의성을 제공하여 등기신청에 소요되는 시간과 비용을 절감할 수 있게 되었고, 등기관은 별도의 기입절차를 거치지 않기 때문에 등기업무처리의 효율성을 제고할 수 있게 되었다.

3. 등기신청을 할 수 있는 자

(1) 신청인 또는 대리인

등기신청은 신청인 또는 그 대리인이 등기소에 출석하여 신청정보 및 첨부정보를 적은 서면을 제출하는 방법 또는 전자신청의 방법으로 할 수 있다.

(2) 자격자대리인의 출입사무원

등기신청서를 제출할 수 있는 자격자대리인의 사무원은 자격자대리인의 사무소 소재지를 관할하는 지방법원장이 허가하는 1명으로 한다. 다만 법무법인·법무법인(유한)·법무조합 또는 법무사법인·법무사법인(유한)의 경우에는 그 구성원 및 구성원이 아닌 변호사나 법무사 수만큼의 사무원을 허가할 수 있다(규칙 제58조 제1항).

02 절 공동신청주의

공동신청주의란 어떤 등기로 인하여 불이익을 받는 자(등기의무자)와 이익을 받는 자(등기권리자)가 공동으로 등기를 신청하도록 하는 입법주의로써, 법률에 다른 규정이 없는 한 당사자의 신청 또는 관공서의 촉탁에 따라 하고, 등기권리자와 등기의무자가 공동으로 신청하는 것을 말한다. 즉 공동신청주의는 등기의무자를 신청인에 포함시킴으로써 등기의 진정을 담보하는 제도이다.

03 절 단독신청

공동신청에 의하지 않더라도 판결에 따른 등기처럼 등기의 <u>진정성을 보장</u>할 수 있거나, 소유권 보존등기의 신청과 같이 등기의 <u>성질상 등기의무자의 존재를 상정할 수 없는 경우</u>에는 단독신청이 인정된다.

I 진정성이 인정되는 경우

① 판결에 의한 등기(법 제23조 제4항)
② 신탁등기
   1) 신탁등기의 신청(법 제23조 제7항, 제8항)
   2) 신탁등기의 말소등기 신청(법 제87조 제3항)
③ 권리소멸약정등기(법 제55조)
④ 가등기
   1) 가등기의 신청(법 제89조)
   2) 가등기의 말소등기 신청(법 제93조)
⑤ 가처분을 침해하는 등기의 말소등기 신청(법 제94조)
⑥ 촉탁으로 인한 등기(법 제98조)
⑦ 수용으로 인한 소유권이전등기(법 제99조)
⑧ 혼동으로 인한 말소등기(「민법」 제191조, 등기예규 1408)

II 성질상 공동신청이 불가능한 경우

① 소유권보존(법 제23조 제2항)
② 상속 등 포괄승계에 따른 등기(법 제23조 제3항)
③ 표시변경등기(법 제23조 제6항, 제7항)
   1) 부동산표시변경
   2) 등기명의인표시변경
④ 규약상 공용부분(법 제47조 제1항, 제2항)
⑤ 소재불명(법 제56조)
⑥ 기타

01 절 신청인

Ⅰ 등기당사자 본인의 신청

1. 개인

(1) 내국인

사람은 생존한 동안 권리와 의무의 주체가 되므로(「민법」 제3조), 자연인은 누구나 등기당사자능력이 있고 그 명의로 등기권리자나 등기의무자가 될 수 있다.

(2) 재외국민

재외국민이란 대한민국의 국민으로서 외국의 영주권을 취득한 자 또는 영주할 목적으로 외국에 거주하고 있는 자를 말한다(등기예규 1686). 재외국민도 우리나라 국민으로서 당연히 당사자능력이 인정된다.

(3) 외국인

외국인이란 대한민국의 국적을 보유하고 있지 아니한 개인(무국적자를 포함한다)을 말한다(등기예규 1686). 외국인도 법령이나 조약에 의한 제한이 없는 한 우리나라 국민과 동일한 권리능력을 가지므로(「헌법」 제6조 제2항 참조), 자기 명의로 등기신청을 하고 등기명의인이 될 수 있음이 원칙이다.

2. 단체

(1) 법인

1) 일반법인

법인은 법률의 규정에 좇아 정관으로 정한 목적의 범위 내에서 권리와 의무의 주체가 되므로(「민법」 제34조), 등기신청의 당사자능력도 인정된다. 법인의 종류가 공법인·사법인·영리법인·비영리법인이든 불문한다. 법인이 권리·의무의 주체가 되지만 그 행위는 대표기관(대표이사)을 통하여 이루어지는 점을 주의한다.

2) 청산법인

청산종결등기가 경료된 경우에도 청산사무가 종료되었다 할 수 없는 경우에는 청산법인으로 존속한다(대판 1980.4.8, 79다2036). 따라서 청산법인의 청산인은 청산사무로서 부동산에 관한 등기신청을 할 수 있다.

3) 학교법인

학교법인도 일반적인 법인과 마찬가지로 등기당사자능력이 있으며 등기를 신청할 수 있다. 다만 법률에 의하여 학교법인의 재산 중 교지·교사 등의 처분에 제한이 있을 뿐이고 이는 등기당사 자능력의 문제는 아니다.

4) 외국법인

국내에 영업소나 사무소의 설치등기를 하지 아니한 외국법인도 등기당사자능력이 있으므로 일 반적인 첨부정보 외에 시장·군수 또는 구청장이 부여한 부동산등기용등록번호정보와 외국법인 의 존재를 인정할 수 있는 정보를 제공하여 근저당권자로서 등기신청을 할 수 있다.

(2) 법인 아닌 사단 또는 재단

① 법인 아닌 사단은 일정한 목적을 가진 다수인의 결합체로서 대표자와 총회 등 사단으로서의 조직(업무집행기관들에 관한 정함이 있고 또 대표자 등의 정함이 있는 조직)이 있고 정관이 나 규약이 있어 사단의 실체를 갖추고 있으나 법인등기를 하지 않은 단체를 말하는 것으 로 등기당사자 능력이 인정되어 그 단체의 명의로 등기할 수 있다(등기예규 1621).

② 법 제26조 제1항은 "종중, 문중, 그 밖에 대표자나 관리인이 있는 법인 아닌 사단이나 재단 에 속하는 부동산의 등기에 관하여는 그 사단이나 재단을 등기권리자 또는 등기의무자로 한 다."고 하여 법인 아닌 사단이나 재단에 대하여 등기당사자능력을 인정하고 있다. 따라서 법 인 아닌 사단이나 재단은 그 단체의 명의로 등기할 수 있다.

③ 판례에 따르면 ㉠ 규약에 근거하여 의사결정기관과 집행기관 등의 조직을 갖추고 있고, ㉡ 기관의 의결이나 업무집행 방법이 다수결의 원칙에 의하여 행하여지며, ㉢ 구성원의 가입· 탈퇴 등으로 인한 변경에 관계없이 단체 그 자체가 존속된다면 법인 아닌 사단이라고 볼 수 있다(대판 2008.10.23, 2007다7973 등). 등기당사자능력이 인정되는 법인 아닌 사단이나 재단인 지 여부는 그 명칭에 좌우되지 않고 정관이나 그 밖의 규약, 대표자나 관리인임을 증명하는 서면, 사원총회의 결의서 등을 종합적으로 검토해 판단하여야 한다.

④ 등기당사자 능력이 인정되는 경우는 ㉠ 종중(선례 1-54), ㉡ 교회(선례 1-58), ㉢ 사찰(선례3-491), ㉣ 아파트단지 입주자대표회의(선례 4-24), ㉤ 주무관청으로부터 조합인가가 취소된 주택조합 (선례 3-39) 등이 있다.

3. 포괄승계인

① 등기원인이 발생한 후에 등기권리자 또는 등기의무자에 대하여 상속이나 그 밖의 포괄승계가 있는 경우에는 상속인이나 그 밖의 포괄승계인이 상대방과 공동으로 등기를 신청할 수 있다 (법 제27조). 따라서 등기의무자의 상속인 등과 등기권리자가 공동으로 등기를 신청하거나, 등 기권리자의 상속인 등과 등기의무자가 공동으로 등기를 신청하여야 한다.

② 법 제27조의 '포괄승계인에 의한 등기신청' 규정은 등기원인은 생전에 있었지만 그 이행을 못하고 사망한 경우에 신청행위만을 상속인이 하는 것으로서, 법 제23조 제3항의 '포괄승계

에 따른 등기신청'과는 구별하여야 한다. 양자 모두 포괄승계를 증명하는 서면을 제공하여야
하지만 전자는 공동신청이나 후자는 단독신청이라는 점 등이 다르다.

Ⅱ 제3자의 신청

1. 대리

법은 신청인 또는 그 대리인이 등기소에 출석하여 신청정보 및 첨부정보를 적은 서면을 제출하
는 방법으로 등기를 신청할 수 있다(제24조 제1항 제1호)고 함으로써 대리인에 의한 등기신청을 허
용하고 있다(다만 전자신청의 대리는 자격자대리인에게만 허용된다). 공동신청의 경우뿐만 아니
라 단독신청이나 대위신청의 경우에도 대리인에 의한 등기신청이 인정된다.

2. 대위

등기는 등기권리자·등기의무자 또는 등기명의인 등이 직접 신청하거나 대리인이 위 사람들을
대리하여 신청하는 것이 원칙이다. 다만 예외적으로 등기권리자·등기의무자 또는 등기명의인
등이 아니면서 위 사람들을 대위하여 자기의 이름으로 피대위자에 관한 등기를 신청할 수 있도
록 법률이 인정하는 경우가 있는데, 이러한 경우의 신청을 대위등기신청이라고 한다.

02 절 신청정보

Ⅰ 서설

1. 일반

방문신청은 등기신청서라는 서면을 제출함으로써 하는 <u>요식 행위</u>로서, <u>신청서의 기재사항</u>
<u>은 법정되어 있다</u>(법 제24조 제1항 제1호, 제2항, 규칙 제43조, 제44조, 제45조 제3항, 제50조 등).
등기관은 형식적 심사권한만이 있으므로 신청정보와 첨부정보만에 의하여 등기신청에 관한
심사를 하여야 하는바, <u>신청서에 반드시 기재되어야 할 사항이 기재되어 있지 않으면 법 제</u>
<u>29조 제5호</u>(신청정보의 제공이 대법원규칙으로 정한 방식에 맞지 아니한 경우)에 의하여
등기신청을 <u>각하</u>하여야 한다.
전자신청의 경우에도 서면을 제출하지 않을 뿐 방문신청의 경우와 같은 신청정보를 제공하여야
한다. 이러한 점에서 등기신청행위의 요식성은 전자신청의 경우에도 적용된다고 볼 수 있다.

2. 신청서의 양식과 기재문자

(1) 신청서의 양식

각종 등기신청서의 양식은 등기예규 제1583호로 정하여져 있으며, 용지 규격은 <u>A4</u>로 규정되어 있다. 다만 일정한 규격의 인쇄된 등기신청용지가 아니라도 법정요건을 갖춘 용지 사용은 허용된다(등기예규 216).

(2) 신청서의 기재문자 등(등기예규 1628)

신청서는 등기의 기초자료가 되는 서면으로서 그 문자 기재에 대하여는 「등기부의 기재문자에 대한 사무처리지침」이 준용된다(등기예규 1628). 따라서 위 등기예규를 중심으로 등기신청서의 기재문자에 대하여 살펴본다.

1) 등기부의 기재문자

등기부는 <u>한글</u>과 <u>아라비아숫자</u>로 기재하되, 부동산의 소재지나 등기명의인, 법인의 본·지점과 임원의 주소(이하 '부동산의 소재지 등'이라 한다) 및 부동산의 면적을 표시할 때에는 이 등기예규에서 정하는 바에 따라 문장부호나 특수문자를 사용할 수 있다.

2) 등기부의 외래어 표기

등기부에 외국의 국호, 지명과 외국인의 성명, 명칭, 상호를 한글로 표기함에 있어서는 문화체육관광부가 고시하는 외래어표기법에 의함을 원칙으로 한다.

3) 표시번호, 순위번호 및 사항번호의 표시

등기부의 표시번호, 순위번호, 사항번호에는 1, 2, 3, 4로 표시하고 '번'자의 기재를 생략한다. 그러나 표시란 또는 사항란에서 표시번호 또는 순위번호를 적시할 때에는 1번, 2번, 3번, 4번과 같이 기재한다.

4) 부동산의 소재지 등의 표시

부동산의 소재지 등을 표시할 때에는 '<u>서울특별시</u>', '<u>부산광역시</u>', '경기도', '충청남도' 등을 '서울', '부산', '경기', '충남' 등과 같이 약기하지 않고 <u>행정구역 명칭 그대로 전부 기재</u>하며, '서울특별시 서초구 서초동 967', '서울특별시 서초구 서초대로 219(서초동)' 등과 같이 주소 표기방법에 맞게 띄어 쓴다. 다만 지번은 '<u>번지</u>'라는 문자를 사용함이 없이 <u>108</u> 또는 108-1과 같이 기재하고, 도시개발사업 등으로 지번이 확정되지 않은 경우에는 '○○블록○○로트'와 같이 기재한다. 부동산의 소재지 등을 표시할 때 사용할 수 있는 문장부호는 마침표[.], 쉼표[,], 소괄호[( )], 붙임표[-]로 한다.

가. 지번 방식의 예시

(가) <u>서울특별시 서초구 서초동 967</u>

(나) 전라북도 순창군 복흥면 답동리 산59-10

(다) 경기도 김포시 풍무동 풍무지구 100블록100로트 풍무푸르지오 101동 101호

나. 도로명 방식의 예시

(가) <u>서울특별시 서초구 서초대로 219(서초동)</u>

(나) 전라북도 순창군 복흥면 가인로 442-141

(다) 서울특별시 강북구 4.19로 100, 101동 101호(수유동, 파크빌)

5) 계량법에 의한 면적표시

계량법에 의한 면적의 표시는 제곱미터의 약호인 ㎡를 사용하고 소수점 이하의 면적의 표시는 67.07㎡와 같이 기재한다.

6) 금액의 표시

금액의 표시는 아라비아숫자로 하되, 그 표시를 내국화폐로 하는 경우에는 '금10,000,000원'과 같이 기재하고, 외국화폐로 하는 경우에는 '미화 금10,000,000달러', '일화 금10,000,000엔', '홍콩화 금10,000,000달러'와 같이 그 외국화폐를 통칭하는 명칭을 함께 기재한다.

7) 연월일의 표시

연월일의 표시는 서기연대로 기재하며 서기라는 연호를 생략하고 2007년 5월 1일과 같이 기재한다.

8) 외국인의 성명 표시

외국인의 성명을 표시할 때에는 국적도 함께 기재한다.

예시 미합중국인 헨리키신저

9) 등기신청서 등에의 준용

이 지침은 등기신청서 기타 등기에 관한 서면의 작성에 이를 준용한다.

Ⅱ 신청정보의 내용

신청서의 기재사항에는 필요적 기재사항과 임의적 기재사항이 있다.

필요적 기재사항이란 일반적으로 신청서에 기재하여야 할 사항(**규칙 제43조, 제44조, 제45조 제3항, 제5항 등**)으로서, 기재하지 않으면 신청정보의 제공이 대법원규칙으로 정한 방식에 맞지 아니한 경우에 해당하여 등기신청의 각하사유가 된다(**법 제29조 제5호**).

임의적 기재사항이란 위의 필요적 기재사항 외에 특정 등기와 관련하여 특별히 신청서에 기재하여야 하는 사항을 말한다. 예컨대, 당사자 사이의 특별한 약정 내용을 등기할 수 있도록 하는 규정에 따라 신청서에 기재하여야 하는 사항을 들 수 있다. 임의적 기재사항이라고 하여 당사자가 신청서에 기재할지 여부를 임의로 정할 수 있는 것은 아니다.

즉 임의적 기재사항도 다른 규정이 없는 한 원칙적으로 반드시 신청서에 기재하여야 하고, 기재하지 않으면 필요적 기재사항의 경우와 마찬가지로 그 등기신청이 법 제29조 제5호에 의하여 각하된다.

필요적 기재사항이든 임의적 기재사항이든 신청서에 기재할 사항은 법령에 의해 정하여진 것에 한하며, 그렇지 않은 것은 신청서에 기재하여 등기를 할 수 없다(등기사항법정주의).

부동산등기규칙 제43조(신청정보의 내용)

① 등기를 신청하는 경우에는 다음 각 호의 사항을 신청정보의 내용으로 등기소에 제공하여야 한다.
 1. 다음 각 목의 구분에 따른 **부동산의 표시**에 관한 사항
  가. **토지** : 법 제34조 제3호부터 제5호까지의 규정에서 정하고 있는 사항
  나. **건물** : 법 제40조 제1항 제3호와 제4호에서 정하고 있는 사항
  다. **구분건물** : 1동의 건물의 표시로서 소재지번·건물명칭 및 번호·구조·종류·면적, 전유부분의
   건물의 표시로서 건물번호·구조·면적, 대지권이 있는 경우 그 권리의 표시. 다만 1동의 건물의
   구조·종류·면적은 건물의 표시에 관한 등기나 소유권보존등기를 신청하는 경우로 한정한다.
 2. **신청인**의 성명(또는 명칭), 주소(또는 사무소 소재지) 및 주민등록번호(또는 부동산등기용등록번호)
 3. 신청인이 **법인**인 경우에는 그 대표자의 성명과 주소
 4. **대리인**에 의하여 등기를 신청하는 경우에는 그 성명과 주소
 5. **등기원인**과 그 **연월일**
 6. **등기의 목적**
 7. **등기필정보.** 다만 공동신청 또는 승소한 등기의무자의 단독신청에 의하여 권리에 관한 등기를 신청하는
  경우로 한정한다.
 8. **등기소**의 표시
 9. **신청연월일**
② 법 제26조의 **법인 아닌 사단이나 재단**이 신청인인 경우에는 그 대표자나 관리인의 성명, 주소 및 주민등록번
 호를 신청정보의 내용으로 등기소에 제공하여야 한다.

소유권이전등기신청(매매)

접수	년 월 일	처 리 인	등기관 확인	각종 통지
	제 호			

① 부동산의 표시(거래신고관리번호/거래가액)

1동의 건물의 표시
      서울특별시 서초구 서초동 100
      서울특별시 서초구 서초동 101   샛별아파트 가동
      [도로명주소] 서울특별시 서초구 서초대로88길 10
전유부분의 건물의 표시
      건물의 번호 1-101
      구   조 철근콘크리트조
      면   적 1층 101호 86.03m^2
대지권의 표시
      대지권의 목적인 토지의 표시
        1. 서울특별시 서초구 서초동 100   대 1,400m^2
        2. 서울특별시 서초구 서초동 101   대 1,600m^2
      대지권의 종류 소유권
      대지권의 비율 1,2 : 3,000분의 500

    거래신고관리번호 : 12345-2017-4-1234560   거래가액 : 350,000,000원

- 이상 -

② 등기원인과 그 연월일	2017년 4월 3일 매매
③ 등기의 목적	소유권이전
④ 이전할 지분	

구분	성명 (상호·명칭)	주민등록번호 (등기용등록번호)	주소(소재지)	지분 (개인별)
⑤ 등기의무자	이대백	700101-1234567	서울특별시 서초구 서초대로88길 20(서초동)	
⑥ 등기권리자	김갑동	801231-1234567	서울특별시 서초구 서초대로88길 10, 가동 101호(서초동, 샛별아파트)	

⑦ 시가표준액 및 국민주택채권매입금액		
부동산 표시	부동산별 시가표준액	부동산별 국민주택채권매입금액
1. 주택	금 300,000,000원	금　　7,800,000원
2.	금　　　　원	금　　　　원
3.	금　　　　원	금　　　　원
⑦ 국 민 주 택 채 권 매 입 총 액		금　　7,800,000원
⑦ 국 민 주 택 채 권 발 행 번 호		1234-12-1234-1234

⑧ 취득세(등록면허세) 금 5,000,000원	⑧ 지 방 교 육 세 금　500,000원
	⑧ 농 어 촌 특 별 세 금　　　　원

⑨ 세 액 합 계		금　　　　5,500,000원
⑩ 등 기 신 청 수 수 료		금　　　　15,000원
	납부번호 : 12-12-12345678-0	
	일괄납부 :　　　건　　　　원	

⑪ 등기의무자의 등기필정보		
부동산고유번호	1102-2006-002095	
성명(명칭)	일련번호	비밀번호
이대백	A77C-LO71-35T5	40-4636

⑫ 첨 부 서 면

• 매매계약서(전자수입인지 첨부)	1통	• 토지대장등본	2통
• 취득세(등록면허세)영수필확인서	1통	• 집합건축물대장등본	1통
• 등기신청수수료 영수필확인서	1통	• 주민등록표초본(또는 등본)	각 1통
• 등기필증	통	• 부동산거래계약신고필증	1통
• 매매목록	통	• 인감증명서나 본인서명사실확인서 또는 전자본인	
• 위임장	통	서명확인서 발급증	1통
		〈기타〉	

2017년　5월　26일

⑬ 위 신청인　이　　대　　백　㉞ (전화 : 010-1234-5678)
　　　　　　　김　　갑　　동　㉞ (전화 : 010-5678-1234)

(또는) 위 대리인　　　　　　　 (전화 :　　　　　)

서울중앙 지방법원　등기국 귀중

– 신청서 작성요령 –

* 1. 부동산표시란에 2개 이상의 부동산을 기재하는 경우에는 부동산의 일련번호를 기재하여야 합니다.
 2. 신청인란등 해당란에 기재할 여백이 없을 경우에는 별지를 이용합니다.
 3. 담당 등기관이 판단하여 위의 첨부서면 외에 추가적인 서면을 요구할 수 있습니다.

★ 등기신청안내서 - 소유권이전등기신청

▣ 매매로 인한 소유권이전등기란

부동산매매계약에 의하여 소유권을 이전하는 등기로, 이 신청에서는 매수인을 등기권리자, 매도인을 등기의무자라고 합니다.

▣ 등기신청방법

① **공동신청**

매매계약서에 의한 등기신청인 경우에는 매도인과 매수인이 본인임을 확인할 수 있는 주민등록증 등을 가지고 직접 등기소에 출석하여 공동으로 신청함이 원칙입니다.

② **단독신청**

등기절차의 이행 또는 인수를 명하는 판결에 의한 등기는 승소한 등기권리자 또는 등기의무자가 단독으로 신청할 수 있습니다.

③ **대리인에 의한 신청**

등기신청은 반드시 신청인 본인이 하여야 하는 것은 아니고 대리인이 하여도 됩니다. 등기권리자 또는 등기의무자 일방이 상대방의 대리인이 되거나 쌍방이 제3자에게 위임하여 등기신청을 할 수 있으나, 변호사 또는 법무사가 아닌 자는 신청서의 작성이나 그 서류의 제출대행을 업(業)으로 할 수 없습니다.

▣ 등기신청서 기재요령

※ 신청서는 한글과 아라비아 숫자로 기재합니다. 부동산의 표시란이나 신청인란 등이 부족할 경우에는 별지를 사용하고, 별지를 포함한 신청서의 각 장 사이에는 간인(신청서에 서명을 하였을 때에는 각 장마다 연결되는 서명)을 하여야 합니다.

① **부동산의 표시란**

매매목적물을 기재하되, 등기기록상 부동산의 표시와 일치하여야 합니다.

㉮ 1동의 건물의 표시

1동의 건물 전체의 소재, 지번, 건물명칭 및 번호, 도로명주소(등기기록 표제부에 기록되어 있는 경우)를 기재합니다.

㉯ 전유부분의 건물의 표시

건물의 번호, 구조, 면적을 기재합니다.

㉰ 대지권의 표시

대지권의 목적인 토지의 표시, 대지권의 종류, 비율을 기재합니다.

(ⅰ) 대지권의 목적인 토지의 표시는 토지의 일련번호, 토지의 소재, 지번, 지목, 면적을,

(ⅱ) 대지권의 종류는 소유권, 지상권, 전세권, 임차권 등 권리의 종류에 따라 기재하며,

(ⅲ) 대지권의 비율은 대지권의 목적인 토지에 대한 지분비율을 기재합니다.

    ㉣ 부동산거래계약신고필증에 기재된 거래신고관리번호와 거래가액을 기재합니다.

    ㉤ 만일 등기기록과 토지·집합건축물대장의 부동산표시가 다른 때에는 먼저 부동산표시변경(또는 경정)등기를 하여야 합니다.

② 등기원인과 그 연월일란

등기원인은 '매매'로, 연월일은 매매계약서상 계약일을 기재합니다.

③ 등기의 목적란

소유권 전부이전의 경우에는 '소유권이전'으로, 소유권 일부이전의 경우에는 '소유권 일부이전'으로 기재합니다. 다만, 공유자(ㅁㅁㅁ)의 지분을 전부이전하는 경우에는 '갑구 ○번 ㅁㅁㅁ지분 전부이전'으로, 공유자의 지분 중 일부이전하는 경우에는 '갑구 ○번 ㅁㅁㅁ지분 공유자지분 △분의 △중 일부(○분의 ○)이전'으로 기재합니다.

  예 ㉮ **단독소유자인 홍길동의 지분을 전부 이전하는 경우 '소유권이전'**

      ㉯ **단독소유자인 홍길동의 지분을 일부 이전하는 경우 '소유권 일부이전'**

      ㉰   **공유자인 홍길동의 지분을 전부 이전하는 경우 '갑구 ○번 홍길동지분 전부이전'**

      ㉱   **공유자인 홍길동의 지분 2분의 1중 2분의 1을 이전하는 경우**

               '갑구 ○번 홍길동지분 2분의 1 중 일부(4분의 1)이전'

④ 이전할 지분란

소유권 일부이전(공유지분 이전 포함)의 경우에만 그 이전받는 지분을 기재하되, '**공유자 지분 ○분의 ○**'과 같이 부동산 전체에 대한 지분을 기재합니다.

  예 ㉯ **단독소유자인 홍길동의 지분을 일부 이전하는 경우,**

      ㉰   **공유자인 홍길동의 지분을 전부 이전하는 경우,**

      ㉱   **공유자인 홍길동의 지분을 일부 이전하는 경우**

      최종 이전하는 지분이 ○분의 ○이면, <u>모두 '**공유자 지분 ○분의 ○**'으로 기재</u>

⑤ 등기의무자란

매도인의 성명, 주민등록번호, 주소를 기재하되, 등기기록상 소유자 표시와 일치하여야 합니다. 그러나 매도인이 법인인 경우에는 상호(명칭), 본점(주사무소 소재지), 등기용등록번호 및 대표자의 성명과 주소를 기재하고, 법인 아닌 사단이나 재단인 경우에는 상호(명칭), 본점(주사무소 소재지), 등기용등록번호 및 대표자(관리인)의 성명, 주민등록번호, 주소를 각 기재합니다.

⑥ 등기권리자란

매수인을 기재하는 란으로, 그 기재방법은 등기의무자란과 같습니다.

⑦ 시가표준액 및 국민주택채권매입금액, 국민주택채권매입총액란, 국민주택채권발행번호란

    ㉮ 부동산별 시가표준액란은 취득세(등록면허세)납부서(OCR용지)에 기재된 시가표준액을 기재하고 부동산별 국민주택채권매입금액란에는 시가표준액의 일정비율에 해당하는 국민주택채권매입금액을 기재합니다.

    ㉯ 부동산이 2개 이상인 경우에는 각 부동산별로 시가표준액 및 국민주택채권매입금액을 기재한 다음 국민주택채권 매입총액을 기재합니다.

㉰ 국민주택채권발행번호란에는 국민주택채권 매입 시 국민주택채권사무취급기관에서 고지하는 채권발행번호를 기재하며, 하나의 신청사건에 하나의 채권발행번호를 기재하는 것이 원칙이며, 동일한 채권발행번호를 수 개 신청사건에 중복 기재할 수 없습니다.

⑧ 취득세(등록면허세)·지방교육세·농어촌특별세란

취득세(등록면허세)영수필확인서에 의하여 기재하며, 농어촌특별세는 납부액이 없는 경우 기재하지 않습니다.

⑨ 세액합계란

취득세(등록면허세)액, 지방교육세액, 농어촌특별세액의 합계를 기재합니다.

⑩ 등기신청수수료란

㉮ 부동산 1개당 15,000원의 등기신청수수료 납부액을 기재하며, 등기신청수수료를 은행 현금납부, 전자납부, 무인발급기 납부 등의 방법에 따라 납부한 후 등기신청서에 등기신청수수료 영수필확인서를 첨부하고 납부번호를 기재하여 제출합니다.

㉯ 여러 건의 등기신청에 대하여 수납금융기관에 현금으로 일괄납부하는 경우 첫 번째 등기신청서에 등기신청수수료 영수필확인서를 첨부하고 해당 등기신청수수료, 납부번호와 일괄납부 건수 및 일괄납부액을 기재하며, 나머지 신청서에는 해당 등기신청수수료와 전 사건에 일괄 납부한 취지를 기재합니다(일괄납부는 은행에 현금으로 납부하는 경우에만 가능함).

⑪ 등기의무자의 등기필정보란

㉮ 소유권 취득에 관한 등기를 완료하고 '등기필정보 및 등기완료통지서(정중앙에 보안스티커가 부착되어 있음)'를 교부받은 경우, 그 '등기필정보 및 등기완료통지서'상에 기재된 부동산고유번호, 성명, 일련번호, 비밀번호를 각 기재하고 '등기필정보 및 등기완료통지서'를 제출하는 것이 아닙니다. 또한 이미 사용했던 비밀번호는 재사용을 못함을 유의(다만, 50개의 비밀번호를 모두 사용한 경우 사용했던 비밀번호를 재사용이 가능)하시기 바랍니다.

㉯ 소유권 취득에 관한 등기를 완료하고 '등기필증(접수인과 등기필인 날인되어 있음)'을 교부받은 경우, 그 '등기필증'을 제출하여야 하며, 이 란은 기재할 필요가 없습니다.

㉰ 교부받은 '등기필정보 및 등기완료통지서'나 '등기필증'을 멸실하여 부동산등기법 제51조에 의하여 확인서면 등을 첨부한 경우, 이 란은 기재할 필요가 없습니다.

⑫ 첨부서면란

등기신청서에 첨부한 서면을 각 기재합니다.

⑬ 신청인등란

㉮ 등기의무자와 등기권리자의 성명 및 전화번호를 기재하고, 각자의 인장을 날인하되, 등기의무자는 그의 인감을 날인하거나 본인서명사실확인서에 기재한 서명(전자본인서명확인서 발급증을 제출할 경우에도 서명)을 합니다. 그러나 신청인이 법인 또는 법인 아닌 사단이나 재단인 경우에는 상호(명칭)와 대표자(관리인)의 자격 및 성명을 기재하고, 법인이

등기의무자인 때에는 등기소의 증명을 얻은 그 대표자의 인감, 법인 아닌 사단이나 재단인 경우에는 대표자(관리인)의 개인인감을 날인하거나 본인서명사실확인서에 기재한 서명(전자본인서명확인서 발급증을 제출할 경우에도 서명)을 합니다.

㉔ 대리인이 등기신청을 하는 경우에는 그 대리인의 성명, 주소, 전화번호를 기재하고 대리인의 인장을 날인 또는 서명합니다.

▣ 등기신청서에 첨부할 서면

〈 신청인 〉

① 위임장

등기신청을 법무사 등 대리인에게 위임하는 경우에 첨부합니다.

② 등기필증

등기의무자의 소유권에 관한 등기필증으로서 등기의무자가 소유권 취득 시 등기소로부터 교부받은 등기필증을 첨부합니다. 단, 소유권 취득의 등기를 완료하고 등기필정보를 교부받은 경우에는 신청서에 그 등기필정보상에 기재된 부동산고유번호, 성명, 일련번호, 비밀번호를 각 기재(등기필정보를 제출하는 것이 아니며 한번 사용한 비밀번호는 재사용을 못함)함으로써 등기필증 첨부에 갈음합니다.

다만, 등기필증(등기필정보)을 멸실하여 첨부(기재)할 수 없는 경우에는 부동산등기법 제51조에 의하여 확인서면이나 확인조서 또는 공증서면 중 하나를 첨부합니다.

③ 매매계약서

계약으로 인한 소유권이전등기를 신청하는 경우에는 그 계약서에 기재된 <u>거래금액이 1,000만원을 초과하는 경우에는 일정액의 전자수입인지를</u> 첨부하여야 합니다. 다만, 계약서에 기재된 거래금액이 <u>1억원 이하인 주택의 경우 인지세를 납부하지 않아도 된다.</u>

④ 매매목록

거래신고의 대상이 되는 <u>부동산이 2개 이상인</u> 경우에 작성하고, 그 매매목록에는 거래가액과 목적 부동산을 기재합니다. 단, 거래되는 부동산이 1개라 하더라도 <u>여러 사람의 매도인</u>과 <u>여러 사람의 매수인</u> 사이의 매매계약인 경우에는 <u>매매목록을</u> 작성합니다.

〈 시·구·군청, 읍·면 사무소, 동 주민센터 〉

① 부동산거래계약신고필증

<u>2006.1.1. 이후</u> 작성된 매매계약서를 등기원인증서로 하여 소유권이전등기를 신청하는 경우에는 관할 관청이 발급한 <u>거래계약신고필증을</u> 첨부하여야 합니다.

② 취득세(등록면허세)영수필확인서

시장, 구청장, 군수 등으로부터 취득세(등록면허세)납부서(OCR용지)를 발급받아 납세지를 관할하는 해당 금융기관에 세금을 납부한 후 취득세(등록면허세)영수필확인서와 영수증을 교부받아 영수증은 본인이 보관하고 취득세(등록면허세)영수필확인서만 신청서의 취득세(등

록면허세)액표시란의 좌측상단 여백에 첨부하거나, 또는 지방세인터넷납부시스템에서 출력한 시가표준액이 표시되어 있는 취득세(등록면허세)납부확인서를 첨부합니다.

③ 토지·집합건축물대장등본

　등기신청대상 부동산의 토지·집합건축물대장등본(발행일로부터 3월 이내)을 첨부합니다.

④ 인감증명서나 본인서명사실확인서 또는 전자본인서명확인서 발급증

　부동산매수자란에 매수인의 성명(법인은 법인명), 주민등록번호(부동산등기용등록번호) 및 주소가 기재되어 있는 매도인의 부동산매도용 인감증명서(발행일로부터 3월 이내)를 첨부하거나, 인감증명을 갈음하여 『본인서명사실 확인 등에 관한 법률』에 따라 발급된 본인서명사실확인서 또는 전자본인서명확인서 발급증을 첨부할 수 있습니다.

⑤ 주민등록표초본(또는 등본)

　㉮ 등기의무자의 **주민등록표초본(또는 등본)**(발행일로부터 3월 이내)을 첨부합니다. 다만, 등기기록상의 주소 또는 계약서상의 주소와 현재의 주소가 상이할 경우에는 반드시 주소변동내역이 포함된 주민등록표초본(또는 등본)을 첨부합니다.

　㉯ 등기권리자의 **주민등록표초본(또는 등본)**(발행일로부터 3월 이내)을 첨부합니다. 다만, 계약서상의 주소와 등기신청 시의 주소가 상이할 경우에는 반드시 주소변동내역이 포함된 주민등록표초본(또는 등본)을 첨부합니다.

〈 대한민국법원 인터넷등기소, 금융기관 등 〉

① 등기신청수수료

　대한민국법원 인터넷등기소(http://www.iros.go.kr)를 이용하여 전자적인 방법(신용카드, 계좌이체, 선불형지급수단)으로 납부하고 출력한 등기신청수수료 영수필확인서를 첨부하거나, 법원행정처장이 지정하는 수납금융기관 또는 신청수수료 납부기능이 있는 무인발급기에 현금으로 납부한 후 발급받은 등기신청수수료 영수필확인서를 첨부합니다.

② 전자수입인지

　전자수입인지 홈페이지(http://www.e-revenuestamp.or.kr, http://전자수입인지.kr)를 이용하여 전자적인 방법(신용카드, 계좌이체)으로 납부하고 출력한 전자수입인지를 첨부하거나, 우체국, 시중은행에서 현금으로 납부한 후 발급받은 전자수입인지를 첨부합니다.

〈 등기과·소 〉

법인등기사항(전부, 일부)증명서

　신청인이 법인인 경우에는 법인등기사항(전부)증명서 또는 법인등기사항(일부)증명서(각, 발행일로부터 3월 이내)를 첨부합니다.

〈 기타 〉

① 신청인이 재외국민이나 외국인 또는 법인 아닌 사단 또는 재단인 경우에는 신청서의 기재사항과 첨부서면이 다르거나 추가될 수 있으므로, "대법원 종합법률정보(http://glaw.scourt.

go.kr)"의 규칙/등기예규/선례에서『재외국민 및 외국인의 부동산등기신청절차에 관한 등기예규, 등기예규 제1686호』및『법인 아닌 사단의 등기신청에 관한 업무처리지침, 등기예규 제1621호』등을 참고하시고, 기타 궁금한 사항은 변호사, 법무사 등 등기와 관련된 전문가에게 문의하시기 바랍니다.

② 제3자의 허가, 동의 또는 승낙을 증명하는 서면 등, 즉 부동산이 농지인 경우에는 <u>농지취득자격증명</u>(시·구·읍·면의 장이 발급), 토지거래허가구역인 경우에는 <u>토지거래허가증</u>(시장, 군수, 구청장 발급) 등을 첨부하여야 합니다.

③ 자격자대리인이 부동산등기규칙 제46조 제1항 제8호 각 목의 등기를 신청하는 경우에는『자격자대리인의 등기의무자 확인 및 자필서명 정보 제공에 관한 등기예규(등기예규 제1745호)』별지 제1호 양식에 따른 <u>자필서명 정보</u>를 첨부하여야 합니다.

위 임 장

① 부동산의 표시	1. 서울특별시 서초구 서초동 100　　대 100㎡ 2. 서울특별시 서초구 서초동 100 　　[도로명주소] 서울특별시 서초구 서초대로88길 10 　　시멘트 벽돌조 슬래브지붕 2층 주택 　　　　1층 100㎡ 　　　　2층 100㎡ 　　　　　　　　　　　　－ 이상 －	
② 등기원인과 그 연월일	2017년 4월 3일 매매	
③ 등기의 목적	소유권이전	
④ 이전할 지분		
⑤ 대리인	김 갑 동 서울특별시 중구 다동길 96(다동)	
위 사람을 대리인으로 정하고 위 부동산 등기신청 및 취하에 관한 모든 권한을 위임한다. 또한 복대리인 선임을 허락한다.		
⑥ 2017년 5월 26일		
⑦ 위임인	이 대 백 서울특별시 서초구 서초대로88길 10(서초동) 홍 길 동 서울특별시 서초구 서초대로88길 20, 101동 101호(서초동, 서초아파트)	날인 인감 인감

★ 등기신청안내서 – 위임장

▣ 위임장 기재요령

※ 대부분의 기재사항은 등기신청서의 기재요령과 같습니다.

① 부동산의 표시란

② 등기원인과 그 연월일

③ 등기의 목적란

④ 공란에 기재할 사항

①~④란 기재사항은 등기신청서 기재요령 중 해당란에 관한 설명에 따라 기재하면 됩니다 (등기신청서의 해당 부분의 내용과 동일하게 기재함).

⑤ 대리인란

위임받은 자의 성명과 주소를 기재합니다.

⑥ 위임한 날짜를 기재합니다.

⑦ 위임인란

위임하고자 하는 등기신청인의 성명과 주소를 기재하고 날인합니다. 등기의무자의 인감증명서를 첨부해야 하는 등기인 경우에는 그의 인감을 날인하여야 합니다. 신청인이 법인 또는 법인 아닌 사단이나 재단인 경우에는 상호(명칭)와 본점(주사무소 소재지), 대표자(관리인)의 성명과 주소를 기재하고, 법인이 인감증명을 첨부하여야 할 때에는 등기소의 증명을 얻은 그 대표자의 인감을, 법인 아닌 사단이나 재단인 경우에는 대표자(관리인)의 개인인감을 각 날인합니다.

▣ 기타

변호사나 법무사가 아닌 일반인은 보수와 관계없이 대리인으로서 반복하여 계속적으로 등기신청을 할 수 없습니다. 따라서 신청인이 업(業)(계속·반복적)으로 한다는 의심이 있는 경우에는 등기관 또는 접수공무원은 대리인으로 하여금 신청인 본인과 그 대리인과의 관계를 가족관계증명서나 주민등록표등본 등에 의하여 소명할 것을 요청할 수 있습니다.

1. 필요적 기재사항(규칙 제43조 등)

(1) 신청서 표제

등기신청서 중 갑지의 제일 윗부분(표제부분)에는 신청하려는 등기의 종류를 기재하여야 한다.

			표제
판결	이행판결	주문에 표시 有	○○○등기신청(판결)
		주문에 표시 無	
	형성판결		
부동산 표시	토지	표시변경	지목변경등기신청 면적변경등기신청
		분필	토지분필등기신청
		합필	토지합필등기신청
		멸실	토지멸실등기신청
	건물	표시변경	건물구조변경등기신청 건물용도변경등기신청 건물증축등기신청
		분할	건물분할등기신청
		합병	건물합병등기신청
		멸실	건물멸실등기신청
	구분건물	구분	건물구분등기신청
		대지사용권이전 및 대지권등기 (동시신청)	소유권일부이전등기신청(대지사용권이전)
			대지권표시변경등기신청
등기명의인 표시	변경		등기명의인표시변경등기신청
	경정		등기명의인표시경정등기신청
권리	보존 (소유권)		토지소유권보존등기신청 건물소유권보존등기신청 구분건물소유권보존등기신청 구분건물소유권보존등기신청(상속) 토지소유권보존대위등기신청 건물소유권보존대위등기신청 구분건물소유권보존대위등기신청 법률 제16913호에 의한 소유권보존등기신청
	설정 (소유권 外)	지상권	지상권설정등기신청
		지역권	지역권설정등기신청
		전세권	전세권설정등기신청

권리	설정 (소유권 外)	임차권	민법	임차권설정등기신청
			주임법	주택임차권설정등기신청
		저당권		저당권설정등기신청
		근저당권	일반	근저당권설정등기신청
			추가근저당권	추가근저당권설정등기신청
		권리질권		근저당권부질권설정등기신청
		채권담보권		근저당권부채권담보권설정등기신청
	이전	소유권	전부이전	소유권이전등기신청(○○)
			일부이전	소유권일부이전등기신청(○○)
			매매 등	소유권이전등기신청(매매/증여/교환) 소유권이전등기신청(판결) 소유권이전대위등기신청(판결)
			진정명의회복	소유권이전등기신청(진정명의회복)
			상속(이전)	소유권이전등기신청(상속) 소유권이전등기신청(협의분할에 의한 상속) 소유권이전대위등기신청(상속)
			상속(경정)	소유권경정등기신청(협의분할)
			유증	소유권이전등기신청(유증)
			수용	소유권이전등기신청(수용)
			공유	소유권이전등기신청(공유물분할)
			합유	합유명의인변경등기신청
			특약 (동시신청)	소유권이전등기신청(매매) 환매특약등기신청
		전세권		전세권이전등기신청
		근저당권		근저당권이전등기신청
	변경	일반론		○○○변경등기신청
		소유권		소유권변경등기신청
		전세권		전세권변경등기신청
		근저당권		근저당권변경등기신청
	경정			○○○경정등기신청
	말소	일반론		소유권보존등기말소등기신청 소유권보존등기말소대위등기신청(판결) ○○○이전등기말소등기신청(판결) ○○○설정등기말소등기신청 소유권이전청구권가등기말소등기신청

권리		근저당권	근저당권설정등기말소등기신청
			근저당권말소등기신청
	회복		○○○이전등기말소회복등기신청
			○○○설정등기말소회복등기신청
			등기명의인표시변경등기회복등기신청
	가등기/본등기	가등기	소유권이전청구권가등기신청
		가등기말소	소유권이전청구권가등기말소등기신청
		본등기	소유권이전본등기신청
	신탁	신탁설정	소유권이전 및 신탁등기신청
		신탁재산 처분신탁	소유권이전 및 신탁등기신청(신탁재산처분)
		담보권신탁	근저당권설정 및 신탁등기신청
		신탁원부변경	신탁원부기록변경등기신청
		신탁말소	소유권이전 및 신탁등기말소신청

(2) 부동산의 표시(규칙 제43조 제1항 제1호)

① 신청서에 기재하는 부동산의 표시는 등기기록과 일치하여야 하므로(법 제29조 제6호 참조) 원칙적으로 등기기록 표제부의 부동산의 표시를 신청서에 기재하면 된다.

② '부동산의 표시'란에 2개 이상의 부동산을 기재하는 경우에는 그 부동산의 일련번호를 기재하여야 한다(등기예규 681).

1) 토지(토지의 소재와 지번, 지목, 면적)

① 토지를 특정하기 위해서 토지의 소재, 지번, 지목, 면적을 기재한다.

② 토지의 소재지 중 행정구역은 그 행정구역 명칭 그대로 전부 기재하여야 하며, '서울특별시', '부산광역시' 등을 '서울', '부산' 등으로 '경기도', '충청남도' 등을 '경기', '충남' 등으로 약기하여서는 아니 된다.

③ 지번의 경우에는 '번지'라는 문자를 사용함이 없이 108 또는 108-1과 같이 기재한다(등기예규 1628).

④ 지목은 토지의 주된 용도에 따라 토지의 종류를 구분하여 지적공부에 등록한 것으로서 전·답·과수원·목장용지·임야 등을 기재한다.

⑤ 면적은 지적공부에 등록한 필지의 수평면상 넓이를 말하는데, 제곱미터(m^2)를 단위로 한다.

⑥ 위의 기재는 등기기록 및 대장과 일치하여야 한다. 만일 일치하지 않으면 법 제29조 제6호 또는 제11호의 각하사유에 해당한다.

```
1. 서울특별시 서초구 서초동 100    대 100m²
2. 서울특별시 서초구 서초동 200    대 200m²

                    - 이상 -
```

2) 일반건물(건물의 소재, 지번 및 건물번호, 건물의 종류, 구조와 면적)

① 일반건물을 특정하기 위해서 <u>소재</u>, <u>지번</u>, <u>건물번호</u>, <u>건물의 구조·종류·면적</u>을 기재한다.

② 소재·지번의 기재는 토지의 경우와 같다.

③ 건물번호는 1필지 또는 여러 필지 위에 여러 개의 건물이 있는 경우 각 건물을 쉽게 특정하기 위해 기재한다.

④ 건물의 구조로서는 그 주된 부분의 구성재료와 지붕의 종류, 층수 등(건축물대장에 기재된 주구조와 지붕, 층수 등)을 기재한다.

⑤ 건물의 종류로서는 건축물대장에 기재된 주용도를 기재한다(예 단독주택, 아파트, 공동주택, 근린생활시설 등).

⑥ 면적은 제곱미터(㎡)를 단위로 하여 기재하는데, 건물이 2층 이상일 때에는 각 층의 면적만을 기재하고 지하실도 따로 면적을 기재한다. 부속건물이 있는 경우에는 부속건물의 종류, 구조와 면적도 함께 기재하되, 소재·지번은 기재하지 않는다. 옥탑(연면적 제외)과 그 면적도 대장에 따라 등기할 수 있다.

⑦ 건물등기기록 표제부에 도로명주소가 기록된 경우에는 건물의 소재지번과 도로명주소를 함께 신청정보로 제공하여야 한다.

```
서울특별시 서초구 서초동 151
[도로명주소] 서울특별시 서초구 명달로22길 23
    철근콘크리트조 철근콘크리트지붕 2층 사무실
    1층 200m²      2층 200m²

                    - 이상 -
```

3) 구분건물

① 1동의 건물의 표시로서 소재·지번·건물명칭 및 번호·구조·종류·면적을 기재한다.

② 전유부분의 건물의 표시로서 건물번호·구조·면적을 기재한다.

③ 대지권이 있는 경우에는 신청서에 그 권리의 표시에 관한 사항을 기재하여야 한다. 대지권의 표시에 관한 사항으로서는 대지권의 목적인 토지의 표시, 대지권의 종류와 비율을 기재한다.

④ 다만 1동의 건물의 구조·종류·면적은 건물의 표시에 관한 등기나 소유권보존등기를 신청하는 경우로 한정한다.

1동의 건물의 표시

　서울특별시 서초구 서초동 100

　서울특별시 서초구 서초동 101

　샛별아파트 가동

　[도로명주소] 서울특별시 서초구 서초대로88길 10

> 철근콘크리트조 슬래브지붕 5층 아파트
>
> 　1층 500m^2　　2층 500m^2　　3층 500m^2
>
> 　4층 500m^2　　5층 500m^2

전유부분의 건물의 표시

　건물의 번호 ： 1-101

　구　　　조 ： 철근콘크리트조

　면　　　적 ： 1층 101호 86.03m^2

대지권의 표시

　대지권의 목적인 토지의 표시

　　1. 서울특별시 서초구 서초동 100 대 1,400m^2

　　2. 서울특별시 서초구 서초동 101 대 1,600m^2

　대지권의 종류 ： 1,2　소유권대지권

　대지권의 비율 ： 1,2　3,000분의 100

> 등기원인과 그 연월일 ： 2020년 1월 1일 대지권

거래신고관리번호 ： 12345-2022-4-1234560　　　　거래가액 ： 350,000,000원

- 이상 -

(3) 등기원인과 그 연월일(규칙 제43조 제1항 제5호)

등기원인이란 해당 등기의 원인이 되는 모든 법률행위(매매, 증여 등) 또는 법률사실(상속, 건물의 증축 등)을 말한다. 등기원인의 연월일은 등기원인인 법률행위 또는 법률사실의 성립이나 효력발생의 일자이다. 소유권보존등기신청서나 진정명의회복을 원인으로 한 소유권이전등기신청서에는 등기원인의 연월일을 기재하지 않는다. 구체적인 사항에서의 등기원인은 각 등기절차에서 설명하도록 한다.

			등기원인	연월일
판결	이행판결	주문에 표시 有	주문에 표시된 대로 기재	
		주문에 표시 無	확정판결	판결선고일
	형성판결		형성처분을 기재	판결확정일
			공유물분할	판결확정일
			사해행위취소	
			재산분할	
부동산 표시	토지	토지표시변경	면적변경	토지대장상 변경일
		토지분필	분할	토지대장상 분할일
		토지합필	합병	토지대장상 합병일
		토지멸실	멸실	토지대장상 멸실일
	건물	건물표시변경	구조변경 용도변경 증축	건축물대장상 변경일
		건물분할	분할	건축물대장상 분할일
		건물합병	합병	건축물대장상 합병일
		건물멸실	멸실 부존재	건축물대장상 멸실일 ×
	구분건물	건물구분	구분	건축물대장상 구분일
		대지사용권이전 및 대지권등기 (동시신청)	건물 ○동○호 전유부분 취득	전유부분에 관한 소유권이전등기를 마친 날
			토지소유권취득	대지사용권에 관한 이전등기를 마친 날
등기명의인 표시	변경		개명	법원의 개명허가일
			주소변경	주민등록표초본(또는 등본)상 주소변경일
	경정		신청착오	착오가 생긴 등기의 신청연월일
			착오발견 또는 유류발견	경정등기 신청연월일

권리	보존 (소유권)		× (규칙 제121조 제1항)	
	설정 (소유권外)	지상권	설정계약	계약서 작성일
		지역권		
		전세권		
		임차권	민법	
			주임법	
		저당권		
		근저당권	일반	
			추가 근저당권	추가설정계약	계약서 작성일
		권리질권	설정계약	계약서 작성일
		채권담보권		
	이전	소유권	전부이전	−	−
			일부이전	−	−
			매매 등	매매 / 증여 / 교환	계약서 작성일
			진정명의회복	진정명의회복	×
			상속(이전)	상속 협의분할에 의한 상속 조정분할에 의한 상속 심판분할에 의한 상속	피상속인의 사망일
			상속(경정)	협의분할	협의가 성립한 날
				조정분할	조정조서 기재일
				심판분할	심판의 확정일
				협의분할해제	협의를 해제한 날
				재협의분할	재협의가 성립한 날
			유증	유증	유언자의 사망일 등
			수용	토지수용	수용개시일
			공유	공유물분할	분할협의일, 판결확정일
			합유	합유자 　　　　변경 합유자 ○○○ 탈퇴 합유자 ○○○ 가입	계약서 작성일
				합유자 ○○○ 사망	사망일
			특약 (동시신청)	환매특약부 매매	환매권부 매매계약의 체결일

				특약	환매특약의 체결일 (환매권부 매매계약과 동일한 날짜)
	전세권	존속기간 만료 前		매매	계약서 작성일
		존속기간 만료 後		전세금반환채권 양도 전세금반환채권 일부양도	
	근저당권	피담보채권 확정 前		계약 양도 계약일부양도 계약가입	계약서 작성일
		피담보채권 확정 後		확정채권 양도 확정채권 일부양도 확정채권 대위변제	
변경	일반론			변경계약	계약서 작성일
	전세권	전세금		변경계약	계약서 작성일
		범위		변경계약	
		법정갱신		법정갱신	
	근저당권	채권최고액		변경계약	계약서 작성일
		채무자	피담보채권 확정 前	계약 인수 계약일부인수 중첩적 계약인수	
			피담보채권 확정 後	확정채무의 면책적 인수 확정채무의 중첩적 인수	
경정				신청착오 착오발견(또는 유류발견)	착오가 생긴 등기의 신청일 경정등기 신청일
말소	일반론			합의해제 확정판결	합의해제일 등 판결선고일
	근저당권			해지 혼동 등 일부포기	해지연월일 혼동연월일 등 일부포기연월일
회복				말소회복합의 확정판결	합의일 판결선고일
가등기/ 본등기	가등기			매매예약 매매	계약서(예약서) 작성일

	가등기말소	해제	합의해제일 등
	본등기	매매	매매예약완결권 행사일
신탁	신탁설정	신탁	계약서 작성일
	신탁재산 처분신탁	매매	계약서 작성일
	담보권신탁	신탁	계약서 작성일
	신탁원부변경	변경계약 신탁수익권양도계약 등	계약서 작성일
	신탁말소	매매 신탁재산귀속	계약서 작성일 신탁종료연월일

(4) 등기의 목적(규칙 제43조 제1항 제6호)

등기의 목적이란 신청하는 등기의 내용 내지 종류를 말한다. 예컨대 '소유권보존', '소유권이전청구권가등기', '저당권설정등기말소' 등과 같이 기재한다.

			등기목적
판결	이행판결	주문에 표시 有	
		주문에 표시 無	-
	형성판결		
부동산 표시	토지	토지표시변경	토지표시변경
		토지분필	
		토지합필	
		토지멸실	토지멸실
	건물	건물표시변경	건물표시변경
		건물분할	
		건물합병	
		건물멸실	건물멸실
	구분건물	건물구분	건물표시변경
		대지사용권이전 및 대지권등기 (동시신청)	갑구 ○번 ○○○ 지분 ○분의○ 중 일부 (○분의○)이전
			구분건물표시변경(대지권의 표시)
등기명의인 표시	변경		등기명의인표시변경
	경정		등기명의인표시경정

권리	보존 (소유권)			소유권보존
	설정 (소유권 外)	지상권		지상권설정
		지역권		지역권설정
		전세권		전세권설정
		임차권	민법	임차권설정
			주임법	주택임차권설정
		저당권		저당권설정
		근저당권	일반	근저당권설정
			추가 근저당권	추가근저당권설정
		권리질권		근저당권부질권설정
		채권담보권		근저당권부채권담보권설정
	이전	소유권	전부이전	소유권이전
			일부이전	소유권일부이전
			매매 등	
			진정명의회복	-
			상속(이전)	
			상속(경정)	소유권경정
			유증	-
			수용	
			공유	갑구 ○번 ○○○지분 전부이전
			합유	소유권변경
			특약 (동시신청)	소유권이전
				환매특약
		전세권		전세권이전
		근저당권		근저당권이전
	변경	일반론		○○○변경
		전세권		전세권변경
		근저당권		근저당권변경
	경정			○○○경정
	말소	일반론		소유권보존등기말소 ○○○이전등기말소 ○○○설정등기말소

	근저당권	근저당권설정등기말소
회복		○○○이전등기회복 ○○○설정등기회복 등기명의인표시변경등기말소
가등기/ 본등기	가등기	소유권이전청구권가등기
	가등기말소	소유권이전청구권가등기말소
	본등기	소유권이전
신탁	신탁설정	소유권이전 및 신탁
	신탁재산 처분신탁	소유권이전 및 신탁재산처분에 의한 신탁
	담보권신탁	근저당권설정 및 신탁
	신탁원부변경	신탁원부기록의 변경
	신탁말소	소유권이전 및 신탁등기말소

[공유지분을 이전하는 경우]		등기의 목적			이전할 지분
		권리특정	범위	목적	
단독 소유 →	┌ 전부이전	소유권		이전	
	└ 일부이전	소유권	일부	이전	공유자 지분 2분의 1
공동 소유 →	┌ 공유지분 전부이전	공유자 전원지분	전부	이전	
	├ 공유자 지분 전부이전	○번 甲 지분	전부	이전	공유자 지분 2분의 1
	└ 공유자 지분 일부이전				
	┌ 일반적	○번 甲 지분	2분의 1 중 일부(4분의 1)	이전	공유자 지분 4분의 1
	├ 저당권이 설정 된 지분	○번 甲 지분	2분의 1 중 일부(을구 ○번 저당권 이 설정된 지분 4분의 1)	이전	
	└ 저당권이 설정 되지 않은 지분	○번 甲 지분	2분의 1 중 일부(저당권이 설정되지 않은 지분 4분의 1)	이전	

(5) 등기신청인의 인적사항 등

1) 일반적인 경우(규칙 제43조 제1항 제2호)

① 신청서의 첫째 면(갑지)에는 <u>등기의무자와 등기권리자</u>(예 공동신청) 또는 <u>등기신청인</u>(예 단독신청)을 기재하여야 한다.

② 따라서 등기신청인 등의 성명(명칭), 주소(사무소 소재지), 주민등록번호(부동산등기용등록번호)를 기재한다. 이 경우 주소는 부동산의 소재표시와 동일하게 행정구역명칭 전부를 기재하며, '번지'라는 문자는 생략한다.

③ 신청서의 둘째 면(을지)의 신청인란에는 갑지의 등기의무자와 등기권리자 또는 등기신청인의 이름을 적고 날인 또는 서명을 한다.

2) 신청인이 법인인 경우에는 그 대표자의 성명과 주소(규칙 제43조 제1항 제3호)

등기신청인 등이 법인인 경우에는 법인의 인적사항과 더불어 그 대표자의 성명과 주소를 기재한다. 법인등기사항(전부)증명서를 기준으로 하여 기재하면 족하다.

3) 신청인이 법인 아닌 사단이나 재단인 경우에는 그 대표자나 관리인의 성명, 주소 및 주민등록번호(규칙 제43조 제2항)

① 등기신청인 등이 법인 아닌 사단이나 재단이 신청인인 경우에는 법인 아닌 사단이나 재단의 인적사항과 더불어 그 대표자나 관리인의 성명, 주소 및 주민등록번호를 신청정보의 내용으로 등기소에 제공하여야 한다.

② 이러한 경우 대표자나 관리인이 등기사항(법 제48조 참조)에 해당하므로 이를 신청서에 기재하도록 한 것이다.

4) 대리인에 의하여 등기를 신청하는 경우에는 그 성명과 주소(규칙 제43조 제1항 제4호)

① 대리인에는 임의대리인과 법정대리인이 모두 포함된다.

② 임의대리인이 신청서를 제출하는 경우 임의대리인의 인적사항을 신청서 갑지에 기재하지 않고, 신청서 을지 하단의 대리인란에 임의대리인의 성명과 주소를 기재하고 임의대리인이 기명날인하거나 서명을 한다.

③ 법정대리인이 신청서를 제출하는 경우 법정대리인의 인적사항을 신청서 갑지에 기재하고, 신청서 을지 하단의 등기신청인란에 법정대리인의 성명과 주소를 기재하고 법정대리인이 기명날인하거나 서명을 한다.

④ 대리인의 종류를 불문하고 대리인의 성명과 주소가 등기기록에 기록되지는 않는다.

구분			신청정보(갑지)	등기기록
당사자본인	개인	내국인	성명·주소·번호	성명·주소·번호
		재외국민	성명·주소·번호	성명·주소·번호
		외국인	국적·성명·주소·번호	국적·성명·주소·번호
	단체	법인	┌ 법인 : 명칭·사무소·번호 ├ 대표자 : 성명·주소 └ +& 취급지점(소재지×)	┌ 법인 : 명칭·사무소·번호 ├ ~~대표자 : 성명·주소~~ └ +& 취급지점(소재지×)
		비법인	┌ 비법인 : 명칭·사무소·번호 └ 대표자 : 성명·주소·번호	┌ 비법인 : 명칭·사무소·번호 └ 대표자 : 성명·주소·번호
제3자	대리	임의대리	┌ 본인 : 성명·주소·번호 └ ~~임대~~	┌ 본인 : 성명·주소·번호 └ ~~임대~~
		법정대리	┌ 본인 : 성명·주소·번호 └ 법대 : 성명·주소	┌ 본인 : 성명·주소·번호 └ ~~법대~~
	대위		┌ 채무자 : 성명·주소·번호 ├ 채권자 : 성명·주소 ├ 대위원인 └ 대위자라는 뜻	┌ 채무자 : 성명·주소·번호 ├ 채권자 : 성명·주소 ├ 대위원인 └ ~~대위자라는 뜻~~

(6) 취득세나 등록면허세 등의 세액 및 과세표준액 등(규칙 제44조, 제45조 제3항, 제5항)

① 등기를 신청하는 경우에는 신청할 등기와 관련하여 납부하여야 할 세액(취득세나 등록면허세, 국민주택채권, 등기신청수수료액) 및 과세표준액을 신청정보의 내용으로 등기소에 제공하여야 한다(규칙 제44조 제1항).

② 1) 취득을 원인으로 등기를 하려는 경우에는 등기를 하기 전까지 취득세를 신고납부한 후 등기신청서에 취득세영수필확인서 1부를 첨부하여야 한다(「지방세법」 제20조 제4항, 「지방세법 시행령」 제36조).

　 2) 취득을 원인으로 이루어지는 등기를 제외하고 재산권과 그 밖의 권리의 설정, 변경 또는 소멸에 관한 사항을 등기하려는 경우에는 등기를 하기 전까지 신고납부한 후 등기신청서에 등록면허세영수필확인서 1부를 첨부한다(「지방세법」 제23조 제1호, 제30조, 「지방세법 시행령」 제49조).

　 3) 등기신청서에 납부한 취득세나 등록면허세의 금액을 기재하며, 첨부정보로 취득세영수필확인서를 제공한다.

③ 1) 정부는 국민주택사업에 필요한 자금을 조달하기 위하여 기금의 부담으로 국민주택채권을 발행할 수 있다(「주택도시기금법」 제7조 제1항). 국가 또는 지방자치단체에 등기·등록을 신청하는 자는 국민주택채권을 매입하여야 한다(「주택도시기금법」 제8조 제1항). 취득세 및 등록면허세가 면제되는 경우라 하더라도 국민주택채권은 「주택도시기금법」 및 같은 법 시행령 등의 규정에 의하여 그 매입의무가 면제되지 않는 한 매입하여야 한다.

2) 국민주택채권은 소유권보존·이전, 저당권설정·이전등기의 경우에 매입한다.

3) 등기신청서에 국민주택채권을 매입하기 위한 부동산별 시가표준액과 부동산별 국민주택채권매입금액 및 채권을 매입한 후 받은 국민주택채권발행번호를 기재한다. 취득세나 등록면허세와 같이 영수필확인서를 첨부정보로 제공하는 것은 아니다.

4) 이 경우 부동산별 시가표준액란은 취득세(등록면허세)납부서(OCR용지)에 기재된 시가표준액을 기재한다.

5) 부동산이 2개 이상인 경우에는 각 부동산별로 시가표준액 및 국민주택채권을 매입금액을 기재한 다음 국민주택채권의 매입 총액을 기재한다.

④ 1) 등기를 하려고 하는 자는 대법원규칙으로 정하는 바에 따라 수수료를 내야 한다(법 제22조 제3항).

2) 등기신청서에는 등기신청수수료액과 등기신청수수료를 납부한 후 받은 납부번호를 기재하며, 첨부정보로 등기신청수수료영수필확인서를 제공한다.

⑤ 국유재산에 관한 권리 등의 창설·이전 또는 변경에 관한 계약서(예 매매계약서)를 제공하여 등기를 신청한 경우 전자수입인지를 제공하여야 하지만, 별도로 신청서에는 기재하지 않는다.

⑥ 구체적인 세율표는 아래와 같다.

(7) 등기필정보(규칙 제43조 제1항 제7호)

① 등기신청 시에는 등기의무자의 등기필정보를 신청서에 기재한다. 다만 공동신청 또는 승소한 등기의무자의 단독신청에 의하여 권리에 관한 등기를 신청하는 경우로 한정한다.

② 이러한 등기필정보는 종래 첨부서면(등기필증)으로 제공하던 것을 법의 개정에 따라 등기필증이 등기필정보로 바뀜으로 인해 등기필정보의 일련번호 및 비밀번호 등을 기재하는 것으로 변경되었다.

③ 그러나 그 취지는 종래의 첨부서면(등기필증)과 같으므로 첨부서면 목차에서 살펴보기로 한다.

(8) 등기소의 표시 및 신청연월일(규칙 제43조 제1항 제8호, 제9호)

신청서 을지 하단에 부동산의 관할 등기소의 표시와 신청을 하는 날짜를 기재한다. 관할위반등기는 각하의 대상이 된다.

□ 취득세 및 등록면허세율표(지방세법 제11조, 제28조)

세목	등기유형		기본세율	비고	기타
	부동산등기				지방교육세는 취득세율에서 20/1,000을 뺀 세율을 적용하여 산출한 금액의 20/100
취득세	상속으로 인한 소유권이전(수탁자에서 위탁자의 상속인으로 신탁재산이 이전되는 경우 포함)		가액의 28/1,000	가액이 6억원 이하인 주택을 취득 : 10/1,000	
	다만, 농지의 경우		가액의 23/1,000		
	상속 외 무상 소유권이전(증여, 유증 등)		가액의 35/1,000	6억원 초과 9억원 이하의 주택을 취득 : 20/1,000	
	다만, 대통령령으로 정하는 비영리사업자가 취득하는 경우		가액의 28/1,000		
	소유권이전(상속, 무상 제외) − 매매, 경락, 교환 등		가액의 40/1,000		
	다만, 농지의 경우		가액의 30/1,000	9억원 초과 주택을 취득 : 30/1,000	
	원시취득		가액의 28/1,000		
	공유·합유·총유물의 분할		가액의 23/1,000		
등록 면허세	소유권이외의 물권과 임차권의 설정 및 이전 1. 지상권 : 부동산가액 기준 2. 저당권 : 채권금액 기준 3. 지역권 : 요역지가액 기준 4. 전세권 : 전세금액 기준 5. 임차권 : 월 임대차금액 기준		2/1,000	산출금 세액이 6,000원 미만일 때에는 6,000원임	지방교육세는 등록면허세액의 20/100
	경매신청·가압류·가처분(채권금액 기준)				
	가등기(부동산가액 또는 채권금액 기준)				
	기타(변경, 경정, 말소)		건당 6,000원		
	법인등기				
	설립, 증자, 합병(상사회사, 영리법인)		금액의 4/1,000	산출금 세액이 112,500원 미만인 때에는 112,500원임	
	설립, 출자, 증액(비영리법인)		가액의 2/1,000		
	자산재평가		금액의 1/1,000		
	본점·주사무소의 이전		건당 112,500원		
	지점·분사무소의 설치		건당 40,200원		
	기타(변경, 경정, 말소)				

※ 지방세법, 지방세특례제한법, 각종 조례 등에 의하여 가산, 감산, 감면되는 경우가 있으므로 유의하시기 바랍니다.

□ 국민주택채권매입대상 및 금액표 「주택도시기금법 시행령」 별표(제8조 제2항 관련)

구분		매입 ○	매입 ×
소유권	보존	토지(시가표준액 500만원 이상) ──────	① 건물(∵ 건축허가 시 매입하므로) ② 직권에 의한 소유권보존등기신청
	이전	① 원칙 : 소유권이전등기(등기권리자) ② 상속(상속지분별 각각 매입) ③ 공유물분할(지분초과) ────── ④ 진정명의회복	공유물분할(지분범위 내)
(근)저당권	설정	저당권설정(저당권설정자)	저당권설정의 채권액, 근저당권설정의 채권최고액이 2,000만원 미만인 경우
	이전	저당권이전(이전받는 자)	

매입대상

• 부동산등기

(등기하고자 하는 부동산이 공유물인 때에는 공유지분율에 따라 산정한 시가표준액을, 공동주택인 경우에는 세대당 시가표준액을 각각 기준으로 하며, 이 경우 공유지분율에 따라 시가표준액을 산정함에 있어서 2 이상의 필지가 모여서 하나의 대지를 형성하고 있는 때에는 그 필지들을 합하여 하나의 필지로 봄)

• 소유권의 보존(건축물의 경우를 제외) 또는 이전(공유물을 공유지분율에 따라 분할하여 이전등기를 하는 경우와 신탁 또는 신탁종료에 따라 수탁자 또는 위탁자에게 소유권이전등기를 하는 경우를 제외)

구분		매입대상	매입금액
주 택		(가) 시가표준액[시가표준액이 공시되지 아니한 신규분양 공동주택의 경우에는 「지방세법」 제10조 제5항 제3호 및 동법 시행령 제18조 제3항 제2호의 규정에 의한 취득가격을 말한다] 2천만원 이상 5천만원 미만	시가표준액의 13/1,000
		(나) 시가표준액 5천만원 이상 1억원 미만 1) 특별시 및 광역시 2) 그 밖의 지역	시가표준액의 19/1,000 시가표준액의 14/1,000
		(다) 시가표준액 1억원 이상 1억 6천만원 미만 1) 특별시 및 광역시 2) 그 밖의 지역	시가표준액의 21/1,000 시가표준액의 16/1,000
		(라) 시가표준액 1억 6천만원 이상 2억 6천만원 미만 1) 특별시 및 광역시 2) 그 밖의 지역	시가표준액의 23/1,000 시가표준액의 18/1,000
		(마) 시가표준액 2억 6천만원 이상 6억원 미만 1) 특별시 및 광역시 2) 그 밖의 지역	시가표준액의 26/1,000 시가표준액의 21/1,000
		(바) 시가표준액 6억원 이상 1) 특별시 및 광역시 2) 그 밖의 지역	시가표준액의 31/1,000 시가표준액의 26/1,000

토지	(가) 시가표준액 5백만원 이상 5천만원 미만	
	1) 특별시 및 광역시	시가표준액의 25/1,000
	2) 그 밖의 지역	시가표준액의 20/1,000
	(나) 시가표준액 5천만원 이상 1억원 미만	
	1) 특별시 및 광역시	시가표준액의 40/1,000
	2) 그 밖의 지역	시가표준액의 35/1,000
	(다) 시가표준액 1억원 이상	
	1) 특별시 및 광역시	시가표준액의 50/1,000
	2) 그 밖의 지역	시가표준액의 45/1,000
주택 및 토지 외의 부동산	(가) 시가표준액 1천만원 이상 1억 3천만원 미만	
	1) 특별시 및 광역시	시가표준액의 10/1,000
	2) 그 밖의 지역	시가표준액의 8/1,000
	(나) 시가표준액 1억 3천만원 이상 2억 5천만원 미만	
	1) 특별시 및 광역시	시가표준액의 16/1,000
	2) 그 밖의 지역	시가표준액의 14/1,000
	(다) 시가표준액 2억 5천만원 이상	
	1) 특별시 및 광역시	시가표준액의 20/1,000
	2) 그 밖의 지역	시가표준액의 18/1,000

• 상속(증여 그 밖의 무상으로 취득하는 경우를 포함)

매입대상	매입금액
(가) 시가표준액 1천만원 이상 5천만원 미만	
1) 특별시 및 광역시	시가표준액의 18/1,000
2) 그 밖의 지역	시가표준액의 14/1,000
(나) 시가표준액 5천만원 이상 1억 5천만원 미만	
1) 특별시 및 광역시	시가표준액의 28/1,000
2) 그 밖의 지역	시가표준액의 25/1,000
(다) 시가표준액 1억 5천만원 이상	
1) 특별시 및 광역시	시가표준액의 42/1,000
2) 그 밖의 지역	시가표준액의 39/1,000

• 저당권의 설정 및 이전
  (신탁 또는 신탁종료에 따라 수탁자 또는 위탁자에게 저당권을 이전하는 경우는 제외한다)

매입대상	매입금액
저당권 설정금액 2천만원 이상	저당권 설정금액의 10/1,000. 다만, 매입금액이 10억원을 초과하는 경우에는 10억원으로 함

부동산등기신청수수료액

(「등기사항증명서 등 수수료규칙」 제5조의2에 의한 등기신청의 경우)

등기의 목적		수수료			비고
		서면방문신청	전자표준양식신청	전자신청	
1. 소유권보존등기		15,000원	13,000원	10,000원	
2. 소유권이전등기		15,000원	13,000원	10,000원	
3. 소유권 이외의 권리설정 및 이전등기		15,000원	13,000원	10,000원	
4. 가등기 및 가등기의 이전등기		15,000원	13,000원	10,000원	
5. 변경 및 경정등기 (다만, 착오 또는 유루발견을 원인으로 하는 경정등기신청의 경우는 수수료 없음)	가. 등기명의인 표시	3,000원	2,000원	1,000원	행정구역·지번의 변경, 주민등록번호(또는 부동산등기용등록번호) 정정의 경우에는 신청수수료 없음
	나. 각종권리	3,000원	2,000원	1,000원	
	다. 부동산표시	없음	없음	없음	
6. 분할·구분·합병등기		없음	없음	없음	대지권에 관한 등기는 제외(각 구분건물별 서면방문신청 3,000원, 전자표준양식 2,000원, 전자신청 1,000원)
7. 멸실등기		없음	없음	없음	
8. 말소등기		3,000원	2,000원	1,000원	예고등기의 말소등기 경우에는 신청수수료 없음
9. 말소회복등기		3,000원	2,000원	1,000원	
10. 멸실회복등기		없음	없음	없음	
11. 가압류·가처분등기		3,000원	–	3,000원	
12. 압류등기 및 압류말소등기(체납처분 등 등기)	가. 국세, 지방세	없음	–	없음	
	나. 의료보험 등 공과금	3,000원	–	1,000원	
13. 경매개시결정등기, 강제관리등기		3,000원	–	3,000원	
14. 파산·화의·회사정리등기		없음	–	없음	

15. 신탁등기	가. 신탁등기	없음	없음	없음	
	나. 신탁등기의 변경, 말소등기 등 신탁 관련 기타 등기	없음	없음	없음	
16. 환매권등기	가. 환매특약의 등기 및 환매권 이전등기	15,000원	13,000원	10,000원	
	나. 환매권 변경, 말소 등 환매권 관련 기타 등기	3,000원	2,000원	1,000원	
17. 위에서 열거한 등기 이외의 기타 등기		3,000원	2,000원	1,000원	

□ **전자신청 등에 의한 등기신청수수료의 특례**(수수료규칙 제5조의5)

전자신청에 의한 부동산 등기신청의 경우에 15,000원은 10,000원으로, 3,000원은 1,000원으로 하며, 전자표준양식에 의한 신청인 경우에는 15,000원은 13,000원으로, 3,000원은 2,000원으로 함

□ 인지세율표 「인지세법 제3조」 과세문서 및 세액

과세문서	세액	
1. 부동산·선박·항공기의 소유권이전에 관한 증서	기재금액이 1천만원 초과 3천만원 이하인 경우	2만원
	기재금액이 3천만원 초과 5천만원 이하인 경우	4만원
	기재금액이 5천만원 초과 1억원 이하인 경우	7만원
	기재금액이 1억원 초과 10억원 이하인 경우	15만원
	기재금액이 10억원을 초과하는 경우	35만원
2. 대통령령이 정하는 금융·보험기관과의 금전소비대차에 관한 증서	제1호에 규정된 세액	
3. 도급 또는 위임에 관한 증서 중 법률에 따라 작성하는 문서로서 대통령령이 정하는 것	제1호에 규정된 세액	
4. 소유권에 관하여 법률에 따라 등록 등을 하여야 하는 동산으로서 대통령령으로 정하는 자산의 양도에 관한 증서	3,000원	
5. 광업권·무체재산권·어업권·출판권·저작인접권 또는 상호권의 양도에 관한 증서	제1호에 규정된 세액	
6호 내지 11호 생략		
12. 채무의 보증에 관한 증서		
가. 사채보증에 관한 증서 또는 그 밖에 이와 유사한 것으로서 대통령령이 정하는 채무의 보증에 관한 증서	1만원	
나. 「신용보증기금법」에 따른 신용보증기금이 발행하는 채무의 보증에 관한 증서 또는 그 밖에 이와 유사한 것으로서 대통령령으로 정하는 채무의 보증에 관한 증서	1,000원	
다. 「보험업법」에 따른 보험업을 영위하는 자가 발행하는 보증보험증권, 「농림수산업자 신용보증법」 제4조에 따른 농림수산업자신용보증기금이 발행하는 채무의 보증에 관한 증서 또는 그 밖에 이와 유사한 것으로서 대통령령으로 정하는 채무의 보증에 관한 증서	200원	

□ 인지세 비과세문서 「인지세법」 제6조 비과세문서

비과세문서	비고
1. 국가나 지방자치단체(지방자치단체조합을 포함한다. 이하 같다)가 작성하는 증서 또는 통장	
2. 국고금의 취급에 관하여 작성하는 증서 또는 통장	
3. 공공사업을 위한 기부를 위하여 국가나 지방자치단체에 제출하는 증서	
4. 자선이나 구호를 목적으로 하는 단체가 그 사업에 관하여 작성하는 증서	
5. 주택의 소유권이전에 관한 증서로서 기재금액이 1억원 이하인 것	
6. 어음의 인수 또는 보증	
7. 「자본시장과 금융투자업에 관한 법률」 제4조 제1항에 따른 증권의 복본 또는 등본	
8. 금전소비대차에 관한 증서로서 기재금액이 5천만원 이하인 것	
9. 「우편법」에 따른 우편전용의 물건에 관한 증서	
10. 「공익사업을 위한 토지 등의 취득 및 보상에 관한 법률」의 적용을 받는 토지 등을 국가, 지방자치단체 또는 그 밖의 특별법에 따라 설립된 법인에 양도하는 경우 그 양도 절차상 필요하여 작성하는 증서	
11. 「한국은행통화안정증권법」에 따라 한국은행이 발행하는 통화안정증권	
12. 「국제금융기구에의 가입조치에 관한 법률」에서 정한 국제금융기구가 발행하는 채권 및 그 채권의 발행과 관련하여 작성하는 증서	

2. 임의적 기재사항

(1) 부동산거래계약신고필증상의 거래신고관리번호 및 거래가액(규칙 제124조, 제125조)

1) 부동산거래계약신고필증

① 등기관이 「부동산 거래신고 등에 관한 법률」 제3조 제1항에서 정하는 계약을 등기원인으로 한 소유권이전등기를 하는 경우에는 대법원규칙으로 정하는 바에 따라 거래가액을 기록한다 (법 제68조).

② 법 제68조의 거래가액이란 「부동산 거래신고 등에 관한 법률」 제3조에 따라 신고한 금액을 말한다(규칙 제124조 제1항).

③ 따라서, 「부동산 거래신고 등에 관한 법률」 제3조 제1항에서 정하는 계약(예 매매계약)을 등기원인으로 하는 소유권이전등기를 신청하는 경우에는
  1) 거래가액을 등기하기 위하여 등기신청서에 거래신고관리번호 및 거래가액을 기재하고,
  2) 시장·군수 또는 구청장으로부터 제공받은 거래계약신고필증정보를 첨부정보로서 등기소에 제공하여야 한다(규칙 제124조).

④ 신고필증정보에는 거래신고관리번호, 거래가액, 거래당사자, 목적부동산이 표시되어 있어야 한다.

⑤ 거래신고 제도의 취지는 실제 거래가액에 기초하여 과세가 이루어지도록 하고 투명하고 공정한 부동산 거래질서를 확립하여, 부동산에 대한 투기적 수요를 억제함에 있다. 거래신고의 취지를 실현시키기 위하여 실제 거래가액을 등기기록으로 공시한다.

⑥ 등기예규에 따르면, 거래가액은 2006.1.1. 이후 작성된 매매계약서를 등기원인증명정보로 제공하여 소유권이전등기를 신청하는 경우에만 등기하므로, 이 경우에만 거래신고관리번호 및 거래가액을 부동산표시란의 하단에 기재한다.

2) 매매목록

① 매매목록은 거래가액 등기의 대상이 되는 소유권이전등기를 신청할 때에 신고필증상 거래부동산이 2개 이상인 경우 또는 거래부동산이 1개라 하더라도 여러 명의 매도인과 여러 명의 매수인 사이의 매매계약인 경우에는 매매목록을 첨부정보로서 제공하여야 한다. 이 경우 각 부동산별로 거래액을 등기하지 않고 매매목록을 작성한다. 다만 1개의 계약서에 의해 2개 이상의 부동산을 거래한 경우라 하더라도 관할 관청이 달라 개개의 부동산에 관하여 각각 신고한 경우에는 매매목록을 제공할 필요가 없다.

② 신고필증상 거래부동산이 2개 이상인 경우에 매매목록을 제공하는 이유는 각 1억원에 해당하는 2개의 부동산을 1개의 매매계약서에 의하여 2억원에 매매한 경우 그 매매금액을 각각의 부동산에 나누어 각 1억씩 등기할 수는 없다. 그렇다고 각 등기기록에 전체금액인 2억을 기록하게 되면 각 부동산의 실제의 거래가액이 2억원이 아님에도 2억원으로 등기되는 문제가 발생하기 때문에 매매목록을 제공하여야 하는 것이다.

③ 부동산이 1개라 하더라도 수인과 수인 사이의 매매인 경우에도 마찬가지이다.

(2) 등기권리자가 2인 이상인 경우 그 지분 등

지분이전등기신청인 경우 또는 등기할 권리자가 2인 이상인 경우 등에는 그 지분을 신청정보의 내용으로 등기소에 제공하여야 한다. 등기할 권리자가 수인이면서 등기할 권리가 합유일 때에는 합유라는 뜻을 신청정보의 내용으로 등기소에 제공하여야 한다(규칙 제105조).

(3) 대위에 관한 사항(규칙 제50조)

채권자대위등기를 신청하는 경우에는 ① 피대위자의 성명(또는 명칭), 주소(또는 사무소 소재지) 및 주민등록번호(또는 부동산등기용등록번호), ② 신청인이 대위자라는 뜻, ③ 대위자의 성명(또는 명칭)과 주소(또는 사무소 소재지), ④ 대위원인을 신청정보의 내용으로 등기소에 제공하여야 한다.

(4) 부동산의 표시에 관한 사항 등

토지나 건물의 표시변경등기를 신청하는 경우의 변경 전과 변경 후의 표시에 관한 사항(규칙 제72조 제1항, 제86조 제1항) 등 표시에 관한 등기와 관련하여 특별한 기재사항들이 여럿 있다.

(5) 당사자의 약정

1) 환매특약 등기의 신청서에는 매수인이 지급한 대금, 매매비용, 환매기간 등을 기재하여야 하는데, 이 중 환매기간은 등기원인에 정하여져 있는 경우에만 기재한다(규칙 제113조, 법 제53조, 「민법」 제592조).

2) 소유권의 일부에 대한 이전등기를 신청하는 경우에는 이전되는 지분을 신청정보의 내용으로 등기소에 제공하여야 하는데, 이 경우 등기원인에 「민법」 제268조 제1항 단서의 약정이 있을 때에는 그 약정에 관한 사항도 신청서에 기재하여야 한다.

3) 지상권, 지역권, 전세권, 저당권 등의 설정등기신청서에 관련 약정 내용을 기재하여야 하는 경우가 여럿 있다. 당사자의 약정 중 등기할 수 있는 것은 부동산등기법 등의 법률로 정하여져 있다.

① 그러한 약정이 있는데도 신청서에 기재하지 않은 경우는 원칙적으로 법 제29조 제5호(신청정보의 제공이 대법원규칙으로 정한 방식에 맞지 아니한 경우)의 각하사유에 해당한다.

② 반대로 등기할 수 없는 약정인데도 신청서에 기재한 경우는 법 제29조 제2호의 각하사유에 해당한다.

(6) 그 밖의 특별한 기재사항

개별 등기(소유권, 용익권, 담보권, 신탁, 가처분의 등기나 가등기 등)와 관련하여 신청서에 기재하여야 할 사항이 규칙으로 정하여져 있다.

3. 첨부서면의 표시

등기를 신청할 때에는 「부동산등기규칙」 제46조 및 그 밖의 법령에 따른 첨부정보를 등기소에 제공하여야 하고, 이를 신청정보로 표시하여야 한다. 따라서 근저당권설정등기의 말소등기를 서

면으로 신청할 때에 등기필증을 신청서에 첨부하였다면 등기신청서의 첨부서면란에 이를 기재하여야 한다(선례 201810-9).

4. 사안별 검토

(1) 표제 / 등기원인 및 그 연월일 / 등기목적

위에서 본 바와 같다.

(2) 등기신청인

구분		지위	성명 (상호·명칭)	주민등록번호 (등기용등록번호)	주소 (소재지)	지분 (개인별)
내 국 인	일반	–	김소유	651225-1254467	서울특별시 서초구 서초대로 528	
	공동 소유	–	김소유 김공유	651225-1254467 671015-1026354	서울특별시 서초구 서초대로 528 서울특별시 서초구 남부순환로 612	2분의 1 2분의 1
재외국민		–	김유학	651225-1254467	미국 캘리포니아주 노스힐스 애퀴덕트 애비뉴 9560	
외국인		–	미합중국인 헨리키신저	501118-1072512	미국 캘리포니아주 노스힐스 애퀴덕트 애비뉴 9560	
법인		–	주식회사 대한 대표이사 김대표 (지배인 김대표) (이사장 김대표)	110111-0003111	서울특별시 강남구 테헤란로 15(삼성동) 서울특별시 서초구 서리풀길 12, 101동 501호(서초동, 트라 움하우스)	
비법인		–	경주김씨 종중 대표자 김대표	111101-1234567 600104-1056429	서울특별시 종로구 인사동6길 8(인사동) 서울특별시 서초구 서리풀길 12, 101동 501호(서초동, 트라 움하우스)	
포 괄 승 계 인	매도인 사망	–	망 김소유 상속인 강배우 김일남 김일녀	651225-1254467 671003-1135816 890925-1051475 900715-2635415	서울특별시 서초구 서초대로 528 서울특별시 관악구 관악로 301 서울특별시 종로구 세종로 52 서울특별시 종로구 세종로 52	
	매수인 사망	–	망 이매수 상속인 안배우 이일남 이일녀	610512-1654347 671003-1135816 890925-1051475 900715-2635415	서울특별시 서초구 남부순환로 612 서울특별시 관악구 관악로 301 서울특별시 종로구 세종로 52 서울특별시 종로구 세종로 52	 7분의 3 7분의 2 7분의 2

구분			역할	성명	등록번호	주소	지분
대리	임의대리	–				신청서 을지에 기재 됨.	
	법정대리	–		김삼남 위 김삼남은 미성년자이므로 법정대리인 부 김소유 모 강배우	100301-1072512	서울특별시 종로구 세종로 52 서울특별시 관악구 관악로 301 서울특별시 관악구 관악로 301	
대위		–		김소유 대위신청인 강채권	651225-1254467	서울특별시 서초구 서초대로 528 서울특별시 중구 명동3길 11 (명동1가)	
공동신청			등기의무자	김소유	651225-1254467	서울특별시 서초구 서초대로 528	
			등기권리자	이명한	671015-1026354	서울특별시 서초구 남부순환로 612	
단독신청	보존	단독소유	신청인	김소유	651225-1254467	서울특별시 서초구 서초대로 528	
		공동소유	신청인	김소유 김공유	651225-1254467 671015-1026354	서울특별시 서초구 서초대로 528 서울특별시 서초구 남부순환로 612	2분의 1 2분의 1
		상속보존	신청인	망 김소유 상속인 강배우 김일남 김일녀	651225-1254467 671003-1135816 890925-1051475 900715-2635415	서울특별시 서초구 서초대로 528 서울특별시 관악구 관악로 301 서울특별시 종로구 세종로 52 서울특별시 종로구 세종로 52	 7분의 3 7분의 2 7분의 2
	승소권		등기의무자	김소유	651225-1254467	서울특별시 서초구 서초대로 528	
			등기권리자	김원고	800915-2751658	서울특별시 강남구 학동로 1056	
	상속		피상속인	망 김소유	651225-1254467	서울특별시 서초구 서초대로 528	
			등기권리자	강배우 김일남 김일녀	671003-1135816 890925-1051475 900715-2635415	서울특별시 관악구 관악로 301 서울특별시 종로구 세종로 52 서울특별시 종로구 세종로 52	7분의 3 7분의 2 7분의 2

Ⅲ 신청정보의 작성방법

1. 신청서의 기명날인 또는 서명(규칙 제56조)

(1) 일반론

① 방문신청을 하는 경우에는 등기신청서에 신청정보의 내용으로 등기소에 제공하여야 하는 정보를 적고 신청인 또는 그 대리인이 기명날인하거나 서명하여야 한다(규칙 제56조 제1항). 기명날인 대신에 서명으로 할 수 있는 등기신청은 규칙 제60조의 인감증명을 첨부할 필요가 없는 경우로 제한된다.

② 인감증명을 첨부하여야 하는 경우에는 해당 신청서(위임에 의한 대리인이 신청하는 경우에는 위임장을 말한다)나 첨부서면에는 그 인감을 날인하여야 한다(규칙 제60조 제1항).

(2) 신청인이 대리인인 경우

① 대리인에 의하여 등기신청을 하는 경우 등기신청위임장에는 위임인의 인적사항(성명·주소)과 기명날인(서명) 또는 인감날인(서명 후 본인서명사실확인서)을 하되, 신청서의 대리인란에 임의대리인의 성명과 주소 등을 기재한다.

② 법무사가 등기신청을 대리하는 경우 「부동산등기규칙」 제56조 제1항은 방문신청을 하는 경우 등기신청서에 기명날인 또는 서명하도록 규정하고, 「법무사법」 제22조 제2항은 법무사가 업무에 관하여 위임받아 작성한 서류의 끝부분이나 기재란 밖에 기명날인하도록 하며, 「법무사규칙」 제29조 제1항에서는 업무상 사용할 직인을 신고하도록 규정함으로써 법무사가 업무상 하는 날인은 직인의 사용을 원칙으로 하고 있다.

따라서 법무사가 등기사건을 위임받아 신청서를 작성하는 경우에 신청서의 끝부분에 있는 대리인란에 하는 날인은 반드시 신고한 직인으로 하여야 하며, 신청서의 간인도 직인으로 하여야 할 것이다.

다만 법무사의 실인을 직인과 함께 날인하는 것도 무방할 것이며, 이 경우에는 실인으로 간인할 수도 있다(선례 201301 - 5).

2. 신청서의 간인

① 신청서가 여러 장일 때에는 신청인 또는 그 대리인이 간인을 하여야 하고, 등기권리자 또는 등기의무자가 여러 명일 때에는 그중 1명이 간인하는 방법으로 한다. 다만 신청서에 서명을 하였을 때에는 각 장마다 연결되는 서명을 함으로써 간인을 대신한다(규칙 제56조 제2항).

② 규칙 제56조 제2항에서의 등기권리자 또는 등기의무자가 여러 명일 때에는 그중 1명이 간인하는 규정은 등기신청서의 간인에 관한 것이며, 그 부속서류에는 동 규정이 적용되지 아니한다.

③ 따라서 등기신청서의 부속서류인 등기신청위임장이나 매매계약서, 상속재산분할협의서(선례 3-43), 근저당권설정계약서(선례 201809-3)의 간인은 전원이 간인을 하여야 한다. 아래의 선례도 마찬가지의 취지이다.

④ 협의분할에 의한 상속등기를 신청하는 경우에 제공하는 첨부정보인 상속재산분할협의서가 여러 장일 때에는 공동상속인 전원이 간인을 하여야 하는 바, 상속재산분할협의서 끝부분에 공동상속인 전원이 기명날인(또는 서명)을 함에 있어 지면의 부족으로 첫 장에 일부 상속인만이 기명날인을 하고 나머지 상속인은 다음 장에 기명날인을 하여 위 협의서가 두 장이 된 경우에도 다르지 아니하다(선례 201807-1).

⑤ 부동산등기를 신청할 때에 등기원인을 증명하는 정보로서 제공하는 계약서에는 원칙적으로 인감을 날인할 필요는 없다. 따라서 계약서의 작성명의인이 법인인 경우 계약서에는 반드시 등기소에 신고한 법인인감을 날인하여야 하는 것은 아니며, 사용인감을 날인하여도 무방하다. 한편, 인감을 날인하여야 하는 서류가 여러 장일 때에는 그 서류의 연속성을 보장하고 그 진정성을 확인할 수 있도록 각 장마다 간인을 하여야 하는바, 간인을 할 때에도 그 인감으로 하여야 한다(선례 201907-2).

3. 신청서의 정정(규칙 제57조)

① 신청서나 그 밖의 등기에 관한 서면을 작성할 때에는 자획을 분명히 하고, 문자의 정정, 삽입 또는 삭제를 한 경우에는 그 글자 수를 난외에 적으며 문자의 앞뒤에 괄호를 붙이고 이에 날인 또는 서명하여야 하는데(예 삭1자, 삭1행, 가5자 등), 이 경우 삭제한 문자는 해독할 수 있게 글자체를 남겨두어야 한다(규칙 제57조).

② 신청인이 다수인 경우 신청서를 정정할 때에는 신청인 전원이 정정인을 날인한다(등기예규 585).

③ 왜냐하면 정정인을 날인하는 신청인과 정정인을 날인하지 아니한 신청인과 이해상반되는 경우가 있을 수 있기 때문이다.

구분		정정	간인
신청서	본인 신청	신청인 전원	등기의무자 또는 등기권리자가 수인인 경우 그중 1인
	법무사 위임	법무사	
첨부서류 (매매계약서) (상속재산분할협의서) (등기신청위임장)		전원	

Ⅳ 신청정보(신청서)의 제공방법(일괄신청)

1. 의의

① 등기의 신청은 1건당 1개의 부동산에 관한 신청정보를 제공하는 방법으로 하여야 한다(법 제25조 제1항 본문).

② 다만 등기목적과 등기원인이 동일하거나 그 밖에 대법원규칙으로 정하는 경우에는 같은 등기소의 관할 내에 있는 여러 개의 부동산에 관한 신청정보 또는 촉탁정보를 일괄하여 제공하는 방법으로 할 수 있다(법 제25조 제1항 단서, 제22조 제2항).

③ 즉 일괄신청이란 일정한 요건을 갖춘 경우 같은 등기소의 관할에 있는 수개의 부동산에 관한 신청정보를 일괄하여 제공하는 것을 말한다. 일정한 경우에는 1개의 부동산에 관하여 목적이 다른 수개의 등기신청을 하는 경우도 편의상 이에 포함시키고 있다.

예컨대 동일 부동산에 관하여 동일인 명의의 수개의 근저당권설정등기가 되어 있는 경우 근저당권자의 주소변경을 원인으로 한 위 수 개의 등기명의인표시변경등기를 신청하거나 동일한 부동산에 관하여 근저당권자가 같은 수 개의 근저당권설정등기를 동일한 등기원인으로 말소하는 경우에는 1개의 신청서에 일괄하여 신청할 수 있다.

④ 이러한 일괄신청이 허용되는 이유는 하나의 거래행위를 한 경우 그 등기도 일괄하여 하는 것이 거래관념에 부합하기 때문이다. 예컨대 토지와 그 지상건물을 하나의 매매계약으로 체결한 경우를 들 수 있다.

2. 요건

(1) 관할의 동일

등기사무는 부동산의 소재지를 관할하는 등기소가 관할함이 원칙이다(법 제7조 제1항). 따라서 일괄신청을 하기 위해서는 수개의 부동산이 같은 관할구역에 속해 있어야 한다.

(2) 등기원인의 동일

1) 법률행위(법률사실)의 내용 및 그 성립일자가 동일할 것

① 등기원인의 동일성은 물권변동을 일으키는 법률행위 또는 법률사실의 내용과 그 성립 또는 발생일자가 같다는 것을 말한다.

② 예컨대 수개의 부동산에 대하여 하나의 매매계약서를 작성한 경우라면 등기원인이 동일한 경우라고 할 수 있다.

③ 그러나 X 토지는 매매, Y 토지는 증여인 경우 등기원인이 동일하다고 볼 수 없기 때문에 일괄신청을 할 수 없다.

2) 당사자가 동일할 것

① 등기원인의 동일성은 당사자도 동일하다는 것을 포함한다.

② 소유자가 다른 여러 개의 부동산에 대한 일괄신청은 불가능하므로, 甲 소유 토지와, 乙 소유 토지를 丙이 모두 매수하였다면 일괄신청을 할 수 없고 각 부동산별로 등기신청서를 작성하여야 한다.

마찬가지로 甲 소유 토지 2필지를 乙과 丙이 1필지씩 매수하였다면 甲과 乙의 등기신청과 甲과 丙의 등기신청은 각 부동산별로 등기신청서를 작성하여야 한다.

(3) 등기목적의 동일

① 등기목적(법 제48조 제1항 제2호)의 동일성은 등기할 사항(법 제3조)이 동일한 것을 말한다.

② 즉 신청하려는 등기의 내용 또는 종류(소유권보존, 소유권이전, 근저당권설정 등)가 동일하다는 것을 말한다.

③ 예컨대 수개의 부동산에 대하여 모두 소유권이전등기신청을 하는 경우라면 등기목적이 동일한 경우라고 할 수 있다.

④ 그러나 전세권설정등기와 근저당권설정등기는 등기목적이 다르므로 일괄신청을 할 수 없다.
마찬가지로 동일한 부동산에 관하여 소유권이전등기와 저당권설정등기의 신청은 1개의 등기신청서로 할 수가 없고 별개의 신청서로 하여야 한다.

3. 적용범위(조문 · 등기예규 · 선례)

(1) 조문

1) 규칙 제47조

① 같은 채권의 담보를 위하여 소유자가 다른 여러 개의 부동산에 대한 저당권설정등기를 신청

② 공매처분으로 인한 등기를 촉탁하는 경우

③ 매각으로 인한 소유권이전등기를 촉탁하는 경우

2) 신탁등기(규칙 제139조 및 제144조)

① <u>신탁등기의 신청</u>은 해당 신탁으로 인한 <u>권리의 이전</u> 또는 보존이나 설정등기의 신청과 함께 <u>1건의 신청정보</u>로 일괄하여 하여야 한다(규칙 제139조 제1항).

② 신탁등기의 말소등기신청은 권리의 이전 또는 말소등기나 수탁자의 고유재산으로 된 뜻의 등기신청과 함께 1건의 신청정보로 일괄하여 하여야 한다(규칙 제144조 제1항).

3) 「도시 및 주거환경정비법」상의 소유권보존등기 등(「도시 및 주거환경정비 등기규칙」 제2조, 제3조, 제6조, 제8조 등)

(2) 등기예규(수인의 공유자가 수인에게 지분의 전부 또는 일부를 이전하려고 하는 경우)

① 수인의 공유자가 수인에게 지분의 전부 또는 일부를 이전하는 경우에는 등기의 목적과 원인이 동일하다고 하여도 일괄신청을 할 수 없다. 따라서 한 장의 신청서에 함께 기재한 경우 등기관은 이를 수리해서는 아니 된다(등기예규 제1363호).

② 이 경우 등기신청인은 등기신청서에 등기의무자들의 각 지분 중 각 ○분의 ○ 지분이 등기권리자 중 1인에게 이전되었는지를 기재하고 신청서는 등기권리자별로 작성하여 제출하거나 또는 등기의무자 1인의 지분이 등기권리자들에게 각 ○분의 ○ 지분씩 이전되었는지를 기재하고 등기의무자별로 작성하여 제출하여야 한다(등기예규 제1363호).

③ 위 각 이전등기를 동시에 신청할 때도 각 신청서마다 등기원인증서를 첨부하여야 한다. 다만 등기원인증서가 한 장으로 작성되어 있는 경우에는 먼저 접수되는 신청서에만 등기원인증서를 첨부하고, 다른 신청서에는 먼저 접수된 신청서에 그 등기원인증서를 첨부하였다는 뜻을 기재하여야 한다(규칙 제47조 제2항).

④ 다만, 동일한 원인으로 1인으로부터 수인에게 지분을 이전하거나 수인으로부터 1인에게 지분을 이전하는 경우에는 비록 지분을 처분하는 당사자 또는 지분을 취득하는 당사자가 여럿이어서 동일한 당사자라고 할 수 없는 경우이지만 실무상 1개의 등기신청서로 신청함이 받아들여지고 있다.

예컨대 甲과 乙이 공유하고 있는 토지를 丙이 매수하였다면 일괄신청을 할 수 있다. 이 경우는 1개의 부동산에 관한 1개의 신청이므로 '1부동산 1신청서'의 원칙에 부합하는 것으로서 허용된다.

(3) 선례

① 등기의 신청은 1건당 1개의 부동산에 관한 신청정보를 제공하는 방법으로 하여야 하고, 다만 등기목적과 등기원인이 동일한 경우 등 예외적인 경우에만 일괄신청이 허용되는바, 촉탁에 따른 등기절차는 원칙적으로 신청에 따른 등기절차에 관한 규정을 준용하므로 일괄촉탁도 법령이 정한 예외적인 경우에만 허용된다.

② 따라서 1개의 부동산처분금지가처분 결정이 있더라도 그 목적물인 부동산이 여러 개이고 부동산별로 피보전권리의 채권자가 다르다면 가처분등기의 등기목적은 같으나 등기원인이 동일한 경우에 해당하지 아니하므로 일괄촉탁을 할 수 없고 부동산마다 각각 별건으로 촉탁을 하여야 한다(선례 201906-14).

4. 효과(등기관의 심사)

(1) 신청서의 작성방법 및 등록면허세 등의 납부

① 일괄신청의 경우 등기신청서의 부동산표시란에 2개 이상의 부동산을 기재할 때 그 부동산의 일련번호도 기재하여야 한다(등기예규 681호). 일괄신청은 여러 등기의 신청을 1개의 신청서로 하는 것에 불과하므로 등록면허세, 취득세, 등기신청수수료, 국민주택채권 등은 원칙적으로 부동산별 또는 신청별로 계산하여야 한다.

② 수 개의 부동산에 관한 등록면허세 등을 납부하는 경우에 등기의 원인 및 등기의 목적이 동일한 것으로서 여러 개의 등기소의 관할에 걸쳐 있는 여러 개의 부동산에 관한 권리의 등기를 신청할 때에는 최초의 등기를 신청하면서 등록면허세의 전액을 납부하여야 한다(규칙 제45조 제1항).

(2) 법령상 일괄신청이 요구되는 경우

등기목적이나 등기원인이 다르지만 일정한 목적을 위하여 법령에서 일괄신청(촉탁)을 요구하는 경우가 있다. 권리이전등기 등과 신탁등기(**규칙 제139조 제1항**), 환지등기, 재개발·재건축 등기(농어촌정비법, 도시 및 주거환경정비법) 등이 여기에 해당한다.

(3) 법령상 일괄신청이 요구되나 일괄신청을 하지 않은 경우

신청정보의 제공이 대법원규칙으로 정한 방식에 맞지 아니한 경우이므로 각하하여야 한다(**법 제29조 제5호**). 다만 간과하여 마쳐진 등기는 법 제58조에 따라 직권말소할 수 없다.

(4) 일부취하 및 일부각하

일괄신청은 별개의 등기신청을 1개의 신청서로 하는 것에 불과하므로, 하나의 신청서에 담겨 있는 여러 등기의 신청 중 일부에 취하 또는 각하사유가 있는 경우에는 그 부분만을 일부취하하거나 일부각하할 수 있다.

---

03 절 첨부정보[첨부서류]

등기신청에 필요한 일반적인 첨부정보에 관하여는 규칙 제46조에서 규정하고 있고, 그 밖의 개별 등기에 필요한 첨부정보에 관하여는 각 관련 조문에서 규정하고 있다. 필요한 첨부정보를 제공하지 아니한 때에는 법 제29조 제9호의 각하사유에 해당한다.

> **부동산등기규칙 제46조**(첨부정보)
> ① 등기를 신청하는 경우에는 다음 각 호의 정보를 그 신청정보와 함께 첨부정보로서 등기소에 제공하여야 한다. 〈개정 2024.11.29.〉
> 1. **등기원인을 증명하는 정보**
> 2. **등기원인**에 대하여 **제3자의 허가**, 동의 또는 승낙이 필요한 경우에는 이를 증명하는 정보
> 3. **등기상 이해관계 있는 제3자의 승낙**이 필요한 경우에는 이를 증명하는 정보 또는 이에 대항할 수 있는 재판이 있음을 증명하는 정보
> 4. 신청인이 **법인**인 경우에는 그 **대표자의 자격을 증명**하는 정보
> 5. **대리인**에 의하여 등기를 신청하는 경우에는 그 **권한을 증명**하는 정보
> 6. **등기권리자**(새로 등기명의인이 되는 경우로 한정한다)의 **주소**(또는 사무소 소재지) 및 주민등록**번호**(또는 부동산등기용등록번호)를 증명하는 정보.
> 다만, **소유권이전등기**를 신청하는 경우 또는 **제52조의2 제1항**에 따라 등기의무자의 **동일성 확인**이 필요한 경우에는 **등기의무자의 주소**(또는 사무소 소재지)를 증명하는 정보도 제공하여야 한다.
> 7. **소유권이전등기**를 신청하는 경우에는 토지대장·임야대장·건축물**대장** 정보나 그 밖에 부동산의 표시를 증명하는 정보
> 8. **자격자대리인**이 다음 각 목의 등기를 신청하는 경우, 자격자대리인(법인의 경우에는 담당 변호사·법무사를 의미한다)이 주민등록증·인감증명서·본인서명사실확인서 등 법령에 따라 작성된 증명서의 제출

이나 제시, 그 밖에 이에 준하는 확실한 방법으로 **위임인이 등기의무자인지 여부를 확인**하고 대법원예규로 정하는 방법에 따라 **자필서명한 정보**

    가. 공동으로 신청하는 권리에 관한 등기

    나. 승소한 등기의무자가 단독으로 신청하는 권리에 관한 등기

② **구분건물**에 대하여 대지권의 등기를 신청할 때 다음 각 호의 어느 하나에 해당되는 경우에는 해당 **규약**이나 **공정증서**를 첨부정보로서 등기소에 제공하여야 한다.

    1. 대지권의 목적인 토지가 「집합건물의 소유 및 관리에 관한 법률」 제4조에 따른 건물의 대지인 경우

    2. 각 구분소유자가 가지는 대지권의 비율이 「집합건물의 소유 및 관리에 관한 법률」 제21조 제1항 단서 및 제2항에 따른 비율인 경우

    3. 건물의 소유자가 그 건물이 속하는 1동의 건물이 있는 「집합건물의 소유 및 관리에 관한 법률」 제2조 제5호에 따른 건물의 대지에 대하여 가지는 대지사용권이 대지권이 아닌 경우

③ 등기원인을 증명하는 정보가 **집행력 있는 판결**인 경우에는 **제1항 제2호의 정보를 제공할 필요가 없다.** 다만 등기원인에 대하여 행정관청의 허가, 동의 또는 승낙을 받을 것이 요구되는 때에는 그러하지 아니하다.

④ **법 제60조 제1항 및 제2항의 등기를 신청할 때에는 제1항 제1호 및 제6호를 적용하지 아니한다.**

⑤ 첨부정보가 「상업등기법」 제15조(「비송사건절차법」 제66조 및 제67조에 따라 준용되는 경우를 포함한다)에 따른 등기사항증명정보로서 해당 법인의 본점(또는 주사무소) 또는 지점(또는 분사무소) 소재지와 부동산 소재지가 동일한 경우에는 그 제공을 생략할 수 있다. 〈개정 2024.11.29.〉

⑥ 제1항 및 그 밖의 법령에 따라 등기소에 제공하여야 하는 첨부정보 중 법원행정처장이 지정하는 첨부정보는 「전자정부법」 제36조 제1항에 따른 행정정보 공동이용을 통하여 등기관이 직접 확인하고 신청인에게는 해당 첨부정보를 제공한 것으로 본다. 다만, 그 첨부정보가 개인정보를 포함하고 있는 경우에는 그 정보주체의 동의가 있음을 증명하는 정보를 등기소에 제공하여야 한다. 〈개정 2024.11.29.〉

⑦ 제6항의 경우 등기신청이 접수된 이후에 행정기관의 시스템 장애, 행정정보 공동이용망의 장애 또는 등기소의 전산정보처리조직의 장애 등으로 인하여 등기관이 그 행정정보를 확인할 수 없는 경우에는 대법원예규로 정하는 방법에 따라 신청인에게 그 행정정보를 등기소에 제공할 것을 명할 수 있다. 〈개정 2024.11.29.〉

⑧ 첨부정보가 **외국어**로 작성된 경우에는 그 **번역문**을 붙여야 한다.

⑨ 첨부정보가 **외국 공문서**이거나 **외국 공증인이 공증한 문서**(이하 "외국 공문서 등"이라 한다)인 경우에는 **「재외공관 공증법」 제30조 제1항에 따라 공증담당영사로부터 문서의 확인을 받거나 「외국공문서에 대한 인증의 요구를 폐지하는 협약」**에서 정하는 바에 따른 **아포스티유**(Apostille)를 붙여야 한다. 다만 외국 공문서 등의 발행국이 대한민국과 수교하지 아니한 국가이면서 위 협약의 가입국이 아닌 경우와 같이 부득이한 사유로 문서의 확인을 받거나 아포스티유를 붙이는 것이 곤란한 경우에는 그러하지 아니하다.

Ⅰ 등기원인과 관련된 정보

1. 등기원인을 증명하는 정보

(1) 의의

① 등기를 신청하는 경우에는 등기원인을 증명하는 정보를 그 신청정보와 함께 첨부정보로서 등기소에 제공하여야 하는바, **등기원인을 증명하는 정보란** 해당 등기의 원인이 되는 <u>법률행위 또는 법률사실을 증명하는 정보</u>를 말한다. 이러한 서면에는 부동산의 표시가 없을 수도 있다. 예컨대 가족관계등록사항별증명서 등이 있다.

② 다만, **등기원인증서**에는 ㉠ 등기신청의 대상인 <u>부동산의 표시</u>, ㉡ <u>등기원인과 그 밖의 등기사항</u>, ㉢ 당사자인 <u>등기권리자와 등기의무자</u> 등이 기재되어 있어야 한다. 예컨대 매매계약서, 증여계약서, 근저당권설정계약서, 상속을 증명하는 서면 등이 있다.

③ 종래 등기실무에서는 서면에 부동산의 표시나 등기원인일자가 없는 경우에는 이에 해당하지 않는다고 보았지만 현재에는 그 요건이 완화되었다고 볼 수 있다.

(2) 등기원인증명정보의 예

① 등기의 원인이 되는 법률행위 또는 법률사실을 증명할 수 있는 정보이면 모두 등기원인을 증명하는 정보로서의 적격성이 인정된다.

② 상속재산분할협의서(협의분할계약서)나 유언증서, 사인증여증서 등은 개정법하에서는 가족관계등록사항별증명서 등과 더불어 등기원인을 증명하는 정보에 해당한다.

③ 판결에 의한 등기에 있어서는 판결 정본이 등기원인을 증명하는 정보가 된다. 판결과 동일한 효력이 있는 조정조서, 화해조서 또는 인낙조서 등의 정본도 등기원인을 증명하는 정보가 될 수 있다.

④ 수용을 원인으로 하는 소유권이전등기에 있어서 재결에 의한 수용일 때에는 토지수용위원회의 재결서 등본[협의성립에 의한 수용일 때에는 토지수용위원회의 협의성립확인서(또는 협의성립의 공정증서와 그 수리증명서)], 보상금수령증 원본(또는 공탁서 원본) 등이 모두 함께 등기원인을 증명하는 정보를 구성한다.

⑤ 경매개시결정등기의 경우에는 경매개시결정 정본, 매각을 원인으로 하는 소유권이전등기의 경우에는 매각허가결정 정본이 등기원인을 증명하는 정보가 된다. 매각대금 완납증명까지 제공할 필요는 없다.

⑥ 가압류·가처분 등기의 경우에는 가압류·가처분 결정 정본이 등기원인을 증명하는 정보가 된다.

(3) 계약서 등의 검인(등기예규 제1727호)

① 「부동산등기 특별조치법」에 따르면 부동산에 관한 <u>계약</u>을 등기원인으로 하여 1990.9.2. 이후 소유권이전등기를 신청할 때에는 <u>계약의 일자 및 종류를 불문</u>하고 <u>검인</u>을 받은 계약서 원본(<u>검인계약서</u>) 또는 검인을 받은 <u>판결서정본</u>(화해·인낙·조정조서를 포함한다)을 등기원인증서로 제출하여야 한다(「**부동산등기 특별조치법**」 제3조 제1항).

② 이는 부동산거래에 대한 실체적 권리관계에 부합하는 등기를 신청하도록 하여 건전한 부동산거래질서를 확립함을 목적으로 한다(**동법 제1조**).

구분	검인대상 O		검인대상 ×
주체	–		계약의 일방당사자가 국가 또는 지방자치단체인 경우
객체	**부동산**	토지, 건물 (무허가, 미등기 O)	선박, 입목, 재단등기

행위	계약 (유상·무상)	매매, 교환, 현물 출자, 공유물분할 증여, 신탁 및 신탁해지 등	**상**속(포괄유증), **수**용, **시**효취득, **진**정명의회복, **경**매 (다만, 공공용지 협의취득 – 검인을 요함), 공유자 중 일부가 그 지분을 포기함으로써 남은 공유자에게 권리귀속으로 인한 소유권이전등기를 신청
	소유권이전등기 (본등기 포함)	소유권이전등기	소유권이전청구권보전의 가등기 소유권이전등기말소등기
간주규정	–		① 토지거래허가구역 안의 토지에 대하여 토지거래계약허가증을 교부받은 경우 토지거래허가구역 안의 토지 및 건물에 대한 소유권이전등기 신청 시 토지에 대하여 허가증을 받은 경우에 건물(토지의 허가신청서에 건물도 같이 기재되므로 건물에 대하여도 검인이 있는 것으로 본다) ② 부동산거래신고를 한 경우
판결			판결정본에 검인 ○

2. 등기원인에 대한 허가·동의·승낙 등

(1) 부동산거래계약신고필증과 매매목록(규칙 제124조, 제125조)

1) 부동산거래계약신고필증

① 등기관이 「부동산 거래신고 등에 관한 법률」 제3조 제1항에서 정하는 계약을 등기원인으로 한 소유권이전등기를 하는 경우에는 대법원규칙으로 정하는 바에 따라 거래가액을 기록한다(법 제68조).

② 법 제68조의 거래가액이란 「부동산 거래신고 등에 관한 법률」 제3조에 따라 신고한 금액을 말한다(규칙 제124조 제1항).

③ 따라서 「부동산 거래신고 등에 관한 법률」 제3조 제1항에서 정하는 계약(**예** 매매계약)을 등기원인으로 하는 소유권이전등기를 신청하는 경우에는

  1) 거래가액을 등기하기 위하여 **등기신청서**에 거래신고관리번호 및 거래가액을 기재하고,

  2) 시장·군수 또는 구청장으로부터 제공받은 거래계약신고필증정보를 **첨부정보**로서 등기소에 제공하여야 한다(규칙 제124조).

④ 신고필증정보에는 거래신고관리번호, 거래가액, 거래당사자, 목적부동산이 표시되어 있어야 한다.

⑤ 거래신고 제도의 취지는 실제 거래가액에 기초하여 과세가 이루어지도록 하고 투명하고 공정한 부동산 거래질서를 확립하여, 부동산에 대한 투기적 수요를 억제함에 있다. 거래신고의 취지를 실현시키기 위하여 실제 거래가액을 등기기록으로 공시한다.

⑥ 등기예규에 따르면, 거래가액은 2006.1.1. 이후 작성된 매매계약서를 등기원인증명정보로 제공하여 소유권이전등기를 신청하는 경우에만 등기하므로, 이 경우에만 거래신고관리번호 및 거래가액을 부동산표시란의 하단에 기재한다.

구분	제공 O	제공 ×
주체	–	–
객체	–	–
행위	2006.1.1. 이후	2006.1.1. 이전
	매매계약서	판결정본(판결에 준하는 집행권원 포함)
	본등기	가등기

2) 매매목록(법 제68조, 규칙 제124조)

① 매매목록은 <u>거래가액 등기의 대상이 되는 소유권이전등기</u>를 신청할 때에 신고필증상 거래부동산이 2개 이상인 경우 또는 거래부동산이 1개라 하더라도 여러 명의 매도인과 여러 명의 매수인 사이의 매매계약인 경우에는 <u>매매목록</u>을 첨부정보로서 제공하여야 한다. 이 경우 각 부동산별로 거래액을 등기하지 않고 매매목록을 작성한다. 다만 1개의 계약서에 의해 2개 이상의 부동산을 거래한 경우라 하더라도 관할 관청이 달라 개개의 부동산에 관하여 각각 신고한 경우에는 매매목록을 제공할 필요가 없다.

② 신고필증상 거래부동산이 2개 이상인 경우에 매매목록을 제공하는 이유는 각 1억원에 해당하는 2개의 부동산을 1개의 매매계약서에 의하여 2억원에 매매한 경우 그 매매금액을 각각의 부동산에 나누어 각 1억씩 등기할 수는 없다. 그렇다고 각 등기기록에 전체금액인 2억을 기록하게 되면 각 부동산의 실제의 거래가액이 2억원이 아님에도 2억원으로 등기되는 문제가 발생하기 때문에 매매목록을 제공하여야 하는 것이다.

③ 부동산이 1개라 하더라도 수인과 수인 사이의 매매인 경우에도 마찬가지이다.

(2) 토지거래계약허가

1) 서설

① <u>토지거래계약허가구역</u>에 있는 토지에 관한 <u>소유권·지상권</u>(소유권·지상권의 취득을 목적으로 하는 권리를 포함한다)을 <u>이전</u>하거나 <u>설정</u>(대가를 받고 이전하거나 설정하는 경우만 해당한다)하는 <u>계약</u>(예약을 포함한다. 이하 '토지거래계약'이라 한다)을 체결하려는 당사자는 공동으로 대통령령으로 정하는 바에 따라 시장·군수 또는 구청장의 <u>허가를 받아야 한다</u>. 허가받은 사항을 변경하려는 경우에도 또한 같다(**동법 제11조 제1항**).

② 따라서 토지거래계약허가구역으로 지정된 일정면적 이상의 토지에 대하여 대가를 받고 소유권, 지상권을 이전(또는 설정)하는 계약(또는 예약)을 체결하여 그에 따른 등기신청을 하기 위해서는 신청서에 시장, 군수 또는 구청장이 발행한 <u>토지거래계약허가증</u>을 첨부하여야 한다(**등기예규 1634**).

2) 제공여부

구분		제공 ○	제공 ×
주체		–	–
객체	허가구역으로 지정된 토지	① 면적요건 ○ ② 계약의 체결시기 　1) 허가구역지정 전 ： × 　2) 지정해제　　　　： × 　　　(이후 재지정되더라도)	건물
	분할거래	각 토지의 최초 등기 시 각 허가서 제공	
행위	유상계약	매매, 교환, 현물출자, 대물변제, 부담부 증여	증여, 지료의 지급이 없는 지상권계약, 공유지분의 포기, 신탁 및 신탁해지, 명의신탁 해지, 상속(포괄유증), 수 용, 시효취득, 진정명의회복, 경매 등
	소유권 지상권	소유권이전 지상권설정·이전	전세권·임차권·근저당권의 설정· 이전 등
	예약 포함 ○	위 등기의 가등기 ① ~ 등기청구권 가등기 ○ ② 담보가등기 ○ ③ 가등기가처분명령에 의한 가등기 ○	가등기 시 허가를 받은 경우 본등기 시
판결		판결정본에 토지거래계약허가를 받은 사실이 기재되어 있는 경우라도 소유권이전등기신청 시에는 토지거래계약허가서를 제공하여야 한다.	
계약내용의 변경		① 허가받은 사항과 계약의 내용이 다른 경우에는 허가받은 사항을 변경하여야 하며, 허가받은 사항을 변경하려는 경우에도 토지거래계약허가를 받아야 한다(동법 제11조 제1항). ② 토지거래허가구역 내의 토지거래허가대상인 A, B 두 필지의 토지를 합산하여 토지거래계약허가를 받은 후 A필지에 대해서만 매매계약을 체결한 경우에는 토지거래계약허가내용과 계약체결의 내용이 다르므로, 그 토지거래계약허가서에 의하여는 A필지에 대한 소유권이전등기를 신청할 수 없다(선례5-62). ③ 마찬가지로 토지거래허가구역 내의 토지에 대하여 토지거래계약허가를 받아 매매를 원인으로 한 소유권이전등기를 경료한 후 그 매매계약의 일부를 해제하는 것은 당초에 허가받은 토지거래계약을 변경하고자 하는 경우에 해당한다 할 것이므로, 그 해제를 원인으로 한 소유권일부말소의미의 소유권경정등기를 신청하기 위해서는 토지거래계약허가증을 첨부하여야 한다(선례 7-47).	
포괄승계인에 의한 등기신청		[매도인 사망] 매도인 명의의 허가신청서를 제출하여 그 허가를 받기 전에 매도인이 사망하여 매도인 명의의 토지거래허가증을 교부받은 경우, 상속인은 매도인을 포괄승계한 것이므로 실질적인 계약내용의 변경이 없다면, 상속인은 매도인 명의의 토지거래허가증에 상속사실을 증명하는 서면을 첨부하여 등기신청을 할 수 있다(선례 제5-69호).	

3) 제공절차

① 서면으로 제공한다.

② 등기신청서에 첨부하는 토지거래계약허가서의 유효기간에 대한 규정은 없으므로 그 발행일로부터 3개월이 경과한 경우에도 이를 등기신청서에 첨부할 수 있을 것이나, 다만 경과일수가 오래되어 그 증명력이 의심스러울 때에는 등기관은 최근에 발행된 토지거래계약허가서의 제출을 요구할 수 있을 것이다(선례 8-65).

4) 심사(각하사유 및 간과등기효력 및 이의신청여부)

허가구역 내의 토지에 대하여 토지거래계약허가증을 첨부하지 않고 소유권이전등기 등을 신청한 경우 그 등기신청은 법 제29조 제9호(등기에 필요한 첨부정보를 제공하지 아니한 경우)에 의하여 각하하여야 한다. 허가증 없이 등기가 된 경우 그 등기는 실체법상 무효이지만 법 제29조 제2호의 사건이 등기할 것이 아닌 경우에 해당하지는 않으므로 등기관이 직권으로 말소할 수는 없다(선례 6-81, 201012-6).

(3) 농지취득자격증명(계약 불문 → 소유권이전등기 실질)

1) 서설

① 농지를 취득하려는 자는 원칙적으로 시·구·읍·면의 장에게서 농지취득자격증명을 발급받아 소유권이전등기신청서에 첨부하여야 한다(「농지법」 제3조, 등기예규 1635).

② 농지취득자격증명은 농지를 취득하는 자에게 농지취득의 자격이 있다는 것을 증명하는 것으로, 농지를 취득하려는 자가 농지에 대하여 소유권이전등기를 마쳤다 하더라도 농지취득자격증명을 발급받지 못한 이상 그 소유권을 취득하지 못한다(대판 2012.11.29, 2010다68060).

③ 이는 공매절차에 의한 매각의 경우에도 마찬가지이므로 공매 부동산이 농지법이 정한 농지인 경우에는 매각결정과 대금납부가 이루어졌다고 하더라도 농지취득자격증명을 발급받지 못한 이상 소유권을 취득할 수 없고, 설령 매수인 앞으로 소유권이전등기가 되었다고 하더라도 달라지지 않으며, 다만 매각결정과 대금납부 후에 농지취득자격증명을 추완할 수 있을 뿐이다.

2) 제공여부

구분	제공 ○		제공 ×
주체	농업인·농업법인 국가나 지방자치단체로부터 농지를 매수 동일 가구(세대) 내 친족 간의 매매 등		국가나 지방자치단체가 농지를 취득
객체	농지	① 면적요건 × ② 현황주의 전·답, 과수원, 그 밖에 법적 지목을 불문하고 실제로 농작물 경작지 또는 대통령령으로 정하는 다년생식물 재배지로 이용되는 토지	도시지역 내의 농지 ① 주거지역 ② 상업지역 ③ 공업지역 ④ 녹지지역(도시계획시설사업에 필요한 농지 限)

농지전용	농지전용허가 농지전용신고	농지전용협의 완료 (단 협의가 완료되었다는 사실은 증명 要)

행위	계약불문 취득 (실질적 승계취득)	매매, 증여, 교환, 양도담보 상속인㉮에 대한 특정적 유증 명의신탁해지, 신탁법상의 신탁 or 신탁해지 (신탁목적과 관계없이) 사인증여, 계약해제, 공매	**상**속(포괄유증), **수**용, **시**효취득, **진**정 명의회복, **경**매 상속인에 대한 특정적 유증, 공유물분할, 재산분할, 유류분반환, 농업법인의 합병 등 상속등기 후 상속재산의 협의분할을 원인으로 등기신청하는 경우도 마찬 가지로 농지취득자격증명 不要
	소유권이전등기 (실질 판단)	① 소유권이전등기 ○ ② 공유지분이전등기 ○ ③ 합유명의인변경등기 ○	소유권말소 ×
		1. **농지에 대하여 매매로 인한 소유권이전등기가 마쳐진 후** 매매계약의 합의해제를 등기원인으로 하여 **소유권이전등기의 말소**등기를 신청하는 경우에는 농지취득자격증명을 첨부정보로서 등기소에 제공할 필요가 **없다**(선례 제202204-1호). 2. **합유자의 교체·추가·임의탈퇴** 등에 따라 **농지에 대한 합유명의인 변경등기**를 신청하는 경우 합유지분을 취득하는 새로운 합유자나 종전 합유자라도 변경원인에 따라 **합유지분이 증가**하는 경우에는 **농지취득자격증명**을 첨부정보로서 등기소에 **제공하여야** 한다(선례 제202204-1호).	
	예약 포함 ×	본등기	가등기(→ 종중도 농지에 대한 가등기 가능)
간주규정			토지거래허가구역 안의 농지에 대하여 토지거래계약허가증을 교부받은 경우
판결	판결정본에 농지취득자격증명을 받은 사실이 기재되어 있는 경우라도 소유권이전등기신청 시에는 농지취득자격증명을 제공하여야 한다.		
포괄 승계인에 의한 등기신청	**[매수인 사망]** 농지의 매수인이 사망한 후에 그에 대하여 발급된 농지취득자격증명은 무효이므로 그 상속인이 피상속인 명의의 증명서를 첨부하여 소유권이전등기를 신청할 수는 없다. 즉 피상속인이 매수한 농지에 관하여 공동상속인들은 매도인인 현재의 등기부상 소유자와 공동으로 상속지분에 따른 소유권이전등기를 신청할 수 있으며, 이 경우 농지취득자격증명을 첨부하여야 한다(선례 제5-714호).		

3) 제공절차

① 서면으로 제공한다.

② 등기신청서에 첨부하는 농지취득자격증명의 유효기간에 대한 규정은 없으므로 발행일부터 3개월이 경과한 경우에도 등기신청서에 첨부할 수 있다. 다만 경과일수가 오래되어 그 증명

력이 의심스러울 때에는 등기관은 최근에 발행된 농지취득자격증명의 제출을 요구할 수 있을 것이다(선례 7-49).

4) 심사(각하사유 및 간과등기효력 및 이의신청여부)

농지에 대하여 농지취득자격증명의 첨부 없이 소유권이전등기를 신청한 경우 그 등기신청은 법 제29조 제9호(등기에 필요한 첨부정보를 제공하지 아니한 경우)에 의하여 각하하여야 한다. 그 러나 법 제29조 제2호의 사건이 등기할 것이 아닌 경우에 해당하지는 않으므로 등기관이 직권으로 말소할 수는 없다(법 제58조).

5) 환부여부

① 농지의 매매로 인한 소유권이전등기를 신청할 때 첨부하여야 할 농지 매매증명은 그 증명의 성질상 원본을 첨부하여야 하는 것은 농지개혁법 시행 당시부터 현재에 이르기까지 변함이 없지만, 등기신청인은 원본과 같다는 취지를 기재한 농지매매증명의 등본을 첨부하여 신청서 에 첨부된 원본의 환부를 청구할 수 있고, 이 경우 등기공무원은 그 등본에 원본환부의 취지 를 기재하고 날인하여야 한다(선례 제2-641호).

② 즉 당연 환부되는 것은 아니다.

(4) 외국인의 토지취득에 대한 허가 또는 신고

1) 일반론

외국인 등이 대한민국 안의 부동산 등을 취득하는 계약을 체결한 경우에는 허가 또는 신고를 하고 일정한 경우에는 이를 증명하는 정보를 제공하여야 한다.

2) 토지취득계약의 신고(등기신청 시 신고필증 첨부하지 않음)

> **「부동산 거래신고 등에 관한 법률」 제8조(외국인 등의 부동산 취득·보유 신고)**
> ① 외국인 등이 대한민국 안의 부동산등을 취득하는 계약(제3조 제1항 각 호에 따른 계약은 제외한다)을 체결하였을 때에는 계약체결일부터 60일 이내에 대통령령으로 정하는 바에 따라 신고관청에 신고하여야 한다.
> ② 외국인 등이 상속·경매, 그 밖에 대통령령으로 정하는 계약 외의 원인으로 대한민국 안의 부동산 등을 취득한 때에는 부동산등을 취득한 날부터 6개월 이내에 대통령령으로 정하는 바에 따라 신고관청에 신고하여야 한다.
> ③ 대한민국 안의 부동산등을 가지고 있는 대한민국 국민이나 대한민국의 법령에 따라 설립된 법인 또는 단체가 외국인 등으로 변경된 경우 그 외국인 등이 해당 부동산등을 계속 보유하려는 경우에는 외국인 등으로 변경된 날부터 6개월 이내에 대통령령으로 정하는 바에 따라 신고관청에 신고하여야 한다.

3) 토지취득계약의 허가

「부동산 거래신고 등에 관한 법률」 제9조(외국인 등의 토지거래 허가)

① 제3조 및 제8조에도 불구하고 외국인 등이 취득하려는 토지가 다음 각 호의 어느 하나에 해당하는 구역·지역 등에 있으면 토지를 취득하는 계약(이하 "토지취득계약"이라 한다)을 체결하기 전에 대통령령으로 정하는 바에 따라 신고관청으로부터 토지취득의 허가를 받아야 한다. 다만, 제11조에 따라 토지거래계약에 관한 허가를 받은 경우에는 그러하지 아니하다. 〈개정 2023.8.8, 2024.2.6.〉

    1. 「군사기지 및 군사시설 보호법」 제2조 제6호에 따른 군사기지 및 군사시설 보호구역, 그 밖에 국방목적을 위하여 외국인 등의 토지취득을 특별히 제한할 필요가 있는 지역으로서 대통령령으로 정하는 지역

    2. 「문화유산의 보존 및 활용에 관한 법률」 제2조 제3항에 따른 지정문화유산과 이를 위한 보호물 또는 보호구역

    2의2. 「자연유산의 보존 및 활용에 관한 법률」에 따라 지정된 천연기념물 등과 이를 위한 보호물 또는 보호구역

    3. 「자연환경보전법」 제2조 제12호에 따른 생태·경관보전지역

    4. 「야생생물 보호 및 관리에 관한 법률」 제27조에 따른 야생생물 특별보호구역

② 신고관청은 관계 행정기관의 장과 협의를 거쳐 외국인 등이 제1항 각 호의 어느 하나에 해당하는 구역·지역 등의 토지를 취득하는 것이 해당 구역·지역 등의 지정목적 달성에 지장을 주지 아니한다고 인정하는 경우에는 제1항에 따른 허가를 하여야 한다.

③ 제1항을 위반하여 체결한 토지취득계약은 그 효력이 발생하지 아니한다.

「재외국민 및 외국인의 부동산등기신청절차에 관한 등기예규」
제15조 (외국인등의 토지취득허가증)

① 외국인등이 다음 각 호의 어느 하나에 해당하는 구역·지역에 있는 토지(대지권 포함)를 취득하는 계약을 체결하고 그에 따른 소유권이전등기를 신청하는 경우에는 「부동산 거래신고 등에 관한 법률」 제9조 제1항에 따른 외국인 토지취득허가증을 첨부정보로서 제공하여야 한다.

    다만, 국내거소신고를 한 외국국적동포의 경우에는 「재외동포의 출입국과 법적 지위에 관한 법률」 제11조 제1항에 따라 제1호의 지역에 있는 토지를 취득하는 경우로 한정한다.

    1. 「군사기지 및 군사시설 보호법」 제2조 제6호에 따른 군사기지 및 군사시설 보호구역, 그 밖에 국방목적을 위하여 외국인등의 토지취득을 특별히 제한할 필요가 있는 지역으로서 대통령령으로 정하는 지역

    2. 「문화유산의 보존 및 활용에 관한 법률」 제2조 제3항에 따른 지정문화유산과 이를 위한 보호물 또는 보호구역

    2의2. 「자연유산의 보존 및 활용에 관한 법률」에 따라 지정된 천연기념물 등과 이를 위한 보호물 또는 보호구역

    3. 「자연환경보전법」 제2조 제12호에 따른 생태·경관보전지역

    4. 「야생생물 보호 및 관리에 관한 법률」 제27조에 따른 야생생물 특별보호구역

② 「부동산 거래신고 등에 관한 법률」 제11조에 따라 토지거래계약 허가증을 첨부정보로서 제공한 경우에는 제1항에 따른 토지취득허가증을 제공할 필요가 없다.

③ 취득하려는 토지가 토지취득허가의 대상이 아닌 경우에는 이를 소명하기 위하여 토지이용계획확인서를 첨부정보로서 제공하여야 한다.

> **제16조 (허가 없이 소유권이전등기가 마쳐진 경우)**
> 「부동산 거래신고 등에 관한 법률」 제9조 제1항에 따른 토지취득허가대상토지에 대하여 허가를 받지
> 아니한 채 소유권이전등기가 마쳐졌다 하더라도 「부동산등기법」 제29조 제2호에 해당하는 것은 아니므로
> 등기관은 이를 직권으로 말소할 수 없다.

(5) 민법상 재단법인의 기본재산 처분 시 주무관청의 허가

1) 서설

① 재단법인의 기본재산은 법인의 실체인 동시에 재단법인의 목적을 달성하기 위한 기본적 수단
으로서 정관의 필수적 기재사항이다(「민법」 제43조, 제40조 제4호).

② 재단법인의 기본재산 처분은 필연적으로 정관변경을 초래하며, 법인의 정관변경은 주무관청
의 허가를 얻어야 효력이 있다.

③ 따라서 재단법인의 기본재산을 처분하고 그에 따른 등기를 신청하는 경우에는 주무관청의
허가를 증명하는 서면을 첨부하여야 한다.

2) 제공여부

구분		제공 ○	제공 ×
주체		민법상 재단법인	민법상 사단법인
객체		기본재산	보통재산(단, 보통재산임을 증명하기 위해 정관첨부 要)
행위	처분	매매, 증여, 교환, 신탁해지, 공유물분할 등	취득 **상**속(포괄유증), **수**용, **시**효취득, **진**정명의회복, **경**매
	소유권	소유권이전(+ 본등기 포함) 소유권말소	가등기 제한물권설정 임차권설정
	자유의사	소유권말소 ① 합의해제	소유권말소 ① 원인무효 ② 취소 ③ 법정해제
판결		반드시 제공 ○	

3) 제공절차

서면으로 제공한다.

4) 심사(각하사유 및 간과등기효력 및 이의신청여부)

위 주무관청의 허가서를 제공하지 않은 등기신청은 법 제29조 제9호(등기에 필요한 첨부정보를
제공하지 아니한 경우)에 의하여 각하하여야 한다. 그러나 법 제29조 제2호의 사건이 등기할
것이 아닌 경우에 해당하지는 않으므로 등기관이 직권으로 말소할 수는 없다(**법 제58조**).

(6) 공익법인의 기본재산 처분 시 주무관청의 허가

1) 서설

① 공익법인이란 재단법인 또는 사단법인으로서 사회 일반의 이익에 이바지하기 위하여 학자금, 장학금 또는 연구비의 보조나 지급, 학술, 자선에 관한 사업을 목적으로 하는 법인을 말한다. 사단법인과 재단법인 중 일정한 목적을 가진 법인이 공익법인으로서, 공익법인은 민법의 특별법인 공익법인법의 규율을 받는다.

② 주의할 것은 공익법인은 그 공익성의 유지를 위하여 기본재산의 관리에 있어 민법보다 더 엄격한 제한을 두고 있다는 점이다. 즉 민법상 재단법인은 기본재산의 소유권을 양도하는 경우에만 주무관청의 허가를 받도록 되어 있으나, 공익법인의 재산에 대한 처분에는 소유권을 양도하는 경우뿐만 아니라 제한물권의 설정, 담보제공, 임차권의 설정과 용도변경까지 포함되므로 그 제한의 범위가 넓다.

2) 제공여부

구분	제공 ○		제공 ×
주체	공익법인(사단법인ㆍ재단법인)		
객체	기본재산		보통재산
행위	처분	매매, 증여, 교환, 신탁해지, 공유물분할 등	취득 **상**속(포괄유증), **수**용, **시**효취득, **진**정명의회복, **경**매
	소유권 제한물권 임차권	소유권이전(+ 본등기 포함) 전세권ㆍ근저당권설정 임차권설정	가등기
	자유의사	소유권말소 ① 합의해제	소유권말소 ① 원인무효 ② 취소 ③ 법정해제
판결	소유권이전등기라면 반드시 제공 ○		

3) 제공절차

서면으로 제공한다.

4) 심사(각하사유 및 간과등기효력 및 이의신청여부)

위 주무관청의 허가서를 제공하지 않은 등기신청은 법 제29조 제9호(등기에 필요한 첨부정보를 제공하지 아니한 경우)에 의하여 각하하여야 한다. 그러나 법 제29조 제2호의 사건이 등기할 것이 아닌 경우에 해당하지는 않으므로 등기관이 직권으로 말소할 수는 없다(**법 제58조**).

(7) 학교법인의 수익용재산 처분 시 관할청의 허가

1) 서설

① 학교법인이 그 기본재산을 매도·증여·교환 또는 용도변경하거나 담보에 제공하고자 할 때 또는 의무의 부담이나 권리의 포기를 하고자 할 때에는 관할청의 허가를 받아야 한다.

② 따라서 학교법인이 그 소유 명의의 부동산에 관하여 매매, 증여, 교환, 그 밖의 처분행위를 원인으로 한 소유권이전등기를 신청하거나 근저당권 등의 제한물권 또는 임차권의 설정등기를 신청하는 경우에는 그 등기신청서에 관할청의 허가를 증명하는 서면을 첨부하여야 한다. 다만, 사립학교법 시행령 제11조 제5항 제1호부터 제3호, 제6호, 제7호의 신고사항에 해당하는 경우에는 이를 소명할 수 있는 서면(관할청의 신고수리공문 등)을 첨부하여야 한다(**등기 예규 제1255호**).

③ 그러나 학교교육에 직접 사용되는 학교법인의 재산 중 교지, 교사(강당을 포함한다), 체육장(실내체육장을 포함한다), 실습 또는 연구시설, 그 밖에 교육에 직접 사용되는 시설·설비 및 교재·교구 등을 매도 또는 담보로 제공하는 행위는 관할청의 허가여부에 관계없이 할 수 없다(「**사립학교법**」 **제28조, 동법 시행령 제12조**).

④ 즉 학교법인의 교육용 기본재산은 관할청의 허가 여부와 관계없이 처분행위가 금지되지만 수익용 기본재산은 관할청의 허가를 받은 경우에는 처분행위가 인정된다.

2) 제공여부

구분		제공 O	제공 X
주체		학교법인	
객체	기본재산	┌ 교육용 : 허가불문 不可 └ 수익용 : 허가받은 경우 可	보통재산
행위	처분	매매, 증여, 교환, 그 밖의 처분행위 공유물분할 신탁해지	취득 **상**속(포괄유증), **수**용, **시**효취득, **진**정 명의회복, **경**매 * 담보제공 당시에 관할청의 허가를 받은 경우 저당권의 실행으로 매각이 될 때 별도의 허가 不要
	소유권 제한물권 임차권	소유권이전등기 제한물권설정등기 임차권설정등기	가등기

	자유의사	소유권말소
		  1) 합의해제
			소유권말소
			  1) 원인무효
			  2) 취소
			  3) 법정해제

기타	① 학교법인에게 신탁한 부동산이라 하더라도 그 신탁해지로 인한 소유권이전등기를 신청하는 경우에는 관할청의 허가를 증명하는 서면을 첨부하여야 한다. ② 학교법인이 공유자 중 1인인 부동산에 관하여 공유물분할등기를 신청하는 경우에도 관할청의 허가를 증명하는 서면을 첨부하여야 한다. 이는 학교법인이 종전의 공유지분보다 더 많은 공유지분을 취득하게 되는 경우에도 마찬가지이다.
판결	소유권이전등기라면 반드시 제공 ○

3) 제공절차

서면으로 제공한다.

4) 심사(각하사유 및 간과등기효력 및 이의신청여부)

위 관할청의 허가를 제공하지 않은 등기신청은 법 제29조 제9호(등기에 필요한 첨부정보를 제공하지 아니한 경우)에 의하여 각하하여야 한다. 그러나 법 제29조 제2호의 사건이 등기할 것이 아닌 경우에 해당하지는 않으므로 등기관이 직권으로 말소할 수는 없다(**법 제58조**).

(8) 사립학교 경영자(학교법인 준용)

(9) 각 허가서의 관계

1) 계약 또는 취득 시의 허가

① 농지에 대하여 토지거래계약허가를 받은 경우에는 농지법 제8조에 따른 농지취득자격증명을 받은 것으로 보며, 부동산등기 특별조치법」제3조에 따른 검인도 받은 것으로 본다. 따라서 토지거래허가구역 안의 토지(농지 등)에 대하여 토지거래계약허가증을 교부받은 경우에는 등기원인증서에 검인을 받을 필요가 없으며, 농지라도 농지취득자격증명을 제출할 필요가 없다. 이것은 등기신청인이 농업법인이 아닌 법인이거나 법인이 아닌 사단(교회, 종중 등)인 경우에도 동일하다(**선례 201008-1 참조**).

② 부동산에 관한 매매계약을 체결하고 실제 매매가격 등 일정한 사항을 관할 시장·군수 또는 구청장에게 신고하여 (부동산거래계약)신고필증을 발급받은 때에는 검인을 받은 것으로 본다.

2) 처분 시의 허가

주체		객체 및 행위			종류	
		취득	처분			
		기본재산이 아닌 경우	기본재산의 경우		┌ 일반인 : 성년 2인↑ 인감 └ 법무사 : 기명날인(인감)	
			소유권이전	제한물권 or 임차권		
비법인	사단	×	–	○	○	사원총회 결의	행정관청 ×
	재단	×	–	×	×	–	–

민법	사단법인	×	×	×	×	−	−
	재단법인	×	×	○	×	주무관청 허가	
공익 법인	사단법인 재단법인	×	×	○	○	주무관청 허가	행정관청 ○
학교 법인	수익용 재산	×	×	○	○	관할청 허가	
	교육용 재산	×	×	×	×	×	×

(10) 등기원인을 증명하는 서면이 집행력 있는 판결인 경우

> **부동산등기규칙 제46조(첨부정보)**
> ① 등기를 신청하는 경우에는 다음 각 호의 정보를 그 신청정보와 함께 첨부정보로서 등기소에 제공하여야 한다.
> 1. **등기원인을 증명**하는 정보
> 2. **등기원인**에 대하여 **제3자의 허가**, 동의 또는 승낙이 필요한 경우에는 이를 증명하는 정보
> ③ 등기원인을 증명하는 정보가 **집행력 있는 판결**인 경우에는 **제1항 제2호의 정보를 제공할 필요가 없다.** 다만 등기원인에 대하여 **행정관청의 허가**, 동의 또는 승낙을 받을 것이 요구되는 때에는 **그러하지 아니**하다.

① 등기를 신청하는 경우에는 **등기원인**에 대하여 제3자의 허가, **동의 또는 승낙**이 필요한 경우에는 이를 증명하는 정보를 첨부정보로서 등기소에 제공하여야 한다(규칙 제46조 제1항 제2호).

② 그러나, 등기원인을 증명하는 정보가 집행력 있는 판결인 경우에는 이를 제공할 필요가 없다(규칙 제46조 제3항 본문). 재판절차에서 이미 확인되었다고 보기 때문이다.

③ 다만, 위 규칙 제46조 제3항의 규정에도 불구하고 공익상의 이유(판결절차를 탈법 수단으로 악용하는 것을 막기 위하여) 등기원인에 대하여 행정관청의 허가, 동의 또는 승낙을 받을 것이 요구되는 때에는 이를 증명하는 정보를 제공하여야 한다(규칙 제46조 제3항 단서).

④ 이에 대하여 등기예규에서는 보다 구체적으로 규정하고 있다(등기예규 제1383호).

　　1) 행정관청의 허가서 등의 현존사실이 집행력 있는 판결서에 기재되어 있는 경우에만 허가서 등을 제공할 필요가 없다.

　　2) 그렇다 하더라도 '소유권이전등기를 신청하는 경우'에는 행정관청의 허가서 등을 반드시 제공하여야 한다.

⑤ 따라서 판결에 의한 소유권이전등기를 하는 경우라도 농지취득자격증명, 토지거래계약허가, 공익법인의 기본재산 소유권이전등기 시에 대한 주무관청의 허가서는 반드시 제공하여야 한다(선례 제201205-5호 등).

Ⅱ 등기의무자와 관련된 정보

1. 등기필정보

(1) 서설

① 등기권리자와 등기의무자가 권리에 관한 등기를 공동으로 신청하는 경우와 등기절차의 인수를 명하는 판결에서 승소한 등기의무자가 단독으로 권리에 관한 등기를 신청하는 경우에는 등기의무자의 등기필정보를 신청정보의 내용으로 제공하여야 한다(**등기예규 1647**). 즉 등기필정보를 교부받은 자가 이를 소지하고 있던 중 다시 등기의무자로서 등기를 신청하는 경우에는 등기필정보를 신청정보로 제공하여야 한다(**규칙 제43조 제1항 제7호**).

② 종전에 등기필증을 발급받은 자는 등기필정보의 제공을 갈음하여 그 등기필증을 신청서에 첨부할 수 있으므로, 개정 부동산등기법 시행 전에 권리취득의 등기를 한 후 등기필증을 교부받은 경우에는 당시에 교부받은 등기필증을 첨부정보로 제공할 수 있다(**개정법 부칙 제2조**).

③ 등기필증(현행 등기필정보)은 특별한 사정이 없는 한 등기의무자가 소지하고 어떠한 사유로도 재교부하지 않았기 때문(**선례 2-158**)에 등기필증(현행 등기필정보)을 소지하고 있다는 사실은 등기의무자로서 등기신청을 하는 사람이 등기기록상의 등기의무자 본인임이 틀림없다는 사실을 증명하는데 중요한 자료가 된다(**대판 1990.1.12, 89다카14363 참조**). 따라서 등기필증(현행 등기필정보)을 제출하도록 하는 것은 해당 등기로 인하여 기존의 권리를 잃게 되는 신청인이 진정한 등기의무자인지 여부를 등기관이 확인할 수 있게 함으로써 허위의 등기를 예방하고 등기의 진정을 확보하는 데 있다(**대판 2012.9.13, 2012다47098**).

④ 종래 등기소로부터 받은 등기필증을 가지고 있는 경우 등기의무자의 소유권에 관한 등기필증으로서 등기의무자가 소유권 취득 시 등기소로부터 교부받은 등기필증을 첨부한다(**법 부칙 제2조**).

⑤ 2006.6.1.부터는 전자신청등기소에서 등기필정보를 교부하기 시작하였고, 2008.6.2.부터는 등기필증의 발급이 중단되었다(**예시** 본 건 사안의 경우에 등기의무자 ○○○ 명의로 소유권을 취득한 것은 2000년 3월 17일이었으므로 그 등기를 완료하면서 등기소로부터 발급받은 등기필증을 첨부하여야 한다).

(2) 제공여부

구분	제공 ○	제공 ×
권리- 공동신청	아래 참조	**(1) 권리등기가 아닌 경우** 　① 부동산표시등기(분필 · 합필 포함) 　② 등기명의인표시등기(개명 · 주소변경 등) **(2) 의무자가 없는 경우(단독신청)** 　① 소유권보존등기 　② 소유권이전등기(상속) ↔ (유증)의 경우 유언자의 등기필정보 제출 　③ 소유권이전등기(수용)
권리-승소㉲ 단독신청	승소㉲ 단독신청	① 승소㉭ 단독신청 ② 가등기가처분에 의한 등기
진정성이 담보되는 경우		① 관공서의 등기신청 　관공서가 등기의무자이거나 등기권리자로서 등기를 신청하는 경우에는 등기필정 　보를 제공할 필요가 없으며, 이는 법무사에게 위임하는 경우에도 마찬가지로 등기 　필정보를 제공할 필요가 없다. ② 대지사용권이전등기(법 제60조, 규칙 제46조 제4항)
등기필정보의 부존재 (등기예규 제1647호)		① 같은 부동산에 대하여 둘 이상의 권리에 관한 등기를 동시에 신청하는 　경우로서(등기신청의 대리인이 서로 다른 경우를 포함한다), 먼저 접 　수된 신청에 의하여 새로 등기명의인이 되는 자가 나중에 접수된 신청 　에서 등기의무자가 되는 경우에 나중에 접수된 등기신청에는 등기필 　정보를 제공하지 않아도 된다. ② 같은 부동산에 대하여 소유권이전등기신청과 근저당권설정등기신청을 　동시에 하는 경우, 근저당권설정등기신청에 대하여는 등기필정보를 　제공하지 않아도 된다. ③ 소유권이전등기신청과 동시에 환매특약의 등기신청을 동시에 하는 경 　우, 환매특약의 등기신청에 대하여는 등기필정보를 제공하지 않아도 　된다.
사안별 검토		1) 제한물권 설정 – 그 바탕이 되는 권리(소유권의 보존 · 이전, 전세권의 설정 · 　이전 등)를 등기하였을 때 수령한 등기필정보 2) 권리 이전 – 이전하려는 권리의 보존이나 이전, 설정 등기 등을 하였을 때에 　수령한 등기필정보 3) 권리 변경(경정) – 해당 변경이나 경정등기로 인하여 불이익을 받는 자의 　등기필정보 4) 권리 말소 – 말소되는 권리의 설정이나 이전등기 등을 하였을 때에 수령한 　등기필정보
소유권 보존 이전		× 양도인이 소유권 보존이나 이전등기를 한 후 수령한 등기필정보

근저당권	설정 이전	근저당권의 바탕이 되는 권리(소유권·지상권·전세권)에 관한 등기필정보 양도인이 근저당권설정기나 이전등기를 한 후 수령한 등기필정보
	변경	┌ 증액 : 근설정자의 등기필정보 └ 감액 : ㉠ 권자의 등기필정보 ┌ 채무자 변경 : 근설정자의 등기필정보(예컨대, 채무자 甲을 乙로 변경하 　　　　　　　　　　　　　　　　　　는 경우) ┌ 채무자 표시 변경 : ×　　　　　　(예컨대, 채무자 甲의 주소를 　(≒ 등기명의인표시변경)　　　　　　　　　　　　　　변경하는 경우)
	말소	┌ 일반적인 말소 – 근저당권설정 등기필정보 └ 근이전 후 말소 – 근저당권이전 등기필정보(양수인)
	추가적 공동담보	┌ 기존 부동산의 등기필정보(소유권의 등기필정보 / 기존 근저당권의 등기필정보) └ 추가되는 부동산의 등기필정보
가등기	설정	가등기의무자의 등기필정보
	이전	가등기의 등기필정보
	말소	가등기의 등기필정보
	본등기	┌ 가등기의무자의 등기필정보 └ 가등기권자의 가등기필정보
[부동산의 변경 초래]	합필 후 등기신청	┌ 甲토지의 등기필정보 : × (∵ 폐쇄 ○) └ 乙토지의 등기필정보 : ○
	분필 후 등기신청	분필 前 토지에 관한 등기필정보
	공유물 분할 후 등기신청	┌ 종전 ┐ (공유물분할 이전에 공유자로서 지분을 취득할 당시 수령한 등기 　　　　│　필정보) └ 신규 ┘ (공유물분할을 원인으로 한 지분이전등기를 마친 후 수령한 등기 　　　　　　필정보)
경매 후 등기신청		┌ 일반적　　　　　　　　　　　　　　　：　신규 ┌ 경매개시결정 前 제3취득자 매수인　：　종전　　(∵ 기존 등기 　　　　　　　　　　　　　　　　　　　　　　　　　말소 × → 　　　　　　　　　　　　　　　　　　　　　　　　　매각 소이등 ×) ┌ 경매개시결정 後 제3취득자 매수인　：　신규 (∵ 기존 등기 　　　　　　　　　　　　　　　　　　　　　　　　　말소 ○ → 　　　　　　　　　　　　　　　　　　　　　　　　　매각 소이등 ○) ┌ 공유부동산 경매 시 일부 공유자가 매수인 : 종전 + 신규
환지 후 등기신청		┌ 일반적　：　종전　　　　　(∵ 종전 등기기록 그대로 사용) └ 창설환지 등 : 신규
대지권등기 ○ – 구분건물 등기의무자로서 신청		┌ 구분건물에 대한 등기필정보 └ 대지에 대한 등기필정보

(3) 제공절차

① 등기필증 : 서면으로 제출(**법 부칙 제2조**)

② 등기필정보 : 신청서 을지에 일련번호와 비밀번호를 기재(**규칙 제43조 제1항 제7호**)

(4) 심사(각하사유 및 간과등기효력 및 이의신청여부)

(5) 등기필정보의 멸실 등으로 제공할 수 없는 경우 본인확인 방법(**등기예규 제1842호**)

1) 등기관이 확인조서를 작성하는 경우

가. 확인의 대상

(1) 등기관은 출석한 사람이 등기의무자등임을 확인하고「부동산등기사무의 양식에 관한 등기예규」별지 제30호 양식에 따라 조서를 작성하여야 한다. 등기의무자의 법정대리인을 확인하였다면 조서의 [등기의무자]란에 법정대리인임을 표시한다.

(2) 등기의무자가 법인인 경우에는 출석한 사람이 법인의 대표자임을, 법인 아닌 사단이나 재단인 경우에는 대표자 또는 관리인임을 확인하고, 위 등기예규 별지 제30-1호 양식에 따라 조서를 작성하여야 한다. 공동대표의 경우에는 각 공동대표자별로 확인조서를 작성한다.

나. 확인의 방법

(1) 등기관은 주민등록증, 외국인등록증, 국내거소신고증, 여권 또는 국내 운전면허증(이하 "신분증"이라 한다)에 따라 본인 여부를 확인하여야 한다. 신분증이 오래되거나 낡은 등의 사정으로 본인 여부를 판단하기 어려운 경우 등기관은 신분증을 재발급 받아 제출하게 하거나 다른 종류의 신분증을 제출할 것을 요구할 수 있다.

(2) 등기관은 확인조서의 [본인확인정보]란에 확인한 신분증의 종류를 기재하고, 그 신분증의 사본을 조서에 첨부하여야 한다. 다만 신분증이 이동통신단말장치에 암호화된 형태로 설치되는 등 사본화가 적합하지 않은 경우에는 신분확인서(「부동산등기사무의 양식에 관한 등기예규」별지 제39호 양식)를 조서에 첨부하여야 한다.

(3) 신분증만으로 본인 확인이 충분하지 아니한 경우 등기관은 가능한 여러 방법을 통하여 본인 여부를 확인할 수 있고, 필요한 경우 신분증을 보완할 수 있는 정보의 제출을 요구할 수 있다.

(4) 신분증 외의 정보를 제공받은 경우 이를 신분증의 사본(다만 신분증이 이동통신단말장치에 암호화된 형태로 설치되는 등 사본화가 적합하지 않은 경우에는 위 (2)의 신분확인서)과 함께 조서에 첨부하고, 그 정보의 종류를 [본인확인정보]란에 추가 기재한다.

다. 등기의무자등의 필적기재

(1) 등기관은 등기의무자등으로 하여금 확인조서의 [필적기재]란에 예시문과 동일한 내용 및 본인의 성명을 본인 필적으로 기재하게 한다.

(2) 필적을 기재하지 못할 특별한 사정이 있는 경우(양 팔이 없는 경우 등) 필적기재를 생략하고 등기관은 이와 같은 취지를 [비고]란에 기재한다.

2) 자격자대리인이 확인서면을 작성하는 경우

가. 확인의 대상

자격자대리인은 직접 위임인을 면담하여 위임인이 등기의무자등 본인임을 확인하고 확인서면을 작성하여야 한다.

등기의무자가 개인인 경우에는 별지 제1호 양식에 의하되, 등기의무자의 법정대리인을 확인한 때에는 등기의무자란에 등기의무자의 법정대리인임을 표시하고, 법인 또는 법인 아닌 사단·재단의 경우에는 별지 제2호 양식에 의한다.

나. 확인의 방법

(1) [특기사항]란에는 등기의무자등을 면담한 일시, 장소, 당시의 상황 그 밖의 특수한 사정을 기재한다.

> **예시** ○○○○. ○○. ○○. 오후 세시 경 강남구 일원동 소재 ○○병원 ○○호실로 찾아가 입원 중인 등기의무자를 면담하고 본인임을 확인함. 환자복을 입고 있었고 부인과 군복을 입은 아들이 함께 있었음

(2) [우무인]란에는 등기의무자등의 우무인을 찍도록 하되 자격자대리인은 무인이 선명하게 현출되었는지 확인하여야 하고, 무인이 선명하게 현출되지 않은 경우 다시 찍도록 하여 이를 모두 확인서면에 남겨둔다. 우무인을 찍는 것이 불가능한 특별한 사정(엄지손가락의 절단 등)이 있는 경우 좌무인을 찍도록 하되, [특기사항]란에 좌무인을 찍은 취지와 구체적 사유를 기재한다. 만일 우무인과 좌무인을 모두 찍을 수 없는 특별한 사정이 있는 경우 날인을 생략하고, [특기사항]란에 날인을 생략하게 된 취지와 구체적 사유를 기재한다.

> **예시** 양 팔이 모두 없어 무인을 찍을 수 없었으며, 주민등록증으로 본인임을 분명히 확인하였음

(3) 자격자대리인은 확인서면의 [본인확인정보]란에 확인한 신분증의 종류를 기재하고, 그 <u>신분증의 사본</u>을 서면에 <u>첨부</u>하여야 한다. 다만 신분증이 이동통신단말장치에 암호화된 형태로 설치되는 등 사본화가 적합하지 않은 경우에는 별지 제3호 양식의 서면을 첨부하여야 한다.

(4) 그 밖에 확인의 대상과 방법 및 필적기재에 관한 사항은 성질에 반하지 아니하는 범위에서 위 2.를 준용한다.

3) 공증을 받은 경우(신청서나 위임장 중 등기의무자등의 작성부분에 관하여)

가. 확인의 대상

① 법 제51조 단서의 '공증'은 아래 일정한 서면에 기재된 내용 중 등기의무자등의 작성부분(기명날인 등)에 대해 공증인이 등기의무자등의 의사에 의해 작성된 것임을 확인하고 그 증명을 하여 주는 사서증서의 인증을 의미한다.

② 이 공증은 등기소 출석의무를 갈음하는 것이므로 서면을 작성한 등기의무자등 본인이 공증인 앞에 직접 출석하여 공증을 받은 것이어야 한다. 따라서 등기의무자의 위임을 받은 대리인이 출석하여 공증을 받을 수는 없다.

③ 등기관은 등기필증이 멸실되어 신청서 또는 위임장의 공증서가 제출된 경우 등기의무자 본인이 출석하여 공증을 받은 것인지를 확인하여 등기업무를 처리하여야 할 직무상 의무가 있다.

④ 확인결과 등기의무자등의 위임을 받은 대리인이 출석하여 공증을 받은 경우에는 해당 등기신청을 수리하여서는 아니 되며, 필요한 서면의 보정을 명하거나 등기신청을 각하하여야 한다(대판 2012.9.13, 2012다47098).

나. 공증을 받아야 하는 서면

(1) 등기의무자등이 등기소에 출석하여 직접 등기를 신청하는 경우에는 등기신청서

(2) 등기의무자등이 직접 처분행위를 하고 등기신청을 대리인에게 위임한 경우에는 등기신청위임장

(3) 등기의무자등이 다른 사람에게 권리의 처분권한을 수여한 경우에는 그 처분권한 일체를 수여하는 내용의 처분위임장. 이 경우 처분위임장에는 "등기필정보가 없다"는 뜻을 기재하여야 한다.

4) 진정성 담보

① 소유권 외의 권리의 등기명의인이 등기의무자로서 등기를 신청할 때(근저당권이전등기, 전세권이전등기, 근저당권말소등기, 전세권말소등기)에 등기필정보를 제공한 경우에는 등기의무자의 인감증명을 제공할 필요가 없다. 위와 같은 등기신청을 대리인에게 위임할 경우에도 마찬가지이다(선례 5-124).

② 그러나 등기필정보를 제공할 수 없어 소유권 외의 권리의 등기명의인이 등기의무자로서 법 제51조(등기관의 확인조서, 자격자대리인의 확인서면, 공증인의 공증을 받은 경우 모두 포함)에 따라 등기를 신청하는 경우에는 신청서나 위임장에 신고된 인감을 날인하고 그 인감증명을 제출하여야 한다(규칙 제60조 제1항 제3호).

③ 이러한 취지는 등기의무자가 등기필정보가 없어 등기의무자가 등기소에 출석하여 등기관의 확인을 받거나 신청서에 자격자대리인의 확인서면을 첨부하거나 신청서 또는 위임장을 공증받아 등기를 신청하는 경우에는 등기의무자의 진의를 확인할 필요가 있기에 그의 인감증명을 제출하도록 하고 있다.

5) 외국인 및 재외국민의 등기필정보가 없는 경우(등기예규 제1686호)

① 재외국민 또는 외국인이 등기의무자로서 권리에 관한 등기를 신청할 때에 등기필정보가 없다면 법 제51조 및 「등기필정보가 없는 경우 확인조서 등에 관한 등기예규」에서 정하는 바에 따른다.

② 법 제51조 단서의 '공증'은

1) 외국인의 경우에는 본국 관공서의 증명이나 본국 또는 대한민국 공증을 말하고,

2) 재외국민의 경우에는 대한민국 공증만을 말한다.

③ 등기예규인 「재외국민 및 외국인의 부동산등기신청절차에 관한 등기예규」에서 정한 절차에 따라 국내 부동산을 처분하고 등기신청을 할 경우, 등기필정보가 없을 때에는 그 처분권한 일체를 수여하는 내용의 위임장(처분위임장)에는 "등기필정보가 없다"는 등의 뜻도 기재하여 공증인의 공증을 받고 등기필정보 대신 그 위임장을 제출하여야 한다.

2. 인감증명 또는 본인서명사실확인서

(1) 서설(규칙 제60조)

① 일정한 경우에는 신청서나 위임장 등에 신고된 인감을 날인하고 그 날인한 인감이 진정한 것이라는 증명을 위하여 인감증명을 제출하여야 한다(규칙 제60조 제1항).

② 이는 등기관이 등기의무자 또는 이해관계 있는 제3자 등의 <u>진정한 의사</u>를 확인할 수 있도록 함으로써 부실등기를 방지하여 <u>진정성을 담보하기</u> 위한 것이다.

③ <u>규칙 제60조</u>에서는 인감증명을 제출하여야 하는 등기신청의 유형을 <u>제한적으로 열거하</u>고 있다. 따라서 규칙 제60조 각 호의 경우에 <u>해당되지 않는</u> 등기신청서에는 인감을 날인할 필요도 없고 <u>인감증명을 첨부할 필요도 없다</u>(선례 5-120).

(2) 제공여부

구분			제공 ○	제공 ×	내국인 (규60④)	재외국민 (규61③)
규칙 제60조 제1항	제1호	소유권자-㉲	㉠이전 ㉨변경 소유권㉮설정	㉮보존 ㉢이전 ㉣변경 전세권㉮설정	공증 갈음 × : 인감 ○	재외공관 공증 갈음 ○ : 인감 × (+ 재외국민 등록부등본)
	제2호	소유권의 가등기말소-㉲	–	㉢가등기말소		
	제3호	등기필정보 분실-㉲	확인조서 확인서면 공증	–		
	제4호	합필등기	–	–	공증 갈음 ○ : 인감 ×	재외공관 공증 갈음 ○ : 인감 × <s>(+ 재외국관 등록부등본)</s>
	제5호	분필등기	–	–		
	제6호	상속-협의분할	전원	상속포기자 (단, 상속포기 심판서정본)		
	제7호	등이관 제3자 승낙	변경·경정 말소·회복	–		

	제8호	비법인-등기
		예규
			① 대표자나 관리인의 자격을 증명하는 서면
			② 처분행위에 대한 사원총회의 결의서(민법 제276조)
			  1) 사실을 확인하는데 상당하다고 인정되는 2인 이상의 성년자가 사실과 상위 없다는 취지와 성명을 기재하고 인감날인 및 인감증명 제공
			  2) 자격자대리인의 경우에는 기명날인으로 갈음(인감 ×)			

규칙 제60조 제2항	규칙 제60조 제1항 제1호부터 제3호까지 및 제6호에 따라 인감증명을 제출하여야 하는 자가 다른 사람에게 권리의 처분권한을 수여한 경우에는 그 대리인의 인감증명(매도용 ×)을 함께 제출하여야 한다.
해석상	① 실제 지분을 증명하는 경우(예 소유권보존등기, 지분추가하는 전세권경정등기 등) ② 동일인 보증서
진정성이 담보되는 경우	① 관공서는 허위의 등기를 할 염려가 적고 그 진정성이 인정되므로, 인감증명을 제출하여야 하는 자가 관공서인 경우에는 인감증명을 제출할 필요가 없다(규칙 제60조 제3항). ② 규칙 제1항 제4호부터 제7호까지의 규정에 해당하는 서면이 공정증서이거나 당사자가 서명 또는 날인하였다는 뜻의 공증인의 인증을 받은 서면인 경우에는 인감증명을 제출할 필요가 없다(규칙 제60조 제4항).

(3) 제공절차

구분			인감증명
당사자 본인	개인	내국인	「인감증명법상」 인감증명
		재외국민 주민등록번호 부여 ○	「인감증명법상」 인감증명 대한민국 재외공관의 공증(규60①1~3, + 재외국민등록부등본)
		재외국민 주민등록번호 부여 ×	
		외국인	(1) ㉪㉬한 경우 　「인감증명법상」 인감증명 (2) ㉪㉬하지 않은 경우 　1) 증명제도 ○ 　　본국 관공서의 인감증명 　2) 증명제도 × 　　① 본국 관공서의 증명 　　② 본국 공증인의 인증 　　③ 대한민국 공증인의 인증(대한민국 재외공관 인증 포함)
		북한에 거주하는 주민	법원이 선임한 재산관리인(법정대리)의 인감증명
	단체	법인 일반법인	대표자의 법인인감증명
		법인 외국법인(설치등기 ○)	
		법인 재단법인	
		법인 공익법인	
		법인 학교법인	

제3자		청산법인	■ **청산법인의 경우** (1) 청산인선임등기가 된 청산법인등기사항(전부)증명서 (2) 청산법인의 등기기록이 폐쇄된 경우 　1) 청산법인이 등기권리자인 경우 　　등기기록을 부활한 후 청산인 선임등기가 등기된 청산법인 　　등기사항(전부)증명서 　2) 등기의무자인 경우에는 　　① 폐쇄된 법인등기사항(전부)증명서 　　　(대표자의 개인인감) 　　② 폐쇄된 등기기록에 청산인 등기가 되어 있지 않은 경우 　　　부활한 후 청산인 선임등기가 등기된 청산법인등기사항 　　　(전부)증명서 　　　(대표자의 법인인감)
		비법인	대표자의 개인인감증명
		국가 · 지방자치단체 국제기관 · 외국정부	인감증명 ×(∵ 관공서)
		포괄승계인	필요한 경우 상속인의 인감증명
	대리	임의대리	처분위임　　　 : 본인의 인감증명 등기신청위임 : 본인의 인감증명(처분권한 수여 시 수임인의 인감증명) 　　　　　　　　　　　　　　　　　　　　　　　　↳ 단, 매도용 ×
		법정대리	법정대리인의 인감증명
	대위		제3채무자의 인감증명 △ (공동신청 ○ / 단독신청 ×) 　채무자의 인감증명 × (∵ 대위등기신청에서 원칙적으로 채무자가 　　　　　　　　　　　　　　　　 의무자가 될 수 없으므로)

(4) 심사(각하사유 및 간과등기효력 및 이의신청여부)

위 인감증명을 제공하지 않은 등기신청은 법 제29조 제9호(등기에 필요한 첨부정보를 제공하지 아니한 경우)에 의하여 각하하여야 한다. 그러나 법 제29조 제2호의 사건이 등기할 것이 아닌 경우에 해당하지는 않으므로 등기관이 직권으로 말소할 수는 없다(**법 제58조**).

3. 주소증명

새로 등기명의인이 되는 등기권리자의 주소증명정보를 제공하여야 한다. 다만 소유권이전등기를 신청하는 경우에는 등기의무자의 주소증명정보도 제공하여야 한다(**규칙 제46조 제1항 제6호**). 주소증명정보는 아래의 등기권리자와 관련된 정보 중 2. 주소증명정보에서 자세한 내용을 다루도록 한다.

Ⅲ 등기권리자와 관련된 정보

1. 주소증명

(1) 서설

① 새로이 등기명의인이 되는 등기권리자가 있는 경우에는 그 주소(또는 사무소 소재지) 및 주민등록번호(또는 부동산등기용등록번호)를 증명하는 정보를 제공하여야 한다.

② 다만 소유권이전등기를 신청하는 경우에는 등기의무자의 주소(또는 사무소 소재지)를 증명하는 정보도 제공하여야 한다.

③ 실무상 주소증명정보는 ㉠ <u>주소를 기입하는 용도(등기권리자)</u>와 ㉡ <u>동일성을 소명하기 위한 용도(등기의무자 및 등기권리자)</u>로 제공한다.

(2) 제공여부

일반론		① 등기부 기입 목적 : ㉢ (새로이 등기명의인이 되는 경우) ② 동일성 소명 목적 : ㉣㉢ (예 소유권이전등기 시 등기의무자) 1) 등기의무자 : 등기기록(계약서) vs 신청정보 → 다른 경우 2) 등기권리자 : 계약서 vs 신청정보 → 다른 경우 3) 피상속인 : 실무상 제출 4) 유증자 : 실무상 제출
표제부		~~① 토지 표시변경(분필, 합필 포함)~~ ~~② 토지 멸실~~ ~~③ 건물 표시변경(분할, 합병 포함)~~ ~~④ 건물 멸실~~
갑구· 을구	보존	소유권보존등기의 경우 – ㉣ 주소증명 ① 신청보존 ② 직권보존(채무자의 주소·번호증명정보)
	설정	근저당권 등의 설정등기의 경우 – ㉢ 주소증명
	이전	소유권 이전등기의 경우 – ㉣㉢ 주소증명 소유권㉠이전등기의 경우 – ㉢ 주소증명
	변경 (경정) ㉡표시	上同
	변경 (경정) ㉡표시	주소변경 또는 본점이전을 원인으로 하여 등기명의인표시변경등기를 신청하는 경우에 이를 증명하는 주소증명정보를 첨부정보로 제공하여야 한다.
	변경 (경정) 권리	권리자가 추가되는 경우(예 甲 단독소유 → 甲·乙 공동소유)
	말소	소유권이전등기가 아닌 소유권이전등기의 말소등기 신청의 경우에는 등기권리자 또는 등기의무자의 주소증명정보를 제공할 필요가 없다(선례 1-106).
	회복	권리의 말소회복등기를 신청할 때에는 회복대상등기의 명의인의 주소증명정보를 첨부정보로 제공한다.

상속	피상속인	(1) 등기부 기입 목적 : 법령에서 요구 × (2) 동일인 소명 목적 : 등기부와 초본상의 주소가 다른 경우
	상속인	(1) 등기부 기입 목적 : 상속인 중 권리자가 되는 자만 제공 ○ 　　　　　(상속포기자 × / 협의분할로 재산받지 않는 자 ×) (2) 동일인 소명 목적 : 협의서와 인감상의 주소가 다른 경우
판결	등기의무자	(1) 등기부 기입 목적 : ㉰ 주소증명은 원칙적 제공 × (2) 동일인 소명 목적 : 등기부상의 등기의무자의 주소와 판결문상의 피고의 주소가 다른 경우(등기부상 주소가 판결에 병기된 경우 포함)에는 동일성을 증명하기 위해 제공한다. 다만, 이러한 경우라도 등기부와 판결문상의 주민등록번호가 일치하여 동일성이 인정되는 경우에는 주소를 증명하는 정보를 제공할 필요가 없다.
	등기권리자	(1) 등기부 기입 목적 : ㉱ 주소증명만 제공 ○ 　1) 순차이전 　　갑은 을에게, 을은 병에게 각 소유권이전등기절차를 순차로 이행하라는 판결에 의하여 병이 을을 대위하여 갑으로부터 을로의 소유권이전등기를 신청할 때에는 을의 주소를 증명하는 서면을 첨부정보로 제공하여야 한다. 　　이 경우 을에 대한 소송서류의 송달이 공시송달에 의하여 이루어진 때에는 그 판결에 기재된 을의 최후 주소를 증명하는 서면을 첨부하여야 한다. 　2) 대위보존 　　원고가 미등기 부동산에 관하여 그 소유자를 피고로 하여 소유권이전등기절차의 이행을 명하는 판결을 받은 후 피고를 대위하여 소유권보존등기를 신청하는 경우에는 그 보존등기명의인인 피고의 주소를 증명하는 서면을 제출하여야 한다. 피고에 대한 소송서류의 송달이 공시송달에 의하여 이루어진 경우에도 같다. (2) 동일인 소명 목적

(3) 제공절차

구분			주소증명
당사자 본인	**개인**	**내국인**	주민등록표초본(또는 등본)
		재외 국민 · 주민등록번호 부여 ○	┌ 재외국민등록부등본 (외국주재 한국대사관 有) ├ 주민등록표초본(또는 등본) (주민등록신고 한 경우)
		재외 국민 · 주민등록번호 부여 ×	├ 체류국 관공서 발행 주소증명정보 └ 체류국 공증인의 주소공증서면 (+ 체류할 자격증명정보)
		외국인	**(1) 외국(한)한 경우** 　① 외국인 등록사실증명 　② 국내거소신고사실증명 **(2) 외국(한)하지 않은 경우** 　1) 증명제도 ○ 　　본국 관공서 발행 주소증명정보 　2) 증명제도 × 　　① 본국 공증인이 주소를 공증한 서면 　　② 주소가 기재되어 있는 신분증의 원본과 원본과 동일하다는 뜻을 기재한 사본을 함께 등기소에 제출하여 사본이 원본과 동일함을 확인받고 원본을 환부받는 방법. 이 경우 등기관은 사본에 원본 환부의 뜻을 적고 기명날인하여야 한다(**규칙 제66조**). 　　③ 주소가 기재되어 있는 신분증의 사본에 원본과 동일함을 확인하였다는 본국 또는 대한민국 공증이나 본국 관공서의 증명을 받고 이를 제출하는 방법 　　④ 본국의 공공기관 등에서 발행한 증명서 기타 신뢰할 만한 자료를 제출하는 방법(**예** 주한미군에서 발행한 거주사실증명서, 러시아의 주택협동조합에서 발행한 주소증명서) **(3) 제3국에 체류하는 경우** 　1) 주소증명제도가 있는 경우 　　: 체류국 관공서에서 발행한 주소증명정보 　　(**예** 일본국의 주민표) 　2) 주소증명제도가 없는 경우 　　: 체류국 공증인이 주소를 공증한 서면 　　(+ 체류자격을 증명하는 정보)
		북한에 거주하는 주민	법무부장관이 발급한 주소·번호증명정보

단체	법인	일반법인	법인등기사항(전부)증명서(규46⑤ : 생략)
		외국법인 (설치등기 O)	
		재단법인	
		공익법인	
		학교법인	
		청산법인	■ **청산법인의 경우** (1) 청산인선임등기가 된 청산법인등기사항(전부)증명서 (2) 청산법인의 등기기록이 폐쇄된 경우 　　1) 청산법인이 등기권리자인 경우 　　　등기기록을 부활한 후 청산인 선임등기가 등기된 청산법인등기사항(전부)증명서 　　2) 등기의무자인 경우에는 　　　① 폐쇄된 법인등기사항(전부)증명서 　　　　(대표자의 개인인감) 　　　② 폐쇄된 등기기록에 청산인 등기가 되어 있지 않은 경우 　　　　부활한 후 청산인 선임등기가 등기된 청산법인등기사항(전부)증명서 　　　　(대표자의 법인인감)
	비법인		① 정관 기타 규약(최초 주소가 정관에 있는 경우) ② 사원총회결의서(사후 주소변동 시)
	국가·지방자치단체 국제기관·외국정부		×
	포괄승계인		필요한 경우 상속인의 주소증명

(4) 심사(각하사유 및 간과등기효력 및 이의신청여부)

위 주소증명정보를 제공하지 않은 등기신청은 법 제29조 제9호(등기에 필요한 첨부정보를 제공하지 아니한 경우)에 의하여 각하하여야 한다. 그러나 법 제29조 제2호의 사건이 등기할 것이 아닌 경우에 해당하지는 않으므로 등기관이 직권으로 말소할 수는 없다(**법 제58조**).

2. 번호증명

(1) 서설

새로이 등기명의인이 되는 등기권리자가 있는 경우에는 그 주소(또는 사무소 소재지) 및 주민등록번호(또는 부동산등기용등록번호)를 증명하는 정보를 제공하여야 한다.

(2) 제공여부

일반론			등기부 기입 목적 : 권 (새로이 등기명의인이 되는 경우)
표제부			① 토지 표시변경(분필, 합필 포함) ② 토지 멸실 ③ 건물 표시변경(분할, 합병 포함) ④ 건물 멸실
갑구·을구	보존		소유권보존등기의 경우 − 신 번호증명 ① 신청보존 ② 직권보존(채무자의 주소·번호증명정보)
	설정		근저당권 등의 설정등기의 경우 − 권 번호증명
	이전		소유권 이전등기의 경우 − 권 번호증명 소유권⑦이전등기의 경우 − 권 번호증명
	변경 (경정)	부표사	土同
		부표시	① 현재 효력 있는 권리에 관한 등기의 등기명의인의 주민등록번호 등이 등기기록에 기록되어 있지 않은 경우, 그 등기명의인은 주민등록번호 등을 추가로 기록하는 내용의 등기명의인표시변경등기를 신청할 수 있다. ② 이 경우 주민등록번호 등을 증명하기 위하여 주민등록표초본(또는 등본)을 제공한다.
		권리	권리자가 추가되는 경우(예 甲 단독소유 → 甲·乙 공동소유)
	말소		소유권이전등기의 말소등기 신청의 경우에는 등기권리자 또는 등기의무자의 번호증명정보를 제공할 필요가 없다.
	회복		권리의 말소회복등기를 신청할 때에는 회복대상등기의 명의인의 번호증명정보를 첨부정보로 제공한다.

(3) 제공절차

구분				번호부여 (법 제49조)	번호증명
당사자 본인	개인		내국인	시장·군수·구청장	주민등록표초본(또는 등본)
		재외국민	주민등록번호 부여 ○	시장·군수·구청장	주민등록표초본(또는 등본)
			주민등록번호 부여 ×	등기관	부동산등기용등록번호증명정보

			지방출입국·외국인관서의 장	① 외국인등록번호증명정보 ② 국내거소신고번호증명정보 ③ 부동산등기용등록번호증명정보
단체	외국인			
	북한에 거주하는 주민		법무부장관이 발급한 주소·번호증명정보	
	법인	일반법인	등기관	법인등기사항(전부)증명서 (규46⑤ : 생략)
		외국법인 (설치등기 O)		
		재단법인		
		공익법인		
		학교법인		
		청산법인	등기관	청산인선임등기가 된 법인등기사항(전부)증명서
	비법인		시장·군수·구청장	부동산등기용등록번호증명정보
	국가·지방자치단체 국제기관·외국정부		국토교통부장관이 지정·고시	제공 × (관보 참조)
	포괄승계인		필요한 경우 상속인의 번호증명	

(4) 심사(각하사유 및 간과등기효력 및 이의신청여부)

위 부동산등기용등록번호를 제공하지 않은 등기신청은 법 제29조 제9호(등기에 필요한 첨부정보를 제공하지 아니한 경우)에 의하여 각하하여야 한다. 그러나 법 제29조 제2호의 사건이 등기할 것이 아닌 경우에 해당하지는 않으므로 등기관이 직권으로 말소할 수는 없다(법 제58조).

3. 세금영수증

① 등기를 신청하는 경우에는 신청할 등기와 관련하여 납부하여야 할 세액(취득세나 등록면허세, 국민주택채권, 등기신청수수료액) 및 과세표준액을 신청정보의 내용으로 등기소에 제공하여야 한다(규칙 제44조 제1항).

② 1) 취득을 원인으로 등기를 하려는 경우에는 등기를 하기 전까지 취득세를 신고납부한후 등기신청서에 취득세영수필확인서 1부를 첨부하여야 한다(「지방세법」 제20조 제4항, 「지방세법 시행령」 제36조).

2) 취득을 원인으로 이루어지는 등기를 제외하고 재산권과 그 밖의 권리의 설정, 변경 또는 소멸에 관한 사항을 등기하려는 경우에는 등기를 하기 전까지 신고납부한 후 등기신청서에 등록면허세영수필확인서 1부를 첨부한다(「지방세법」 제23조 제1호, 제30조, 「지방세법 시행령」 제49조).

3) 등기신청서에 납부한 취득세나 등록면허세의 금액을 기재하며, 첨부정보로 취득세영수필 확인서를 제공한다.

③ 1) 정부는 국민주택사업에 필요한 자금을 조달하기 위하여 기금의 부담으로 국민주택채권을 발행할 수 있다(「주택도시기금법」 제7조 제1항). 국가 또는 지방자치단체에 등기 · 등록을 신청하는 자는 국민주택채권을 매입하여야 한다(「주택도시기금법」 제8조 제1항). 취득세 및 등록면허세가 면제되는 경우라 하더라도 국민주택채권은 「주택도시기금법」 및 같은 법 시행령 등의 규정에 의하여 그 매입의무가 면제되지 않는 한 매입하여야 한다.

2) 국민주택채권은 소유권보존 · 이전, 저당권설정 · 이전등기의 경우에 매입한다.

3) 등기신청서에 국민주택채권을 매입하기 위한 부동산별 시가표준액과 부동산별 국민주택채권매입금액 및 채권을 매입한 후 받은 국민주택채권발행번호를 기재한다. 취득세나 등록면허세와 같이 영수필확인서를 첨부정보로 제공하는 것은 아니다.

4) 이 경우 부동산별 시가표준액란은 취득세(등록면허세)납부서(OCR용지)에 기재된 시가표준액을 기재한다.

5) 부동산이 2개 이상인 경우에는 각 부동산별로 시가표준액 및 국민주택채권을 매입금액을 기재한 다음 국민주택채권의 매입 총액을 기재한다.

④ 1) 등기를 하려고 하는 자는 대법원규칙으로 정하는 바에 따라 수수료를 내야 한다(법 제22조 제3항).

2) 등기신청서에는 등기신청수수료액과 등기신청수수료를 납부한 후 받은 납부번호를 기재하며, 첨부정보로 등기신청수수료영수필확인서를 제공한다.

⑤ 국재산에 관한 권리 등의 창설 · 이전 또는 변경에 관한 계약서(예 매매계약서)를 제공하여 등기를 신청한 경우 전자수입인지를 제공하여야 하지만, 별도로 신청서에는 기재하지 않는다.

⑥ 구체적인 세율표는 신청정보에서 본 바와 같다.

Ⅳ 부동산과 관련된 정보

① 소유권이전등기신청 등 일정한 경우에 부동산의 표시를 증명하는 서면으로 토지대장 등을 첨부하여야 한다.

② 첨부정보로서 토지대장, 임야대장, 건축물대장 정보나 그 밖에 부동산의 표시를 증명하는 정보를 제공하도록 한 것은 등기기록과 대장의 부동산 표시를 일치시키기 위한 것이다.

③ 신청정보 또는 등기기록의 부동산의 표시가 토지대장 · 임야대장 또는 건축물대장과 일치하지 아니한 경우에는 각하사유로 규정되어 있다(법 제29조 제11호).

표제부	(1) 토지 표시변경(분필 · 합필 포함)(규칙 제72조) ─ ○
	(2) 토지 멸실 (규칙 제83조) ─ ○
	(3) 건물 표시변경(분할 · 합병 포함)(규칙 제86조) ─ ○
	(4) 건물 멸실 (규칙 제102조) ─ ○

갑구 · 을구	보존	(1) **신청보존(규칙 제121조)** ① 소유권보존등기를 신청하는 경우에 토지의 표시를 증명하는 토지대장 정보나 임야대장 정보 또는 건물의 표시를 증명하는 건축물대장 정보나 그 밖의 정보를 첨부정보로서 등기소에 제공하여야 한다(규칙 121②). ② 소유권보존등기의 경우 토지의 경우에는 토지대장만 가능하나, 건물의 경우에는 건축물대장뿐만 아니라 그 밖의 서면도 가능하다. ③ "그 밖의 정보"로는 판결에서 건물의 표시가 증명된다면 그 판결도 이에 해당한다(선례 4-174). ④ 법 제65조 제1호의 경우, 대장등본은 부동산표시를 증명하는 것뿐만 아니라 보존등기신청인임을 증명하는 서류의 역할도 한다. (2) **직권보존(「민사집행법」 제81조)** ① 미등기건물에 대하여 집행법원이 처분제한의 등기를 촉탁할 때에는 법원에서 인정한 건물의 소재와 지번 · 구조 · 면적을 증명하는 정보를 첨부정보로서 제공하여야 하는바, 건축물대장정보나 특별자치시장, 특별자치도지사, 시장, 군수 또는 구청장(자치구의 구청장을 말한다)이 발급한 확인서와 「민사집행법」 제81조 제4항에 따라 작성된 집행관의 조사서면은 이에 해당한다. ② 그러나 「건축사법」에 따라 업무를 수행하는 건축사, 「공간정보의 구축 및 관리 등에 관한 법률」에 따라 업무를 수행하는 측량기술자 또는 「감정평가 및 감정평가사에 관한 법률」에 따라 업무를 수행하는 감정평가사가 작성한 서면은 이에 해당되지 아니한다.
	설정	×
	이전	(1) **소유권 이전등기의 경우 – ○** ① 소유권이전등기를 신청하는 경우에는 토지대장 · 임야대장 · 건축물대장 정보나 그 밖에 부동산의 표시를 증명하는 정보를 제공하여야 한다(규칙 46①7). ② 대장 정보를 제공하게 하는 것은 등기부와 대장의 일치 여부의 확인을 위한 것이다. (2) **소유권㉮이전등기의 경우 – ×**

		변경 (경정)	㈜표시	上同
			㈜표서	×
			권리	×

말소	×
회복	×

V 등기신청인의 자격과 관련된 정보

구분				신청인 자격
당사자 본인	개인	내국인		×
		재외 국민	주민등록번호 부여 O	① 처분위임장을 제출한 경우 처분위임장에 인감을 날인한 후 인감증명을 제공하는 경우 그 인감증명(위임인)을 첨부하여야 한다. ② 규칙 제60조에 따라 인감증명을 제출하여야 하는 자가 재외국민인 경우에는 위임장이나 첨부서면에 본인이 서명 또는 날인하였다는 뜻의 「재외공관 공증법」에 따른 인증을 받음으로써 인감증명의 제출을 갈음할 수 있다(규칙 제61조 제3항). 다만 규칙 제60조 제1항 제1호부터 제3호에 해당하는 경우 재외국민등록부등본을 제공하여야 한다. ③ 수임인의 인감증명도 제출하여야 하나, 부동산매도용일 필요는 없다(규칙 제60조 제2항).
			주민등록번호 부여 ×	
		외국인		처분위임장을 제출하는 경우(인감을 날인한 경우, 서명을 한 경우로 나뉜다) ① 「출입국관리법」에 따라 외국인등록을 하거나 「재외동포의 출입국과 법적 지위에 관한 법률」에 따라 국내거소신고를 하여 「인감증명법」에 따라 신고한 인감증명을 제출하거나 본국의 관공서가 발행한 인감증명(예 일본, 대만)을 제출하여야 한다. ② 외국인등록이나 국내거소신고를 하지 않아 「인감증명법」에 따른 인감증명을 발급받을 수 없고, 또한 본국에 인감증명제도가 없는 외국인은 인감을 날인해야 하는 서면이 본인의 의사에 따라 작성되었음을 확인하는 뜻의 본국 관공서의 증명이나 본국 또는 대한민국 공증인의 인증(대한민국 재외공관의 인증을 포함한다. 이하 같다)을 받음으로써 인감증명의 제출을 갈음할 수 있다. ③ 수임인의 인감증명도 제출하여야 하나, 부동산매도용일 필요는 없다(규칙 제60조 제2항).
		북한에 거주하는 주민		법원이 선임한 재산관리인 선임증명서

단체	법인	일반법인	법인등기사항(전부)증명서 (규46⑤ : 생략)
		외국법인 (설치등기 O)	
		재단법인	
		공익법인	
		학교법인	

		청산법인	**■ 청산법인의 경우**
			(1) 청산인선임등기가 된 청산법인등기사항(전부)증명서
			(2) 청산법인의 등기기록이 폐쇄된 경우
			    1) 청산법인이 등기권리자인 경우
			      등기기록을 부활한 후 청산인 선임등기가 등기된 청산법인
			      등기사항(전부)증명서
			    2) 등기의무자인 경우에는
			      ① 폐쇄된 법인등기사항(전부)증명서
			        (대표자의 개인인감)
			      ② 폐쇄된 등기기록에 청산인 등기가 되어 있지 않은 경우
			        부활한 후 청산인 선임등기가 등기된 청산법인등기사항
			        (전부)증명서
			        (대표자의 법인인감)

	비법인
	(규 48)
			대표자자격증명정보(△)
			① 의사록·선임서
			② 부동산등기용등록번호대장 × / 기타 단체등록증명서 ×
			    1) 사실을 확인하는데 상당하다고 인정되는 2인 이상의 성년자
			      가 사실과 상위 없다는 취지와 성명을 기재하고 인감날인 및
			      인감증명 제공
			    2) 자격자대리인의 경우에는 기명날인으로 갈음(인감 ×)

	포괄승계인		포괄승계를 증명하는 정보

제3자	대리	임의대리	**임의대리인**(자연인, 법무사 등) : 등기신청위임장
			① 부동산의 표시, 등기할 권리에 관한 사항, 위임자의 표시, 위임의
			   취지 및 연월일을 표시하고 위임자가 기명날인 또는 서명하여야
			   한다.
			② 그 위임인이 등기의무자로서 인감증명을 제출하여야 하는 경우
			   (규칙 제60조, 제61조)에는 「인감증명법」에 의하여 신고된 인감을
			   날인하여야 하여야 한다.
			③ 복대리인의 선임사항, 특별수권사항에 대하여는 그 취지가 기재
			   되어 있어야 한다(「민법」 제118조).

		④ 교도소에 재감 중인 자라도 위임장에 인감인의 날인에 갈음하여 무인을 찍고 교도관이 확인하는 방법으로 작성된 대리권한증서의 제출은 허용될 수 없으며 그때에도 인감증명의 제출을 생략할 수 없다.
	법정대리	미성년자 ① 부모 대리 : 미성년자의 기본증명서 및 가족관계등록사항증명서 ② 특대 대리 : 특별대리인선임심판서 등
	대위	대위원인증명정보 ① 공문서·사문서 불문 ② 단순한 소제기 증명서 ×

Ⅵ 자격자대리인의 등기의무자확인 및 자필서명정보

> **부동산등기규칙 제46조(첨부정보)**
> ① 등기를 신청하는 경우에는 다음 각 호의 정보를 그 신청정보와 함께 첨부정보로서 등기소에 제공하여야 한다.
> 　8. 자격자대리인이 다음 각 목의 등기를 신청하는 경우, 자격자대리인(법인의 경우에는 담당 변호사·법무사를 의미한다)이 주민등록증·인감증명서·본인서명사실확인서 등 법령에 따라 작성된 증명서의 제출이나 제시, 그 밖에 이에 준하는 확실한 방법으로 위임인이 등기의무자인지 여부를 확인하고 대법원예규로 정하는 방법에 따라 자필서명한 정보
> 　　가. 공동으로 신청하는 권리에 관한 등기
> 　　나. 승소한 등기의무자가 단독으로 신청하는 권리에 관한 등기

Ⅶ 기타 첨부정보

1. 등기상 이해관계인의 승낙서

① **등기상 이해관계인**이란 등기절차에서 <u>등기권리자 또는 등기의무자의 지위에 있지는 않으나</u> 등기기록상 <u>이해관계가 있기 때문에 참여권을 보장받는</u> 자이다. 즉 일정한 경우에는 등기상 이해관계인의 동의 또는 <u>승낙을 얻어야</u> 등기를 할 수 있으며 그러한 사항을 증명하는 정보를 제공하여야 한다.

② 등기상 이해관계인은 <u>등기기록의 형식에 의하여 손해를 입을 우려가 있다고</u> 인정되는 자를 말하며 실질적인 손해유무는 불문한다. 또한 실체법상의 이해관계가 있다고 하더라도 등기기록에 기록되어 있지 않으면 등기상 이해관계인으로 취급되지 아니한다.

③ 등기상 이해관계 있는 제3자의 승낙서 등을 제공하는 경우는 아래와 같다.

　1) 권리변경등기(**법 제52조 제5호, 규칙 제46조 제3호, 규칙 제60조 제1항 제7호, 규칙 제112조**)

2) 권리<u>경정</u>등기(법 제52조 제5호, 규칙 제46조 제3호, 규칙 제60조 제1항 제7호, 규칙 제112조)

3) <u>말소</u>등기 (법 제57조, 규칙 제46조 제3호, 규칙 제60조 제1항 제7호, 규칙 제116조)

4) <u>회복</u>등기 (법 제59조, 규칙 제46조 제3호, 규칙 제60조 제1항 제7호, 규칙 제118조)

④ 등기상 이해관계 있는 제3자의 승낙이 필요한 경우에는 이를 증명하는 정보 또는 이에 대항할 수 있는 재판이 있음을 증명하는 정보를 제공하여야 하며(규칙 제46조 제3호), 그 진정성을 담보하기 위하여 제3자의 동의 또는 승낙을 증명하는 서면을 첨부하는 경우 그 제3자의 인감을 날인하고 인감증명을 첨부하도록 하고 있다(규칙 제60조 제1항 제7호). 그러나 승낙서 대신 판결을 받은 경우에는 인감증명을 첨부할 필요가 없을 것이다.

Ⅷ 첨부정보의 제공방법

1. 서면의 유효기간

등기신청서에 첨부하는 <u>인감증명</u>, <u>주민등록표초본</u>(또는 등본), <u>가족관계등록사항별증명서</u>, 법인등기사항(전부)증명서, 건축물대장·토지대장·임야대장 등본은 발행일부터 <u>3개월</u> 이내의 것이어야 한다(규칙 제62조).

2. 첨부서면의 원용(규칙 제47조 제2항)

① 같은 등기소에 동시에 여러 건의 등기신청을 하는 경우에 첨부정보의 내용이 같은 것이 있을 때에는 먼저 접수되는 신청에만 그 첨부정보를 제공하고, 다른 신청에는 먼저 접수된 신청에 그 첨부정보를 제공하였다는 뜻을 신청정보의 내용으로 등기소에 제공하는 것으로 그 첨부정보의 제공을 갈음할 수 있다(규칙 제47조 제2항).

② 등기의무자가 동일한 2건의 근저당권설정등기를 동시에 신청하는 경우에 먼저 접수되는 신청에만 등기의무자의 인감증명서를 제공하고, 다른 신청에는 인감증명서를 제공하는 대신 먼저 접수된 신청에 그 첨부정보를 제공하였다는 뜻을 신청정보의 내용으로 제공할 수 있다(선례 202005-1).

③ 3명의 매도인과 2명의 매수인이 매매계약을 체결하고 이를 원인으로 등기권리자별로 신청정보를 작성하여 소유권이전등기를 신청하는 경우에 각 등기의무자의 부동산매도용인감증명서에 2명의 매수인이 모두 기재되어 있다면 먼저 접수되는 신청에만 그 인감증명서를 제공하고, 다른 신청에는 인감증명서를 제공하는 대신 먼저 접수된 신청에 그 첨부정보를 제공하였다는 뜻을 신청정보의 내용으로 제공할 수 있다(선례 202005-1).

④ 이러한 첨부서면의 원용은 먼저 접수되는 신청의 첨부정보를 뒤에 접수되는 신청에서 원용할 수 있을 뿐이므로 뒤에 접수되는 신청의 첨부정보를 먼저 접수되는 신청에서 원용할 수는 없다는 점을 주의한다.

○○○○○**등기신청(○○)**

접 수	년 월 일	처 리 인	등기관 확인	각종 통지
	제 호			

	부동산의 표시(거래신고관리번호/거래가액)			
규 43①1	서울특별시 서초구 우면동 ○○ 　　　 대 100m² 거래신고관리번호 : ○○○○○-○○○○-○-○○○○○○○ 　　　　　　　　　　　　　　 거래가액 : 금 ○○○,○○○,○○○원 - 이상 -			
규 43①5	등 기 원 인 과 그 　　연 월 일	○○○○ 년 ○○ 월 ○○일 　　 ○○		
규 43①6	등 기 의 목 적	○○○○○		

	구분	성명 (상호·명칭)	주민등록번호 (등기용등록번호)	주소(소재지)	지분 (개인별)
규 43①2	등기 의무자	○○○	123456-1234567	서울특별시 서초구 서초대로 ○○○	
규 43①2	등기 권리자	○○○	123456-1234567	서울특별시 서초구 서초대로 ○○○	

규 44	시가표준액 및 국민주택채권매입금액		
	부동산 표시	부동산별 시가표준액	부동산별 국민주택채권매입금액
	1.	금 ○○○ 원	금 ○○○ 원
	2.	금 ○○○ 원	금 ○○○ 원
	3.	금 ○○○ 원	금 ○○○ 원
	국 민 주 택 채 권 매 입 총 액	금	○○○ 원
	국 민 주 택 채 권 발 행 번 호	○○○○-○○-○○○○-○○○○	
	취득세(등록면허세) 금 ○○○ 원	지방교육세 금 ○○○ 원	
		농어촌특별세 금 ○○○ 원	
	세 액 합 계	금	○○○ 원
	등 기 신 청 수 수 료	금	○○○ 원
		납부번호 : ○○-○○-○○○○○○○○-○	
		일괄납부 : 건	○○○ 원

규 43①7 법 50②	등기의무자의 등기필정보		
	부동산고유번호	○○○○-○○○○-○○○○○○	
	성명(명칭)	일련번호	비밀번호
	○○○	○○○○-○○○○-○○○○	○○-○○○○

첨 부 서 면 <u>간 인</u>

- 매매계약서(전자수입인지 첨부) 1통
- 부동산거래계약신고필증 1통
- 토지거래계약허가서 1통
- 등기필증(○○○) 1통
- 인감증명 등(○○○의 매도용인감) 1통
- 주민등록표초본(또는 등본)(○○○ 및 ○○○) 2통
- 취득세영수필확인서 1통
- 등기신청수수료영수필확인서 1통
- 토지대장등본 1통
- 등기신청위임장(○○○의 인감날인 및 ○○○의 날인) 1통
- 자격자대리인의 등기의무자확인 및 자필서명정보 (○○○ 확인) 1통

규 43①9

○○○○ 년 ○○ 월 ○○ 일

위 신청인 ㊞ (전화 :)
㊞ (전화 :)

(또는) 위 대리인 **법무사** ○○○ <u>직 인</u> (전화 : ○○○-○○○○)
서울특별시 서초구 서초대로 ○○○

규 43①8

○○○○ 지방법원 ○○○ 귀중

- 신청서 작성요령 -

* 1. 부동산표시란에 2개 이상의 부동산을 기재하는 경우에는 그 부동산의 일련번호를 기재하여야 합니다.
  2. 신청인란 등 해당란에 기재할 여백이 없을 경우에는 별지를 이용합니다.
  3. 담당 등기관이 판단하여 위의 첨부서면 외에 추가적인 서면을 요구할 수 있습니다.

규 46①5	위 임 장		
부동산의표시	서울특별시 서초구 우면동 ○○　　　대 100m²		
	- 이상 -		
	등기원인과 그 연월일	○○○○ 년 ○○ 월 ○○ 일　　○○	
	등기의 목적	○○○○○	
	위 임 인	대 리 인	

규 60①	○○○　　　　　인감 서울특별시 서초구 서초대로 ○○○　　㉑	법무사 ○○○ 서울특별시 서초구 서초대로 ○○○ 위 사람을 대리인으로 정하고 위 부동산 등기 신청 및 취하에 관한 모든 행위를 위임한다. 또한 복대리인 선임을 허락한다.
규 60④	○○○　　　　　인감 서울특별시 서초구 서초대로 ○○○　　㉑	○○○○ 년　○○ 월　○○ 일

부동산표시에 관한 등기

01 절 토지

I 토지표시변경

1. 지목변경등기신청

지목변경등기신청				
접 수	년 월 일	처리인	등기관 확인	각종 통지
	제 호			

부동산의 표시	
규 43①1 규 72	변경 전의 표시 서울특별시 서초구 서초동 100 전 300m² 변경 후의 표시 서울특별시 서초구 서초동 100 대 300m² - 이상 -
규 43①5 등기원인과 그 연월일	2022년 10월 1일 지목변경
규 43①6 등 기 의 목 적	토지표시변경

	구분	성명 (상호 · 명칭)	주민등록번호 (등기용등록번호)	주소(소재지)	지분 (개인별)
법 23⑤ 규 43①2	신 청 인	김소유	701115-1201257	서울특별시 서초구 강남대로 21(서초동)	

규 44	등 록 면 허 세	금	○○○ 원
	지 방 교 육 세	금	○○○ 원
	농 어 촌 특 별 세	금	○○○ 원
	세 액 합 계	금	○○○ 원
	등 기 신 청 수 수 료	금	○○○ 원
		납부번호 : ○○-○○-○○○○○○○○-○	
		일괄납부 : 건	○○○ 원

첨 부 서 면	간 인
• 토지대장등본　　　　　　　　1통 • 등록면허세영수필확인서　　1통 • 등기신청위임장(김소유의 날인)　1통	

<table>
<tr><td>규 43①9</td><td>

2022년 10월 1일

위 신청인　　　　　　　　　　　　　　ⓘ　(전화 :　　　　)
　　　　　　　　　　　　　　　　　　ⓘ　(전화 :　　　　)

(또는) 위 대리인　법무사 나합격　직인　(전화 : 02-530-6126)
　　　　　　　서울특별시 서초구 강남대로 21 (서초동)

</td></tr>
<tr><td>규 43①8</td><td>

서울중앙 지방법원 등기국 귀중

</td></tr>
</table>

- 신청서 작성요령 -

* 1. 부동산표시란에 2개 이상의 부동산을 기재하는 경우에는 그 부동산의 일련번호를 기재하여야 합니다.
　2. 신청인란 등 해당란에 기재할 여백이 없을 경우에는 별지를 이용합니다.
　3. 담당 등기관이 판단하여 위의 첨부서면 외에 추가적인 서면을 요구할 수 있습니다.

2. 면적변경등기신청

면적변경등기신청				
접 수	년 월 일	처 리 인	등기관 확인	각종 통지
	제 호			

	부동산의 표시			
규 43①1 규 72	변경 전의 표시 서울특별시 서초구 서초동 100 대 300m² 변경 후의 표시 서울특별시 서초구 서초동 100 대 400m² - 이상 -			
규 43①5	등기원인과 그 연월일	2022년 10월 1일 면적변경		
규 43①6	등기의 목적	토지표시변경		
	구분	성명 (상호·명칭)	주민등록번호 (등기용등록번호)	주소(소재지)	지분 (개인별)
법 23⑤ 규 43①2	신 청 인	김소유	701115-1201257	서울특별시 서초구 강남대로 21(서초동)	

규 44	등 록 면 허 세	금	○ ○ ○ 원
	지 방 교 육 세	금	○ ○ ○ 원
	농 어 촌 특 별 세	금	○ ○ ○ 원
	세 액 합 계	금	○ ○ ○ 원
	등 기 신 청 수 수 료	금	○ ○ ○ 원
		납부번호 : ○○-○○-○○○○○○○○○-○	
		일괄납부 : 건	○ ○ ○ 원

	첨 부 서 면	간 인
• 토지대장등본	1통	
• 등록면허세영수필확인서	1통	
• 등기신청위임장(김소유의 날인)	1통	

규 43①9

2022년 10월 1일

위 신청인   ㉘   (전화 :   )
                                  ㉘   (전화 :   )

(또는) 위 대리인 법무사 나합격   직 인   (전화 : 02-530-6126)
서울특별시 서초구 강남대로 21 (서초동)

규 43①8

서울중앙 지방법원 등기국 귀중

― 신청서 작성요령 ―

* 1. 부동산표시란에 2개 이상의 부동산을 기재하는 경우에는 그 부동산의 일련번호를 기재하여야 합니다.
  2. 신청인란 등 해당란에 기재할 여백이 없을 경우에는 별지를 이용합니다.
  3. 담당 등기관이 판단하여 위의 첨부서면 외에 추가적인 서면을 요구할 수 있습니다.

II 토지분필

✱ 2000년 법무사 제6회 – 일부변경(날짜, 주소, 등기소 명칭)

다음 글을 읽고 이도령의 부동산등기신청서를 작성하시오.

이도령(680101-1234569, 서울특별시 서초구 남부순환로 201)은 2필지(잡종지)의 부동산을 소유하고 있는데, 아래와 같이 분할하여 2016.8.29. 분할등록하였다. 그런데 제2부동산에는 (주)서초산업(서울특별시 서초구 서초대로32길 150(서초동)) 대표이사 이서준(701115-1201257, 서울특별시 서초구 강남대로37길 21(서초동))명의로 채권최고액 100,000,000원의 근저당권설정등기가 경료되어 있고, 그 채권에 대하여서는 제3자 김영만이 채권가압류를 하였다.

이 상태에서 소유자 이도령과 (주)서초산업은 제2부동산 중 (나)부분에 대하여서 근저당권이 소멸하는 것에 대하여 협의를 하였다. 이에 따라 이도령은 토지분할에 따른 등기를 2016년 12월 16일 신청하려고 한다. 관할등기소는 서울중앙지방법원 등기국이다. 이에 맞는 등기신청서를 작성하라.

– 부동산의 표시 –

1. 서울특별시 서초구 서초동 100번지 잡종지 300평방미터
   (가)부분 : 서울특별시 서초구 서초동 100번지 잡종지 180평방미터
   (나)부분 : 서울특별시 서초구 서초동 100-1번지 잡종지 120평방미터
2. 서울특별시 서초구 서초동 200번지 잡종지 400평방미터
   (가)부분 : 서울특별시 서초구 서초동 200번지 잡종지 180평방미터
   (나)부분 : 서울특별시 서초구 서초동 200-1번지 잡종지 70평방미터
   (다)부분 : 서울특별시 서초구 서초동 200-2번지 잡종지 150평방미터

– 도면 –

1. 서울특별시 서초구 서초동 100번지 잡종지 300평방미터

(가)	(나)

2. 서울특별시 서초구 서초동 200번지 잡종지 400평방미터

(가)	(나)	(다)

제2부동산에 대한 등기사항증명서

【 을구 】				(소유권 이외의 권리에 관한 사항)
순위 번호	등기목적	접수	등기원인	권리자 및 기타사항
1	근저당권설정	2015년 2월 8일 제1926호	2015년 2월 7일 설정계약	채권최고액 금 100,000,000원 채무자 이도령 　　　서울특별시 서초구 남부순환로 　　　201(서초동, 희망빌라) 근저당권자 주식회사 서초산업 　　　101211-1311311 　　　서울특별시 서초구 서초대로32길 　　　150(서초동)(응암지점)
1-1	1번근저당권 부채권가압류	2015년 3월 8일 제3219호	2015년 3월 4일 서울중앙지방법원 의 가압류결정 (2015카단9214)	청구금액 금 80,000,000 채권자 김영만 790513-1052134 서울특별시 종로구 세종로 35

기타 신청서 작성 시 주의할 점

1. 이를 해결하고자 법무사 나합격(880703-1562316, 서울특별시 서초구 서초동 5)에게 이 사건을 의뢰하였다.
2. 신청서 중 시가표준액 및 국민주택채권매입금액란, 등록세란 등의 기재는 생략하되 첨부서면 및 정보의 설명 시 구체적 금액과 번호를 제외한 나머지 부분을 설명한다.
3. 날인할 곳에는 ⑩으로 표시하고 전화번호의 기재는 생략한다.
4. 관할등기소는 '서울중앙지방법원 등기국'으로 한다.
5. 위 사안은 문제 구성을 위한 것으로 대상 부동산의 실제 현황과 무관하다.

토지분필등기신청

접 수	년 월 일	처리인	등기관 확인	각종 통지
	제 호			

부동산의 표시

규 43①1 규 72①	1. 분할 전의 표시　서울특별시 서초구 서초동 100　잡종지 300m² 　 분할의 표시　서울특별시 서초구 서초동 100-1　잡종지 120m² 　 분할 후의 표시　서울특별시 서초구 서초동 100　잡종지 180m² 2. 분할 전의 표시　서울특별시 서초구 서초동 200　잡종지 400m² 　 분할의 표시　서울특별시 서초구 서초동 200-1　잡종지 70m² 　　　　　　　　서울특별시 서초구 서초동 200-2　잡종지 150m² 　 분할 후의 표시　서울특별시 서초구 서초동 200　잡종지 180m² 　　　　　　　　　　　- 이상 -
규 43①5	등기원인과 그 연월일　2016년 8월 29일　분할
규 43①6	등 기 의　목 적　토지표시변경
	근저당권이 소멸하는 토지의　　　표시　서울특별시 서초구 서초동 200-1　잡종지　70m²

	구분	성명 (상호·명칭)	주민등록번호 (등기용등록번호)	주소(소재지)	지분 (개인별)
법 23⑤ 규 43①2	신 청 인	이도령	680101-1234569	서울특별시 서초구 남부순환로 201	

규 44	등 록 면 허 세	금	○○○ 원
	지 방 교 육 세	금	○○○ 원
	농 어 촌 특 별 세	금	○○○ 원
	세 액 합 계	금	○○○ 원
	등 기 신 청 수 수 료	금	○○○ 원
		납부번호 : ○○-○○-○○○○○○○○-○	
		일괄납부 : 건	○○○ 원

	첨 부 서 면	간 인
	• 토지대장등본 5통 • 등록면허세영수필확인서 1통 • 등기신청위임장(이도령의 날인) 1통 • 권리소멸승낙서(주식회사 서초산업, 김영만) 2통 • 인감증명 등(주식회사 서초산업, 김영만) 2통 • 법인등기사항(전부)증명서(주식회사 서초산업) 1통	

규 43①9	**2016년 12월 16일**
	위 신청인 ㉑ (전화 :) ㉑ (전화 :) (또는) 위 대리인 **법무사 나합격** 직 인 (전화 :) **서울특별시 서초구 서초동 5**
규 43①8	**서울중앙** 지방법원 **등기국** 귀중

- 신청서 작성요령 -

* 1. 부동산표시란에 2개 이상의 부동산을 기재하는 경우에는 그 부동산의 일련번호를 기재하여야 합니다.
2. 신청인란 등 해당란에 기재할 여백이 없을 경우에는 별지를 이용합니다.
3. 담당 등기관이 판단하여 위의 첨부서면 외에 추가적인 서면을 요구할 수 있습니다.

[첨부서면 해설]

1. 토지대장등본(규칙 제46조 제1항 제1호, 제62조 등)

   ① 등기원인을 증명하기 위하여, <u>분할사실이 기재된 토지대장등본</u>을 제공한다(발행일로부터 3월 이내).

   ② <u>2개의 필지</u>가 <u>5개의 필지</u>로 분할되었으므로, <u>총 5통</u>의 토지대장등본을 제공한다.

2. 등록면허세영수필확인서(지방세법 시행령 제49조, 법 제29조 제10호, 규칙 제44조 등)

   토지분필등기를 신청하는 경우 정액세에 부동산 개수만큼 곱한 등록면허세 등을 신고·납부하여야 하므로, 이를 납부한 영수필확인서를 제공한다.

3. 등기신청위임장(이도령의 날인)(규칙 제46조 제1항 제5호, 규칙 제60조 제1항 등)

   ① 등기신청을 법무사 등 대리인에게 위임하는 경우 대리권한을 증명하여야 하므로, <u>이도령</u> <u>으로부터 위임을 받은 등기신청위임장</u>을 제공한다. 등기신청위임장에는 부동산의 표시, 위임인, 수임인 등이 기재되어 있어야 한다.

   ② 사안의 경우 <u>규칙 제60조에 해당하지 않으므로</u> <u>인감을 날인할 필요가 없다.</u>

4. 권리소멸승낙서(주식회사 서초산업, 김영만)(규칙 제76조 제3항, 제5항, 제60조 제1항)

   ① <u>근저당권자가 서초동 200-1에 대하여 권리소멸승낙을 하였으므로</u> 이를 증명하는 정보를 제공한다(규칙 제76조 제3항).

   ② <u>근저당권을 목적으로 하는 가압류권자도 서초동 200-1에 대하여 근저당권의 소멸로 인하여 자신의 권리도 소멸하게 되는 손해를 입는 자이므로</u>, 그자의 승낙을 증명하는 정보를 제공한다(규칙 제76조 제5항).

   ③ 이러한 승낙서에는 <u>근저당권자 주식회사 서초산업의 법인인감</u>, <u>가압류권자 김영만의</u> <u>개인인감을 날인</u>한다.

5. 인감증명 등(주식회사 서초산업, 김영만)(제60조 제1항 제7호, 제61조 제1항, 제62조)

   위 권리소멸승낙서에 날인한 근저당권자 주식회사 서초산업의 법인인감증명과 가압류권자 김영만의 <u>인감증명</u>을 제공한다.

6. 법인등기사항(전부)증명서(주식회사 서초산업)(제46조 제1항 제4호 유추)

   주식회사 서초산업의 <u>승낙서에 대표이사의 인적사항을 기재하고 등기소의 증명을 얻은</u> <u>대표이사의 법인인감을 날인</u>하여야 하므로, 그 <u>대표이사의 자격을 증명</u>하기 위하여 제공한다.

Ⅲ 토지합필

다음에 제시된 부동산 및 사실관계와 답안작성 유의사항에 따라 법무사 나합격이 제출할 등기신청서를 작성하고, 필요한 첨부서면의 제공 이유와 근거에 대하여 간략하게 설명하시오(서면에 의한 방문신청임을 전제로 함). **30점**

1. 부동산의 표시

(가) : 서울특별시 서초구 서초동 100　　　　대 300㎡
(나) : 서울특별시 서초구 서초동 100-1　　　대 200㎡
(다) : 서울특별시 서초구 서초동 100　　　　대 500㎡
　　　　(위 부동산은 서울중앙지방법원 등기국의 관할 구역에 속함)

2. 사실관계

가. 김소유는 (가)토지와 (나)토지 2필지를 소유하고 있었는데, 양 토지를 대장소관청에 합병등록신청하여 2021년 1월 1일에 대장상 합병등록이 되어 (다)의 토지가 되었다.

나. 위와 같이 토지대장상 합병등록이 된 이후에 김소유는 (가)토지 전부에 대하여 이매수하게 처분하여 2021년 3월 1일에 매매를 원인으로 한 소유권이전등기가 마쳐졌고, (나)토지 전부에는 김소유의 채권자 강부자의 가압류등기가 경료되었다.

다. 이후 김소유와 이매수, 채권자 강부자는 한자리에 모여 위 부동산이 이미 대장상 합병등록을 마쳤으므로 그에 맞추어 등기기록을 정리하기로 합의하였다. 김소유와 이매수는 합필 후의 공유지분을 종전 토지의 면적비율대로 배분하기로 하였고, 채권자 강부자의 가압류는 종전 토지의 면적비율만큼 지분에 존속하는 것으로 하였다.

라. 당사자는 위와 같은 등기신청을 법무사 나합격에게 위임하였고, 법무사 나합격이 해당 등기신청을 하려고 한다.

마. 주소(또는 본점이나 사무소 소재지), 주민등록번호(또는 부동산등기용등록번호) 등
　1) 김소유 : 서울시 서초구 강남대로 21(서초동), 701115-1201257
　2) 이매수 : 서울시 관악구 관악로35길 10(봉천동), 670145-1534758
　3) 강부자 : 서울시 종로구 인사동6길 5(인사동), 601205-1371508
　4) 법무사 나합격 : 서울시 서초구 강남대로 21 (서초동), 전화번호 02-530-6126

3. 답안작성 유의사항

가. 신청서 양식의 첨부서면란 등이 부족할 경우에는 답안지에 기재할 수 있습니다.

나. 신청서 양식의 첨부서면란에는 첨부서면의 명칭과 통수를 기재합니다. 첨부서면의 제공 이유와 근거는 답안지에 간략하게 기재하십시오.

다. 어느 첨부서면을 다른 첨부서면으로 서로 대체할 수 있는 경우 신청서 양식의 첨부서면 란에는 그중 하나를 기재하고, 대체할 수 있는 다른 첨부서면에 대하여는 답안지에 기재 하시기 바랍니다.

라. 위임장은 작성하지 않으셔도 됩니다. 다만 첨부서면으로는 기재하고 그 내용(위임인 등) 도 답안지에 기재하시기 바랍니다.

마. 등록면허세, 등기신청수수료 등 설문에서 정보가 주어지지 않은 것은 신청서에 기재하지 않으셔도 됩니다. 그 밖에 설문에서 주어지지 않은 사항은 고려할 필요가 없습니다.

바. 날인이 필요한 곳에는 "⑪"이라고 기재합니다.

사. 신청서 작성일은 2022년 10월 1일로 합니다.

아. 제시된 주민등록번호나 부동산등기용등록번호는 법령상의 부여 규칙이나 구성 체계 등 과 맞지 않을 수 있으나, 이 점은 고려하지 않으셔도 됩니다.

자. 설문의 부동산과 사실관계는 모두 가상의 것들임을 알려 드립니다.

토지합필등기신청				
접 수	년 월 일	처리인	등기관 확인	각종 통지
	제 호			

	부동산의 표시	
규 43①1 규 81	합필 전의 표시　서울특별시 서초구 서초동 100　　　대 300m² (3/5) 합필의　표시　서울특별시 서초구 서초동 100-1　대 200m² (2/5) 합필 후의 표시　서울특별시 서초구 서초동 100　　　대 500m² - 이상 -	
규 43①5	등기원인과 그 연월일	2021년 1월 1일　합병
규 43①6	등 기 의 목 적	토지표시변경
규 81유추	합필 후 가압류가 존 속 하 는 지 분	김소유 지분 5분의 2

	구분	성명 (상호·명칭)	주민등록번호 (등기용등록번호)	주소(소재지)	지분 (개인별)
법 23⑤ 규 43①2	신 청 인	이매수	670145-1534758	서울특별시 관악구 관악로 35길 10(봉천동)	5분의 3
		김소유	701115-1201257	서울특별시 서초구 강남대로 21(서초동)	5분의 2

규 44	등 록 면 허 세	금	○○○ 원
	지 방 교 육 세	금	○○○ 원
	농 어 촌 특 별 세	금	○○○ 원
	세 액 합 계	금	○○○ 원
	등 기 신 청 수 수 료	금	○○○ 원
		납부번호 : ○○-○○-○○○○○○○○-○	
		일괄납부 : 건	○○○ 원

첨 부 서 면   간인

- 토지대장등본   **2통**
- 등록면허세영수필확인서   **1통**
- 등기신청위임장(김소유, 이매수의 날인)   **1통**

- 소유자들의 확인서(김소유, 이매수의 인감)   **2통**
- 이해관계인의 승낙서(강부자의 인감)   **1통**
- 인감증명 등(김소유, 이매수, 강부자)   **3통**

규 43①9

2022년 10월 1일

위 신청인   ㉑ (전화 :   )
               ㉑ (전화 :   )

(또는) 위 대리인 **법무사 나합격** 직인 (전화 : 02-530-6126)
서울특별시 서초구 강남대로 21 (서초동)

규 43①8   **서울중앙** 지방법원 **등기국** 귀중

- 신청서 작성요령 -

* 1. 부동산표시란에 2개 이상의 부동산을 기재하는 경우에는 그 부동산의 일련번호를 기재하여야 합니다.
2. 신청인란 등 해당란에 기재할 여백이 없을 경우에는 별지를 이용합니다.
3. 담당 등기관이 판단하여 위의 첨부서면 외에 추가적인 서면을 요구할 수 있습니다.

[첨부서면 해설]

1. 토지대장등본(규칙 제46조 제1항 제1호, 제62조 등)

   ① 등기원인을 증명하기 위하여, 합병사실이 기재된 토지대장등본을 제공한다(발행일로부터 3월 이내).

   ② 2개의 필지가 1개의 필지로 합병되었으므로, 총 2통의 토지대장등본을 제공한다.

2. 등록면허세영수필확인서(지방세법 시행령 제49조, 법 제29조 제10호, 규칙 제44조 등)

   토지합필등기를 신청하는 경우 정액세에 부동산 개수만큼 곱한 등록면허세 등을 신고·납부하여야 하므로, 이를 납부한 영수필확인서를 제공한다.

3. 등기신청위임장(김소유, 이매수의 날인)(규칙 제46조 제1항 제5호, 규칙 제60조 제1항 등)

   ① 등기신청을 법무사 등 대리인에게 위임하는 경우 대리권한을 증명하여야 하므로, 김소유, 이매수로부터 위임을 받은 등기신청위임장을 제공한다. 등기신청위임장에는 부동산의 표시, 위임인, 수임인 등이 기재되어 있어야 한다.

   ② 사안의 경우 규칙 제60조에 해당하지 않으므로 인감을 날인할 필요가 없다.

4. 소유자들의 확인서(김소유, 이매수의 인감)(규칙 제81조 제1항)

   법 제38조 제1항의 합필특례에 따라 등기를 신청하는 경우 토지소유자인 김소유와 이매수의 확인이 있음을 증명하는 정보를 제공한다. 이러한 확인서에는 진정성담보를 위하여 인감을 날인한다.

5. 이해관계인의 승낙서(강부자의 인감)(규칙 제81조 제2항)

   법 제38조 제2항의 합필특례에 따라 등기를 신청하는 경우 이해관계인인 강부자의 승낙이 있음을 증명하는 정보를 제공한다. 이러한 확인서에는 진정성담보를 위하여 인감을 날인한다.

6. 인감증명 등(김소유, 이매수, 강부자)(규칙 제60조 제1항 제4호, 제7호, 제62조)

   ① 위 소유자들의 확인서(제4호)와 이해관계인의 승낙서(제7호)에 날인한 인감의 인영을 증명하기 위하여 각 인감증명을 제공한다.

   ② 인감날인 및 인감증명에 갈음하여, 서명하고 본인서명사실확인서 또는 전자본인서명확인서 발급증을 제공할 수 있다.

02 절 건물

I 건물표시변경

1. 건물구조변경등기

<table>
<tr><td colspan="5" align="center">건물구조변경등기신청</td></tr>
<tr>
<td rowspan="2">접 수</td>
<td colspan="2">년 월 일</td>
<td rowspan="2">처리인</td>
<td>등기관 확인</td>
<td>각종 통지</td>
</tr>
<tr>
<td colspan="2">제   호</td>
<td></td>
<td></td>
</tr>
</table>

<table>
<tr><td colspan="3" align="center">부동산의 표시</td></tr>
<tr>
<td>규 43①1
규 86</td>
<td colspan="2">
변경 전의 표시   서울특별시 서초구 서초동 100
[도로명주소] 서울특별시 서초구 서초대로88길 10
목조 기와지붕 단층 주택 100m²

변경 후의 표시   서울특별시 서초구 서초동 100
[도로명주소] 서울특별시 서초구 서초대로88길 10
시멘트 벽돌조 기와지붕 단층 주택 100m²

- 이상 -
</td>
</tr>
<tr>
<td>규 43①5</td>
<td colspan="2">등기원인과 그 연월일   2022년 10월 1일 구조변경</td>
</tr>
<tr>
<td>규 43①6</td>
<td colspan="2">등 기 의   목 적   건물표시변경</td>
</tr>
</table>

	구분	성명 (상호·명칭)	주민등록번호 (등기용등록번호)	주소(소재지)	지분 (개인별)
법 23⑤ 규 43①2	신 청 인	김소유	701115-1201257	서울특별시 서초구 강남대로 21(서초동)	

규 44	등 록 면 허 세	금		○○○	원
	지 방 교 육 세	금		○○○	원
	농 어 촌 특 별 세	금		○○○	원
	세 액 합 계	금		○○○	원
	등 기 신 청 수 수 료	금		○○○	원
		납부번호 : ○○-○○-○○○○○○○○-○			
		일괄납부 :	건	○○○	원

<table>
<tr><td colspan="2" align="center">첨 부 서 면</td><td align="center">간인</td></tr>
<tr><td>
• 건축물대장등본   1통
• 등록면허세영수필확인서   1통
• 등기신청위임장(김소유의 날인)   1통
</td><td></td><td></td></tr>
</table>

규 43①9	2022년 10월 1일
	위 신청인 ⑩ (전화 :)
	                         ⑩ (전화 :)
	
	(또는) 위 대리인 법무사 나합격 직인 (전화 : 02-530-6126)
	              서울특별시 서초구 강남대로 21 (서초동)

규 43①8	서울중앙 지방법원 등기국 귀중

- 신청서 작성요령 -

* 1. 부동산표시란에 2개 이상의 부동산을 기재하는 경우에는 그 부동산의 일련번호를 기재하여야 합니다.
   2. 신청인란 등 해당란에 기재할 여백이 없을 경우에는 별지를 이용합니다.
   3. 담당 등기관이 판단하여 위의 첨부서면 외에 추가적인 서면을 요구할 수 있습니다.

2. 건물대지지번변경등기

<table>
<tr><td colspan="5">건물대지지번변경등기신청</td></tr>
<tr><td rowspan="2">접 수</td><td>년 월 일</td><td rowspan="2">처리인</td><td>등기관 확인</td><td>각종 통지</td></tr>
<tr><td>제 호</td><td></td><td></td></tr>
</table>

<table>
<tr><td colspan="2">부동산의 표시</td></tr>
<tr>
<td>규 43①1
규 86</td>
<td>

변경 전의 표시　서울특별시 서초구 서초동 100
　　　　　　　　[도로명주소] 서울특별시 서초구 서초대로88길 10
　　　　　　　　시멘트 벽돌조 기와지붕 단층 주택 100m²

변경 후의 표시　서울특별시 서초구 서초동 100-1
　　　　　　　　[도로명주소] 서울특별시 서초구 서초대로88길 10
　　　　　　　　시멘트 벽돌조 기와지붕 단층 주택 100m²

　　　　　　　　　　　- 이상 -

</td>
</tr>
<tr><td>규 43①5</td><td>등기원인과 그 연월일　2022년 10월 1일　지번변경</td></tr>
<tr><td>규 43①6</td><td>등 기 의 목 적　건물표시변경</td></tr>
<tr><td></td><td></td></tr>
</table>

<table>
<tr>
<td></td><td>구분</td><td>성명
(상호·명칭)</td><td>주민등록번호
(등기용등록번호)</td><td>주소(소재지)</td><td>지분
(개인별)</td>
</tr>
<tr>
<td>법 23⑤
규 43①2</td><td>신

청

인</td><td>김소유</td><td>701115-1201257</td><td>서울특별시 서초구 강남대로 21(서초동)</td><td></td>
</tr>
</table>

3. 건물증축등기

건물증축등기신청				
접 수	년 월 일	처리인	등기관 확인	각종 통지
	제 호			

	부동산의 표시
규 43①1 규 86	변경 전의 표시　서울특별시 서초구 서초동 100-1 　　　　　　　　[도로명주소] 서울특별시 서초구 서초대로88길 10 　　　　　　　　시멘트 벽돌조 기와지붕 단층 주택 100m² 　변경 후의 표시　서울특별시 서초구 서초동 100-1 　　　　　　　　[도로명주소] 서울특별시 서초구 서초대로88길 10 　　　　　　　　시멘트 벽돌조 기와지붕 단층 주택 200m² 　　　　　　　　　　　　- 이상 -
규 43①5	등기원인과 그 연월일　2022년 10월 1일 증축
규 43①6	등 기 의 　목 적　건물표시변경

	구분	성명 (상호 · 명칭)	주민등록번호 (등기용등록번호)	주소(소재지)	지분 (개인별)
법 23⑤ 규 43①2	신 청 인	김소유	701115-1201257	서울특별시 서초구 강남대로 21(서초동)	

Ⅱ 건물멸실

<table>
<tr><td colspan="5" align="center">건물멸실등기신청</td></tr>
<tr><td rowspan="2">접 수</td><td>년 월 일</td><td rowspan="2">처리인</td><td>등기관 확인</td><td>각종 통지</td></tr>
<tr><td>제   호</td><td></td><td></td></tr>
</table>

<table>
<tr><td colspan="2" align="center">부동산의 표시</td></tr>
<tr><td>규 43①1</td><td>서울특별시 서초구 서초동 100-1
[도로명주소] 서울특별시 서초구 서초대로88길 10
시멘트 벽돌조 기와지붕 단층 주택 200m²

- 이상 -</td></tr>
<tr><td>규 43①5</td><td>등기원인과 그 연월일   2022년 10월 1일   멸실</td></tr>
<tr><td>규 43①6</td><td>등 기 의 목 적   건물멸실</td></tr>
</table>

<table>
<tr><td></td><td>구분</td><td>성명
(상호·명칭)</td><td>주민등록번호
(등기용등록번호)</td><td>주소(소재지)</td><td>지분
(개인별)</td></tr>
<tr><td>법 23⑤
규 43①2</td><td>신
청
인</td><td>김소유</td><td>701115-1201257</td><td>서울특별시 서초구 강남대로 21(서초동)</td><td></td></tr>
</table>

01 절 변경등기

I 주소변경

다음에 제시된 부동산 및 사실관계와 답안작성 유의사항에 따라 법무사 나합격이 제출할 등기신청서를 작성하고, 필요한 첨부서면의 제공 이유와 근거에 대하여 간략하게 설명하시오(서면에 의한 방문신청임을 전제로 함). 30점

1. 부동산

【 표제부 】		(건물의 표시)		
표시 번호	접수	소재지번 및 건물번호	건물내역	등기원인 및 기타사항
1	2019년 3월 5일	서울특별시 서초구 서초동 151 [도로명주소] 서울특별시 서초구 명달로22길 23	시멘트블럭조 시멘트 기와지붕 단층 주택 85㎡	

【 갑구 】		(소유권에 관한 사항)		
순위 번호	등기목적	접수	등기원인	권리자 및 기타사항
1	소유권보존	2019년 3월 5일 제3005호		소유자 김소유 701115-1201257 서울특별시 서초구 강남대로 21(서초동)

(위 부동산은 서울중앙지방법원 등기국의 관할 구역에 속함)

2. 사실관계

가. 소유자 김소유는 자신이 보존등기를 경료한 부동산을 담보로 금전소비대차계약 및 근저당권설정계약을 체결한 후 근저당권설정등기를 하려고 한다. 그러나 위 소유권보존등기 이후 2020년 5월 21일 '서울특별시 마포구 마포대로 25(공덕동)'로 전입신고를 하였다. 위 근저당권설정등기를 위임받은 법무사 나합격이 근저당권설정등기를 하기 위하여 선행하여야 하는 등기를 신청을 하려고 한다(이에 해당하는 등기신청권한은 위임받았음).

> 나. 주소(또는 본점이나 사무소 소재지), 주민등록번호(또는 부동산등기용등록번호) 등
>   1) 김소유 : 주민등록번호는 위 등기기록에 기재된 사항과 같음
>   (단, 주소는 현재 다른 곳으로 전입신고되어 있음)
>   2) 법무사 나합격 : 서울시 서초구 강남대로 21(서초동), 전화번호 02-530-6126

3. 답안작성 유의사항
   가. 신청서 양식의 첨부서면란 등이 부족할 경우에는 답안지에 기재할 수 있습니다.
   나. 신청서 양식의 첨부서면란에는 첨부서면의 명칭과 통수를 기재합니다. 첨부서면의 제공 이유와 근거는 답안지에 간략하게 기재하십시오.
   다. 어느 첨부서면을 다른 첨부서면으로 서로 대체할 수 있는 경우 신청서 양식의 첨부서면 란에는 그중 하나를 기재하고, 대체할 수 있는 다른 첨부서면에 대하여는 답안지에 기재 하시기 바랍니다.
   라. 위임장은 작성하지 않으셔도 됩니다. 다만 첨부서면으로는 기재하고 그 내용(위임인 등) 도 답안지에 기재하시기 바랍니다.
   마. 등록면허세, 등기신청수수료 등 설문에서 정보가 주어지지 않은 것은 신청서에 기재하지 않으셔도 됩니다. 그 밖에 설문에서 주어지지 않은 사항은 고려할 필요가 없습니다.
   바. 날인이 필요한 곳에는 "⑪"이라고 기재합니다.
   사. 신청서 작성일은 2022년 10월 1일로 합니다.
   아. 제시된 주민등록번호나 부동산등기용등록번호는 법령상의 부여 규칙이나 구성 체계 등 과 맞지 않을 수 있으나, 이 점은 고려하지 않으셔도 됩니다.
   자. 설문의 부동산과 사실관계는 모두 가상의 것들임을 알려 드립니다.

등기명의인표시변경등기신청

접 수	년 월 일	처리인	등기관 확인	각종 통지
	제 호			

	부동산의 표시(거래신고관리번호/거래가액)
규 43①1	서울특별시 서초구 서초동 151 [도로명주소] 서울특별시 서초구 명달로22길 23 시멘트블럭조 시멘트 기와지붕 단층 주택 85m² - 이상 -
규 43①5	등기원인과 그 연월일　2020년 5월 21일　주소변경
규 43①6	등 기 의 목 적　등기명의인표시변경
변 경 할 사 항	갑구 1번 등기명의인 김소유의 주소 "서울특별시 서초구 강남대로 21(서초동)"을 "서울특별시 마포구 마포대로 25 (공덕동)"으로 변경

구분	성명 (상호·명칭)	주민등록번호 (등기용등록번호)	주소(소재지)	지분 (개인별)
법 23⑥ 규 43①2 신 청 인	김소유	701115-1201257	서울특별시 마포구 마포대로 25(공덕동)	

규 44	등 록 면 허 세	금				○ ○ ○ 원
	지 방 교 육 세	금				○ ○ ○ 원
	농 어 촌 특 별 세	금				○ ○ ○ 원
	세 액 합 계	금				○ ○ ○ 원
	등 기 신 청 수 수 료	금				○ ○ ○ 원
		납부번호 : ○○-○○-○○○○○○○-○				
		일괄납부 :		건		○ ○ ○ 원

	첨 부 서 면	간 인
	• 주민등록표초본(또는 등본)(주소변동이력 포함) **1통** • 등록면허세영수필확인서　　　　　　**1통** • 등기신청수수료영수필확인서　　　　**1통** • 등기신청위임장(김소유의 날인)　　　**1통**	

규 43①9	**2022년 10월 1일** 위 신청인　　　　　　　　　㉙　(전화 :　　　　　) 　　　　　　　　　　　　　㉙　(전화 :　　　　　) (또는) 위 대리인 **법무사 나합격** 직 인 (전화 : 02-530-6126) **서울특별시 서초구 강남대로 21 (서초동)**
규 43①8	**서울중앙** 지방법원 **등기국** 귀중

- 신청서 작성요령 -

* 1. 부동산표시란에 2개 이상의 부동산을 기재하는 경우에는 그 부동산의 일련번호를 기재하여야 합니다.
  2. 신청인란 등 해당란에 기재할 여백이 없을 경우에는 별지를 이용합니다.
  3. 담당 등기관이 판단하여 위의 첨부서면 외에 추가적인 서면을 요구할 수 있습니다.

[첨부서면 해설]

1. 주민등록표초본(또는 등본)(주소변동이력 포함)(규칙 제46조 제1항 제1호, 제62조 등)

   ① 등기원인을 증명하기 위하여, 개인의 경우에는 <u>주소 등 변경사실이 기재된 주민등록표초본(또는 등본)</u>을 제공한다(발행일로부터 3월 이내).

   ② 주민등록표초본(또는 등본)에는 <u>등기기록상의 전 주소와 변경하고자 하는 주소가 나타나고 변경 전후의 주소가 연결되어야</u> 한다.

2. 등록면허세영수필확인서(지방세법 시행령 제49조, 법 제29조 제10호, 규칙 제44조 등)

   등기명의인표시변경등기를 신청하는 경우 <u>등록면허세 등을 신고·납부하여야 하므로</u>, 이를 납부한 영수필확인서를 제공한다.

3. 등기신청수수료영수필확인서(법 제22조 제3항, 법 제29조 제10호, 규칙 제44조 등)

   등기를 신청하는 경우 대법원규칙으로 정하는 바에 따라 <u>수수료를 납부하여야 하므로</u>, 이를 납부한 그 영수필확인서를 제공한다.

4. 등기신청위임장(김소유의 날인)(규칙 제46조 제1항 제5호, 규칙 제60조 제1항 등)

   ① 등기신청을 법무사 등 대리인에게 위임하는 경우 대리권한을 증명하여야 하므로, <u>김소유로부터 위임을 받은 등기신청위임장</u>을 제공한다. 등기신청위임장에는 부동산의 표시, 위임인, 수임인 등이 기재되어 있어야 한다.

   ② 사안의 경우 <u>규칙 제60조에 해당하지 않으므로</u> <u>김소유의 인감을 날인할 필요가 없다</u>.

Ⅱ 개명

	등기명의인표시변경등기신청			
접 수	년 월 일	처리인	등기관 확인	각종 통지
	제 호			

	부동산의 표시(거래신고관리번호/거래가액)	
규 43①1	서울특별시 서초구 서초동 151 [도로명주소] 서울특별시 서초구 명달로22길 23 시멘트블럭조 시멘트 기와지붕 단층 주택 85m² - 이상 -	

규 43①5	등기원인과 그 연월일	2020년 5월 21일 개명			
규 43①6	등 기 의 목 적	등기명의인표시변경			
	변 경 할 사 항	소유권의 등기명의인의 성명 "김소유"를 "김자유"으로 변경			
	구분	성명 (상호·명칭)	주민등록번호 (등기용등록번호)	주소(소재지)	지분 (개인별)
법 23⑥ 규 43①2	신 청 인	김자유	701115-1201257	서울특별시 마포구 마포대로 25(공덕동)	

규 44	등 록 면 허 세	금	○ ○ ○ 원
	지 방 교 육 세	금	○ ○ ○ 원
	농 어 촌 특 별 세	금	○ ○ ○ 원
	세 액 합 계	금	○ ○ ○ 원
	등 기 신 청 수 수 료	금	○ ○ ○ 원
		납부번호 : ○○-○○-○○○○○○○○○-○	
		일괄납부 : 건	○ ○ ○ 원

첨 부 서 면	간 인
• 기본증명서(상세) 1통	
• 등록면허세영수필확인서 1통	
• 등기신청수수료영수필확인서 1통	
• 등기신청위임장(김자유의 날인) 1통	

규 43①9

2022년 10월 1일

위 신청인 ㉑ (전화 :)
㉑ (전화 :)

(또는) 위 대리인 **법무사 나합격** 직 인 (전화 : 02-530-6126)
서울특별시 서초구 강남대로 21 (서초동)

규 43①8

서울중앙 지방법원 **등기국** 귀중

– 신청서 작성요령 –

＊1. 부동산표시란에 2개 이상의 부동산을 기재하는 경우에는 그 부동산의 일련번호를 기재하여야 합니다.
 2. 신청인란 등 해당란에 기재할 여백이 없을 경우에는 별지를 이용합니다.
 3. 담당 등기관이 판단하여 위의 첨부서면 외에 추가적인 서면을 요구할 수 있습니다.

02 절 경정등기(신청착오)

다음에 제시된 부동산 및 사실관계와 답안작성 유의사항에 따라 법무사 나합격이 제출할 등기신청서를 작성하고, 필요한 첨부서면의 제공 이유와 근거에 대하여 간략하게 설명하시오(서면에 의한 방문신청임을 전제로 함). 30점

1. 부동산

【 표제부 】		(건물의 표시)		
표시 번호	접수	소재지번 및 건물번호	건물내역	등기원인 및 기타사항
1	2019년 3월 5일	서울특별시 서초구 서초동 151 [도로명주소] 서울특별시 서초구 명달로22길 23	시멘트블럭조 시멘트 기와 지붕 단층 주택 85㎡	

【 갑구 】		(소유권에 관한 사항)		
순위 번호	등기목적	접수	등기원인	권리자 및 기타사항
1	소유권보존	2019년 3월 5일 제3005호		소유자 김소유 701115-1201257 서울특별시 서초구 강남대로 21(서초동)

(위 부동산은 서울중앙지방법원 등기국의 관할 구역에 속함)

2. 사실관계

가. 김소유는 2019년 1월 1일부터 현재까지 '서울특별시 서초구 강남대로 20(서초동)'에 전입신고되어 있었으나, 위와 같은 소유권보존등기가 경료되었다.

나. 이후 소유자 김소유는 자신이 보존등기를 경료한 부동산을 담보로 금전소비대차계약 및 근저당권설정계약을 체결한 후 근저당권설정등기를 하려고 한다. 위 근저당권설정등기를 위임받은 법무사 나합격이 근저당권설정등기를 하기 위하여 선행하여야 하는 등기를 신청을 하려고 한다(이에 해당하는 등기신청권한은 위임받았음).

다. 주소(또는 본점이나 사무소 소재지), 주민등록번호(또는 부동산등기용등록번호) 등

　1) 김소유 : 주민등록번호는 위 등기기록에 기재된 사항과 같음

　2) 법무사 나합격 : 서울시 서초구 강남대로 21 (서초동), 전화번호 02-530-6126

3. 답안작성 유의사항

가. 신청서 양식의 첨부서면란 등이 부족할 경우에는 답안지에 기재할 수 있습니다.

나. 신청서 양식의 첨부서면란에는 첨부서면의 명칭과 통수를 기재합니다. 첨부서면의 제공 이유와 근거는 답안지에 간략하게 기재하십시오.

다. 어느 첨부서면을 다른 첨부서면으로 서로 대체할 수 있는 경우 신청서 양식의 첨부서면 란에는 그중 하나를 기재하고, 대체할 수 있는 다른 첨부서면에 대하여는 답안지에 기재 하시기 바랍니다.

라. 위임장은 작성하지 않으셔도 됩니다. 다만 첨부서면으로는 기재하고 그 내용(위임인 등) 도 답안지에 기재하시기 바랍니다.

마. 등록면허세, 등기신청수수료 등 설문에서 정보가 주어지지 않은 것은 신청서에 기재하지 않으셔도 됩니다. 그 밖에 설문에서 주어지지 않은 사항은 고려할 필요가 없습니다.

바. 날인이 필요한 곳에는 "㊞"이라고 기재합니다.

사. 신청서 작성일은 2022년 10월 1일로 합니다.

아. 제시된 주민등록번호나 부동산등기용등록번호는 법령상의 부여 규칙이나 구성 체계 등 과 맞지 않을 수 있으나, 이 점은 고려하지 않으셔도 됩니다.

자. 설문의 부동산과 사실관계는 모두 가상의 것들임을 알려 드립니다.

등기명의인표시경정등기신청

접 수	년 월 일	처리인	등기관 확인	각종 통지
	제 호			

		부동산의 표시(거래신고관리번호/거래가액)		
규 43①1		서울특별시 서초구 서초동 151 [도로명주소] 서울특별시 서초구 명달로22길 23 시멘트블럭조 시멘트 기와지붕 단층 주택 85m² - 이상 -		
규 43①5	등기원인과 그 연월일	2019년 3월 5일 신청착오		
규 43①6	등 기 의 목 적	등기명의인표시경정		
	경 정 할 사 항	갑구 1번 등기명의인 김소유의 주소 "서울특별시 서초구 강남대로 21(서초동)"을 "서울특별시 서초구 강남대로 20(서초동)"으로 경정		
	구분	성명 (상호 · 명칭)	주민등록번호 (등기용등록번호)	주소(소재지)	지분 (개인별)
법 23⑥ 규 43①2	신 청 인	김소유	701115-1201257	서울특별시 서초구 강남대로 20(서초동)	

규 44	등 록 면 허 세	금	○○○ 원
	지 방 교 육 세	금	○○○ 원
	농 어 촌 특 별 세	금	○○○ 원
	세 액 합 계	금	○○○ 원
	등 기 신 청 수 수 료	금	○○○ 원
		납부번호 : ○○-○○-○○○○○○○○○-○	
		일괄납부 : 건	○○○ 원

	첨 부 서 면	간 인
• 주민등록표초본(또는 등본)	1통	
• 등록면허세영수필확인서	1통	
• 등기신청수수료영수필확인서	1통	
• 등기신청위임장(김소유의 날인)	1통	

규 43①9	2022년 10월 1일
	위 신청인 ㉑ (전화 :)
	㉑ (전화 :)
	(또는) 위 대리인 법무사 나합격 직인 (전화 : 02-530-6126)
	서울특별시 서초구 강남대로 21 (서초동)
규 43①8	서울중앙 지방법원 등기국 귀중

- 신청서 작성요령 -

* 1. 부동산표시란에 2개 이상의 부동산을 기재하는 경우에는 그 부동산의 일련번호를 기재하여야 합니다.
  2. 신청인란 등 해당란에 기재할 여백이 없을 경우에는 별지를 이용합니다.
  3. 담당 등기관이 판단하여 위의 첨부서면 외에 추가적인 서면을 요구할 수 있습니다.

[첨부서면 해설]

1. 주민등록표초본(또는 등본)(규칙 제46조 제1항 제1호, 제62조 등)

① 등기원인인을 증명하기 위하여, 개인의 경우에는 <u>주민등록표초본(또는 등본)</u>을 제공한다(발행일로부터 3월 이내).

② 주민등록표초본(또는 등본)에는 <u>경정 대상 주소가 기재되어 있어야 한다.</u>

2. 등록면허세영수필확인서(지방세법 시행령 제49조, 법 제29조 제10호, 규칙 제44조 등)

등기명의인표시경정등기를 신청하는 경우 <u>등록면허세 등을 신고·납부하여야</u> 하므로, 이를 납부한 영수필확인서를 제공한다.

3. 등기신청수수료영수필확인서(법 제22조 제3항, 법 제29조 제10호, 규칙 제44조 등)

등기를 신청하는 경우 대법원규칙으로 정하는 바에 따라 <u>수수료를 납부하여야</u> 하므로, 이를 납부한 그 영수필확인서를 제공한다.

4. 등기신청위임장(김소유의 날인)(규칙 제46조 제1항 제5호, 규칙 제60조 제1항 등)

① 등기신청을 법무사 등 대리인에게 위임하는 경우 대리권한을 증명하여야 하므로, <u>김소유로부터 위임을 받은 등기신청위임장</u>을 제공한다. 등기신청위임장에는 부동산의 표시, 위임인, 수임인 등이 기재되어 있어야 한다.

② 사안의 경우 <u>규칙 제60조에 해당하지 않으므로</u> <u>김소유의 인감을 날인할 필요가 없다.</u>

소유권에 관한 등기

01 절 소유권보존

Ⅰ 토지

다음에 제시된 부동산 및 사실관계와 답안작성 유의사항에 따라 법무사 나합격이 제출할 등기신청서를 작성하고, 필요한 첨부서면의 제공 이유와 근거에 대하여 간략하게 설명하시오(서면에 의한 방문신청임을 전제로 함). 30점

1. 부동산의 표시
  가. 소재 및 지번 : 서울 서초구 서초동 100번지
  나. 지목 : 대지
  다. 면적 : 100제곱미터
  라. ㎡당 시가표준액 : 1,000,000원
    (위 부동산은 서울중앙지방법원 등기국의 관할 구역에 속함)

2. 사실관계
  가. 위 부동산에 대한 토지대장에는 김소유가 최초의 소유자로 등록이 되어 있다.
  나. 김소유는 위 토지에 대한 소유권보존등기신청을 하기 전 2021.7.25. 지병인 폐암으로 사망하였다.
  다. 김소유에게는 유족으로 배우자 강배우와 자녀 김일남과 김일녀가 있는데, 그중 강배우가 소유권보존등기신청을 위하여 법무사사무실에 방문하여 그 신청을 위임하였다.
  라. 주소(또는 사무소 소재지), 주민등록번호(또는 부동산등기용등록번호) 등
    1) 김소유(651225-1254467)의 대장상 주소 : 서울시 서초구 서초대로 528
    2) 김소유(651225-1254467)의 최후 주소 : 서울시 관악구 관악로 301
    3) 강배우(671003-1135816) : 서울시 관악구 관악로 301
    4) 김일남(890925-1051475) : 서울시 종로구 세종로 52
    5) 김일녀(900715-2635415) : 서울시 종로구 세종로 52
      (위 김일남, 김일녀는 주민등록상 동일세대임)
    6) 법무사 나합격 : 서울시 서초구 강남대로 21 (서초동), 전화번호 02-530-6126

3. 답안작성 유의사항

가. 신청서 양식의 첨부서면란 등이 부족할 경우에는 답안지에 기재할 수 있습니다.

나. 신청서 양식의 첨부서면란에는 첨부서면의 명칭과 통수를 기재합니다. 첨부서면의 제공 이유와 근거는 답안지에 간략하게 기재하십시오.

다. 어느 첨부서면을 다른 첨부서면으로 서로 대체할 수 있는 경우 신청서 양식의 첨부서면 란에는 그중 하나를 기재하고, 대체할 수 있는 다른 첨부서면에 대하여는 답안지에 기재 하시기 바랍니다.

라. 위임장은 작성하지 않으셔도 됩니다. 다만 첨부서면으로는 기재하고 그 내용(위임인 등) 도 답안지에 기재하시기 바랍니다.

마. 등록면허세, 등기신청수수료 등 설문에서 정보가 주어지지 않은 것은 신청서에 기재하지 않으셔도 됩니다. 그 밖에 설문에서 주어지지 않은 사항은 고려할 필요가 없습니다.

바. 날인이 필요한 곳에는 "㉘"이라고 기재합니다.

사. 신청서 작성일은 2022년 10월 1일로 합니다.

아. 제시된 주민등록번호나 부동산등기용등록번호는 법령상의 부여 규칙이나 구성 체계 등 과 맞지 않을 수 있으나, 이 점은 고려하지 않으셔도 됩니다.

자. 설문의 부동산과 사실관계는 모두 가상의 것들임을 알려 드립니다.

토지소유권보존등기신청				
접 수	년 월 일 제 호	처리인	등기관 확인	각종 통지

	부동산의 표시				
규 43①1	서울특별시 서초구 서초동 100 대 100m² - 이상 -				
규 43①5 규 121	등기원인과 그 연월일				
규 43①6	등 기 의 목 적	소유권보존			
규 121	신 청 근 거 규 정	부동산등기법 제65조 제1호			
	구분	성명 (상호·명칭)	주민등록번호 (등기용등록번호)	주소(소재지)	지분 (개인별)
규 43①2	신 청 인	망 김소유 상속인 　강배우 　김일남 　김일녀	651225-1254467 671003-1135816 890925-1051475 900715-2635415	서울특별시 관악구 관악로 301 서울특별시 관악구 관악로 301 서울특별시 종로구 세종로 52 서울특별시 종로구 세종로 52	 7분의 3 7분의 2 7분의 2

규 44	시가표준액 및 국민주택채권매입금액		
	부동산 표시	부동산별 시가표준액	부동산별 국민주택채권매입금액
	1.	금 ○○○ 원	금 ○○○ 원
	2.	금 ○○○ 원	금 ○○○ 원
	3.	금 ○○○ 원	금 ○○○ 원
	국 민 주 택 채 권 매 입 총 액		금 ○○○ 원
	국 민 주 택 채 권 발 행 번 호		○○○○-○○-○○○○-○○○○
	취득세(등록면허세) 금 ○○○ 원	지방교육세 금 ○○○ 원	
		농어촌특별세 금 ○○○ 원	
	세 액 합 계	금 ○○○ 원	
	등 기 신 청 수 수 료	금 ○○○ 원	
		납부번호 : ○○-○○-○○○○○○○○-○	
		일괄납부 : 건 ○○○ 원	

첨 부 서 면	간인
• 토지대장등본 1통	• 취득세영수필확인서 1통
• 기본증명서(상세)(망 김소유, 강배우, 김일남, 김일녀)	• 등기신청수수료영수필확인서 1통
4통	• 등기신청위임장(강배우의 날인)
• 가족관계증명서(상세)(망 김소유, 강배우, 김일남, 김일녀)	1통
4통	
• 친양자입양관계증명서(상세)(망 김소유) 1통	
• 제적등본(망 김소유) 1통	
• 주민등록표초본(말소자)(망 김소유) 1통	
• 주민등록표초본(또는 등본)(강배우, 김일남, 김일녀) 3통	

규 43①9	2022년 10월 1일
	위 신청인 ㉙ (전화 :)
	㉙ (전화 :)
	(또는) 위 대리인 법무사 나합격 직인 (전화 : 02-530-6126)
	서울특별시 서초구 강남대로 21 (서초동)
규 43①8	서울중앙 지방법원 등기국 귀중

- 신청서 작성요령 -

* 1. 부동산표시란에 2개 이상의 부동산을 기재하는 경우에는 그 부동산의 일련번호를 기재하여야 합니다.
  2. 신청인란 등 해당란에 기재할 여백이 없을 경우에는 별지를 이용합니다.
  3. 담당 등기관이 판단하여 위의 첨부서면 외에 추가적인 서면을 요구할 수 있습니다.

[첨부서면 해설]

1. 토지대장등본(규칙 제46조 제1항 제1호, 제121조 제2항, 제62조 등)

① 부동산의 현황 및 신청인의 소유권을 증명하는 서면으로 토지대장등본을 제공한다(발행일로부터 3월 이내).

② 대장의 소유자란에는 망 김소유가 대장상 최초의 소유자로 등록되어 있어야 한다.

2. 상속을 증명하는 정보(규칙 제46조 제1항 제1호, 제62조 등)

① 법 제65조 제1호에 따라, 토지대장에 최초의 소유자로 등록되어 있는 자의 상속인은 소유권보존등기를 신청할 수 있는 자이므로, 망 김소유의 사망사실과 상속인의 범위를 증명하기 위한 정보를 제공한다.

② 피상속인의 사망사실과 사망일자 및 상속인의 범위를 증명하기 위하여, 피상속인 김소유 기준의 기본증명서(상세), 가족관계증명서(상세), 친양자입양관계증명서(상세), 제적등본을 제공한다(발행일로부터 3월 이내).

③ 상속인들이 피상속인의 서면에 기재된 상속인임을 증명하기 위하여 상속인 강배우, 김일남, 김일녀 기준의 기본증명서(상세), 가족관계증명서(상세)를 제공한다.

3. 주민등록표초본(말소자)(망 김소유)(규칙 제46조 제1항 제1호)

실무상 대장상의 피상속인과 신청정보 및 첨부정보상의 피상속인이 동일인임을 증명하기 위하여 피상속인 김소유의 주민등록표초본(말소자)을 제공한다(발행일로부터 3월 이내).

4. 주민등록표초본(또는 등본)(강배우, 김일남, 김일녀)(규칙 제46조 제1항 제6호)

새로이 등기명의인이 되는 등기권리자(등기신청인)의 주소 및 주민등록번호를 기입하여야 하므로, 등기권리자(등기신청인) 강배우, 김일남, 김일녀의 주민등록표초본(또는 등본)을 제공한다(발행일로부터 3월 이내).

5. 취득세영수필확인서(지방세법 시행령 제36조, 법 제29조 제10호, 규칙 제44조 등)

① 소유권보존등기를 신청하는 경우 시가표준액을 기초로 산정한 취득세 등을 신고·납부하여야 하므로, 이를 납부한 영수필확인서를 제공한다.

② 시장·군수·구청장 등으로부터 취득세납부서(OCR용지)를 발급받아 금융기관에 세금을 납부한 후 취득세영수필확인서를 제공한다.

③ 지방세인터넷납부시스템을 이용하여 납부하고 출력한 취득세납부확인서를 첨부할 수 있다.

6. 등기신청수수료영수필확인서(법 제22조 제3항, 법 제29조 제10호, 규칙 제44조 등)

등기를 신청하는 경우 대법원규칙으로 정하는 바에 따라 수수료를 납부하여야 하므로, 이를 납부한 그 영수필확인서를 제공한다.

7. 등기신청위임장(강배우의 날인)(규칙 제46조 제1항 제5호, 규칙 제60조 제1항 등)

① 등기신청을 법무사 등 대리인에게 위임하는 경우 대리권한을 증명하여야 하므로, <u>강배우로부터 위임을 받은 등기신청위임장</u>을 제공한다. 등기신청위임장에는 부동산의 표시, 위임인, 수임인 등이 기재되어 있어야 한다.

② 사안의 경우 <u>규칙 제60조에 해당하지 않으므로</u> 인감을 날인할 필요가 없다.

> ① 소유권보존등기의 경우에는 원칙적으로 인감증명을 제공할 필요는 없다.
> ② 등기권리자가 2인 이상인 때에는 등기신청서에 그 지분을 기재하여야 하는데 이는 통상 대장상의 지분을 기준으로 판단한다. 그러나 대장상 소유명의인이 수인의 공유로 등재되어 있으나 그 공유지분의 표시가 없는 경우가 문제되는데 '물건이 지분에 의하여 수인의 소유로 된 때에는 공유로 하고, 공유자의 지분은 균등한 것으로 추정한다(「민법」 제262조)는 민법에 따라 신청서에 갑과 을의 공유지분이 각 1/2인 것으로 기재하여 소유권보존등기를 신청할 수 있다. 그러나 만약 갑과 을의 실제 공유지분이 균등하지 않다면 ㉠ 공유자 전원이 작성한 실제 공유지분을 증명하는 서면(갑과 을이 공동으로 작성한 실제 공유지분을 증명하는 서면)과 ㉡ 실제의 지분이 균등하게 산정한 지분보다 적은 자의 인감증명을 첨부하여 실제의 지분에 따른 소유권보존등기를 신청할 수 있다(선례 5-260).
> ③ 이러한 규정은 대장상 지분이 기재되어 있지 않을 시에만 적용되는 것이고 대장상에 지분이 기재되어 있는 경우에는 이와 같이 등기할 수는 없다. 즉 여러 사람이 함께 신축한 건물에 대하여 「부동산등기법」 제65조 제1호에 따라 소유권보존등기를 신청할 때에 신청정보의 내용 중 각 공유자의 지분을 건축물대장의 기재 내용과 다르게 제공하면 같은 법 제29조 제8호에 따라 각하된다(선례 201907-9).

Ⅱ 건물

2003년 법무사 제9회 － 일부변경(날짜, 세금관련 기재 ×)

【문 1】 아래의 경우에 있어서 등기가 가능한 한도 내에서 위임인의 희망에 가장 근접하도록 다음 사항을 참조하여 법무사 이성실이 작성하여야 할 위 건물의 소유권보존등기신청서와 그 위임장을 작성하시오. 30점

1. 부동산

• 건물의 표시 : 서울 서초구 서초동 100번지
　　　　　　　철근콘크리트조 슬래브지붕 4층 근린생활시설
　　　　　　　1층 200㎡, 2층 200㎡, 3층 200㎡, 4층 200㎡, 지하층 200㎡
• 건물의 ㎡당 시가표준액 : 500,000원
• 건물의 준공연월일 : 2013.7.30.

2. 사실관계

가. 절친한 친구 사이인 김갑부와 이화목은 이화목 소유의 토지 지상에 공동으로 5억원의 비용을 들여 건물을 신축하였는데, 그 건물의 신축비용은 김갑부가 금 3억5천만원을 부담하고 이화목이 금 1억5천만원을 부담하였는바, 김갑부는 위 건물에 대한 소유권보존등기신청을 하기 전인 2013.8.25. 지병인 폐암으로 사망하였다.

나. 김갑부에게는 유족으로 처(박순애)와 미성년자인 1남(김일남) 및 1녀(김일녀)가 있는데, 위 이화목과 박순애는 위 건물에 대한 소유권보존등기를 신청하고자 법무사 이성실에게 그 신청을 위임하였다.

다. 현재 위 건물에 대한 건축물대장의 소유자란에는 지분의 표시가 없이 김갑부와 이화목이 공동으로 소유자란에 기재되어 있으나, 박순애와 이화목은 당초 김갑부와 이화목이 위 건물 신축 시에 각기 부담한 금액의 비율에 따라 공유지분(김갑부지분은 상속인들의 법정상속분에 따라 상속된 것으로)의 표시를 하여 위 건물에 대한 소유권보존등기를 신청하여 줄 것을 희망하고 있다.

라. 주소(또는 사무소 소재지), 주민등록번호(또는 부동산등기용등록번호) 등

1) 이화목(620711-1371910) : 서울 중구 신당동 89
2) 김갑부(620303-1089711)의 최후주소 : 서울 강남구 역삼동 34
3) 박순애(651112-2482011) : 서울 강남구 역삼동 34
4) 김일남(961214-1571911) : 서울 강남구 역삼동 34
5) 김일녀(000824-2571912) : 서울 강남구 역삼동 34
   (위 박순애, 김일남, 김일녀는 주민등록상 동일세대임)
6) 법무사 이성실 사무소 : 서울 서초구 서초동 534 번지 (☎ 02-555-2222)

3. 답안작성 유의사항

가. 소유권보존등기시 취득세와 지방교육세, 농어촌특별세, 등기신청수수료 등은 기재하지 않음.

나. 날인이 필요한 곳에는 ⑪이라 표기함.

다. 첨부서면이 필요한 것은 덧붙인 양식 중 첨부서면란의 그 명칭에 통수를 기재하고 불필요한 서면은 선을 그어 삭제함. 또한, 그 양식에 기재된 첨부서면 외에 더 필요한 서면이 있으면 기타란에 그 명칭과 통수를 기재하고 (   ) 안에 첨부이유를 간단히 기술함.

라. 관할등기소는 서울중앙지방법원 등기국이고, 등기신청서 및 위임장 작성일은 2013. 9.21.임.

마. 지분표시에 있어서 분모는 분자의 최소공배수를 사용함.

바. 등기신청일에 맞게 나이를 계산함.

건물소유권보존등기신청

접 수	년 월 일	처리인	등기관 확인	각종 통지
	제 호			

부동산의 표시

규 43①1	서울특별시 서초구 서초동 100 철근콘크리트조 슬래브지붕 4층 근린생활시설 1층 200m² 2층 200m² 3층 200m² 4층 200m² 지하층 200m² - 이상 -
규 43①5 규 121	등기원인과 그 연월일
규 43①6	등 기 의 목 적	소유권보존
규 121	신 청 근 거 규 정	부동산등기법 제65조 제1호

	구분	성명 (상호·명칭)	주민등록번호 (등기용등록번호)	주소(소재지)	지분 (개인별)
법 23② 법 65.1 규 43①2 규 43①4	신 청 인	이화목	620711-1371910	서울특별시 중구 신당동 89	10분의 3
		망 김갑부 상속인	620303-1089711	서울특별시 강남구 역삼동 34	
		박순애	651112-2482011	서울특별시 강남구 역삼동 34	10분의 3
		김일남	961214-1571911	서울특별시 강남구 역삼동 34	10분의 2
		김일녀	000824-2571912	서울특별시 강남구 역삼동 34	10분의 2
		위 김일남, 김일녀는 미성년자이므로 법정대리인 모 박순애		서울특별시 강남구 역삼동 34	

규 44	시가표준액 및 국민주택채권매입금액		
	부동산 표시	부동산별 시가표준액	부동산별 국민주택채권매입금액
	1.	금 　　　○○○ 원	금 　　　　　　○○○ 원
	2.	금 　　　○○○ 원	금 　　　　　　○○○ 원
	3.	금 　　　○○○ 원	금 　　　　　　○○○ 원
	국 민 주 택 채 권 매 입 총 액		금 　　　　　　○○○ 원
	국 민 주 택 채 권 발 행 번 호		○○○○-○○-○○○○-○○○○
	취득세(등록면허세) 금 　　○○○ 원	지방교육세　금 　　　　○○○ 원	
		농어촌특별세　금 　　　○○○ 원	
	세　액　합　계	금 　　　　　　　　　　○○○ 원	
	등 기 신 청 수 수 료	금 　　　　　　　　　　○○○ 원	
		납부번호 : ○○-○○-○○○○○○○○-○	
		일괄납부 : 　　　건 　　　　○○○ 원	

첨 부 서 면 　　간 인

- 건축물대장등본　　　　　　　　1통
- 기본증명서(상세)(망 김갑부, 박순애,
　　　　　　　　　김일남, 김일녀)　4통
- 가족관계증명서(상세)(망 김갑부, 박순애,
김일남, 김일녀)　　　　　　　　4통
- 친양자입양관계증명서(상세)(망 김갑부)　1통
- 제적등본(망 김갑부)　　　　　　1통
- 주민등록표초본(말소자)(망 김갑부)　1통
- 주민등록표초본(또는 등본)(이화목, 박순애,
　　　　　　　　　김일남, 김일녀)　4통

- 취득세영수필확인서　　　　　　1통
- 등기신청수수료영수필확인서　　1통
- 등기신청위임장(이화목, 박순애의 날인)
　　　　　　　　　　　　　　　1통
- 공유지분증명서(이화목의 인감날인)　1통
- 인감증명 등(이화목)　　　　　　1통

규 43①9

2013년 9월 21일

위 신청인 　　　　　　　　　㊞ 　(전화 : 　　　　　)

(또는) 위 대리인 법무사 이성실 　직 인 (전화 : 02-555-2222)
서울특별시 서초구 서초동 534

규 43①8 　서울중앙 지방법원 등기국 귀중

- 신청서 작성요령 -

* 1. 부동산표시란에 2개 이상의 부동산을 기재하는 경우에는 그 부동산의 일련번호를 기재하
여야 합니다.
 2. 신청인란 등 해당란에 기재할 여백이 없을 경우에는 별지를 이용합니다.
 3. 담당 등기관이 판단하여 위의 첨부서면 외에 추가적인 서면을 요구할 수 있습니다.

규 46①5	위 임 장		
	부동산의 표시	서울특별시 서초구 서초동 100 철근콘크리트조 슬래브지붕 4층 근린생활시설 1층 200m² 2층 200m² 3층 200m² 4층 200m² 지하층 200m² - 이상 -	
	등기원인과 그 연월일		
	등 기 의 목 적	소유권보존	
	신 청 근 거 규 정	부동산등기법 제65조 제1호	
	위임인		대리인
규 60①	이화목 서울특별시 중구 신당동 89 (지분 10분의 3) ㉑ 망 김갑부 서울특별시 강남구 역삼동 34 상속인 박순애 서울특별시 강남구 역삼동 34 (지분 10분의 3) ㉑ 김일남 서울특별시 강남구 역삼동 34 (지분 10분의 2) 김일녀 서울특별시 강남구 역삼동 3 (지분 10분의 2) 위 김일남,김일녀는 미성년자이므로 법정대리인 모 박순애 서울특별시 강남구 역삼동 34		법무사 이성실 서울특별시 서초구 서초동 534 위 사람을 대리인으로 정하고 위 부동산 등기신청 및 취하에 관한 모든 행위를 위임한다. 또한 복대리인 선임을 허락한다. 2013년 9월 21일

[첨부서면 해설]

1. **건축물대장등본(규칙 제46조 제1항 제1호, 제121조 제2항, 제62조 등)**

   ① 부동산의 현황 및 신청인의 소유권을 증명하는 서면으로 <u>건축물대장등본</u>을 제공한다(발행일로부터 3월 이내).

   ② 대장의 소유자란에는 <u>이화목과 망 김갑부가</u> 대장상 최초의 소유자로 등록되어 있어야 한다.

2. **상속을 증명하는 정보(규칙 제46조 제1항 제1호, 제62조 등)**

   ① 법 제65조 제1호에 따라, 건축물대장에 최초의 소유자로 등록되어 있는 자의 상속인은 소유권보존등기를 신청할 수 있는 자이므로, <u>망 김갑부의 사망사실과 상속인의 범위를 증명하기 위한 정보</u>를 제공한다.

   ② 피상속인의 사망사실과 사망일자 및 상속인의 범위를 증명하기 위하여, <u>피상속인 김갑부 기준의 기본증명서(상세), 가족관계증명서(상세), 친양자입양관계증명서(상세), 제적등본</u>을 제공한다(발행일로부터 3월 이내).

   ③ 상속인들이 피상속인의 서면에 기재된 상속인임을 증명하기 위하여 <u>상속인 박순애, 김일남, 김일녀 기준의 기본증명서(상세), 가족관계증명서(상세)</u>를 제공한다.

   ④ 김일남과 김일녀는 미성년자이며, 소유권보존행위는 친권자와 미성년자의 이해상반되는 행위가 아니므로 <u>특별대리인을 선임할 필요가 없다.</u> 따라서 모 박순애가 미성년자인 자녀의 법정대리인이 된다. 각 자녀가 미성년자임과 법정대리인을 증명하기 위하여 <u>김일남과 김일녀 기준의 기본증명서(상세)와 가족관계증명서(상세)</u>를 제공한다. 이러한 첨부서면은 각 <u>1통씩만 첨부하면 족할 것이다.</u>

3. **주민등록표초본(말소자)**(망 김갑부)**(규칙 제46조 제1항 제1호)**

   <u>실무상 대장상의 피상속인과 신청정보 및 첨부정보상의 피상속인이 동일인임을 증명하기 위하여 피상속인 김갑부의 주민등록표초본(말소자)</u>을 제공한다(발행일로부터 3월 이내).

4. **주민등록표초본(또는 등본)**(이화목, 박순애, 김일남, 김일녀)**(규칙 제46조 제1항 제6호)**

   새로이 등기명의인이 되는 <u>등기권리자(등기신청인)의 주소 및 주민등록번호를 기입하여야 하므로,</u> 등기권리자(등기신청인) 이화목, 박순애, 김일남, 김일녀의 주민등록표초본(또는 등본)을 제공한다(발행일로부터 3월 이내).

5. **취득세영수필확인서(지방세법 시행령 제36조, 법 제29조 제10호, 규칙 제44조 등)**

   ① <u>소유권보존등기를 신청하는 경우 시가표준액을 기초로 산정한 취득세 등을 신고·납부하여야 하므로,</u> 이를 납부한 영수필확인서를 제공한다.

   ② 시장·군수·구청장 등으로부터 취득세납부서(OCR용지)를 발급받아 금융기관에 세금을 납부한 후 <u>취득세영수필확인서</u>를 제공한다.

③ 지방세인터넷납부시스템을 이용하여 납부하고 출력한 <u>취득세납부확인서</u>를 첨부할 수 있다.

6. 등기신청수수료영수필확인서(법 제22조 제3항, 법 제29조 제10호, 규칙 제44조 등)

등기를 신청하는 경우 대법원규칙으로 정하는 바에 따라 <u>수수료를 납부하여야 하므로</u>, 이를 납부한 그 영수필확인서를 제공한다.

7. 등기신청위임장(이화목, 박순애의 날인)(규칙 제46조 제1항 제5호, 규칙 제60조 제1항 등)

① 등기신청을 법무사 등 대리인에게 위임하는 경우 대리권한을 증명하여야 하므로, <u>이화목, 박순애로부터 위임을 받은</u> 등기신청위임장을 제공한다. 등기신청위임장에는 부동산의 표시, 위임인, 수임인 등이 기재되어 있어야 한다.

② 사안의 경우 <u>규칙 제60조에 해당하지 않으므로</u> <u>인감을 날인할 필요가 없다.</u>

8. 공유지분증명서(이화목의 인감날인)

① 등기권리자가 2인 이상인 때에는 대장상의 지분을 등기신청서에 기재하여야 하는데, <u>사안의 경우 대장상에 지분의 표시가 없고 건물을 신축할 당시에 부담한 금액의 비율에 따라 공유지분을 표시하여 등기를 신청</u>하고자 한다.

② 이 경우 <u>실제 공유지분이 균등하지 않으므로</u>, 실제 공유지분을 증명하는 서면을 제공하며, 해당 서면에는 <u>실제의 지분이 균등하게 산정한 지분보다 적은 자(이화목)이 인감을 날인</u>한다.

9. 인감증명 등(이화목)

위와 같은 근거로 이화목의 인감증명 등을 제공한다.

> ① 소유권보존등기의 경우에는 원칙적으로 인감증명을 제공할 필요는 없다.
> ② 등기권리자가 2인 이상인 때에는 등기신청서에 그 지분을 기재하여야 하는데 이는 통상 대장상의 지분을 기준으로 판단한다. 그러나 대장상 소유명의인이 수인의 공유로 등재되어 있으나 그 공유지분의 표시가 없는 경우가 문제되는데 '물건이 지분에 의하여 수인의 소유로 된 때에는 공유로 하고, 공유자의 지분은 균등한 것으로 추정한다(「민법」 제262조)'는 민법에 따라 신청서에 갑과 을의 공유지분이 각 1/2인 것으로 기재하여 소유권보존등기를 신청할 수 있다. 그러나 만약 갑과 을의 실제 공유지분이 균등하지 않다면 ㉠ 공유자 전원이 작성한 실제 공유지분을 증명하는 서면(갑과 을이 공동으로 작성한 실제 공유지분을 증명하는 서면)과 ㉡ 실제의 지분이 균등하게 산정한 지분보다 적은 자의 인감증명을 첨부하여 실제의 지분에 따른 소유권보존등기를 신청할 수 있다(선례 5-260).
> ③ 이러한 규정은 대장상 지분이 기재되어 있지 않을 시에만 적용되는 것이고 대장상에 지분이 기재되어 있는 경우에는 이와 같이 등기할 수는 없다. 즉 여러 사람이 함께 신축한 건물에 대하여 「부동산등기법」 제65조 제1호에 따라 소유권보존등기를 신청할 때에 신청정보의 내용 중 각 공유자의 지분을 건축물대장의 기재 내용과 다르게 제공하면 같은 법 제29조 제8호에 따라 각하된다(선례 201907-9).

Ⅲ 구분건물

1999년 법무사 제5회 - 일부변경(대지권의 등기원인일, 등기신청일, 등기소 명칭)

서울특별시 서초구 남부순환로 263에 사는 김갑동(주민등록번호 550505-1010100, 전화 832-1000)은 자신이 소유하는 아래 토지 위에 상가건물을 신축하였다. 그리고 김갑동은 위 건물의 집합건축물대장에 소유자로 등록을 신청하여 소유자로 등록되었다. 2022년 9월 3일 법무사 나합격에게 위임하여 신청하는 소유권보존등기신청서를 작성하고 첨부서면에 대하여 설명하라.
부동산의 표시가 부족한 경우 별지목록 1을 사용하고, 첨부서면에 대하여 설명하는 경우 별지 목록 2를 사용하시오.

1. 대지의 표시
   서울특별시 중구 예장동 35번지
   [도로명주소] 서울특별시 중구 퇴계로30길 24 대지 960㎡

2. 신축건물의 표시(철근콘크리트조 슬래브지붕)
   1층 300㎡(전용 101호 : 120㎡, 102호 : 120㎡)
   2층 300㎡(전용 201호 : 160㎡, 202호 : 80㎡)

3. 건물시가표준액 : ㎡당 155,000원

4. 대지권의 연월일 : 2022년 9월 3일

5. 관할등기소 : 서울중앙지방법원 중부등기소

6. 법무사 : 나합격(전화번호; 02-1234-1234) 서울특별시 서초구 강남대로 21(서초동)

<table>
<tr><td colspan="5" align="center">구분건물소유권보존등기신청</td></tr>
</table>

접 수	년 월 일	처리인	등기관 확인	각종 통지
	제 호			

	부동산의 표시

| 규 43①1 | 1동의 건물의 표시
　서울특별시 중구 예장동 35
　[도로명주소] 서울특별시 중구 퇴계로30길 24
　철근콘크리트조 슬래브지붕 2층 상가
　1층 300m² 　2층 300m²

전유부분의 건물의 표시
　1. 건물의 번호 : 1-101　　　　2. 건물의 번호 : 1-102
　　구　　　조 : 철근콘크리트조　　구　　　조 : 철근콘크리트조
　　면　　　적 : 제1층 제101호 120m²　면　　　적 : 제1층 제102호 120m²

　3. 건물의 번호 : 2-201　　　　4. 건물의 번호 : 2-202
　　구　　　조 : 철근콘크리트조　　구　　　조 : 철근콘크리트조
　　면　　　적 : 제2층 제201호 160m²　면　　　적 : 제2층 제202호 80m²

각 전유부분의 대지권의 표시
　대지권의 목적인 토지의 표시
　　1. 서울특별시 중구 예장동 35　　대　960m²
　대지권의 종류 : 1. 소유권대지권
　대지권의 비율 : 1 - 101　960분의 240　　1 - 102　960분의 240
　　　　　　　　 2 - 201　960분의 320　　2 - 202　960분의 160

등기원인과 그 연월일 2022년 9월 3일 대지권

　　　　　　　　　　- 이상 - |

규 43①5 규 121	등기원인과 그 연월일	
규 43①6	등 기 의 　 목 적	소유권보존
규 121	신 청 근 거 규 정	부동산등기법 제65조 제1호

	구분	성명 (상호·명칭)	주민등록번호 (등기용등록번호)	주소(소재지)	지분 (개인별)
법 23② 법 65.1 규 43①2	신 청 인	김 갑 동	550505-1010100	서울특별시 서초구 남부순환로 263	

규 44	시가표준액 및 국민주택채권매입금액		
	부동산 표시	부동산별 시가표준액	부동산별 국민주택채권매입금액
	1.	금　　　　　○○○　원	금　　　　　　　　　○○○　원
	2.	금　　　　　○○○　원	금　　　　　　　　　○○○　원
	3.	금　　　　　○○○　원	금　　　　　　　　　○○○　원
	국 민 주 택 채 권 매 입 총 액	금　　　　　　　　　　○○○　원	
	국 민 주 택 채 권 발 행 번 호	○○○○-○○-○○○○-○○○○	
	취득세(등록면허세)	금　　　　　○○○　원	지방교육세　금　　　　　　○○○　원
			농어촌특별세　금　　　　　○○○　원
	세　액　합　계	금　　　　　　　　　　○○○　원	
	등 기 신 청 수 수 료	금　　　　　　　　　　○○○　원	
		납부번호 : ○○-○○-○○○○○○○○-○	
		일괄납부 :　　　　건　　　　　　○○○　원	

<table>
첨　부　서　면　　　　간 인
</table>

- 집합건축물대장등본　　　　5통
- 토지대장등본　　　　　　　1통
- 주민등록표초본(또는 등본)(김갑동) 1통
- 취득세영수필확인서　　　　1통
- 등기신청수수료영수필확인서　1통
- 등기신청위임장(김갑동의 날인) 1통

규 43①9

2022년 9월 3일

위 신청인　　　　　　　　　　　　㊞　　(전화 :　　　　　　)

(또는) 위 대리인　**법무사 나합격**　　직 인　(전화 : 02-1234-1234)
　　　　　　　　　서울특별시 서초구 강남대로 21 (서초동)

규 43①8　　**서울중앙** 지방법원 **중부등기소** 귀중

- 신청서 작성요령 -

* 1. 부동산표시란에 2개 이상의 부동산을 기재하는 경우에는 그 부동산의 일련번호를 기재하여야 합니다.
  2. 신청인란 등 해당란에 기재할 여백이 없을 경우에는 별지를 이용합니다.
  3. 담당 등기관이 판단하여 위의 첨부서면 외에 추가적인 서면을 요구할 수 있습니다.

[첨부서면 해설]

「건축물대장의 기재 및 관리 등에 관한 규칙」

제2조(용어의 정의)

이 규칙에서 사용하는 용어의 정의는 다음과 같다.

1. 생략
2. "**집합건축물**"이라 함은 「집합건물의 소유 및 관리에 관한 법률」의 적용을 받는 건축물을 말한다.
3. "**일반건축물**"이라 함은 "집합건축물" 외의 건축물을 말한다.

4~10. 생략

제4조(건축물대장의 종류)

건축물대장은 건축물의 종류에 따라 다음 각 호와 같이 구분한다.

1. 일반건축물대장 : 일반건축물에 해당하는 건축물 및 대지에 관한 현황을 기재한 건축물대장
2. 집합건축물대장 : 집합건축물에 해당하는 건축물 및 대지에 관한 현황을 기재한 건축물대장

제5조(건축물대장의 작성방법)

① **건축물대장**은 건축물 1동을 단위로 하여 각 건축물마다 별표에 따라 작성하고, 부속건축물이 있는 경우 부속건축물은 주된 건축물대장에 포함하여 작성한다.

② **집합건축물대장**은 표제부와 전유부로 나누어 작성한다.

③ 하나의 대지에 2 이상의 건축물(부속건축물을 제외한다)이 있는 경우에는 총괄표제부를 작성하여야 한다.

④ 건축물대장에는 건축물현황도가 포함된다.

⑤ 건축물이 다가구주택인 경우에는 다가구주택의 호(가구)별 면적대장을 작성해야 한다.

1. **집합건축물대장등본**(규칙 제46조 제1항 제1호, 제121조 제2항, 제62조 등)

   ① 부동산의 현황 및 신청인의 소유권을 증명하는 서면으로 집합건축물대장등본을 제공한다 (발행일로부터 3월 이내).

   이 경우 1동의 건물에 대한 집합건축물대장등본(표제부) 1통과 각 구분건물에 대한 집합건축물대장(전유부) 4통을 제공한다.

   ② 대장의 소유자란에는 신청인 김갑동이 대장상 최초의 소유자로 등록되어 있어야 한다.

2. **토지대장등본**(규칙 제46조 제1항 제1호, 실무상)

   실무상 대지권의 목적인 토지의 표시를 증명하기 위하여 토지대장등본을 제공한다(발행일로부터 3월 이내).

3. **주민등록표초본(또는 등본)**(김갑동)(규칙 제46조 제1항 제6호, 제62조 등)

   새로이 등기명의인이 되는 등기권리자(등기신청인)의 주소 및 주민등록번호를 기입하여야 하므로, 등기권리자(등기신청인) 김갑동의 주민등록표초본(또는 등본)을 제공한다(발행일로부터 3월 이내).

4. 취득세영수필확인서(지방세법 시행령 제36조, 법 제29조 제10호, 규칙 제44조 등)

   <u>소유권보존등기</u>를 신청하는 경우 <u>시가표준액</u>을 기초로 한 취득세 등을 신고·납부하여야 하<u>므로</u>, 이를 납부한 영수필확인서를 제공한다.

5. 등기신청수수료영수필확인서(법 제22조 제3항, 법 제29조 제10호, 규칙 제44조 등)

   등기를 신청하는 경우 대법원규칙으로 정하는 바에 따라 <u>수수료를 납부하여야 하므로</u>, 이를 납부한 그 영수필확인서를 제공한다.

6. 등기신청위임장(김갑동의 날인)(규칙 제46조 제1항 제5호, 규칙 제60조 제1항 등)

   ① 등기신청을 법무사 등 대리인에게 위임하는 경우 대리권한을 증명하여야 하므로, <u>김갑동</u><u>으로부터 위임을 받은 등기신청위임장</u>을 제공한다. 등기신청위임장에는 부동산의 표시, 위임인, 수임인 등이 기재되어 있어야 한다.
   ② 사안의 경우 <u>규칙 제60조에 해당하지 않으므로 인감을 날인할 필요가 없다</u>.

2017년 법무사 제23회 – 일부변경(대지권의 등기원인일, 등기신청일)

【문 1】다음 부동산에 대한 구분건물소유권보존등기신청을 위임받은 법무사로서 아래의 사실관계와 답안작성 유의사항에 부합하는 등기신청서를 작성하고, 이에 필요한 정보 또는 첨부서면에 대하여 간단하게 설명하시오(신청방식은 서면에 의한 방문신청을 전제로 함). 30점

1. 부동산의 표시
   가. 서울특별시 서초구 서초대로 100 대 300㎡
   나. 신축 건물의 표시(철근콘크리트조 슬래브지붕 서초맨션)
      1층 250㎡(전용 101호 : 120㎡, 102호 : 120㎡)
      2층 250㎡(전용 201호 : 140㎡, 202호 : 100㎡)

2. 사실관계(건축허가와 관련된 사항 등은 전혀 고려대상이 아님)
   가. 위와 같이 집합건축물대장이 작성되었고, 토지 및 각 전유부분의 소유자는 홍길동이다.
      – 주소 : 서울특별시 서초구 서초대로 100
      – 주민등록번호 : 701225-1234567
   나. 법무사의 인적사항
      – 성명 : 나법무(801025-1234567)
      – 주소 : 서울특별시 서초구 서초대로 200(전화번호 : 550-5000)
   다. 대지권
      – 등기원인과 그 연월일 : 2022년 8월 31일
      – 소유자 홍길동은 자신이 거주할 201호에 대한 대지권의 비율을 300분의 120으로 하고, 나머지 전유부분에 대한 대지권의 비율은 각 전유부분별로 300분의 60으로 균등하게 하여 등기를 신청하고자 한다.

3. 답안작성 유의사항
   가. 부동산표시란 및 첨부서면란 등이 부족할 경우에는 답안지에 기재할 수 있습니다.
   나. 첨부서면은 그 명칭과 통수를 기재하고, 제출이유와 근거를 답안지에 간단히 설명하시기 바랍니다.
   다. 위임장의 작성은 생략하되 첨부서면으로는 기재하고 그 내용(위임인 등)을 답안지에 설명하시기 바랍니다.
   라. 신청서 양식 중 시가표준액 및 국민주택채권매입금액란, 취득세(등록면허세)란, 등기신청수수료란 등 설문에서 정보가 주어지지 않은 것은 기재를 생략하시기 바랍니다.
   마. 관할등기소는 서울중앙지방법원 등기국이고, 날인이 필요한 곳은 ㉑으로 표시하며, 신청서 작성일자는 2022년 8월 31일로 합니다(공휴일여부는 고려할 필요가 없음).
   바. 주어진 사항은 모두 가상이고 주어진 사항 외에는 고려할 필요가 없다.

구분건물소유권보존등기신청				
접 수	년 월 일	처리인	등기관 확인	각종 통지
	제 호			

	부동산의 표시
규 43①1	**1동의 건물의 표시** 　서울특별시 서초구 서초대로 100 　철근콘크리트조 슬래브지붕 2층 서초맨션 　1층 250m² 　2층 250m² **전유부분의 건물의 표시** 　1. 건물의 번호 : 1-101　　　2. 건물의 번호 : 1-102 　　구　　　　조 : 철근콘크리트조　　구　　　　조 : 철근콘크리트조 　　면　　　　적 : 제1층 제101호 120m²　면　　　　적 : 제1층 제102호 120m² 　3. 건물의 번호 : 2-201　　　4. 건물의 번호 : 2-202 　　구　　　　조 : 철근콘크리트조　　구　　　　조 : 철근콘크리트조 　　면　　　　적 : 제2층 제201호 140m²　면　　　　적 : 제2층 제202호 100m² **각 전유부분의 대지권의 표시** 　대지권의 목적인 토지의 표시 　　1. 서울특별시 서초구 서초대로 100　　대　300m² 　대지권의 종류 : 1. 소유권대지권 　대지권의 비율 : 1-101　300분의 60　　1-102　300분의 60 　　　　　　　　　2-201　300분의 120　2-202　300분의 60 등기원인과 그 연월일　2022년 8월 31일 대지권 　　　　　　　　　　　- 이상 -

규 43①5 규 121	등기원인과 그 연월일			
규 43①6	등 기 의 　목 적	소유권보존		
규 121	신 청 근 거 규 정	부동산등기법 제65조 제1호		
	구분	성명 (상호·명칭)	주민등록번호 (등기용등록번호)	주소(소재지)	지분 (개인별)
법 23② 법 65.1 규 43①2	신 청 인	홍길동	701225-1234567	서울특별시 서초구 서초대로 100	

규 44	시가표준액 및 국민주택채권매입금액		
	부동산 표시	부동산별 시가표준액	부동산별 국민주택채권매입금액
	1.	금　　○○○　원	금　　　　　　○○○　원
	2.	금　　○○○　원	금　　　　　　○○○　원
	3.	금　　○○○　원	금　　　　　　○○○　원
	국 민 주 택 채 권 매 입 총 액	금	○○○　원
	국 민 주 택 채 권 발 행 번 호	○○○○-○○-○○○○-○○○○	
	취 득 세 (등 록 면 허 세)	금　○○○　원	지방교육세　　금　　　○○○　원
			농어촌특별세　　금　　　○○○　원
	세　　액　　합　　계	금	○○○　원
	등 기 신 청 수 수 료	금	○○○　원
		납부번호 : ○○-○○-○○○○○○○○-○	
		일괄납부 :　　　　건	○○○　원

	첨　부　서　면	간 인
	• 집합건축물대장등본　　　　　　5통	
	• 토지대장등본　　　　　　　　　1통	
	• 주민등록표초본(또는 등본)(홍길동) 1통	
	• 취득세영수필확인서　　　　　　1통	
	• 등기신청수수료영수필확인서　　1통	
	• 등기신청위임장(홍길동의 날인) 1통	
	• 공정증서　　　　　　　　　　　1통	

규 43①9

2022년 8월 31일

위 신청인　　　　　　　　　　㊞　　(전화 :　　　　　　)

(또는) 위 대리인　**법무사 나법무**　직 인　(전화 :　　550-5000)

서울특별시 서초구 서초대로 200

규 43①8

서울중앙 지방법원 **등기국** 귀중

― 신청서 작성요령 ―

＊ 1. 부동산표시란에 2개 이상의 부동산을 기재하는 경우에는 그 부동산의 일련번호를 기재하여야 합니다.
2. 신청인란 등 해당란에 기재할 여백이 없을 경우에는 별지를 이용합니다.
3. 담당 등기관이 판단하여 위의 첨부서면 외에 추가적인 서면을 요구할 수 있습니다.

[첨부서면 해설]

1. **집합건축물대장등본(규칙 제46조 제1항 제1호, 제121조 제2항, 제62조 등)**
   ① <u>부동산의 현황 및 신청인의 소유권을 증명하는 서면</u>으로 집합건축물대장등본을 제공한다(발행일로부터 3월 이내). 이 경우 <u>1동의 건물에 대한 집합건축물대장등본</u>(표제부) 1통과 <u>각 구분건물에 대한 집합건축물대장</u>(전유부) 4통을 제공한다.
   ② 대장의 소유자란에는 <u>신청인 홍길동이(가) 대장상 최초의 소유자</u>로 등록되어 있어야 한다.

2. **토지대장등본(규칙 제46조 제1항 제1호, 실무상)**
   실무상 대지권의 목적인 토지의 표시를 증명하기 위하여 <u>토지대장등본</u>을 제공한다(발행일로부터 3월 이내).

3. **주민등록표초본(또는 등본)**(홍길동)**(규칙 제46조 제1항 제6호, 제62조 등)**
   새로이 등기명의인이 되는 <u>등기권리자(등기신청인)의 주소 및 주민등록번호를 기입</u>하여야 하므로, 등기권리자(등기신청인) 홍길동의 주민등록표초본(또는 등본)을 제공한다(발행일로부터 3월 이내).

4. **취득세영수필확인서(지방세법 시행령 제36조, 법 제29조 제10호, 규칙 제44조 등)**
   <u>소유권보존등기</u>를 신청하는 경우 <u>시가표준액을 기초로 한 취득세</u> 등을 신고·납부하여야 하므로, 이를 납부한 영수필확인서를 제공한다.

5. **등기신청수수료영수필확인서(법 제22조 제3항, 법 제29조 제10호, 규칙 제44조 등)**
   등기를 신청하는 경우 대법원규칙으로 정하는 바에 따라 <u>수수료를 납부하여야 하므로</u>, 이를 납부한 그 영수필확인서를 제공한다.

6. **등기신청위임장**(홍길동의 날인)**(규칙 제46조 제1항 제5호, 규칙 제60조 제1항 등)**
   ① 등기신청을 법무사 등 대리인에게 위임하는 경우 대리권한을 증명하여야 하므로, <u>홍길동으로부터 위임을 받은 등기신청위임장</u>을 제공한다. 등기신청위임장에는 부동산의 표시, 위임인, 수임인 등이 기재되어 있어야 한다.
   ② 사안의 경우 <u>규칙 제60조에 해당하지 않으므로 홍길동의 인감을 날인할 필요가 없다.</u>

7. **공정증서(규칙 제46조 제2항 제2호, 「집합건물의 소유 및 관리에 관한 법률」 제21조 등)**
   ① 구분소유자가 가지는 <u>대지권의 비율이 전유부분의 면적비율과 일치 하지 않는 경우 규약 또는 공정증서를 제출</u>하여야 한다.
   ② 사안의 경우 <u>소유자가 1인이어서 규약을 제공할 수 없으므로 공정증서</u>를 제공한다.

> **집합건물의 소유 및 관리에 관한 법률 제21조(전유부분의 처분에 따르는 대지사용권의 비율)**
> ① 구분소유자가 둘 이상의 전유부분을 소유한 경우에는 각 전유부분의 처분에 따르는 대지사용권은 제12조에 규정된 비율(전유부분의 면적비율)에 따른다. 다만, 규약으로써 달리 정할 수 있다.
> ② 제1항 단서의 경우에는 제3조 제3항을 준용한다.
>
> > **집합건물의 소유 및 관리에 관한 법률 제3조(공용부분)**
> > ③ 제1조 또는 제1조의2에 규정된 건물부분의 전부 또는 부속건물을 소유하는 자는 공정증서로써 제2항의 규약에 상응하는 것을 정할 수 있다.

02 절 소유권이전

I 매매 등

1996년 법무사 제3회 － 일부변경(날짜, 거래신고관리번호, 거래가액, 등기소 명칭)

귀하는 대한법무사협회에 등록하여 개업한 법무사 김명수라고 가정한다. 당사자 쌍방은 별지 요지와 같은 매매계약서를 지참하고 2022년 10월 2일 귀하의 사무소에 소유권이전등기신청을 위임하였다. 배부한 양식으로 소유권이전등기신청서를 아래 유의사항에 따라 작성하라. 다만, 그 이외의 서류는 첨부서면란에 표시하는 것으로 족하다. 첨부서면의 법적 근거를 별지에 기재하시오.

1. 목적부동산은 토지거래허가구역이며, 허가대상 부동산에 해당한다.
2. 첨부서면란에 해당 통수 등은 기재하고, 불필요한 서면 등은 선을 그어 삭제하여야 하며, 더 필요한 첨부서면이 있다면 기타란에 추가하여 기재하여야 한다.
3. 매도인은 등기필증을 분실하였다.
4. 매도인은 등기부상 주소(서울특별시 관악구 신림동 215번지)와 다른 주소지(서울특별시 중구 정동길 8(정동))에 주민등록이 되어 있다.
5. 대리인에 의한 신청이므로 신청서 말미에는 신청인란의 기재를 생략하였다.
6. 대리인 : 법무사 김명수 서울특별시 서초구 서초대로 358 (전화번호 : 02-3280-9000)
7. 날인해야 할 장소에는 ㉞이라는 표기로 대신하였다.
8. 신청서는 관할등기소인 서울중앙지방법원 등기국에 2022년 10월 2일에 제출하였다.

매매계약의 요지

1. 목적부동산 : 서울특별시 서초구 우면동 1234번지 대 100㎡
2. 매매금액 : 금 100,000,000원
3. 계약당사자 : 매도인 김매도 (470124-1125814) 서울특별시 중구 정동길 8(정동)
   매수인 이매수 (481104-1154218) 서울특별시 강남구 선릉로 34
4. 매매계약 체결일 : 2022.8.5.
5. 매매대금 완납일 : 2022.10.1.
6. 거래신고관리번호 : 12345-2022-8-1234567

소유권이전등기신청(매매)				
접 수	년 월 일	처리인	등기관 확인	각종 통지
	제 호			

	부동산의 표시(거래신고관리번호/거래가액)
규 43①1	서울특별시 서초구 우면동 1234 대 100m² 거래신고관리번호 : 12345-2022-8-1234567 거래가액 : 금 100,000,000원 - 이상 -
규 43①5 등기원인과 그 연월일	2022년 8월 5일 매매
규 43①6 등 기 의 목 적	소유권이전

	구분	성명 (상호 · 명칭)	주민등록번호 (등기용등록번호)	주소(소재지)	지분 (개인별)
규 43①2	등기의무자	김 매 도	470124-1125814	등기기록상 주소 서울특별시 관악구 신림동 215 현 주소 서울특별시 중구 정동길 8(정동)	
규 43①2	등기권리자	이 매 수	481104-1154218	서울특별시 강남구 선릉로 34	

규 44	시가표준액 및 국민주택채권매입금액		
	부동산 표시	부동산별 시가표준액	부동산별 국민주택채권매입금액
	1.	금　　　　　○○○ 원	금　　　　　　　　○○○ 원
	2.	금　　　　　○○○ 원	금　　　　　　　　○○○ 원
	3.	금　　　　　○○○ 원	금　　　　　　　　○○○ 원
	국 민 주 택 채 권 매 입 총 액		금　　　　　　　　○○○ 원
	국 민 주 택 채 권 발 행 번 호		○○○○-○○-○○○○-○○○○

취득세(등록면허세)	금　　○○○　원	지방교육세　금　　　○○○ 원
		농어촌특별세　금　　　○○○ 원

세 액 합 계	금　　　　　　　　　　○○○ 원

등 기 신 청 수 수 료	금　　　　　　　　　　○○○ 원
	납부번호 : ○○-○○-○○○○○○○○-○
	일괄납부 :　　　　건　　　　　○○○ 원

규 43①7	등기의무자의 등기필정보	
	부 동 산 고 유 번 호	○○○○-○○○○-○○○○○○
	성 명 (명 칭)	일련번호 ／ 비밀번호
		○○○○-○○○○-○○○○　／　○○-○○○○

첨 부 서 면	간인

- 매매계약서(전자수입인지 첨부) 　　1통
- 부동산거래계약신고필증 　　1통
- 토지거래계약허가서 　　1통
- 확인서면(김매도) 　　1통
- 신분증사본(김매도) 　　1통
- 인감증명 등(김매도의 매도용인감) 　　1통
- 주민등록표초본(또는 등본)(김매도 및 이매수) 2통
- 취득세영수필확인서 　　1통
- 등기신청수수료영수필확인서 　　1통
- 토지대장등본 　　1통
- 등기신청위임장(김매도의 인감날인 및 이매수의 날인) 　　1통
- 자격자대리인의 등기의무자확인 및 자필서명정보(김매도 확인) 　　1통

규 43①9	2022년 10월 2일

위 신청인　　　　　　　　　㊞　(전화 :　　　　　)
　　　　　　　　　　　　　　㊞　(전화 :　　　　　)

(또는) 위 대리인　**법무사 김명수**　직인　(전화 :　3280-9000)
서울특별시 서초구 서초대로 358

　서울중앙 지방법원 **등기국** 귀중

- 신청서 작성요령 -

＊ 1. 부동산표시란에 2개 이상의 부동산을 기재하는 경우에는 그 부동산의 일련번호를 기재하여야 합니다.
　 2. 신청인란 등 해당란에 기재할 여백이 없을 경우에는 별지를 이용합니다.
　 3. 담당 등기관이 판단하여 위의 첨부서면 외에 추가적인 서면을 요구할 수 있습니다.

[첨부서면 해설]

1. **매매계약서**(전자수입인지 첨부)**(규칙 제46조 제1항 제1호 등)**

   ① 등기원인을 증명하기 위하여, 매매계약서를 제공한다. 매매계약서에는 부동산의 표시, 매매대금, 계약연월일, 계약당사자의 인적사항 등이 기재되어 있어야 한다.

   ② 계약을 원인으로 하는 소유권이전등기를 신청하는 경우 검인을 받아야 하나, 사안의 경우 부동산거래계약신고를 할 뿐만 아니라, 토지거래계약허가를 받아야 하므로 계약서에 별도로 검인을 받지 아니한다.

   ③ 계약으로 인한 소유권이전등기를 하는 경우에는 그 계약서에 기재된 거래금액이 1,000만원(주택은 1억원)을 초과하는 경우에는 일정액의 전자수입인지를 제공한다(증여계약서와 신탁계약서 등의 경우 인지 생략).

2. **부동산거래계약신고필증(법 제68조, 규칙 제124조 등)**

   2006년 1월 1일 이후 매매계약서를 제공하여 소유권이전등기를 신청하는 경우 거래가액을 등기하여야 하므로, 부동산거래계약신고를 한 후 거래신고관리번호와 거래가액을 신청정보의 내용으로 제공하고, 부동산거래계약신고필증을 제공한다.

3. **토지거래계약허가서(규칙 제46조 제1항 제2호)**

   토지거래허가구역 내의 토지에 대하여 유상계약(매매계약)을 체결하여 소유권이전등기 등을 신청하는 경우 토지거래계약허가서를 제공한다.

4. **확인서면**(김매도)**(법 제50조 제2항, 법 제51조, 규칙 제111조)**

   ① 권리에 관한 등기를 공동으로 신청하는 경우 등기의무자의 등기필증을 제공하여야 한다.

   ② 다만, 등기필증 등이 없는 경우에는 법 제51조에 따라 확인을 받아야 하므로, 법무사 김명수가 등기의무자 김매도를 신분증 등을 통해 확인한 후 필적기재란, 특기사항란, 우무인란 등을 기재하고 법무사의 직인을 날인한 확인서면을 제공한다**(법 제51조, 규칙 제111조 제3항).**

5. **신분증 사본**(김매도)**(법 제50조 제2항, 법 제51조, 규칙 제111조)**

   위의 확인서면에는 등기의무자를 확인한 신분증 사본을 제공한다.

6. **인감증명 등**(김매도의 매도용인감)**(규칙 제60조 제1항 제1호)**

   ① 소유권자가 등기의무자가 되는 경우 등기의무자의 인감증명을 제공하여야 하므로, 김매도의 인감증명을 제공한다(발행일로부터 3월 이내).

   ② 등기원인이 매매인 경우에는 매수인 전원(이매수)의 인적사항(성명·주소·주민등록번호)이 기재된 부동산매도용 인감증명을 제공한다.

   ③ 인감날인 및 인감증명에 갈음하여, 서명하고 본인서명사실확인서 또는 전자본인서명확인서 발급증을 제공할 수 있다.

7. **주민등록표초본(또는 등본)**(규칙 제46조 제1항 제6호, 제62조 등)

   (1) 등기의무자(김매도)

   ① 소유권이전등기를 신청하는 경우 등기의무자의 주소증명정보를 제공하여야 하므로, <u>등기의무자 김매도의 주민등록표초본(또는 등본)</u>을 제공한다(발행일로부터 3월 이내).
   다만, <u>등기기록상의 주소(또는 계약서상의 주소)와 등기신청 시의 주소가 상이할 경우에는 동일성을 증명하기 위하여 주소변동내역이 포함된 주민등록표초본(또는 등본)</u>을 제공한다.
   ② 이 경우 <u>규칙 제122조</u>에 해당하면 등기관이 직권으로 등기명의인표시변경등기를 한다.

   (2) 등기권리자(이매수)

   새로이 등기명의인이 되는 <u>등기권리자의 주소 및 주민등록번호를 기입</u>하여야 하므로, <u>등기권리자 이매수의 주민등록표초본(또는 등본)</u>을 제공한다(발행일로부터 3월 이내).
   다만, <u>계약서상의 주소와 등기신청 시의 주소가 상이할 경우에는 동일성을 증명하기 위하여 주소변동내역이 포함된 주민등록표초본(또는 등본)</u>을 제공한다.

8. **취득세영수필확인서**(지방세법 시행령 제36조, 제49조, 법 제29조 제10호, 규칙 제44조 등)

   ① 매매를 등기원인으로 ○○등기를 신청하는 경우 <u>매매금액을 기초로 산정한 취득세 등을 신고·납부</u>하여야 하므로, 이를 납부한 영수필확인서를 제공한다.
   ② 시장·군수·구청장 등으로부터 취득세납부서(OCR용지)를 발급받아 금융기관에 세금을 납부한 후 <u>취득세영수필확인서</u>를 제공한다.
   ③ 지방세인터넷납부시스템을 이용하여 납부하고 출력한 <u>취득세납부확인서</u>를 첨부할 수 있다. 다만 이 경우 국민주택채권매입금액 산정을 위해 시가표준액이 표시되어 있어야 한다.

9. **등기신청수수료영수필확인서**(법 제22조 제3항, 법 제29조 제10호, 규칙 제44조 등)

   등기를 신청하는 경우 대법원규칙으로 정하는 바에 따라 <u>수수료를 납부하여야</u> 하므로, 이를 납부한 그 영수필확인서를 제공한다.

10. **토지대장등본**(규칙 제46조 제1항 제7호, 제62조 등)

    소유권이전등기를 하는 경우 <u>부동산의 표시를 증명</u>하여야 하므로, <u>토지대장등본</u>을 제공한다(발행일로부터 3월 이내).

11. **등기신청위임장**(김매도의 인감날인 및 이매수의 날인)(규칙 제46조 제1항 제5호, 규칙 제60조 제1항 제1호)

    ① 등기신청을 법무사 등 대리인에게 위임하는 경우 대리권한을 증명하여야 하므로, <u>김매도 및 이매수 쌍방으로부터 위임을 받은 등기신청위임장</u>을 제공한다. 등기신청위임장에는 부동산의 표시, 위임인, 수임인 등이 기재되어 있어야 한다.
    ② 사안의 경우 <u>규칙 제60조 제1항 제1호</u>에 해당하므로 진정성 담보를 위하여 <u>등기의무자인 김매도의 인감을 날인</u>을 한다.

12. 자격자대리인의 등기의무자확인 및 자필서명정보(김매도 확인)(규칙 제46조 제1항 제8호)

　　공동으로 신청하는 권리에 관한 등기를 자격자대리인이 신청하는 경우 등기의무자인지 여부를 확인하고 자필서명한 정보를 제공하여야 하므로, <u>법무사 김명수가 김매도를 확인하고 작성한 자필서명정보를 제공한다.</u>

1994년 법무사 제2회 - 일부변경(날짜, 거래신고관리번호, 거래가액, 등기소 명칭)

별지기재 매매계약에 따른 등기신청사건을 수임한 법무사 유명한(서울특별시 서초구 명달로 14, 전화번호(599-3000))이 2022년 10월 2일자로 서울중앙지방법원 등기국에 신청할 소유권이전등기신청서를 작성하시오. 대리인이 날인할 자리에는 ㉑으로 표시하고 신청서의 첨부서면은 그 명칭과 통수만 신청서에 기재하시오. 그리고 별지에 신청서 첨부서면의 법적 근거에 관하여 약술하시오.

매매계약의 요지

1. 목적부동산 : 서울특별시 중구 황학동 227번지 대 200㎡
2. 매매대금 : 금 8천만원
3. 매매계약체결일 : 2022년 7월 30일
4. 매도인 : 김옥순 (460203-2802039) 서울특별시 종로구 창덕궁길 90(계동)
　　매수인 : 한양김씨 한성공파종중 등록번호 110111-1113914　서울특별시 중구 세종대로15길 3(정동)
　　　　　대표자 김갑영 (410310-1257616) 서울특별시 관악구 관악로34길 1(봉천동)

기타 참고사항

1. 개별공시지가 : 250,000/㎡
2. 거래신고관리번호 : 12345-2022-7-1234567
3. 서울특별시 중구 전 지역은 「부동산 거래신고 등에 관한 법률」에 의한 토지의 거래허가구역이다.
4. 관할등기소 : 서울중앙지방법원 중부등기소
5. 기타 제공되지 않은 정보는 기재할 필요가 없다.

소유권(일부)㉑이전등기신청(매매)					삭2자
접 수	년 월 일	처리인	등기관 확인		각종 통지
	제 호				

	부동산의 표시(거래신고관리번호/거래가액)	
규 43①1	서울특별시 중구 황학동 227　　대 200㎡ 거래신고관리번호 : 12345-2022-7-1234567　　거래가액 : 금 80,000,000원 - 이상 -	
규 43①5	등기원인과 그 연월일	2022년 7월 30일　매매
규 43①6	등 기 의 목 적	소유권(일부) ㉑ 이전 　　　　　　　　　삭2자

	구분	성명 (상호·명칭)	주민등록번호 (등기용등록번호)	주소(소재지)	지분 (개인별)
규 43①2	등기의무자	김옥순	460203-2802039	서울특별시 종로구 창덕궁길 90(계동)	
규 43①2 규 43②	등기권리자	한양김씨 한성공파종중 대표자 김갑영	110111-1113914 410310-1257616	서울특별시 중구 세종대로15길 3(정동) 서울특별시 관악구 관악로 34길 1(봉천동)	

규 44	시가표준액 및 국민주택채권매입금액		
	부동산 표시	부동산별 시가표준액	부동산별 국민주택채권매입금액
	1.	금 ○○○ 원	금 ○○○ 원
	2.	금 ○○○ 원	금 ○○○ 원
	3.	금 ○○○ 원	금 ○○○ 원
	국 민 주 택 채 권 매 입 총 액	금	○○○ 원
	국 민 주 택 채 권 발 행 번 호	○○○○-○○-○○○○-○○○○	
	취득세(등록면허세) 금 ○○○ 원	지방교육세 금	○○○ 원
		농어촌특별세 금	○○○ 원
	세 액 합 계	금	○○○ 원
	등 기 신 청 수 수 료	금	○○○ 원
		납부번호 : ○○-○○-○○○○○○○○-○	
		일괄납부 : 건	○○○ 원

규 43①7	등기의무자의 등기필정보	
	부 동 산 고 유 번 호	○○○○-○○○○-○○○○○○
	성 명 (명 칭)	일련번호	비밀번호
		○○○○-○○○○-○○○○	○○-○○○○

첨 부 서 면   간 인

• 매매계약서(전자수입인지 첨부)	1통	• 취득세영수필확인서	1통
• 부동산거래계약신고필증	1통	• 등기신청수수료영수필확인서	1통
• 토지거래계약허가서	1통	• 토지대장등본	1통
• 등기필증(김옥순)	1통	• 등기신청위임장(김옥순의 인감날인 및	
• 인감증명 등(김옥순의 매도용인감)	1통	한양김씨 한성공파종중의 대표자 김갑	
• 주민등록표초본(또는 등본)(김옥순)	1통	영의 날인)	1통
• 주소증명정보(한양김씨 한성공파종중)	1통	• 자격자대리인의 등기의무자확인 및	
• 부동산등기용등록번호증명(한양김씨 한성공파종중)	1통	자필서명정보(김옥순 확인)	1통
• 정관이나 그 밖의 규약(한양김씨 한성공파종중)	1통		
• 대표자자격증명서면(한양김씨 한성공파종중)	1통		
• 위 인감증명(성년자 2인)	2통		
• 주민등록표초본(또는 등본)(한양김씨 한성공파종중의 대표자 김갑영)	1통		

규 43①9

2022년 10월 2일

위 신청인   ㉑   (전화 :   )
                           ㉑   (전화 :   )

(또는) 위 대리인 법무사 유명한 직인 (전화 : 599-3000)
             서울특별시 서초구 명달로 14

규 43①8   서울중앙 지방법원 중부등기소 귀중

- 신청서 작성요령 -

＊1. 부동산표시란에 2개 이상의 부동산을 기재하는 경우에는 그 부동산의 일련번호를 기재하여야 합니다.
 2. 신청인란 등 해당란에 기재할 여백이 없을 경우에는 별지를 이용합니다.
 3. 담당 등기관이 판단하여 위의 첨부서면 외에 추가적인 서면을 요구할 수 있습니다.

[첨부서면 해설]

1. 매매계약서(전자수입인지 첨부)(규칙 제46조 제1항 제1호 등)

① 등기원인을 증명하기 위하여, 매매계약서를 제공한다. 매매계약서에는 부동산의 표시, 매매대금, 계약연월일, 계약당사자의 인적사항 등이 기재되어 있어야 한다.

② 계약으로 인한 소유권이전등기를 하는 경우에는 그 계약서에 기재된 거래금액이 1,000만원(주택은 1억원)을 초과하는 경우에는 일정액의 전자수입인지를 제공한다(증여계약서와 신탁계약서 등의 경우 인지 생략).

③ 계약을 원인으로 하는 소유권이전등기를 신청하는 경우 계약서 또는 판결서에 검인을 받아야 하나, 사안의 경우 부동산거래계약신고를 하였으므로 검인을 받지 아니한다.

2. 부동산거래계약신고필증(법 제68조, 규칙 제124조 등)

2006년 1월 1일 이후 매매계약서를 제공하여 소유권이전등기를 신청하는 경우 거래가액을 등기하여야 하므로, 부동산거래계약신고를 한 후 거래신고관리번호와 거래가액을 신청정보의 내용으로 제공하고, 부동산거래계약신고필증을 제공한다.

3. 토지거래계약허가서(규칙 제46조 제1항 제2호)

토지거래허가구역 내의 토지에 대하여 유상계약(매매계약)을 체결하여 소유권이전등기를 신청하는 경우 토지거래계약허가서를 제공한다.

4. 등기필증(김옥순)(법 제50조 제2항, 부칙 제2조, 규칙 제43조 제1항 제7호)

① 권리에 관한 등기를 공동으로 신청하는 경우 등기의무자의 등기필증을 제공하여야 하므로, 김옥순이 소유권취득 후 교부받은 등기필증을 제공한다(법 부칙 제2조).

② 등기의무자가 등기필정보를 소지한 경우에는 일련번호와 비밀번호 등을 신청서에 기재하는 것으로 갈음한다(규칙 제43조 제1항 제7호).

5. 인감증명 등(김옥순의 매도용인감)(규칙 제60조, 제61조, 제62조)

① 소유권자가 등기의무자가 되는 경우 등기의무자의 인감증명을 제공하여야 하므로, 김옥순의 인감증명을 제공한다(발행일로부터 3월 이내).

② 등기원인이 매매인 경우에는 매수인 전원(한영김씨 한성공파종중)의 인적사항(성명·주소·부동산등기용등록번호)이 기재된 부동산매도용 인감증명을 제공한다.

③ 인감날인 및 인감증명에 갈음하여, 서명하고 본인서명사실확인서 또는 전자본인서명확인서 발급증을 제공할 수 있다.

6. 주민등록표초본(또는 등본)(김옥순)(규칙 제46조 제1항 제6호)

① 소유권이전등기를 신청하는 경우 등기의무자의 주소증명정보를 제공하여야 하므로, 등기의무자 김옥순의 주민등록표초본(또는 등본)을 제공한다(발행일로부터 3월 이내).

다만, 등기기록상의 주소(또는 계약서상의 주소)와 등기신청 시의 주소가 상이할 경우에는 동일성을 증명하기 위하여 <u>주소변동내역이 포함된 주민등록표초본</u>(또는 등본)을 제공한다.

② 이 경우 <u>규칙 제122조</u>에 해당하면 등기관이 직권으로 등기명의인표시변경등기를 한다.

7. 주소증명정보(한양김씨 한성공파종중의 정관 등)(규칙 제46조 제1항 제6호)

① 새로이 등기명의인이 되는 <u>등기권리자의 주소를 기입</u>하여야 하므로, 등기권리자 한양김씨 한성공파종중의 정관(회의록 등)을 제공한다.

② 한양김씨 한성공파종중의 사무소소재지는 정관에 기재되어 있으므로, <u>위 정관은 주소증명의 기능</u>도 하게 된다.

8. 부동산등기용등록번호증명서(한양김씨 한성공파종중)(법 제49조, 규칙 제46조 제1항 제6호)

새로 등기명의인이 되는 등기권리자의 <u>번호를 기입</u>하여야 하므로, 법 제49조에 의하여 <u>시장·군수·구청장으로부터 부여받은 부동산등기용등록번호증명정보</u>를 제공한다.

9. 정관이나 그 밖의 규약(한양김씨 한성공파종중)(규칙 제48조 제1호, 민법 제40조 등)

① 종중은 법인등기부가 존재하지 않으므로, 단체의 실체를 증명하기 위하여 <u>한양김씨 한성공파종중의 정관이나 그 밖의 규약</u>을 제공한다.

② 이러한 서면에는 종중의 <u>명칭</u>, <u>사무소의 소재지</u>, <u>대표자의 임면에 관한 규정</u> 등이 기재되어 있어야 한다(**민법 제40조**).

10. 대표자자격증명서면(한양김씨 한성공파종중의 종중총회결의서)(규칙 제48조 제2호)

① 종중은 법인등기부가 존재하지 않으므로, <u>대표자를 증명하기 위하여</u> 별도의 대표자자격증명정보를 제공한다.

② 정관에서 정한 방법에 따라 대표자를 선임(임면)한 후 대표자의 자격을 증명하는 정보를 제공한다(예컨대, <u>종중총회결의서 또는 의사록</u>).

11. 위 인감증명(성년자 2인)(등기예규, 규칙 제60조 제1항 제8호, 제62조)

① 대표자자격증명서면에는 진정성을 담보하기 위하여 <u>성년 2인 이상이 상위 없음과 성명을 기재하고 인감을 날인</u>한 후 그 인감증명을 제공한다(발행일로부터 3월 이내).

② 법무사가 진정성을 담보하는 경우 기명날인으로 갈음할 수 있다.

12. 주민등록표초본(또는 등본)(한양김씨 한성공파종중의 대표자 김갑영)(규칙 제48조 제4호, 제62조)

종중의 경우 <u>대표자의 인적사항(성명·주소·번호)을 등기부에 기록</u>하여야 하므로, 한양김씨 한성공파종중의 대표자인 김갑영의 주민등록표초본(또는 등본)을 제공한다.

13. 취득세영수필확인서(지방세법 시행령 제36조, 법 제29조 제10호, 규칙 제44조 등)

　① 매매를 등기원인으로 소유권이전등기를 신청하는 경우 매매금액을 기초로 산정한 취득세 등을 신고 · 납부하여야 하므로, 이를 납부한 영수필확인서를 제공한다.

　② 시장 · 군수 · 구청장 등으로부터 취득세납부서(OCR용지)를 발급받아 금융기관에 세금을 납부한 후 취득세영수필확인서를 제공한다.

　③ 지방세인터넷납부시스템을 이용하여 납부하고 출력한 취득세납부확인서를 첨부할 수 있다. 다만 이 경우 국민주택채권매입금액 산정을 위해 시가표준액이 표시되어 있어야 한다.

14. 등기신청수수료영수필확인서(법 제22조 제3항, 법 제29조 제10호, 규칙 제44조 등)

　등기를 신청하는 경우 대법원규칙으로 정하는 바에 따라 수수료를 납부하여야 하므로, 이를 납부한 그 영수필확인서를 제공한다.

15. 토지대장등본(규칙 제46조 제1항 제7호, 제62조 등)

　소유권이전등기를 하는 경우 부동산의 표시를 증명하여야 하므로, 토지대장등본을 제공한다(발행일로부터 3월 이내).

16. 등기신청위임장(김옥순의 인감날인 및 한양김씨 한성공파종중의 대표자 김갑영의 날인)(규칙 제46조 제1항 제5호, 규칙 제60조 제1항 등)

　① 등기신청을 법무사 등 대리인에게 위임하는 경우 대리권한을 증명하여야 하므로, 김옥순 및 한양김씨 한성공파종중의 대표자인 김갑영 쌍방으로부터 위임을 받은 등기신청위임장을 제공한다. 등기신청위임장에는 부동산의 표시, 위임인, 수임인 등이 기재되어 있어야 한다.

　② 규칙 제60조 제1항 제1호에 해당하므로 진정성 담보를 위하여 등기의무자인 김옥순의 인감을 날인을 한다.

17. 자격자대리인의 등기의무자확인 및 자필서명정보(김옥순 확인)(규칙 제46조 제1항 제8호)

　공동으로 신청하는 권리에 관한 등기 등을 자격자대리인이 신청하는 경우 등기의무자인지 여부를 확인하고 자필서명한 정보를 제공하여야 하므로, 법무사 유명한이 김옥순을 확인하고 작성한 자필서명정보를 제공한다.

2020년 법무사 제26회 − 일부변경(날짜, 거래신고관리번호)

【문 1】 법무사 최우선은 아래 부동산에 대한 소유권이전등기신청을 위임받았다. 제시된 부동산 및 사실관계와 답안작성 유의사항에 따라 법무사 최우선의 등기신청서를 작성하고 필요한 첨부정보에 대하여 간략하게 설명하시오(서면에 의한 방문신청임을 전제로 함). 30점

1. 부동산

서울특별시 서초구 서초동 123−45 대 250㎡
(서울중앙지방법원 등기국의 관할에 속하는 부동산임)

2. 사실관계

가. 위 부동산은 등기기록상 현재 김일남과 김이선이 공유하고 있다(각 공유지분은 2분의 1). 김일남과 김이선은 1993.9.15.에 그들 명의로 소유권이전등기를 마쳤다. A종중의 대표자 홍길동은 종중의 은행 예금으로 나대지인 위 부동산을 매수하여 그 지상에 종중회관을 건립하기로 생각하였다. 홍길동은 종중 총회를 소집하였고, 2020.5.30. 개최된 총회에서 위 부동산의 매수를 승인하고 취득(소유권이전등기 등)에 필요한 일체의 권한을 종중 대표자 홍길동에게 위임하기로 하는 내용의 결의가 적법하게 이루어졌다. 2022.6.19. 홍길동은 A종중을 대표하여 김일남, 김이선과 위 부동산에 대한 매매계약을 체결하고, 2022.8.28. 잔금을 지급하면서 소유권이전등기신청에 필요한 서류들을 받아 동석한 법무사 최우선에게 건네주었다.

나. 거래신고 관리번호 : 12345−2022−6−1234567, 거래가액 : 1,700,000,000원

다. 주소(또는 사무소 소재지), 주민등록번호(또는 부동산등기용등록번호) 등

1) 김일남 : 서울특별시 서초구 서초대로 987, 750621−1234567
2) 김이선 : 서울특별시 서초구 서초대로 654, 770306−2234568
3) A종중 : 서울특별시 강동구 양재대로 456, 123456−3456789
4) 홍길동 : 서울특별시 강동구 양재대로 789, 420107−1311115
5) 법무사 최우선 : 서울특별시 서초구 서초대로 123, 전화번호 010−1234−1234

3. 답안작성 유의사항

가. 첨부서면란 등이 부족할 경우에는 답안지에 기재할 수 있습니다.

나. 첨부서면으로는 그 명칭과 통수를 기재하고, 제공해야 하는 이유와 근거를 답안지에서 간략하게 설명하시기 바랍니다. 첨부서면 중 대체할 수 있는 것이 있으면 그 대체 서면에 대하여도 답안지에서 설명하십시오.

다. 위임장은 작성하지 않아도 됩니다. 다만, 첨부서면으로는 기재하고 그 내용(위임인 등)도 답안지에 적으시기 바랍니다.

라. 시가표준액 및 국민주택채권매입금액, 취득세(등록면허세), 등기신청수수료 등 설문에서 정보가 주어지지 않은 것은 신청서에 기재하지 않으셔도 됩니다. 그 밖에 설문에서 주어

지지 않은 사항은 고려할 필요가 없습니다.

마. 날인이 필요한 곳에는 "⑩"이라고 기재합니다. 신청서 작성일자는 답안 작성일자로 합니다(답안 작성일자가 공휴일인지 여부는 고려할 필요가 없습니다).

바. 제시된 거래신고 관리번호, 주민등록번호 또는 부동산등기용등록번호는 법령상의 부여 규칙이나 구성 체계 등과 맞지 않을 수 있으나, 이 점은 고려하지 않으셔도 됩니다. 또한, 설문의 부동산과 사실관계는 모두 가상의 것임을 알려 드립니다.

소유권이전등기신청(매매)				
접 수	년 월 일	처리인	등기관 확인	각종 통지
	제 호			

	부동산의 표시(거래신고관리번호/거래가액)				
규 43①1	서울특별시 서초구 서초동 123-45　　대　250m² 거래신고관리번호 : 12345-2022-6-1234567　　거래가액 : 금 1,700,000,000원 - 이상 -				
규 43①5	등기원인과 그 연월일	2022년 6월 19일　매매			
규 43①6	등 기 의 목 적	공유자전원지분 전부이전			
규 123	이 전 할 지 분				
	구분	성명 (상호·명칭)	주민등록번호 (등기용등록번호)	주소(소재지)	지분 (개인별) (규 105)
규 43①2	등기의무자	김일남	750621-1234567	서울특별시 서초구 서초대로 987	2분의 1
		김이선	770306-2234568	서울특별시 서초구 서초대로 654	2분의 1
규 43①2	등기권리자	A종중	123456-3456789	서울특별시 강동구 양재대로 456	
규 43②		대표자 홍길동	420127-1311115	서울특별시 강동구 양재대로 789	

시가표준액 및 국민주택채권매입금액		
부동산 표시	부동산별 시가표준액	부동산별 국민주택채권매입금액
1.	금　　　　　○○○　원	금　　　　　　○○○　원
2.	금　　　　　○○○　원	금　　　　　　○○○　원
3.	금　　　　　○○○　원	금　　　　　　○○○　원
국 민 주 택 채 권 매 입 총 액	금　　　　　　　　　　○○○　원	
국 민 주 택 채 권 발 행 번 호	○○○○-○○-○○○○-○○○○	
취득세(등록면허세) 금　　　○○○　원	지방교육세　금　　　　　○○○　원	
	농어촌특별세　금　　　　○○○　원	
세　액　합　계	금　　　　　　　　　　○○○　원	
등 기 신 청 수 수 료	금　　　　　　　　　　○○○　원	
	납부번호 : ○○-○○-○○○○○○○○-○	
	일괄납부 :　　　건　　　　　○○○　원	

규 44

규 43①7

등기의무자의 등기필정보		
부동산고유번호	○○○○-○○○○-○○○○○○	
성명(명칭)	일련번호	비밀번호
	○○○○-○○○○-○○○○	○○-○○○○

첨　부　서　면　　　　간인

- 매매계약서(전자수입인지 첨부)　　　1통
- 부동산거래계약신고필증　　　　　　1통
- 토지이용계획확인서　　　　　　　　1통
- 등기필증(김일남, 김이선)　　　　　2통
- 인감증명 등(김일남, 김이선의 매도용인감)　2통
- 주민등록표초본(또는 등본)(김일남, 김이선)　2통
- 주소증명정보(A종중의 정관 등)　　1통
- 부동산등기용등록번호증명(A종중)　1통
- 정관이나 그 밖의 규약(A종중)　　　1통
- 대표자자격증명서면(A종중의 종중총회결의서) 1통
- 위에 대한 인감증명(성년자 2인)　　2통
- 주민등록표초본(또는 등본)(A종중의 대표자 홍길동) 1통

- 취득세영수필확인서　　　　　　　　1통
- 등기신청수수료영수필확인서　　　　1통
- 토지대장등본　　　　　　　　　　　1통
- 등기신청위임장(김일남, 김이선의 인감날인
  및 A종중 대표자 홍길동의 날인)　1통
- 자격자대리인의 등기의무자확인 및
  자필서명정보(김일남, 김이선 확인)　1통

규 43①9

○○○○년 ○○월 ○○일

위 신청인　　　　　　　　　㊞　　(전화 :　　　　　)
　　　　　　　　　　　　　　㊞　　(전화 :　　　　　)

(또는) 위 대리인　법무사 최우선　직인　(전화 : 010-1234-1234)
　　　　　　　서울특별시 서초구 서초대로 123

규 43①8　　　서울중앙 지방법원 등기국 귀중

─ 신청서 작성요령 ─

* 1. 부동산표시란에 2개 이상의 부동산을 기재하는 경우에는 그 부동산의 일련번호를 기재하여야 합니다.
  2. 신청인란 등 해당란에 기재할 여백이 없을 경우에는 별지를 이용합니다.
  3. 담당 등기관이 판단하여 위의 첨부서면 외에 추가적인 서면을 요구할 수 있습니다.

[첨부서면 해설]

1. **매매계약서**(전자수입인지 첨부)**(규칙 제46조 제1항 제1호 등)**

   ① 등기원인을 증명하기 위하여, <u>매매계약서</u>를 제공한다. 매매계약서에는 부동산의 표시, 매매대금, 계약연월일, 계약당사자의 인적사항 등이 기재되어 있어야 한다.

   ② 계약을 원인으로 하는 소유권이전등기를 신청하는 경우 계약서 또는 판결서에 검인을 받아야 하나, <u>사안의 경우 부동산거래계약신고를 하였으므로 검인을 받지 아니한다.</u>

   ③ 계약으로 인한 소유권이전등기를 하는 경우에는 그 계약서에 기재된 거래금액이 1,000만원(주택은 1억원)을 초과하는 경우에는 일정액의 <u>전자수입인지</u>를 제공한다(증여계약서와 신탁계약서 등의 경우 인지 생략).

2. **부동산거래계약신고필증**(법 제68조, 규칙 제124조 등)

   2006년 1월 1일 이후 매매계약서를 제공하여 소유권이전등기를 신청하는 경우 <u>거래가액을 등기하여야 하므로,</u> 부동산거래계약신고를 한 후 거래신고관리번호와 거래가액을 신청정보의 내용으로 제공하고, <u>부동산거래계약신고필증을</u> 제공한다.

3. **토지이용계획확인서**(규칙 제46조 제1항 제2호)

   <u>토지거래허가구역이 아님을 증명하기 위하여</u> 토지이용계획확인서를 제공한다.

4. **등기필증**(김일남, 김이선)**(법 제50조 제2항, 부칙 제2조, 규칙 제43조 제1항 제7호)**

   ① 권리에 관한 등기를 공동으로 신청하는 경우 등기의무자의 등기필증을 제공하여야 하므로, <u>김일남, 김이선이 소유권취득 후 교부받은 등기필증</u>을 제공한다(법 부칙 제2조).

   ② 등기의무자가 등기필정보를 소지한 경우에는 <u>일련번호와 비밀번호 등</u>을 신청서에 기재하는 것으로 갈음한다(규칙 제43조 제1항 제7호).

5. **인감증명 등**(김일남, 김이선의 매도용인감)**(규칙 제60조, 제61조, 제62조)**

   ① 소유권자가 등기의무자가 되는 경우 등기의무자의 인감증명을 제공하여야 하므로, <u>등기의무자 김일남, 김이선의 인감증명</u>을 제공한다(발행일로부터 3월 이내).

   ② 등기원인이 매매인 경우에는 <u>매수인 전원(A종중)의 인적사항(성명·주소·부동산등기용등록번호)이</u> 기재된 <u>부동산매도용 인감증명</u>을 제공한다.

   ③ 인감날인 및 인감증명에 갈음하여, 서명하고 <u>본인서명사실확인서</u> 또는 전자본인서명확인서 발급증을 제공할 수 있다.

6. **주민등록표초본**(또는 등본)(김일남, 김이선)**(규칙 제46조 제1항 제6호, 제62조 등)**

   ① 소유권이전등기를 신청하는 경우 등기의무자의 주소증명정보를 제공하여야 하므로, <u>등기의무자 김일남, 김이선의 주민등록표초본(또는 등본)</u>을 제공한다(발행일로부터 3월 이내).

다만, 등기기록상의 주소(또는 계약서상의 주소)와 등기신청 시의 주소가 상이할 경우에는 동일성을 증명하기 위하여 주소변동내역이 포함된 주민등록표초본(또는 등본)을 제공한다.

② 이 경우 규칙 제122조에 해당하면 등기관이 직권으로 등기명의인표시변경등기를 한다.

7. 주소증명정보(A종중의 경관 등)(규칙 제46조 제1항 제6호)

① 새로이 등기명의인이 되는 등기권리자의 주소를 기입하여야 하므로, 등기권리자 A종중의 정관(또는 회의록 등)을 제공한다.

② A종중의 사무소소재지는 정관에 기재되어 있으므로, 위 정관은 주소증명의 기능도 하게 된다.

8. 부동산등기용등록번호증명(A종중)(법 제49조, 규칙 제46조 제1항 제6호)

새로 등기명의인이 되는 등기권리자의 번호를 기입하여야 하므로, 법 제49조에 의하여 시장·군수·구청장으로부터 부여받은 부동산등기용등록번호증명정보를 제공한다.

9. 정관이나 그 밖의 규약(A종중)(규칙 제48조 제1호, 「민법」 제40조 등)

① 종중은 법인등기부가 존재하지 않으므로, 단체의 실체를 증명하기 위하여 A종중의 정관이나 그 밖의 규약을 제공한다.

② 이러한 서면에는 종중의 명칭, 사무소의 소재지, 대표자의 임면에 관한 규정 등이 기재되어 있어야 한다(민법 제40조).

10. 대표자자격증명서면(A종중의 종중총회결의서)(규칙 제48조 제2호)

① 종중은 법인등기부가 존재하지 않으므로, 대표자를 증명하기 위하여 별도의 대표자자격 증명정보를 제공한다.

② 정관에서 정한 방법에 따라 대표자를 선임(임면)한 후 대표자의 자격을 증명하는 정보를 제공한다(예컨대, 종중총회결의서 또는 의사록).

③ 사안의 경우 종중 총회에서 대표자를 선임하였으므로 종중총회결의서를 제공한다.

11. 위 인감증명(성년자 2인)(등기예규, 규칙 제60조 제1항 제8호, 제62조)

① 대표자자격증명서면 및 민법 제276조의 결의서에는 진정성을 담보하기 위하여 성년 2인 이상이 상위 없음과 성명을 기재하고 인감을 날인한 후 그 인감증명을 제공한다(발행일로부터 3월 이내).

② 법무사가 진정성을 담보하는 경우 기명날인으로 갈음할 수 있다.

12. 주민등록표초본(또는 등본)(A종중의 대표자 홍길동)(규칙 제48조 제4호, 제62조)

종중의 경우 대표자의 인적사항(성명·주소·번호)을 등기부에 기록하여야 하므로, A종중의 대표자인 홍길동의 주민등록표초본(또는 등본)을 제공한다.

13. **취득세영수필확인서**(지방세법 시행령 제36조, 법 제29조 제10호, 규칙 제44조 등)

    매매를 등기원인으로 소유권이전등기를 신청하는 경우 매매금액을 기초로 산정한 취득세 등을 신고·납부하여야 하므로, 이를 납부한 영수필확인서를 제공한다.

14. **등기신청수수료영수필확인서**(법 제22조 제3항, 법 제29조 제10호, 규칙 제44조 등)

    등기를 신청하는 경우 대법원규칙으로 정하는 바에 따라 수수료를 납부하여야 하므로, 이를 납부한 그 영수필확인서를 제공한다.

15. **토지대장등본**(규칙 제46조 제1항 제7호, 제62조 등)

    소유권이전등기를 하는 경우 부동산의 표시를 증명하여야 하므로, 토지대장등본을 제공한다 (발행일로부터 3월 이내).

16. **등기신청위임장**(김일남, 김이선의 인감날인 및 A종중 대표자 홍길동의 날인)(규칙 제46조 제1항 제5호, 규칙 제60조 제1항 등)

    ① 등기신청을 법무사 등 대리인에게 위임하는 경우 대리권한을 증명하여야 하므로, 김일남, 김이선 및 A종중의 대표자 홍길동 쌍방으로부터 위임을 받은 등기신청위임장을 제공한다. 등기신청위임장에는 부동산의 표시, 위임인, 수임인 등이 기재되어 있어야 한다.
    ② 사안의 경우 규칙 제60조 제1항 제1호에 해당하므로 진정성 담보를 위하여 등기의무자인 김일남, 김이선의 인감을 날인을 한다.

17. **자격자대리인의 등기의무자확인 및 자필서명정보**(김일남, 김이선 확인)(규칙 제46조 제1항 제8호)

    공동으로 신청하는 권리에 관한 등기를 자격자대리인이 신청하는 경우 등기의무자인지 여부를 확인하고 자필서명한 정보를 제공하여야 하므로, 법무사 최우선이 김일남과 김이선을 확인하고 작성한 자필서명정보를 제공한다.

2011년 법무사 제17회 – 일부변경(날짜, 거래신고관리번호, 등기소 명칭 등)

【문 1】 아래 부동산에 대한 등기신청을 위임받은 대리인으로서 다음의 사실관계와 답안지 작성 시 유의사항에 부합하는 등기신청서를 작성하고 신청서에 첨부하는 서면에 대하여 간단히 설명하시오(신청방식은 서면에 의한 방문신청을 전제로 함).   30점

1. 부동산

① 서울특별시 서초구 서초동 123 – 4번지   대지 100㎡
② 서울특별시 서초구 방배동 100 – 1번지   대지 300㎡
③ 서울특별시 서초구 양재동 산10번지   임야 1,000㎡

2. 사실관계

가. 강남김씨 서초공파종중은 종원들의 출원금으로 부동산을 취득하여 종중의 재산으로 하기로 결의하고, 종중의 대표자인 김갑동과 아래 토지의 공유자인 재단법인 갑을의 대표자 홍길동은 재단법인 갑을의 각 공유지분 2/3 중 1/2을 10억원에 매매하기로 하고 2022년 9월 1일 매매계약을 체결하였다.

※ 거래계약신고필증상의 거래신고관리번호는 12345 – 2022 – 9 – 1234567이며, 위 매매대상 토지 전부는 국토의 계획 및 이용에 관한 법률상의 토지거래허가구역이 아니다.

나. 재단법인 갑을은 민법 제32조에 의거 설립된 법인이며, 위 매매대상 부동산은 재단법인 갑을의 기본재산이다.

다. 재단법인 갑을과 강남김씨 서초공파종중은 위 매매대상 부동산 처분 또는 취득에 필요한 모든 내·외의 절차를 적법하게 마쳤다.

라. 김갑동 및 홍길동은 위 매매계약에 따른 소유권이전등기의 신청을 위하여 2022년 9월 16일 서울 서초구 서초동 300번지 소재 박문수 법무사 사무소에 방문하여 위 등기신청을 위임하였다.

마. 등기부상 권리관계는 아래와 같다(3개 부동산 동일함).

바. 재단법인 갑을의 사무소소재지 및 법인등록번호는 위 등기부와 같으며, 대표자 홍길동의 주소는 서울 서초구 서초동 567번지이고, 주민등록번호는 540201 – 1234567이다.

사. 강남김씨 서초공파종중의 사무소소재지는 서울 서초구 서초동 200번지이고, 종중의 부동산등기용등록번호는 654321 – 7890123이며, 종중의 대표자인 김갑동의 주소는 서울 중구 다동 789번지이며, 주민등록번호는 500101 – 1234567이다.

【 갑구 】			(소유권에 관한 사항)	
순위 번호	등기목적	접수	등기원인	권리자 및 기타사항
1	소유권보존	(생략)		(생략)
2	소유권이전	2015년 2월 11일 제12345호	2015년 1월 20일 매매	공유자 지분 3분의 1 김삼남 330102 - 1014325 서울특별시 중구 다동 3 지분 3분의 2 재단법인 갑을 123456 - 3456789 서울특별시 서초구 서초동 567

3. 답안작성 유의사항

가. 부동산표시란 및 첨부서면란 등이 부족할 경우에는 별지를 사용할 수 있으며, 첨부서면은 그 명칭 및 통수를 해당란에 기재하고 별지에 각 서면별로 제출이유와 내용을 간단히 설명할 것

나. 위임장 작성은 생략하고 신청서 양식 중 시가표준액 및 국민주택채권매입금액란, 취득세(등록면허세)란, 등기신청수수료란, 등기필정보란(------------으로 표시된 부분) 등에 관한 각 난은 기재하지 아니한다.

다. 날인이 필요한 곳은 ⑩으로 표시하고 전화번호의 기재는 생략한다.

라. 관할등기(과)소는 서울중앙지방법원 등기국이며, 신청서는 2022년 9월 16일에 제출하려고 한다.

마. 위 사안은 문제구성을 위한 것으로 대상 부동산의 실제 현황과 무관하다.

바. 해당 부동산과 관련된 등기필정보에 대한 내용은 아래와 같다.

   1) 부동산고유번호

     ① 부동산 : 1234-2001-033456

     ② 부동산 : 1234-2001-033457

     ③ 부동산 : 1234-2001-033458

   2) 일련번호

     ① 부동산 : T4PU-DU39-9N3M

     ② 부동산 : FP6R-B4NS-2KQD

     ③ 부동산 : ETTE-EF41-41QF

   3) 비밀번호

     ① 부동산 : 40-0121

     ② 부동산 : 11-8431

     ③ 부동산 : 24-6984

소유권일부이전등기신청(매매)

접 수	년 월 일	처리인	등기관 확인	각종 통지
	제 호			

	부동산의 표시(거래신고관리번호/거래가액)
규 43①1	1. 서울특별시 서초구 서초동 123-4 대 100m² 2. 서울특별시 서초구 방배동 100-1 대 300m² 3. 서울특별시 서초구 양재동 산 10 임야 1,000m² 거래신고관리번호 : 12345-2022-9-1234567 거래가액 : 금 1,000,000,000원 - 이상 -
규 43①5	등기원인과 그 연월일 2022년 9월 1일 매매
규 43①6	등 기 의 목 적 갑구 2번 재단법인 갑을 지분 3분의 2 중 일부(3분의 1)이전
규 123	이 전 할 지 분 공유자 지분 3분의 1

	구분	성명 (상호·명칭)	주민등록번호 (등기용등록번호)	주소(소재지)	지분 (개인별)
규 43①2 규 43①3	등기의무자	재단법인 갑을 대표자 홍길동	123456-3456789	서울특별시 서초구 서초동 567 서울특별시 서초구 서초동 567	3분의 1
규 43①2 규 43②	등기권리자	강남김씨 서초공파종중 대표자 김갑동	654321-7890123 500101-1234567	서울특별시 서초구 서초동 200 서울특별시 중구 다동 789	3분의 1

규 44	시가표준액 및 국민주택채권매입금액		
	부동산 표시	부동산별 시가표준액	부동산별 국민주택채권매입금액
	1.	금　　　　○○○　원	금　　　　　　　　　　○○○　원
	2.	금　　　　○○○　원	금　　　　　　　　　　○○○　원
	3.	금　　　　○○○　원	금　　　　　　　　　　○○○　원
	국 민 주 택 채 권 매 입 총 액	금　　　　　　　　　　○○○　원	
	국 민 주 택 채 권 발 행 번 호	○○○○-○○-○○○○-○○○○	
	취득세(등록면허세)　금　　○○○　원	지방교육세　　금　　　　　○○○　원	
		농어촌특별세　금　　　　　○○○　원	
	세 액 합 계	금　　　　　　　　　　○○○　원	
	등 기 신 청 수 수 료	금　　　　　　　　　　○○○　원	
		납부번호 : ○○-○○-○○○○○○○○-○	
		일괄납부 :　　　　건　　　　　○○○　원	

규 43①7	등기의무자의 등기필정보		
	부 동 산 고 유 번 호	1234-2001-033456	
	성 명 (명 칭)	일련번호	비밀번호
	재단법인 갑을	T4PU-DU39-9N3M	40-0121
	부 동 산 고 유 번 호	1234-2001-033457	
	성 명 (명 칭)	일련번호	비밀번호
	재단법인 갑을	FP6R-B4NS-2KQD	11-8431
	부 동 산 고 유 번 호	1234-2001-033457	
	성 명 (명 칭)	일련번호	비밀번호
	재단법인 갑을	ETTE-EF41-41QF	24-6984

첨　부　서　면	간인
• 매매계약서(전자수입인지 첨부)　1통	• 취득세영수필확인서　1통
• 부동산거래계약신고필증　1통	• 등기신청수수료영수필확인서　1통
• 매매목록　1통	• 토지대장등본　2통
• 토지이용계획확인서　3통	• 임야대장등본　1통
• 주무관청의 허가서(재단법인 갑을)　1통	• 등기신청위임장(재단법인 갑을의 법인인감
• 등기필정보(재단법인 갑을)　신청서 기재	날인 및 강남김씨 서초공파종중의 날인) 1통
• 인감증명 등(재단법인 갑을의 매도용법인인감)　1통	• 자격자대리인의 등기의무자확인 및
• 법인등기사항(전부)증명서(재단법인 갑을)　1통	자필서명정보(재단법인 갑을 확인)　1통
• 주소증명정보(강남김씨 서초공파종중)　1통	
• 부동산등기용등록번호증명(강남김씨 서초공파종중) 1통	
• 정관이나 그 밖의 규약(강남김씨 서초공파종중)　1통	
• 대표자자격증명서면(강남김씨 서초공파종중)　1통	
• 위 인감증명(성년자 2인)　2통	
• 주민등록표초본(또는 등본)(강남김씨 서초공파종중의	
대표자 김갑동)　1통	

규 43①9

2022년 9월 16일

위 신청인   ㉘   (전화 :   )

                     ㉘   (전화 :   )

(또는) 위 대리인 **법무사 박문수**   직인   (전화 :   )

서울특별시 서초구 서초동 300

규 43①8

서울중앙 지방법원 **등기국** 귀중

[첨부서면 해설]

1. **매매계약서(전자수입인지 첨부)(규칙 제46조 제1항 제1호 등)**

   ① 등기원인을 증명하기 위하여, <u>매매계약서</u>를 제공한다. 매매계약서에는 부동산의 표시, 매매대금, 계약연월일, 계약당사자의 인적사항 등이 기재되어 있어야 한다.

   ② 계약으로 인한 소유권이전등기를 하는 경우에는 그 계약서에 기재된 거래금액이 1,000만원(주택은 1억원)을 초과하는 경우에는 일정액의 <u>전자수입인지</u>를 제공한다(증여계약서와 신탁계약서 등의 경우 인지 생략).

   ③ 계약을 원인으로 하는 소유권이전등기를 신청하는 경우 계약서 또는 판결서에 검인을 받아야 하나, <u>사안의 경우 부동산거래계약신고를 하였으므로 검인을 받지 아니한다.</u>

2. **부동산거래계약신고필증(법 제68조, 규칙 제124조 등)**

   2006년 1월 1일 이후 매매계약서를 제공하여 소유권이전등기를 신청하는 경우 <u>거래가액을 등기하여야 하므로</u>, 부동산거래계약신고를 한 후 거래신고관리번호와 거래가액을 신청정보의 내용으로 제공하고, <u>부동산거래계약신고필증</u>을 제공한다.

3. **매매목록(규칙 제124조 등)**

   부동산거래계약신고필증을 제공하는 경우 <u>거래부동산이 2개 이상</u>이면 정확한 금액을 공시하기 위하여 거래가액 및 목적부동산을 기재한 <u>매매목록</u>을 제공한다.

4. **토지이용계획확인서(규칙 제46조 제1항 제2호)**

   <u>토지거래허가구역이 아님을 증명</u>하기 위하여 토지이용계획확인서를 제공한다.

5. **주무관청의 허가서(규칙 제46조 제1항 제2호)**

   「민법」상 재단법인의 기본재산을 처분하는 경우 이는 정관변경을 초래하며, <u>정관변경은 주무관청의 허가를 얻어야 효력이 있으므로</u>(「민법」 제42조 제2항, 제45조 제3항), <u>이를 증명하기 위하여</u> 주무관청의 허가서를 제공한다.

6. 등기필정보(재단법인 갑을)(법 제50조 제2항, 부칙 제2조, 규칙 제43조 제1항 제7호)

　① 권리에 관한 등기를 공동으로 신청하는 경우 등기의무자의 등기필증을 제공하여야 하므로, 재단법인 갑을이 소유권취득 후 교부받은 등기필증을 제공한다(법 부칙 제2조).

　② 등기의무자가 등기필정보를 소지한 경우에는 일련번호와 비밀번호 등을 신청서에 기재하는 것으로 갈음한다(규칙 제43조 제1항 제7호).

7. 인감증명 등(재단법인 갑을의 매도용법인인감)(규칙 제60조, 제61조, 제62조)

　① 소유권자가 등기의무자가 되는 경우 등기의무자의 인감증명을 제공하여야 하며, 등기의무자 재단법인 갑을의 인감증명을 제공한다(발행일로부터 3월 이내).

　② 인감증명을 제공하는 자가 법인인 경우 등기소의 증명을 얻은 대표이사 홍길동의 법인인감을 제공한다.

　③ 등기원인이 매매인 경우에는 매수인 전원(강남김씨 서초공파종중)의 인적사항(성명·주소·부동산등기용등록번호)이 기재된 부동산매도용 인감증명을 제공한다.

8. 법인등기사항(전부)증명서(재단법인 갑을)(규칙 제46조 제1항 제4호, 제62조 등)

　① 신청인이 법인인 경우에는 법인의 명칭, 사무소소재지, 부동산등기용등록번호, 대표자의 자격 및 인적사항을 증명하기 위하여, 재단법인 갑을의 법인등기사항(전부)증명서를 제공한다(발행일로부터 3월 이내).

　② 사안의 경우 재단법인 갑을을 관할하는 등기소와 부동산 소재지를 관할하는 등기소가 동일한 경우이므로, 재단법인 갑을의 법인등기사항(전부)증명서를 생략할 수 있다(규칙 제46조 제5항).

9. 주소증명정보(강남김씨 서초공파종중)(규칙 제46조 제1항 제6호)

　① 새로이 등기명의인이 되는 등기권리자의 주소를 기입하여야 하므로, 등기권리자 강남김씨 서초공파종중의 정관(또는 회의록 등)을 제공한다.

　② 강남김씨 서초공파종중의 사무소소재지는 정관에 기재되어 있으므로, 위 정관은 주소증명의 기능도 하게 된다.

10. 부동산등기용등록번호증명(강남김씨 서초공파종중)(법 제49조, 규칙 제46조 제1항 제6호)

　새로 등기명의인이 되는 등기권리자의 번호를 기입하여야 하므로, 법 제49조에 의하여 시장·군수·구청장으로부터 부여받은 부동산등기용등록번호증명정보를 제공한다.

11. 정관이나 그 밖의 규약(강남김씨 서초공파종중)(규칙 제48조 제1호, 「민법」 제40조 등)

　① 종중은 법인등기부가 존재하지 않으므로, 단체의 실체를 증명하기 위하여 강남김씨 서초공파종중의 정관이나 그 밖의 규약을 제공한다.

② 이러한 서면에는 종중의 <u>명칭</u>, <u>사무소의 소재지</u>, <u>대표자의 임면에 관한 규정</u> 등이 기재되어 있어야 한다(「**민법**」 제40조).

12. 대표자자격증명서면(강남김씨 서초공파종중)(규칙 제48조 제2호)

① 종중은 법인등기부가 존재하지 않으므로, <u>대표자를 증명하기 위하여</u> 별도의 대표자자격증명정보를 제공한다.

② 정관에서 정한 방법에 따라 대표자를 선임(임면)한 후 대표자의 자격을 증명하는 정보를 제공한다(예컨대, <u>종중총회결의서 또는 의사록</u>).

13. 위 인감증명(성년자 2인)(등기예규, 규칙 제60조 제1항 제8호, 제62조)

① <u>대표자자격증명서면 및 민법 제276조의 결의서</u>에는 진정성을 담보하기 위하여 <u>성년 2인 이상</u>이 상위 없음과 성명을 기재하고 <u>인감을 날인</u>한 후 그 인감증명을 제공한다(발행일로부터 3월 이내).

② 법무사가 진정성을 담보하는 경우 기명날인으로 갈음할 수 있다.

14. 주민등록표초본(또는 등본)(강남김씨 서초공파종중의 대표자 김갑동)(규칙 제48조 제4호, 제62조)

종중의 경우 <u>대표자의 인적사항(성명·주소·번호)을 등기부에 기록</u>하여야 하므로, 강남김씨 서초공파종중의 대표자인 김갑동의 주민등록표초본(또는 등본)을 제공한다.

15. 취득세영수필확인서(지방세법 시행령 제36조, 법 제29조 제10호, 규칙 제44조 등)

<u>매매를 등기원인으로 소유권이전등기를 신청하는 경우 매매금액을 기초로 산정한 취득세 등을 신고·납부</u>하여야 하므로, <u>이를 납부한 영수필확인서</u>를 제공한다.

16. 등기신청수수료영수필확인서(법 제22조 제3항, 법 제29조 제10호, 규칙 제44조 등)

등기를 신청하는 경우 대법원규칙으로 정하는 바에 따라 <u>수수료를 납부</u>하여야 하므로, 이를 납부한 그 영수필확인서를 제공한다.

17. 토지대장등본 및 임야대장등본(규칙 제46조 제1항 제7호, 제62조 등)

소유권이전등기를 하는 경우 <u>부동산의 표시를 증명</u>하여야 하므로, <u>토지대장등본 및 임야대장등본을</u> 제공한다(발행일로부터 3월 이내).

18. 등기신청위임장(재단법인 갑을의 인감날인 및 강남김씨 서초공파종중의 날인)(규칙 제46조 제1항 제5호, 규칙 제60조 제1항 등)

① 등기신청을 법무사 등 대리인에게 위임하는 경우 대리권한을 증명하여야 하므로, <u>재단법인 갑을 및 강남김씨 서초공파종중 쌍방으로부터 위임을 받은 등기신청위임장</u>을 제공한다. 등기신청위임장에는 부동산의 표시, 위임인, 수임인 등이 기재되어 있어야 한다.

② 사안의 경우 <u>규칙 제60조 제1항 제1호에 해당하므로</u> 진정성 담보를 위하여 <u>등기의무자인 재단법인 갑을의 법인인감을 날인</u>을 한다.

19. **자격자대리인의 등기의무자확인 및 자필서명정보**(재단법인 갑을 확인)(규칙 제46조 제1항 제8호)

공동으로 신청하는 권리에 관한 등기를 자격자대리인이 신청하는 경우 등기의무자인지 여부를 확인하고 자필서명한 정보를 제공하여야 하므로, <u>법무사 박문수가 재단법인 갑을을 확인하고 작성한 자필서명정보를 제공</u>한다.

2002년 법무사 제8회 - 일부변경(날짜, 거래신고관리번호, 거래가액, 등기소 명칭)

【문 1】 매도인 김갑수와 매수인 이일기는 2022.8.23. 아래와 같은 내용으로 매매계약을 체결하고 그 이전등기신청을 법무사에게 위임하려고 한다.

귀하가 위 등기신청사건을 위임받은 법무사로서 부동산등기에 관한 법령과 대법원 등기예규의 규정에 따라 위 등기신청서를 작성하고, 아울러 별지에 첨부서면(답안작성용으로 교부된 신청서 양식에 기재된 첨부서면에 대하여는 생략하고 그 외의 첨부서면이 있다면)에 대하여 간략히 설명하시오. 30점

1. 부동산

(토지) 서울 서초구 서초동 123번지 대 789㎡

(건물) 서울 서초구 서초동 123번지

철근콘크리트조 슬래브지붕 3층 근린생활시설

1층 567㎡, 2층 567㎡, 3층 567㎡, 지하층 567㎡

2. 사실관계

가. 매도인은 등기부상 공유자로서 그 지분은 10분의 4이며, 그중 2분의 1인 지분 10분의 2에 대하여는 이미 근저당권이 설정되어 있으므로 매수인은 근저당권이 설정되어 있지 않은 나머지 2분의 1, 즉 지분 10분의 2를 매수하고자 함.

나. 매수인은 미합중국인으로서 그 주소는 91210 캘리포니아주 웨스트민스트 베르슈가 234이고, 외국인 부동산등기용등록번호는 670302-5013517임. 매수인은 법무사에게 위임 시 여권을 제시하였으나 그 여권에는 주소의 기재가 없고 미합중국 관공서에서 발행한 운전면허증에 매수인의 주소가 기재되어 있어 운전면허증에 의하여 본인 확인을 하였음. 달리 주소를 증명하는 서면은 없음.

다. 관할구청에 확인한 결과 외국인 토지취득 허가를 요하는 지역이나 국토이용관리법상의 토지거래허가를 요하는 지역은 아니라고 함.

라. 거래신고 관리번호 : 12345-2022-8-12345267, 거래가액 : 1,000,000,000원

3. 답안작성 유의사항

가. 관할등기소는 서울중앙지방법원 등기국으로 함.

나. 위 두 부동산의 등기부 갑구와 을구는 별지와 같음(토지와 건물의 등기사항이 동일하므로 하나만 기재하였음).

다. 법무사의 성명은 김수험, 주소는 서울 서초구 양재동 17, 전화번호는 530-4213임.

라. 신청서의 첨부서면은 그 명칭과 통수만을 신청서에 기재하고, 날인할 곳에는 ㉠으로 표시할 것. 신청서의 작성일은 2022.10.2.로 함. 시가표준액 및 국민주택채권매입금액란, 등록세란, 등기신청수수료란은 기재하지 말 것.

마. 사안은 문제를 위하여 구성한 것으로 그 지명 등은 실재하는 것이 아님.

【 갑구 】			(소유권에 관한 사항)	
순위 번호	등기목적	접수	등기원인	권리자 및 기타사항
1 (전 3)	소유권이전	1991년 8월 20일 제32647호	1991년 8월 17일 매매	소유자 이갑동 620507-1057329 서울 중구 회현동 100 (전산이기 취지 기재 생략)
2	가압류	1997년 9월 24일 제49089호	1997년 9월 20일 서울중앙지방법 원의 가압류결정 (97카단32651)	청구금액. 금 30,000,000원 채권자 현대자동차주식회사 서울 영등포구 여의도동 20
3	소유권일부 이전	2001년 2월 12일 제20661호	2001년 2월 11일 매매	공유자 지분 10분의 4 김갑수 530725-1624133 서울 서초구 서초동 1531
4	1번 이갑동지분 10분의6 중 일부 (10분의2)이전	2001년 3월 22일 제30121호	2001년 3월 20일 매매	공유자 지분 10분의 2 이선수 581003-1019512 서울 서초구 서초동 166
5	4번 이선수지분 전부이전	2002년 3월 25일 제18078호	2002년 3월 17일 매매	공유자 지분 10분의 2 김삼남 500112-1450214 서울 중구 을지로4가 26

【 을구 】			(소유권 이외의 권리에 관한 사항)	
순위 번호	등기목적	접수	등기원인	권리자 및 기타사항
1	갑구3번 김갑수지분 10분의4 중 일부(10 분의2)근저당권설정	2001년 3월 23일 제30380호	2001년 3월 20일 설정계약	채권최고액 금 96,000,000원 채무자 김갑수 　서울 서초구 서초동 1531 근저당권자 주식회사 국민은행 　110111-0015655 　서울 중구 남대문로3가 7 　(계동지점) 공동담보(생략)
2	갑구4번 이선수지분 전부근저당권설정	2002년 2월 22일 제8176호	2002년 2월 21일 설정계약	채권최고액 금 23,000,000원 채무자 이선수 　서울 서초구 서초동 166 근저당권자 김기수 　540125-1024320 　서울 강남구 청담동 322-1 공동담보(생략)

소유권일부이전등기신청(매매)				

접 수	년 월 일	처리인	등기관 확인	각종 통지
	제 호			

	부동산의 표시(거래신고관리번호/거래가액)

규 43①1	1. 서울특별시 서초구 서초동 123 대 789m²
	 2. 서울특별시 서초구 서초동 123
	     철근콘크리트조 슬래브지붕 3층 근린생활시설
	     1층 567m² 2층 567m²
	     3층 567m² 지하층 567m²
	
	 거래신고관리번호 : 12345-2022-8-12345267 거래가액 : 금 1,000,000,000원
	
	 - 이상 -

규 43①5	등기원인과 그 연월일
규 43①6	등 기 의 목 적
규 123	이 전 할 지 분

규 43①5	등기원인과 그 연월일	2022년 8월 23일 매매
규 43①6	등 기 의 목 적	갑구 3번 김갑수 지분 10분의 4 중 일부(근저당권이 설정되지 아니한 지분 10분의 2)이전
규 123	이 전 할 지 분	공유자 지분 10분의 2

	구분	성명 (상호·명칭)	주민등록번호 (등기용등록번호)	주소(소재지)	지분 (개인별)
규 43①2	등기의무자	김갑수	530725-1624133	서울특별시 서초구 서초동 1531	10분의2
	등기권리자	미합중국인 이일기	670302-5013517	91210 캘리포니아주 웨스트민스트 베르슈가 234	10분의2

규 44	시가표준액 및 국민주택채권매입금액		
	부동산 표시	부동산별 시가표준액	부동산별 국민주택채권매입금액
	1.	금 　　　○○○　　 원	금 　　　　　　　○○○　　 원
	2.	금 　　　○○○　　 원	금 　　　　　　　○○○　　 원
	3.	금 　　　○○○　　 원	금 　　　　　　　○○○　　 원
	국 민 주 택 채 권 매 입 총 액	금 　　　　　　　○○○　　 원	
	국 민 주 택 채 권 발 행 번 호	○○○○-○○-○○○○-○○○○	
	취득세(등록면허세) 금 　○○○　　 원	지방교육세　　금　　　　　　　○○○　　 원	
		농어촌특별세　금　　　　　　　○○○　　 원	
	세 　액 　합 　계	금 　　　　　　　　　　○○○　　 원	
	등 기 신 청 수 수 료	금 　　　　　　　　　　○○○　　 원	
		납부번호 : ○○-○○-○○○○○○○○-○	
		일괄납부 : 　　　　건　　　　　　○○○　　 원	
규 43①7	등기의무자의 등기필정보		
	부 동 산 고 유 번 호	○○○○-○○○○-○○○○○○	
	성 명 (명 칭)	일련번호	비밀번호
		○○○○-○○○○-○○○○	○○-○○○○

　　　　　　　　　　첨 　부 　서 　면　　　　　　 간인

• 매매계약서 (전자수입인지 첨부)　1통	• 취득세영수필확인서　1통
• 부동산거래계약신고필증　1통	• 등기신청수수료영수필확인서　1통
• 매매목록　1통	• 토지대장등본　1통
• 토지이용계획확인서　1통	• 건축물대장등본　1통
• 등기필증(김갑수)　2통	• 등기신청위임장(김갑수의 인감날인 및
• 인감증명 등(김갑수의 매도용인감)　1통	이일기의 서명)　1통
• 주민등록표초본(또는 등본)(김갑수)　1통	• 자격자대리인의 등기의무자확인 및
• 운전면허증사본(이일기, 공증)　1통	자필서명정보(김갑수 확인)　1통
• 위 운전면허증의 번역문(번역인)　1통	
• 위 번역인의 신분증 사본(번역인)　1통	
• 부동산등기용등록번호증명서(이일기)　1통	

규 43①9	2022년 10월 2일
	위 신청인 　　　　　　　　㉑ (전화 : 　　　　　　)
	㉑ (전화 : 　　　　　　)
	(또는) 위 대리인　법무사 김수험　직인 (전화 : 　　530-4213)
	서울특별시 서초구 양재동 17(○○○)
규 43①8	서울중앙 지방법원 등기국 귀중

- 신청서 작성요령 -

* 1. 부동산표시란에 2개 이상의 부동산을 기재하는 경우에는 그 부동산의 일련번호를 기재하여야 합니다.
2. 신청인란 등 해당란에 기재할 여백이 없을 경우에는 별지를 이용합니다.
3. 담당 등기관이 판단하여 위의 첨부서면 외에 추가적인 서면을 요구할 수 있습니다.

[첨부서면 해설]

1. 매매계약서(전자수입인지 첨부)(규칙 제46조 제1항 제1호 등)

① 등기원인을 증명하기 위하여, 매매계약서를 제공한다. 매매계약서에는 부동산의 표시, 매매대금, 계약연월일, 계약당사자의 인적사항 등이 기재되어 있어야 한다.

② 계약을 원인으로 하는 소유권이전등기를 신청하는 경우 계약서 또는 판결서에 검인을 받아야 하나, 사안의 경우 부동산거래계약신고를 하였으므로 검인을 받지 아니한다.

③ 계약으로 인한 소유권이전등기를 하는 경우에는 그 계약서에 기재된 거래금액이 1,000만원(주택은 1억원)을 초과하는 경우에는 일정액의 전자수입인지를 제공한다(증여계약서와 신탁계약서 등의 경우 인지 생략).

2. 부동산거래계약신고필증(법 제68조, 규칙 제124조 등)

2006년 1월 1일 이후 매매계약서를 제공하여 소유권이전등기를 신청하는 경우 거래가액을 등기하여야 하므로, 부동산거래계약신고를 한 후 거래신고관리번호와 거래가액을 신청정보의 내용으로 제공하고, 부동산거래계약신고필증을 제공한다.

3. 매매목록(규칙 제124조 등)

부동산거래계약신고필증을 제공하는 경우 거래부동산이 2개 이상이면 정확한 금액을 공시하기 위하여 거래가액 및 목적부동산을 기재한 매매목록을 제공한다.

4. 토지이용계획확인서(규칙 제46조 제1항 제2호)

토지거래허가구역과 외국인의 토지취득제한지역이 아님을 증명하기 위하여 토지이용계획확인서를 제공한다.

5. 등기필증(김갑수)(법 제50조 제2항, 부칙 제2조, 규칙 제43조 제1항 제7호)

① 권리에 관한 등기를 공동으로 신청하는 경우 등기의무자의 등기필증을 제공하여야 하므로, 김갑수가 소유권취득 후 교부받은 등기필증을 제공한다(법 부칙 제2조). 토지와 그 지상건물에 대한 등기필증 등을 각 제공한다.

② 등기의무자가 등기필정보를 소지한 경우에는 일련번호와 비밀번호 등을 신청서에 기재하는 것으로 갈음한다(규칙 제43조 제1항 제7호).

6. 인감증명 등(김갑수의 매도용인감)(규칙 제60조, 제61조, 제62조)

① 소유권자가 등기의무자가 되는 경우 등기의무자의 인감증명을 제공하여야 하므로, 김갑수의 인감증명을 제공한다(발행일로부터 3월 이내).

② 등기원인이 매매인 경우에는 매수인 전원(이일기)의 인적사항(성명·주소·주민등록번호)이 기재된 부동산매도용 인감증명을 제공한다.

③ 인감날인 및 인감증명에 갈음하여, 서명하고 <u>본인서명사실확인서</u> 또는 전자본인서명확인서 발급증을 제공할 수 있다.

7. 주민등록표초본(또는 등본)^(김갑수)(규칙 제46조 제1항 제6호, 제62조 등)

① 소유권이전등기를 신청하는 경우 등기의무자의 주소증명정보를 제공하여야 하므로, <u>등기 의무자 김갑수의 주민등록표초본(또는 등본)</u>을 제공한다(발행일로부터 3월 이내).
다만, <u>등기기록상의 주소(또는 계약서상의 주소)</u>와 <u>등기신청 시의 주소</u>가 <u>상이할 경우</u>에는 <u>동일성을 증명하기 위하여</u> <u>주소변동내역이 포함된 주민등록표초본(또는 등본)</u>을 제공한다.

② 이 경우 <u>규칙 제122조</u>에 해당하면 등기관이 직권으로 등기명의인표시변경등기를 한다.

8. 운전면허증사본^(이일기, 공증)(규칙 제46조 제1항 제6호, 등기예규)

① 새로이 등기명의인이 되는 <u>등기권리자의 주소를 기입</u>하여야 하므로, 이일기의 주소증명정보를 제공한다.

② <u>이일기는 외국인이며, 외국인등록이나 국내거소신고를 하지 않았으며, 미합중국은 주소증명제도가 없으므로 주소공증서면을 제공하여야 하는바, 주소가 기재된 신분증은 미합중국 관공서에서 발행한 운전면허증뿐이므로 공증받은 운전면허증 사본</u>을 제공한다.

9. 위 운전면허증의 번역문^(번역인)(규칙 제46조 제8항)

위 운전면허증은 <u>외국어로 작성되어 있으므로</u>, 번역문을 제공한다.

10. 위 번역인의 신분증 사본^(번역인)(등기예규)

위 <u>번역문의 진정성을 담보하기 위하여</u> 번역인의 신분증 사본을 제공한다. 다만, 번역문에 인증을 받은 경우에는 신분증 사본을 제공할 필요가 없다.

11. 부동산등기용등록번호증명서^(이일기)(법 제49조, 규칙 제46조 제1항 제6호)

새로 등기명의인이 되는 등기권리자의 <u>번호를 기입</u>하여야 하므로, 법 제49조에 의한 부동산등기용등록번호를 부여받은 후 그 증명정보를 제공한다. <u>이일기는 외국인이며, 외국인등록이나 국내거소신고를 하지 않았으므로, 지방출입국·외국인관서의 장으로부터 부동산등기용등록번호증명서를 발급받아 제공한다</u>.

12. 취득세영수필확인서(지방세법 시행령 제36조, 법 제29조 제10호, 규칙 제44조 등)

① <u>매매를 등기원인으로 소유권이전등기를 신청하는 경우 매매금액을 기초로 산정한 취득세 등을 신고·납부하여야 하므로, 이를 납부한 영수필확인서</u>를 제공한다.

② 시장·군수·구청장 등으로부터 취득세납부서(OCR용지)를 발급받아 금융기관에 세금을 납부한 후 <u>취득세영수필확인서</u>를 제공한다.

③ 지방세인터넷납부시스템을 이용하여 납부하고 출력한 <u>취득세납부확인서</u>를 첨부할 수 있다. 다만 이 경우 국민주택채권매입금액 산정을 위해 시가표준액이 표시되어 있어야 한다.

13. 등기신청수수료영수필확인서(법 제22조 제3항, 법 제29조 제10호, 규칙 제44조 등)

등기를 신청하는 경우 대법원규칙으로 정하는 바에 따라 <u>수수료를 납부하여야 하므로</u>, 이를 납부한 그 영수필확인서를 제공한다.

14. 토지대장등본 및 건축물대장등본(규칙 제46조 제1항 제7호, 제62조 등)

소유권이전등기를 하는 경우 <u>부동산의 표시를 증명하여야 하므로</u>, <u>토지대장등본 및 건축물 대장등본을 제공한다</u>(발행일로부터 3월 이내).

15. 등기신청위임장(김갑수의 인감날인 및 이일기의 서명)(규칙 제46조 제1항 제5호, 규칙 제60조 제1항 등)

① 등기신청을 법무사 등 대리인에게 위임하는 경우 대리권한을 증명하여야 하므로, <u>김갑수 및 이일기 쌍방으로부터 위임을 받은 등기신청위임장</u>을 제공한다. 등기신청위임장에는 부동산의 표시, 위임인, 수임인 등이 기재되어 있어야 한다.

② 사안의 경우 <u>규칙 제60조 제1항 제1호에 해당하므로</u> 진정성 담보를 위하여 <u>등기의무자 인 김갑수의 인감을 날인</u>을 한다.

16. 자격자대리인의 등기의무자확인 및 자필서명정보(김갑수 확인)(규칙 제46조 제1항 제8호)

공동으로 신청하는 권리에 관한 등기 등을 자격자대리인이 신청하는 경우 등기의무자인지 여부를 확인하고 자필서명한 정보를 제공하여야 하므로, <u>법무사 김수험이 김갑수를 확인하 고 작성한 자필서명정보를 제공한다</u>.

1998년 법무사 제4회 – 일부변경(날짜, 거래신고관리번호, 거래가액, 등기소 명칭)

소유자 김일수는 그 소유의 아래 부동산 중 지분 2분의 1을 홍길동에게 팔기로 하고 다음과 같은 내용의 매매계약을 체결하였다.

매수인 홍길동은 그 계약의 내용에 따라 매매대금 전부를 매도인 김일수에게 지불한 후 자기 앞으로 소유권이전등기를 신청하고자 그 관련서류를 준비하던 중 매도인 김일수가 갑작스런 교통사고로 2022년 7월 29일 처 박미자와 자 김호석·김화순을 남기고 사망하였다.

당사자 쌍방은 위 매매계약에 따른 소유권이전등기를 신청하기 위하여 2022년 8월 1일 서울특별시 관악구 관악대로 385(봉천동) 소재 법무사 이명숙(전화 : 882-3000)을 찾아가 위 등기신청에 관한 모든 권한을 위임하였다.

법무사 이명숙의 입장에서 이 건 소유권이전등기신청서와 위임장을 작성하고 첨부서면의 법적 근거를 별지에 기재하시오.

1. 부동산의 표시
서울특별시 강동구 둔촌동 350번지 전 1,100㎡

2. 매매계약의 내용
(1) 매매계약체결일자 : 2022.5.1.
   중도금지불일자 : 2022.6.1.
   잔대금지불일자 : 2022.7.26.
(2) 매매대금 : 금 2억 5천만원
(3) 특약사항 : 이 부동산은 4년간 공유물분할을 하지 아니한다.
(4) 매매계약의 당사자
   매도인 : 김일수 (450112-1345612) 서울특별시 관악구 관악대로 135(봉천동)
   매수인 : 홍길동 (560524-1545879) 서울특별시 광진구 천호대로 14
(5) 매도인의 가족 인적 사항
   처 : 박미자 (480210-2243516) 서울특별시 관악구 관악대로 135(봉천동)
   자 : 김호식 (751204-1423521) 충북 청주시 서원구 월평로 24(분평동)
   자 : 김화순 (771011-1432523) 인천 남동구 구월로372번길 90(만수동)

3. 참고사항
(1) 거래신고관리번호 : 12345-2022-5-1234567
(2) 서울특별시 강동구 둔촌동 350번지 토지는 도시지역 중 주거지역으로 지정되어 있다.

– 유의사항 –
1. 신청서와 위임장의 모든 부분은 부동산등기법과 동 규칙의 규정에 따라 빠짐없이 기재한다.
2. 신청인 등이 날인하여야 할 장소에는 ㉑이라고 표기한다.
3. 신청서의 첨부서면(부속서류)은 그 명칭과 통수만을 신청서 을지의 해당란에 기재한다.
4. 신청인란 등 해당란에 기재할 여백이 부족한 경우에는 별지를 사용한다.
5. 이 등기신청서는 2022.8.2. 관할등기소인 서울동부지방법원 등기국에 제출한다.
6. 시가표준액 및 국민주택채권매입금액란, 등록세란, 등기신청수수료란은 기재하지 아니한다.

소유권일부이전등기신청(매매)				
접 수	년 월 일 제 호	처리 인	등기관 확인	각종 통지

	부동산의 표시(거래신고관리번호/거래가액)
규 43①1	서울특별시 강동구 둔촌동 350 전 1,100m² 거래신고관리번호 : 12345-2022-5-1234567 거래가액 : 금 250,000,000원 - 이상 -
규 43①5	등기원인과 그 연월일	2022년 5월 1일 매매
규 43①6	등 기 의 목 적	소유권일부이전
규 123	이 전 할 지 분	공유자 지분 2분의 1
민 268① 법 67① 규 123	특 약	이 부동산은 4년간 공유물분할을 하지 아니한다.

	구분	성명 (상호 · 명칭)	주민등록번호 (등기용등록번호)	주소(소재지)	지분 (개인별)
규 43①2	등 기 의 무 자	망 김일수 상속인 박미자 김호식 김화순	450112-1345612 480210-2243516 751204-1423521 771011-1432523	서울특별시 관악구 관악대로 135(봉천동) 서울특별시 관악구 관악대로 135(봉천동) 충청북도 청주시 서원구 월평로 24(분평동) 인천광역시 남동구 구월로 372번길 90(만수동)	2분의 1
규 43①2	등 기 권 리 자	홍길동	560524-1545879	서울특별시 광진구 천호대로 14	2분의 1

규 44	시가표준액 및 국민주택채권매입금액		
	부동산 표시	부동산별 시가표준액	부동산별 국민주택채권매입금액
	1.	금　　○○○　원	금　　　　　　○○○　원
	2.	금　　○○○　원	금　　　　　　○○○　원
	3.	금　　○○○　원	금　　　　　　○○○　원
	국 민 주 택 채 권 매 입 총 액		금　　　　　　○○○　원
	국 민 주 택 채 권 발 행 번 호		○○○○－○○－○○○○－○○○○
	취득세(등록면허세)　금　　○○○　원	지방교육세　　금　　　○○○　원	
		농어촌특별세　금　　　○○○　원	
	세　　액　　합　　계　금		○○○　원
	등 기 신 청 수 수 료	금　　　　　　　　　○○○　원	
		납부번호 : ○○－○○－○○○○○○○○－○	
		일괄납부 :　　　　건　　　　　　○○○　원	

규 43①7	등기의무자의 등기필정보		
	부 동 산 고 유 번 호	○○○○－○○○○－○○○○○○	
	성　명　(　명　칭　)	일련번호	비밀번호
		○○○○－○○○○－○○○○	○○－○○○○

	첨　　부　　서　　면　　　　　　　간 인	

- 매매계약서(전자수입인지 첨부)　　　1통
- 부동산거래계약신고필증　　　　　　1통
- 토지이용계획확인서　　　　　　　　1통
- 등기필증(망 김일수)　　　　　　　1통
- 인감증명 등(박미자, 김호식, 김화순의 매도용인감)　　　　　　　　　　　3통
- 주민등록표초본(또는 등본)(박미자, 김호식, 김화순 및 홍길동)　　4통

- 취득세영수필확인서　　　　　　　　1통
- 등기신청수수료영수필확인서　　　　1통
- 토지대장등본　　　　　　　　　　　1통
- 등기신청위임장(박미자, 김호식, 김화순의 인감 날인 및 홍길동의 날인)　1통
- 자격자대리인의 등기의무자확인 및 자필 서명 정보(박미자, 김호식, 김화순 확인, 망 김일수 기재)　　　　　　　　　　　　1통
- 기본증명서(상세)(망 김일수, 박미자, 김호식, 김화순)　　　　　　　　　4통
- 가족관계증명서(상세)(망 김일수, 박미자, 김호식, 김화순)4통
- 친양자입양관계증명서(상세)(망 김일수) 1통
- 제적등본(망 김일수)　　　　　　　1통
- 주민등록표초본(말소자)(망 김일수)　1통

규 43①9	2022년 8월 2일

위 신청인　　　　　　　　　㉑　(전화 :　　　　　)
　　　　　　　　　　　　　　㉑　(전화 :　　　　　)

(또는) 위 대리인　법무사 이명숙　　직 인　(전화 :　　882-3000)
　　　　　　　서울특별시 관악구 관악대로 385(봉천동)

규 43①8	서울동부 지방법원 등기국 귀중

규 46①5	위 임 장	
부동산의표시	서울특별시 강동구 둔촌동 350　　전 1,100m² - 이상 -	
등기원인과 그 연월일	2022년 5월 1일　　매매	
등 기 의 　 목 적	소유권일부이전	
이 전 할 　 지 분	공유자 지분 2분의 1	
특 　　　　 약	이 부동산은 4년간 공유물분할을 하지 아니한다.	
	위임인	대리인

	위임인	대리인
	망 김일수 　서울특별시 관악구 관악대로 135(봉천동) 상속인	법무사 이명숙 서울특별시 관악구 관악대로 385(봉천동)
규 60①1	박미자　　　　　　　　⑩ 　　서울특별시 관악구 관악대로 135(봉천동)	위 사람을 대리인으로 정하고 위 부동산 등기신청 및 취하에 관한 모든 행위를 위임한다.
규 60①1	김호식　　　　　　　　⑩ 　　충청북도 청주시 서원구 월평로 24(분평동)	또한 복대리인 선임을 허락한다.
규 60①1	김화순　　　　　　　　⑩ 　　인천광역시 남동구 구월로372번길 90(만수동)	2022년 8월 1일
	홍길동　　　　　　　　⑩ 　서울특별시 광진구 천호대로 14	

[첨부서면 해설]

1. 매매계약서(전자수입인지 첨부)(규칙 제46조 제1항 제1호 등)

① 등기원인을 증명하기 위하여, <u>피상속인이 생전에 작성한 매매계약서</u>를 제공한다. 이 경우 상속인 명의로 새로이 작성하거나 변경할 필요는 없다.

② 계약을 원인으로 하는 소유권이전등기를 신청하는 경우 계약서 또는 판결서에 검인을 받아야 하나, <u>사안의 경우 부동산거래계약신고를 하였으므로 검인을 받지 아니한다.</u>

③ 계약으로 인한 소유권이전등기를 하는 경우에는 그 계약서에 기재된 거래금액이 1,000만원(주택은 1억원)을 초과하는 경우에는 일정액의 <u>전자수입인지</u>를 제공한다(증여계약서와 신탁계약서 등의 경우 인지 생략).

2. 부동산거래계약신고필증(법 제68조, 규칙 제124조 등)

2006년 1월 1일 이후 매매계약서를 제공하여 소유권이전등기를 신청하는 경우 <u>거래가액을 등기하여야 하므로</u>, 부동산거래계약신고를 한 후 거래신고관리번호와 거래가액을 신청정보의 내용으로 제공하고, <u>부동산거래계약신고필증</u>을 제공한다.

3. 토지이용계획확인서(규칙 제46조 제1항 제2호)

<u>농지취득자격증명을 제공할 필요가 없음을 증명(예 도시지역 중 주거지역)</u>하고, <u>토지거래계약허가구역이 아님을 증명</u>하기 위하여 토지이용계획확인서를 제공한다.

4. 등기필증(망 김일수)(법 제50조 제2항, 부칙 제2조, 규칙 제43조 제1항 제7호)

① 권리에 관한 등기를 공동으로 신청하는 경우 등기의무자의 등기필증을 제공하여야 하므로, <u>망 김일수가 소유권취득 후 교부받은 등기필증</u>을 제공한다(법 부칙 제2조). <u>포괄승계인의 등기신청의 경우에도 공동신청이므로 마찬가지이다.</u>

② 등기의무자가 등기필정보를 소지한 경우에는 <u>일련번호와 비밀번호 등</u>을 신청서에 기재하는 것으로 갈음한다(규칙 제43조 제1항 제7호).

5. 인감증명 등(박미자, 김호식, 김화순의 매도용인감)(규칙 제60조, 제61조, 제62조)

① 소유권자가 등기의무자가 되는 경우 등기의무자의 인감증명을 제공하여야 하므로, <u>박미자, 김호식, 김화순의 인감증명</u>을 제공한다(발행일로부터 3월 이내).

② 등기원인이 매매인 경우에는 <u>매수인 전원(홍길동)의 인적사항</u>(성명·주소·주민등록번호)이 기재된 <u>부동산매도용 인감증명</u>을 제공한다.

③ 인감날인 및 인감증명에 갈음하여, 서명하고 <u>본인서명사실확인서</u> 또는 전자본인서명확인서 발급증을 제공할 수 있다.

6. 주민등록표초본(또는 등본)

(1) 등기의무자(박미자, 김호식, 김화순)

소유권이전등기를 신청하는 경우 등기의무자의 주소증명정보를 제공하여야 하므로, 등기의 무자 박미자, 김호식, 김화순의 주민등록표초본(또는 등본)을 제공한다(발행일로부터 3월 이내).

(2) 등기권리자(홍길동)

새로이 등기명의인이 되는 등기권리자의 주소 및 주민등록번호를 기입하여야 하므로, 등 기권리자 홍길동의 주민등록표초본(또는 등본)을 제공한다(발행일로부터 3월 이내).

다만, 계약서상의 주소와 등기신청 시의 주소가 상이할 경우에는 동일성을 증명하기 위하 여 주소변동내역이 포함된 주민등록표초본(또는 등본)을 제공한다.

7. 취득세영수필확인서(지방세법 시행령 제36조, 법 제29조 제10호, 규칙 제44조 등)

① 매매를 등기원인으로 소유권이전등기를 신청하는 경우 매매금액을 기초로 산정한 취득세 등을 신고·납부하여야 하므로, 이를 납부한 영수필확인서를 제공한다.

② 시장·군수·구청장 등으로부터 취득세납부서(OCR용지)를 발급받아 금융기관에 세금을 납부한 후 취득세영수필확인서를 제공한다.

③ 지방세인터넷납부시스템을 이용하여 납부하고 출력한 취득세납부확인서를 첨부할 수 있 다. 다만 이 경우 국민주택채권매입금액 산정을 위해 시가표준액이 표시되어 있어야 한다.

8. 등기신청수수료영수필확인서(법 제22조 제3항, 법 제29조 제10호, 규칙 제44조 등)

등기를 신청하는 경우 대법원규칙으로 정하는 바에 따라 수수료를 납부하여야 하므로, 이를 납부한 그 영수필확인서를 제공한다.

9. 토지대장등본(규칙 제46조 제1항 제7호, 제62조 등)

소유권이전등기를 하는 경우 부동산의 표시를 증명하여야 하므로, 토지대장등본을 제공한다 (발행일로부터 3월 이내).

10. 등기신청위임장(박미자, 김호식, 김화순의 인감날인 및 홍길동의 날인)(규칙 제46조 제1항 제5호, 규칙 제60조 제1항 등)

① 등기신청을 법무사 등 대리인에게 위임하는 경우 대리권한을 증명하여야 하므로, 박미 자, 김호식, 김화순 및 홍길동 쌍방으로부터 위임을 받은 등기신청위임장을 제공한다. 등기신청위임장에는 부동산의 표시, 위임인, 수임인 등이 기재되어 있어야 한다.

② 규칙 제60조 제1항 제1호에 해당하므로 진정성 담보를 위하여 등기의무자인 박미자, 김 호식, 김화순의 인감을 날인을 한다.

11. 자격자대리인의 등기의무자확인 및 자필서명정보(박미자, 김호식, 김화순 확인, 망 김일수 기재)

(규칙 제46조 제1항 제8호)

공동으로 신청하는 권리에 관한 등기 등을 자격자대리인이 신청하는 경우 등기의무자인지 여부를 확인하고 자필서명한 정보를 제공하여야 하므로, 법무사 이명숙이 박미자, 김호식, 김화순을 확인하고 작성한 자필서명정보를 제공한다.

다만, 자필서명정보에는 등기기록형식상 권리를 상실하거나 불이익을 받는 자를 기재하여야 하므로 등기의무자란에는 망 김일수를 기재한다.

이와 관련한 명시적인 선례는 없으나 필자의 견해로서는 망 김일수를 기재하면서 상속인 박미자, 김호식, 김화순을 함께 기재하는 것이 바람직해 보인다.

12. 상속을 증명하는 정보(규칙 제49조, 제62조 등)

① 법 제27조에 따라 포괄승계인이 등기를 신청하는 경우 포괄승계를 증명하는 정보를 제공한다.

② 피상속인의 사망사실과 사망일자 및 상속인의 범위를 증명하기 위하여, 피상속인 김일수 기준의 기본증명서(상세), 가족관계증명서(상세), 친양자입양관계증명서(상세), 제적등본을 제공한다(발행일로부터 3월 이내).

③ 상속인들이 피상속인의 서면에 기재된 상속인임을 증명하기 위하여 상속인 박미자, 김호식, 김화순 기준의 기본증명서(상세), 가족관계증명서(상세)를 제공한다.

13. 주민등록표초본(말소자)(망 김일수)(규칙 제49조)

실무상 등기부상 명의인과 피상속인의 동일성을 증명하기 위하여 피상속인 김일수의 주민등록표초본(말소자)을 제공한다(발행일로부터 3월 이내).

즉, 등기기록상의 주소와 최종 주소가 상이할 경우에는 동일성을 증명하기 위하여 주소변동내역이 포함된 주민등록표초본(말소자)을 제공한다.

Ⅱ 상속

1. 법정상속

다음에 제시된 부동산 및 사실관계와 답안작성 유의사항에 따라 법무사 나합격이 제출할 등기신청서를 작성하고, 필요한 첨부서면의 제공 이유와 근거에 대하여 간략하게 설명하시오(서면에 의한 방문신청임을 전제로 함). 30점

1. 부동산
① 서울 서초구 서초동 100번지 대 200제곱미터
② 강원 양양군 현북면 200번지 대 300제곱미터

2. 사실관계
가. 김소유는 위 부동산을 소유하고 있던 중 갑작스러운 교통사고로 2022년 1월 3일에 사망하였다. 확인된 바로는 상속인으로 처 강배우, 자 김일남, 김일녀가 있었다.

나. 위 김소유가 사망한 이후 상속인들은 법정상속등기를 하기 위하여 법무사 나합격의 사무실에 방문하여 법무사로부터 여러 가지 법률적 조언을 듣고 집으로 돌아갔다.

다. 이와 같은 내용의 등기신청을 위하여 법무사 나합격에게 등기신청을 위임하였고, 법무사 나합격은 해당 등기신청을 하려고 한다.

라. 주소(또는 본점이나 사무소 소재지), 주민등록번호(또는 부동산등기용등록번호) 등
1) 김소유 : 서울특별시 서초구 서초대로 987, 650621-1234567
(위 주소는 등기기록상의 주소와 일치함)
2) 강배우 : 서울특별시 서초구 서초대로 654, 670306-2234568
3) 김일남 : 서울특별시 서초구 서초대로 600, 910417-1654245
4) 김일녀 : 서울특별시 서초구 서초대로 654, 950105-2431547
5) 법무사 나합격 : 서울시 서초구 강남대로 21 (서초동), 전화번호 02-530-6126

3. 답안작성 유의사항
가. 신청서 양식의 첨부서면란 등이 부족할 경우에는 답안지에 기재할 수 있습니다.

나. 신청서 양식의 첨부서면란에는 첨부서면의 명칭과 통수를 기재합니다. 첨부서면의 제공 이유와 근거는 답안지에 간략하게 기재하십시오.

다. 어느 첨부서면을 다른 첨부서면으로 서로 대체할 수 있는 경우 신청서 양식의 첨부서면란에는 그중 하나를 기재하고, 대체할 수 있는 다른 첨부서면에 대하여는 답안지에 기재하시기 바랍니다.

라. 위임장은 작성하지 않으셔도 됩니다. 다만 첨부서면으로는 기재하고 그 내용(위임인 등)도 답안지에 기재하시기 바랍니다.

마. 등록면허세, 등기신청수수료 등 설문에서 정보가 주어지지 않은 것은 신청서에 기재하지 않으셔도 됩니다. 그 밖에 설문에서 주어지지 않은 사항은 고려할 필요가 없습니다.

바. 날인이 필요한 곳에는 "⑩"이라고 기재합니다.

사. 해당 등기신청서는 인천지방법원등기국에 제출하며, 신청서 작성일은 2025년 3월 1일로 한다.

아. 제시된 주민등록번호나 부동산등기용등록번호는 법령상의 부여 규칙이나 구성 체계 등과 맞지 않을 수 있으나, 이 점은 고려하지 않으셔도 됩니다.

자. 설문의 부동산과 사실관계는 모두 가상의 것들임을 알려 드립니다.

소유권이전등기신청(상속) (부동산등기법 제7조의3에 의한 신청)				
접 수	년 월 일 제 호	처리인	등기관 확인	각종 통지

	부동산의 표시(거래신고관리번호/거래가액)				
규 43①1	(특례관할) 1. 서울특별시 서초구 서초동 100 　 대 　200m² (특례관할) 2. 강원특별자치도 양양군 현북면 200 　대 　300m² - 이상 -				

규 43①5	등기원인과 그 연월일	2022년 1월 3일 상속
규 43①6	등 기 의 목 적	소유권이전

	구분	성명 (상호·명칭)	주민등록번호 (등기용등록번호)	주소(소재지)	지분 (개인별)
규 43①2	피 상 속 인	망 김소유	650621-1234567	서울특별시 서초구 서초대로 987	
규 43①2	등 기 권 리 자	강배우 김일남 김일녀	670306-2234568 910417-1654245 950105-2431547	서울특별시 서초구 서초대로 654 서울특별시 서초구 서초대로 600 서울특별시 서초구 서초대로 654	7분의 3 7분의 2 7분의 2

규 44	시가표준액 및 국민주택채권매입금액		
	부동산 표시	부동산별 시가표준액	부동산별 국민주택채권매입금액
	1.	금 ○○○ 원	금 ○○○ 원
	2.	금 ○○○ 원	금 ○○○ 원
	3.	금 ○○○ 원	금 ○○○ 원
	국 민 주 택 채 권 매 입 총 액		금 ○○○ 원
	국 민 주 택 채 권 발 행 번 호		○○○○-○○-○○○○-○○○○
	취득세(등록면허세)	금 ○○○ 원	지방교육세 금 ○○○ 원
			농어촌특별세 금 ○○○ 원
	세 액 합 계	금	○○○ 원
	등 기 신 청 수 수 료	금	○○○ 원
		납부번호 : ○○-○○-○○○○○○○○-○	
		일괄납부 : 건	○○○ 원
규 43①7	등기의무자의 등기필정보		
	부 동 산 고 유 번 호	○○○○-○○○○-○○○○○○	
	성 명 (명 칭)	일련번호	비밀번호
		○○○○-○○○○-○○○○	○○-○○○○

첨 부 서 면	간 인
• 기본증명서(상세)(망 김소유, 강배우, 김일남, 김일녀) 4통 • 가족관계증명서(상세)(망 김소유, 강배우, 김일남, 김일녀) 4통 • 친양자입양관계증명서(상세)(망 김소유) 1통 • 제적등본(망 김소유) 1통 • 주민등록표초본(말소자)(망 김소유) 1통 • 주민등록표초본(또는 등본)(강배우, 김일남, 김일녀) 3통	• 취득세영수필확인서 1통 • 등기신청수수료영수필확인서 1통 • 토지대장등본 2통 • 등기신청위임장(강배우, 김일남, 김일녀의 날인) 1통

규 43①9

2025년 3월 1일

위 신청인   ㉑   (전화 :   )

                        ㉑   (전화 :   )

(또는) 위 대리인   **법무사 나합격**   직 인   (전화 :   02-530-6126)

서울특별시 서초구 강남대로 21 (서초동)

규 43①8   **인천 지방법원 등기국** 귀중

- 신청서 작성요령 -

* 1. 부동산표시란에 2개 이상의 부동산을 기재하는 경우에는 그 부동산의 일련번호를 기재하여야 합니다.

   2. 신청인란 등 해당란에 기재할 여백이 없을 경우에는 별지를 이용합니다.

   3. 담당 등기관이 판단하여 위의 첨부서면 외에 추가적인 서면을 요구할 수 있습니다.

[첨부서면 해설]

개정 법률에서는 등기신청인의 시간적 · 경제적 부담을 완화하기 위하여 관할 등기소가 다른 여러 개의 부동산과 관련하여 등기목적과 등기원인이 동일한 등기신청 등이 있는 경우에는 그중 하나의 관할 등기소에서 해당 신청에 따른 등기사무를 담당할 수 있도록 하기 위하여 법 제7조의2가 신설되었고, 상속 · 유증으로 인한 등기신청의 경우에는 부동산의 관할 등기소가 아닌 등기소에서도 그 신청에 따른 등기사무를 담당할 수 있도록 하기 위하여 법 제7조의3이 신설되었다.
그중 법 제7조의3에 의한 등기신청서를 작성하는 문제이다.

1. **상속을 증명하는 정보**(규칙 제46조 제1항 제1호, 제62조 등)

   ① 피상속인의 사망사실과 사망일자 및 상속인의 범위를 증명하기 위하여, 피상속인 김소유 기준의 기본증명서(상세), 가족관계증명서(상세), 친양자입양관계증명서(상세), 제적등본을 제공한다(발행일로부터 3월 이내).

   ② 상속인들이 피상속인의 서면에 기재된 상속인임을 증명하기 위하여 상속인 강배우, 김일남, 김일녀 기준의 기본증명서(상세), 가족관계증명서(상세)를 제공한다.

   ③ 2008.1.1. 이전에는 가족관계등록사항별증명제도가 시행 전이므로 제적등본만을 제공하나, 2008.1.1. 이후에는 가족관계등록사항별증명서 및 제적등본을 함께 제공한다(전산화 과정에서 누락된 상속인들이 있을 수 있으므로 실무상 제적등본을 추가로 첨부하고 있다).

2. **주민등록표초본**(말소자)(망 김소유) (규칙 제46조 제1항 제1호)

   실무상 등기부상 명의인과 피상속인의 동일성을 증명하기 위하여 피상속인 김소유의 주민등록표초본(말소자)을 제공한다(발행일로부터 3월 이내).
   즉, 등기기록상의 주소와 최종 주소가 상이할 경우에는 동일성을 증명하기 위하여 주소변동 내역이 포함된 주민등록표초본(말소자)을 제공한다.

3. **주민등록표초본**(또는 등본)(강배우, 김일남, 김일녀) (규칙 제46조 제1항 제6호, 제62조 등)

   새로이 등기명의인이 되는 등기권리자의 주소 및 주민등록번호를 기입하여야 하므로, 등기권리자 강배우, 김일남, 김일녀의 주민등록표초본(또는 등본)을 제공한다(발행일로부터 3월 이내).

4. **취득세영수필확인서**(지방세법 시행령 제36조, 법 제29조 제10호, 규칙 제44조 등)

   ① 상속을 등기원인으로 소유권이전등기를 신청하는 경우 시가표준액을 기초로 산정한 취득세 등을 신고 · 납부하여야 하므로, 이를 납부한 영수필확인서를 제공한다.

② 시장·군수·구청장 등으로부터 취득세납부서(OCR용지)를 발급받아 금융기관에 세금을 납부한 후 취득세영수필확인서를 제공한다.

③ 지방세인터넷납부시스템을 이용하여 납부하고 출력한 취득세납부확인서를 첨부할 수 있다. 다만 이 경우 국민주택채권매입금액 산정을 위해 시가표준액이 표시되어 있어야 한다.

5. 등기신청수수료영수필확인서(법 제22조 제3항, 법 제29조 제10호, 규칙 제44조 등)

등기를 신청하는 경우 대법원규칙으로 정하는 바에 따라 수수료를 납부하여야 하므로, 이를 납부한 그 영수필확인서를 제공한다.

6. 토지대장등본(규칙 제46조 제1항 제7호, 제62조 등)

소유권이전등기를 하는 경우 부동산의 표시를 증명하여야 하므로, 토지대장등본을 제공한다(발행일로부터 3월 이내).

7. 등기신청위임장(강배우, 김일남, 김일녀의 날인)(규칙 제46조 제1항 제5호, 규칙 제60조 제1항 등)

① 등기신청을 법무사 등 대리인에게 위임하는 경우 대리권한을 증명하여야 하므로, 강배우, 김일남, 김일녀으로부터 위임을 받은 등기신청위임장을 제공한다. 등기신청위임장에는 부동산의 표시, 위임인, 수임인 등이 기재되어 있어야 한다.

② 사안의 경우 규칙 제60조에 해당하지 않으므로 인감을 날인할 필요가 없다.

2023년 법무사 제29회

【문 1】 다음에 제시된 사실관계와 부동산의 등기기록 및 답안작성 유의사항에 따라 법무사 김법무가 제출할 등기신청서를 작성하고, 필요한 첨부서면의 제공 이유와 근거에 대하여 간략하게 설명하시오(서면에 의한 방문신청임을 전제로 함). **30점**

1. 사실관계

가. 채권자 최대출은 채무자 박산하에게 금 50,000,000원을 대여하였으나 채무자 박산하는 변제기 이후에 채권자의 수차례 변제요구에도 이를 이행하고 있지 않은 상황이다. 채권자 최대출은 자신의 채권을 보전하기 위해 채무자 박산하 명의로 된 부동산을 알아 보던 중 채무자 박산하의 부(父) 박길동이 2019년 3월 5일 사망하였으나 아직 상속등기를 하지 않고 있다는 사실을 알게 되었다. 박길동에게는 처(妻) 김사랑과 그 사이의 자녀로 채무자 박산하와 박보름이 있다. 채권자 최대출은 아래 등기기록에 해당하는 부동산에 대하여 채무자가 법정상속 받은 지분 비율만큼 2023년 7월 7일 서울중앙지방법원의 가압류결정을 받았다. 그 후 채권자 최대출은 법무사 김법무[사무소 소재지 : 서울특별시 서초구 법원로 11(서초동), 전화번호 : 02) 581-5300]에게 위 가압류결정에 따른 집행을 위한 선행조치로 상속을 원인으로 한 소유권이전등기 신청을 자기 이름으로 위임하였고, 법무사 김법무는 해당 등기신청을 위해 필요한 첨부서면 등을 준비하여 2023년 10월 17일 관할 등기소에 등기신청을 하려고 한다.

나. 인적사항

① 피상속인 박길동

주민등록번호 720717-1530333,

주소 서울특별시 서초구 서초대로 321, 101동 101호(서초동, 서초아파트)

② 상속인

– 박길동의 처(妻) 김사랑

주민등록번호 780703-2562316,

주소 서울특별시 서초구 서초대로 321, 101동 101호(서초동, 서초아파트)

– 박길동과 김사랑의 자(子) 박산하

주민등록번호 010212-3384579,

주소 서울특별시 서초구 서초대로 321, 101동 101호(서초동, 서초아파트)

– 박길동과 김사랑의 자(子) 박보름

주민등록번호 130402-4982597,

주소 서울특별시 서초구 서초대로 321, 101동 101호(서초동, 서초아파트)

③ 최대출

주민등록번호 680717-1530275,

주소 서울특별시 서초구 반포대로 321, 501동 501호(반포동, 반야아파트)

2. 부동산(집합건물)의 등기기록

【 표제부 】		(1동의 건물의 표시)		
표시 번호	접수	소재지번, 건물명칭 및 번호	건물내역	등기원인 및 기타사항
1	2014년 3월 25일	서울특별시 서초구 서초동 123 서초아파트 제101동 [도로명주소] 서울특별시 서초구 서초대로 321	철근콘크리트조 슬래브지붕 5층 공동주택(아파트) 1층 637㎡ 2층 637㎡ 3층 637㎡ 4층 637㎡ 5층 637㎡	
		(대지권의 목적인 토지의 표시)		
표시 번호	소재지번	지목	면적	등기원인 및 기타사항
1	1. 서울특별시 서초구 서초동 123	대	1,000㎡	2014년 3월 25일 등기

【 표제부 】		(전유부분의 건물의 표시)		
표시 번호	접 수	소재지번, 건물명칭 및 번호	건물내역	등기원인 및 기타사항
1	2014년 3월 25일	제1층 제101호	철근콘크리트조 84㎡	
		(대지권의 표시)		
표시 번호	소재지번	대지권비율	등기원인 및 기타사항	
1	1. 소유권대지권	1,000분의 20	2014년 2월 15일 대지권 2014년 3월 25일 등기	

【 갑구 】				(소유권에 관한 사항)
순위 번호	등기목적	접수	등기원인	권리자 및 기타사항
2	소유권이전	2015년 5월 3일 제1234호	2015년 3월 2일 매매	공유자 　지분 2분의 1 　박길동 주민등록번호 720717-1530333 　서울특별시 서초구 서초대로 321, 　　　　　　101동 101호(서초동, 서초아파트) 　지분 2분의 1 　김사랑 780703-2562316 　서울특별시 서초구 서초대로 321, 　　　　　　101동 101호(서초동, 서초아파트) 거래가액 100,000,000원

(서울중앙지방법원 등기국 관할)

3. 답안작성 유의사항

　가. 신청서 양식의 첨부서면란 등이 부족할 경우에는 답안지에 기재할 수 있습니다.

　나. 신청서 양식의 첨부서면란에는 첨부서면의 명칭과 통수를 기재합니다. 첨부서면의 제공 이유와 근거는 답안지에 간략하게 기재하십시오.

　다. 위임장은 작성하지 않으셔도 됩니다. 다만, 첨부서면으로는 기재하고 그 내용(위임인 등)도 답안지에 기재하시기 바랍니다.

　라. 취득세 등 설문에서 정보가 주어지지 않은 것은 신청서에 기재하지 않으셔도 됩니다. 그 밖에 설문에서 주어지지 않은 사항은 고려할 필요가 없습니다.

　마. 날인이 필요한 곳에는 "(인)"이라고 기재합니다.

　바. 제시된 주민등록번호나 부동산등기용등록번호는 법령상의 부여 규칙이나 구성 체계 등과 맞지 않을 수 있으나, 이 점은 고려하지 않으셔도 됩니다.

　사. 설문의 부동산과 사실관계는 모두 가상의 것들임을 알려 드립니다.

	소유권일부이전대위등기신청(상속)				
접 수	년 월 일	처리인	등기관 확인	각종 통지	
	제 호				

	부동산의 표시(거래신고관리번호/거래가액)	
규 43①1	1동의 건물의 표시 　　서울특별시 서초구 서초동 123 　　서초아파트 제101동 　　[도로명주소] 서울특별시 서초구 서초대로 321 전유부분의 건물의 표시 　건물의 번호 : 101-1-101 　구　　　조 : 철근콘크리트조 　면　　　적 : 제1층 제101호 84m² 대지권의 표시 　대지권의 목적인 토지의 표시 　　1. 서울특별시 서초구 서초동 123　　대　1,000m² 　대지권의 종류 : 1. 소유권대지권 　대지권의 비율 : 1000분의 20 　　　　　　　　　　　　　- 이상 -	
규 43①5	등기원인과 그 연월일	2019년 3월 5일 상속
규 43①6	등 기 의　목 적	갑구 2번 박길동지분 전부이전
규 123	이 전 할　지 분	공유자 지분 2분의 1
규 50.4	대　위　원　인	2023년 7월 7일 서울중앙지방법원의 가압류결정

	구분	성명 (상호·명칭)	주민등록번호 (등기용등록번호)	주소(소재지)	지분 (개인별)
규 43①2	피상속인	망 박길동	720717-1530333	서울특별시 서초구 서초대로 321, 101동 101호(서초동, 서초아파트)	
	등기권리자	김사랑	780703-2562316	서울특별시 서초구 서초대로 321, 101동 101호(서초동, 서초아파트)	14분의 3
규 50.1		박산하	010212-3384579	서울특별시 서초구 서초대로 321, 101동 101호(서초동, 서초아파트)	14분의 2
		박보름	130402-4982597	서울특별시 서초구 서초대로 321, 101동 101호(서초동, 서초아파트)	14분의 2
규 50.2 규 50.3		대위신청인 최대출		서울특별시 서초구 반포대로 321, 501동 501호(반포동, 반아아파트)	

규 44	시가표준액 및 국민주택채권매입금액		
	부동산 표시	부동산별 시가표준액	부동산별 국민주택채권매입금액
	1.	금　　　　　　○○○　원	금　　　　　　　　　○○○　원
	2.	금　　　　　　○○○　원	금　　　　　　　　　○○○　원
	3.	금　　　　　　○○○　원	금　　　　　　　　　○○○　원
	국 민 주 택 채 권 매 입 총 액		금　　　　　　　　　○○○　원
	국 민 주 택 채 권 발 행 번 호		○○○○－○○－○○○○－○○○○
	취득세(등록면허세)　금　　　　○○○　원		지방교육세　금　　　○○○　원
			농어촌특별세　금　　○○○　원
	세 　액 　합 　계		금　　　　　　　　　○○○　원
	등 기 신 청 수 수 료		금　　　　　　　　　○○○　원
		납부번호 : ○○－○○－○○○○○○○○－○	
		일괄납부 :　　　　건	○○○　원

첨 부 서 면　　　　　　　　　간 인

• 기본증명서(상세)(망 박길동, 김사랑, 　　　　　　박산하, 박보름)　4통	• 취득세영수필확인서　　　　　　1통
	• 등기신청수수료영수필확인서　　1통
• 가족관계증명서(상세)(망 박길동, 김사랑, 　　　　　　박산하, 박보름)　4통	• 집합건축물대장등본(전유부)　　1통
	• 토지대장등본(대지권등록부)　　1통
• 친양자입양관계증명서(상세)(망 박길동)　1통	• 등기신청위임장(대위신청인 최대출의 날인) 1통
• 제적등본(망 박길동)　　　　　　1통	• 가압류결정정본 또는 등본　　　1통
• 주민등록표초본(말소자)(망 박길동)　1통	
• 주민등록표초본(또는 등본)(김사랑, 박산하, 　　　　　　박보름)　3통	

규 43①9

2023년 10월 17일

위 신청인　　　　　　　　　⑪　　　(전화 :　　　　　　)

(또는) 위 대리인　법무사 김법무　　직 인　(전화 :　　02-581-5300)
서울특별시 서초구 법원로 11 (서초동)

규 43①8

서울중앙 지방법원 등기국 귀중

－ 신청서 작성요령 －

* 1. 부동산표시란에 2개 이상의 부동산을 기재하는 경우에는 그 부동산의 일련번호를 기재하
여야 합니다.
2. 신청인란 등 해당란에 기재할 여백이 없을 경우에는 별지를 이용합니다.
3. 담당 등기관이 판단하여 위의 첨부서면 외에 추가적인 서면을 요구할 수 있습니다.

[첨부서면 해설]

부동산등기법 제28조(채권자대위권에 의한 등기신청)

① 채권자는 「민법」 제404조에 따라 채무자를 대위하여 등기를 신청할 수 있다.

② 등기관이 제1항 또는 다른 법령에 따른 대위신청에 의하여 등기를 할 때에는 대위자의 성명 또는 명칭, 주소 또는 사무소 소재지 및 대위원인을 기록하여야 한다.

부동산등기규칙 제50조(대위에 의한 등기신청)

법 제28조에 따라 등기를 신청하는 경우에는 다음 각 호의 사항을 신청정보의 내용으로 등기소에 제공하고, **대위원인을 증명하는 정보**를 첨부정보로서 등기소에 제공하여야 한다.

1. **피대위자**의 성명(또는 명칭), 주소(또는 사무소 소재지) 및 주민등록번호(또는 부동산등 기용등록번호)
2. **신청인이 대위자라는 뜻**
3. **대위자**의 성명(또는 명칭)과 주소(또는 사무소 소재지)
4. **대위원인**

[가압류등기촉탁과 채권자의 대위에 의한 상속등기]   (등기예규 제1432호)

(1) **상속등기를 하지 아니한 부동산**에 대하여 **가압류결정**이 있을 때 가압류채권자는 그 기 입등기촉탁 이전에 먼저 **대위에 의하여 상속등기**를 함으로써 등기의무자의 표시가 등 기기록과 부합하도록 하여야 한다.

(2) 대위원인 : "○년 ○월 ○일 ○○지방법원의 **가압류 결정**"이라고 기재한다.

(3) 대위원인증서 : **가압류결정의 정본 또는 그 등본**을 첨부한다.

---

1. **상속을 증명하는 정보**(규칙 제46조 제1항 제1호, 제62조 등)

   ① 피상속인의 사망사실과 사망일자 및 상속인의 범위를 증명하기 위하여, 피상속인 박길동 기준의 기본증명서(상세), 가족관계증명서(상세), 친양자입양관계증명서(상세), 제적등본 을 제공한다(발행일로부터 3월 이내).

   ② 상속인들이 피상속인의 서면에 기재된 상속인임을 증명하기 위하여 상속인 김사랑, 박산 하, 박보름 기준의 기본증명서(상세), 가족관계증명서(상세)를 제공한다.

   ③ 2008.1.1. 이전에는 가족관계등록사항별증명제도가 시행 전이므로 제적등본만을 제공하 나, 2008.1.1. 이후에는 가족관계등록사항별증명서 및 제적등본을 함께 제공한다(전산화 과정에서 누락된 상속인들이 있을 수 있으므로 실무상 제적등본을 추가로 첨부하고 있다).

2. **주민등록표초본(말소자)** (망 박길동)(규칙 제46조 제1항 제6호)

   실무상 등기부상 명의인과 피상속인의 동일성을 증명하기 위하여 피상속인 박길동의 주민등 록표초본(말소자)을 제공한다(발행일로부터 3월 이내).

즉, 등기기록상의 주소와 최종 주소가 상이할 경우에는 동일성을 증명하기 위하여 <u>주소변동</u> <u>내역이 포함된 주민등록표초본(말소자)</u>을 제공한다.

3. **주민등록표초본(또는 등본)**(김사랑, 박산하, 박보름)**(규칙 제46조 제1항 제6호, 제62조 등)**

   새로이 등기명의인이 되는 <u>등기권리자의 주소 및 주민등록번호</u>를 기입하여야 하므로, <u>등기권</u> <u>리자 김사랑, 박산하, 박보름의 주민등록표초본(또는 등본)</u>을 제공한다(발행일로부터 3월 이내).

4. **취득세영수필확인서**(지방세법 시행령 제36조, 법 제29조 제10호, 규칙 제44조 등)

   ① <u>상속을 등기원인으로 소유권이전등기를 신청하는 경우 시가표준액을 기초로 산정한 취득</u> <u>세 등을 신고·납부하여야 하므로, 취득세영수필확인서</u>를 제공한다. 지방세인터넷납부시 스템을 이용한 <u>취득세납부확인서</u>를 첨부할 수 있다.

   ② 채권자가 채무자를 <u>대위하여 소유권이전등기를 신청하는 경우</u>에는 본래의 신청인인 채무자가 신청하는 경우와 다르지 않으므로 <u>채권자가 취득세를 납부하여야 한다</u>(등기 예규 제1744호).

5. **등기신청수수료영수필확인서**(법 제22조 제3항, 법 제29조 제10호, 규칙 제44조 등)

   등기를 신청하는 경우 대법원규칙으로 정하는 바에 따라 <u>수수료를 납부하여야 하므로</u>, 이를 납부한 그 영수필확인서를 제공한다.

6. **집합건축물대장(전유부) 및 토지대장등본(대지권등록부)** (규칙 제46조 제1항 제7호, 제62조 등)

   소유권이전등기를 하는 경우 <u>부동산의 표시를 증명하여야 하므로, 집합건축물대장등본(전유</u> <u>부) 및 토지대장등본(대지권등록부)</u>을 제공한다(발행일로부터 3월 이내).

7. **등기신청위임장**(대위신청인 최대출의 날인)**(규칙 제46조 제1항 제5호, 규칙 제60조 제1항 등)**

   ① 등기신청을 법무사 등 대리인에게 위임하는 경우 대리권한을 증명하여야 하므로, <u>대위신</u> <u>청인 최대출로부터 위임을 받은 등기신청위임장</u>을 제공한다. 등기신청위임장에는 부동산 의 표시, 위임인, 수임인 등이 기재되어 있어야 한다.

   ② 사안의 경우 <u>규칙 제60조에 해당하지 않으므로 대위신청인 최대출의 인감을 날인할 필요</u> <u>가 없다.</u>

8. **가압류결정정본 또는 등본**(규칙 제50조)

   채권자가 민법 제404조 및 부동산등기법 제28조에 의하여 채무자를 대위하여 등기를 신청할 때에는 <u>대위원인을 증명하는 정보를 제공하여야 하므로</u>, 가압류결정정본 또는 등본을 제공한다.

2. 협의분할 상속

다음에 제시된 부동산 및 사실관계와 답안작성 유의사항에 따라 법무사 나합격이 제출할 등기신청서를 작성하고, 필요한 첨부서면의 제공 이유와 근거에 대하여 간략하게 설명하시오(서면에 의한 방문신청임을 전제로 함). 30점

1. 부동산

서울 서초구 서초동 100번지

[도로명주소] 서울특별시 서초구 서초대로 201

철근콘크리트조 슬래브지붕 4층 주택

1층 200㎡, 2층 200㎡, 3층 200㎡, 4층 200㎡

(위 부동산은 서울중앙지방법원 등기국의 관할 구역에 속함)

2. 사실관계

가. 김소유는 위 부동산을 소유하고 있던 중 갑작스러운 교통사고로 2022년 1월 3일에 사망하였다. 확인된 바로는 상속인으로 처 강배우, 자 김일남, 김일녀가 있었다.

나. 위 김소유가 사망한 이후 상속인들은 법정상속등기를 하기 위하여 법무사 나합격의 사무실에 방문하여 법무사로부터 여러 가지 법률적 조언을 듣고 집으로 돌아갔다. 이후 상속인들은 몇차례 대화를 통해 2022년 2월 5일에 최종적으로 강배우와 김일남이 균등하게 상속받기로 협의가 성립되었다.

다. 이와 같은 내용의 등기신청을 위하여 법무사 나합격에게 등기신청을 위임하였고, 법무사 나합격은 해당 등기신청을 하려고 한다.

라. 주소(또는 본점이나 사무소 소재지), 주민등록번호(또는 부동산등기용등록번호) 등

　　1) 김소유 : 서울특별시 서초구 서초대로 987, 650621-1234567

　　　　　　　 (위 주소는 등기기록상의 주소와 일치함)

　　2) 강배우 : 서울특별시 서초구 서초대로 654, 670306-2234568

　　3) 김일남 : 서울특별시 서초구 서초대로 600, 910417-1654245

　　4) 김일녀 : 서울특별시 서초구 서초대로 654, 950105-2431547

　　5) 법무사 나합격 : 서울시 서초구 강남대로 21 (서초동), 전화번호 02-530-6126

3. 답안작성 유의사항

가. 신청서 양식의 첨부서면란 등이 부족할 경우에는 답안지에 기재할 수 있습니다.

나. 신청서 양식의 첨부서면란에는 첨부서면의 명칭과 통수를 기재합니다. 첨부서면의 제공 이유와 근거는 답안지에 간략하게 기재하십시오.

다. 어느 첨부서면을 다른 첨부서면으로 서로 대체할 수 있는 경우 신청서 양식의 첨부서면 란에는 그중 하나를 기재하고, 대체할 수 있는 다른 첨부서면에 대하여는 답안지에 기재하시기 바랍니다.

라. 위임장은 작성하지 않으셔도 됩니다. 다만 첨부서면으로는 기재하고 그 내용(위임인 등)도 답안지에 기재하시기 바랍니다.

마. 등록면허세, 등기신청수수료 등 설문에서 정보가 주어지지 않은 것은 신청서에 기재하지 않으셔도 됩니다. 그 밖에 설문에서 주어지지 않은 사항은 고려할 필요가 없습니다.

바. 날인이 필요한 곳에는 "⑩"이라고 기재합니다.

사. 신청서 작성일은 2022년 10월 1일로 합니다.

아. 제시된 주민등록번호나 부동산등기용등록번호는 법령상의 부여 규칙이나 구성 체계 등과 맞지 않을 수 있으나, 이 점은 고려하지 않으셔도 됩니다.

자. 설문의 부동산과 사실관계는 모두 가상의 것들임을 알려 드립니다.

소유권이전등기신청(협의분할에 의한 상속)				
접 수	년 월 일	처리인	등기관 확인	각종 통지
	제 호			

부동산의 표시(거래신고관리번호/거래가액)	
규 43①1	서울특별시 서초구 서초동 100 [도로명주소] 서울특별시 서초구 서초대로 201 　　　철근콘크리트조 슬래브지붕 4층 주택 　　　　1층 200m²　　2층 200m² 　　　　3층 200m²　　4층 200m² - 이상 -
규 43①5	등기원인과 그 연월일　2022년 1월 3일　협의분할에 의한 상속
규 43①6	등 기 의 목 적　소유권이전

	구분	성명 (상호·명칭)	주민등록번호 (등기용등록번호)	주소(소재지)	지분 (개인별)
규 43①2	피 상 속 인	망 김소유	650621-1234567	서울특별시 서초구 서초대로 987	
규 43①2	등 기 권 리 자	강배우	670306-2234568	서울특별시 서초구 서초대로 654	2분의 1
		김일남	910417-1654245	서울특별시 서초구 서초대로 600	2분의 1

규 44	시가표준액 및 국민주택채권매입금액		
	부동산 표시	부동산별 시가표준액	부동산별 국민주택채권매입금액
	1.	금 ○○○ 원	금 ○○○ 원
	2.	금 ○○○ 원	금 ○○○ 원
	3.	금 ○○○ 원	금 ○○○ 원
	국 민 주 택 채 권 매 입 총 액		금 ○○○ 원
	국 민 주 택 채 권 발 행 번 호		○○○○-○○-○○○○-○○○○
	취득세(등록면허세) 금 ○○○ 원		지방교육세 금 ○○○ 원
			농어촌특별세 금 ○○○ 원
	세 액 합 계	금	○○○ 원
	등 기 신 청 수 수 료	금	○○○ 원
		납부번호 : ○○-○○-○○○○○○○○-○	
		일괄납부 : 건	○○○ 원

<table>
<tr><td>규 43①7</td><td colspan="2" align="center">등기의무자의 등기필정보</td></tr>
<tr><td></td><td>부 동 산 고 유 번 호</td><td colspan="2">○○○○-○○○○-○○○○○○</td></tr>
<tr><td></td><td>성 명 (명 칭)</td><td align="center">일련번호</td><td align="center">비밀번호</td></tr>
<tr><td></td><td></td><td align="center">○○○○-○○○○-○○○○</td><td align="center">○○-○○○○</td></tr>
</table>

첨 부 서 면		간 인	
• 기본증명서(상세)(망 김소유, 강배우, 김일남, 김일녀)	4통	• 취득세영수필확인서	1통
• 가족관계증명서(상세)(망 김소유, 강배우, 김일남, 김일녀)	4통	• 등기신청수수료영수필확인서	1통
• 친양자입양관계증명서(상세)(망 김소유)	1통	• 건축물대장등본	1통
• 제적등본(망 김소유)	1통	• 등기신청위임장	1통
• 주민등록표초본(말소자)(망 김소유)	1통	(강배우, 김일남의 날인)	
• 상속재산분할협의서(강배우, 김일남, 김일녀의 인감날인)	1통		
• 인감증명 등(강배우, 김일남, 김일녀의 일반인감)	3통		
• 주민등록표초본(또는 등본)(강배우, 김일남)	2통		

규 43①9

2022년 10월 1일

위 신청인   ㉑   (전화 :   )
                          ㉑   (전화 :   )

(또는) 위 대리인 법무사 나합격 직인 (전화 :   02-530-6126)
서울특별시 서초구 강남대로 21 (서초동)

규 43①8

서울중앙 지방법원 등기국 귀중

― 신청서 작성요령 ―

* 1. 부동산표시란에 2개 이상의 부동산을 기재하는 경우에는 그 부동산의 일련번호를 기재하여야 합니다.
  2. 신청인란 등 해당란에 기재할 여백이 없을 경우에는 별지를 이용합니다.
  3. 담당 등기관이 판단하여 위의 첨부서면 외에 추가적인 서면을 요구할 수 있습니다.

[첨부서면 해설]

1. 상속을 증명하는 정보(규칙 제46조 제1항 제1호, 제62조 등)

① 피상속인의 사망사실과 사망일자 및 상속인의 범위를 증명하기 위하여, <u>피상속인 김소유 기준의 기본증명서(상세), 가족관계증명서(상세), 친양자입양관계증명서(상세), 제적등본</u>을 제공한다(발행일로부터 3월 이내).

② 상속인들이 피상속인의 서면에 기재된 상속인임을 증명하기 위하여 <u>상속인 강배우, 김일남, 김일녀 기준의 기본증명서(상세), 가족관계증명서(상세)</u>를 제공한다.

③ <u>2008.1.1. 이전</u>에는 가족관계등록사항별증명제도가 시행 전이므로 <u>제적등본만</u>을 제공하나, <u>2008.1.1. 이후</u>에는 <u>가족관계등록사항별증명서 및 제적등본을 함께</u> 제공한다(전산화과정에서 누락된 상속인들이 있을 수 있으므로 실무상 제적등본을 추가로 첨부하고 있다).

2. 주민등록표초본(말소자)(망 김소유)(규칙 제46조 제1항 제1호)

<u>실무상 등기부상 명의인과 피상속인의 동일성을 증명하기 위하여 피상속인 김소유의 주민등록표초본(말소자)</u>을 제공한다(발행일로부터 3월 이내).

즉, <u>등기기록상의 주소</u>와 <u>최종 주소</u>가 <u>상이할 경우</u>에는 동일성을 증명하기 위하여 <u>주소변동내역이 포함된 주민등록표초본(말소자)</u>을 제공한다.

3. 상속재산분할협의서(강배우, 김일남, 김일녀의 인감날인)(규칙 제46조 제1항 제1호 등)

① 등기원인을 증명하기 위하여, <u>상속재산분할협의서</u>를 제공한다. 상속재산분할협의서에는 피상속인과 분할협의 대상인 부동산, 협의연월일, 상속인의 인적사항 등이 기재되어 있어야 한다.

② 상속재산분할협의서에는 <u>상속인 전원의 인감을 날인</u>하여야 하지만(규칙 제60조 제1항 제6호), 반드시 연명으로 이루어질 필요는 없으며, <u>공증으로 갈음할 수 있다</u>(규칙 제60조 제4항).

③ 상속재산분할협의서가 여러 장인 경우 <u>상속인 전원이 간인</u>을 한다.

4. 인감증명 등(강배우, 김일남, 김일녀의 일반인감)(규칙 제60조, 제61조, 제62조)

<u>협의분할에 의한 상속등기를 하는 경우</u> 상속인 전원의 인감증명을 제공하여야 하므로, <u>강배우, 김일남, 김일녀의 인감증명</u>을 제공한다(발행일로부터 3월 이내).

5. 주민등록표초본(또는 등본)(강배우, 김일남)(규칙 제46조 제1항 제6호, 제62조 등)

새로이 등기명의인이 되는 등기권리자의 주소 및 주민등록번호를 기입하여야 하므로, <u>등기권리자 강배우, 김일남의 주민등록표초본(또는 등본)</u>을 제공한다(발행일로부터 3월 이내).

다만, <u>상속재산분할협의서상의 주소</u>와 <u>등기신청 시의 주소</u>가 <u>상이할 경우</u>에는 동일성을 증명하기 위하여 <u>주소변동내역이 포함된 주민등록표초본(또는 등본)</u>을 제공한다.

6. 취득세영수필확인서(지방세법 시행령 제36조, 법 제29조 제10호, 규칙 제44조 등)

① 협의분할 상속을 등기원인으로 소유권이전등기를 신청하는 경우 시가표준액을 기초로 산정한 취득세 등을 신고·납부하여야 하므로, 이를 납부한 영수필확인서를 제공한다.

② 시장·군수·구청장 등으로부터 취득세납부서(OCR용지)를 발급받아 금융기관에 세금을 납부한 후 취득세영수필확인서를 제공한다.

③ 지방세인터넷납부시스템을 이용하여 납부하고 출력한 취득세납부확인서를 첨부할 수 있다. 다만 이 경우 국민주택채권매입금액 산정을 위해 시가표준액이 표시되어 있어야 한다.

7. 등기신청수수료영수필확인서(법 제22조 제3항, 법 제29조 제10호, 규칙 제44조 등)

등기를 신청하는 경우 대법원규칙으로 정하는 바에 따라 수수료를 납부하여야 하므로, 이를 납부한 그 영수필확인서를 제공한다.

8. 건축물대장등본(규칙 제46조 제1항 제7호, 제62조 등)

소유권이전등기를 하는 경우 부동산의 표시를 증명하여야 하므로, 건축물대장등본을 제공한다(발행일로부터 3월 이내).

9. 등기신청위임장(강배우, 김일남의 날인)(규칙 제46조 제1항 제5호, 규칙 제60조 제1항 등)

① 등기신청을 법무사 등 대리인에게 위임하는 경우 대리권한을 증명하여야 하므로, 강배우, 김일남으로부터 위임을 받은 등기신청위임장을 제공한다. 등기신청위임장에는 부동산의 표시, 위임인, 수임인 등이 기재되어 있어야 한다.

② 사안의 경우 상속재산분할협의서에 인감을 날인하여 진정성이 담보되므로 등기신청위임장에는 별도로 인감을 날인할 필요가 없다.

Ⅲ 유증

2007년 법무사 제13회 — 일부변경(날짜, 나이, 등기소 명칭)

【문 1】 등기신청을 위임받은 대리인으로서 별첨 등기부등본을 참조하여 다음 사실관계에 부합하는 등기신청서를 작성하고 신청서의 첨부서면에 대하여 간단히 설명하시오(신청방식은 서면에 의한 방문신청을 전제로 함).   30점

1. 부동산

서울 강남구 일원동 100 전 1,000㎡

• 시가표준액 : 30,000,000원

• 토지는 토지이용계획확인서상 도시계획구역 내의 자연녹지로서 도시계획시설에 포함되지 않았음.

2. 사실관계

가. 유증자 김서울은 상속인으로 처 박한양, 자 김일남, 김이남이 있으나 그의 재산 중 아래 부동산을 조카 김평양에게 유증한다는 취지의 자필유언증서를 작성한 후 2022.3.20.에 사망하였다.

(유언의 방식과 절차는 적법하게 이루어졌고, 유언집행자의 지정이 없었다.)

나. 수증자 김평양은 가정법원으로부터 유언검인조서등본을 교부받았으나, 유언검인조서에 "유언증서에 날인된 인감이 김서울의 것이 아닌 것 같다."는 상속인 김이남의 진술 내용이 기재되어 있었다.

다. 또한 위 부동산은 유언증서의 보관인 망 김서울의 변호사 전변호가 검인청구를 하기 전에 상속을 원인으로 하는 상속인들 명의의 소유권이전등기가 이루어졌으나 유증자 및 상속인들은 등기필증을 모두 분실하였다.

라. 법무사 최법무는 등기신청인들로부터 유증을 원인으로 한 소유권이전등기신청을 위임받았다.

마. 주소(또는 사무소 소재지), 주민등록번호(또는 부동산등기용등록번호) 등

1) 유증자 및 상속인 : 별지 등기부등본과 같음

2) 수증자 : 김평양 (831225-1024362) 서울 성동구 금호동 150

3) 대리인 : 법무사 최법무, 사무소 서울 서초구 방배동 500번지   ☎ 생략

3. 답안작성 유의사항

가. 관할등기소 : 서울중앙지방법원 등기국(2007.1.1. 전자신청등기소로 지정)

나. 신청서의 작성일 : 2022.5.17.

다. 첨부서면

　① 명칭과 통수만을 신청서에 기재

　② 날인할 곳에는 ⑩으로 표시

　③ 위임장 작성은 생략

　④ 기타 불필요한 기재사항은 삭제 바람.

라. 위 사안은 문제 구성을 위한 것임.

등기부 등본(말소사항 포함)-토지

서울 강남구 일원동 100　고유번호 : 생략

【 표제부 】		(토지의 표시)			
표시 번호	접수	소재지번	지목	면적	등기원인 및 기타사항
1 (전3)	1985년 4월 25일	서울특별시 강남구 일원동 100	전	1,000㎡	
					전산이기 (생략)

【 갑구 】		(소유권에 관한 사항)		
순위 번호	등기목적	접수	등기원인	권리자 및 기타사항
1 (전2)	소유권이전	1970년 6월 10일 제45000호	1986년 5월 20일 매매	소유자 김서울(500222-1211335) 서울 서초구 방배동 200
				전산이기(생략)
2	소유권이전	2022년 5월 11일 제78000호	2022년 3월 20일 상속	공유자 지분 7분의 3 박한양(541020-2123357) 서울 서초구 방배동 200 지분 7분의 2 김일남(800102-1212336) 서울 동작구 사당동 300 지분 7분의 2 김이남(851010-1213337) 서울 서초구 방배동 200

소유권이전등기신청(유증)

접 수	년 월 일	처리인	등기관 확인	각종 통지
	제 호			

	부동산의 표시(거래신고관리번호/거래가액)				
규 43①1	서울특별시 강남구 일원동 100 　　 전 1,000m² - 이상 -				
규 43①5	등 기 원 인 과 그 연 월 일	2022년 3월 20일 　 유증			
규 43①6	등 기 의 목 적	공유자전원지분 전부이전			
	구분	성명 (상호·명칭)	주민등록번호 (등기용등록번호)	주소(소재지)	지분 (개인별)
규 43①2	등기의무자	박한양 김일남 김이남 유증자 망 김서울의 유언집행자 박한양 김일남	541020-2123357 800102-1212336 851010-1213337 541020-2123357 800102-1212336	서울특별시 서초구 방배동 200 서울특별시 동작구 사당동 300 서울특별시 서초구 방배동 200 서울특별시 서초구 방배동 200 서울특별시 동작구 사당동 300	7분의3 7분의2 7분의2
규 43①2	등기권리자	김평양	831225-1024362	서울특별시 성동구 금호동 150	

규 44	시가표준액 및 국민주택채권매입금액		
	부동산 표시	부동산별 시가표준액	부동산별 국민주택채권매입금액
	1.	금 ○○○ 원	금 ○○○ 원
	2.	금 ○○○ 원	금 ○○○ 원
	3.	금 ○○○ 원	금 ○○○ 원
	국 민 주 택 채 권 매 입 총 액		금 ○○○ 원
	국 민 주 택 채 권 발 행 번 호		○○○○-○○-○○○○-○○○○
	취득세(등록면허세) 금 ○○○ 원	지방교육세 금 ○○○ 원	
		농어촌특별세 금 ○○○ 원	
	세 액 합 계	금 ○○○ 원	
	등 기 신 청 수 수 료	금 ○○○ 원	
		납부번호 : ○○-○○-○○○○○○○○-○	
		일괄납부 : 건 ○○○ 원	

규 43①7	등기의무자의 등기필정보		
	부 동 산 고 유 번 호	○○○○-○○○○-○○○○○○	
	성 명 (명 칭)	일련번호	비밀번호
		○○○○-○○○○-○○○○	○○-○○○○

	첨 부 서 면	간 인

- 유언증서(자필증서)   1통
- 유언검인조서등본   1통
- 상속인의 진술서(김이남의 인감날인) 등   1통
- 인감증명 등(김이남의 일반인감)   1통
- 기본증명서(상세)   4통
  (망 김서울, 박한양, 김일남, 김이남)
- 가족관계증명서(상세)   4통
  (망 김서울, 박한양, 김일남, 김이남)
- 친양자입양관계증명서(상세)(망 김서울)   1통
- 제적등본(망 김서울)   1통
- 주민등록표초본(말소자)(망 김서울)   1통
- 농지취득자격증명   1통

- 확인서면(박한양, 김일남)   2통
- 신분증사본(박한양, 김일남)   2통
- 인감증명 등(박한양, 김일남의 일반인감)   2통
- 주민등록표초본(또는 등본)   4통
  (박한양, 김일남, 김이남 및 김평양)
- 취득세영수필확인서   1통
- 등기신청수수료영수필확인서   1통
- 토지대장등본   1통
- 등기신청위임장   1통
  (박한양, 김일남의 인감날인 및 김평양의 날인)

규 43①9

2022년 5월 17일

위 신청인   ⑪ (전화 :   )
                                   ⑪ (전화 :   )

(또는) 위 대리인 법무사 최법무 직 인 (전화 :   )
서울특별시 서초구 방배동 500

규 43①8

서울중앙 지방법원 등기국 귀중

- 신청서 작성요령 -

＊ 1. 부동산표시란에 2개 이상의 부동산을 기재하는 경우에는 그 부동산의 일련번호를 기재하여야 합니다.
2. 신청인란 등 해당란에 기재할 여백이 없을 경우에는 별지를 이용합니다.
3. 담당 등기관이 판단하여 위의 첨부서면 외에 추가적인 서면을 요구할 수 있습니다.

[첨부서면 해설]

[유증을 원인으로 한 소유권이전등기 전에 상속등기가 이미 마쳐진 경우 소유권이전등기의 신청방법] (등기선례 제202203-1호)

1. 유언집행자가 여럿인 경우(유언집행자의 지정이 없어서 여러 명의 상속인들이 유언집행자가 된 경우를 포함한다)에는 그 과반수 이상이 수증자 명의의 소유권이전등기절차에 동의하면 그 등기를 신청할 수 있으며(등기예규 제1512호 2. 나. (2)), 유증을 원인으로 한 소유권이전등기 전에 상속등기가 이미 마쳐진 경우에도 상속등기를 말소하지 않고 상속인으로부터 수증자에게로 유증을 원인으로 한 소유권이전등기를 신청할 수 있다(등기예규 제1512호 3. (1)).

2. 따라서 망 갑의 채권자인 A의 대위신청에 의하여 을, 병, 정을 등기명의인으로 하는 상속으로 인한 소유권이전등기가 마쳐진 경우에는 상속등기를 말소하지 않은 채로 상속인으로부터 수증자에게로 유증을 원인으로 한 소유권이전등기를 신청할 수 있고, 만일 과반수 이상(을, 병)이 수증자 명의의 소유권이전등기절차에 동의하는 경우에는 등기신청서의 등기의무자란에는 "을, 병, 정, 유증자 망 갑의 유언집행자 을, 병"을 표시하고 각 그들의 주소 등을 기재하면 될 것이다.

[유언집행자가 여럿인 경우 등기소에 제공하여야 하는 확인정보]
(등기선례 제202202-3호)

1. 유증을 등기원인으로 하여 소유권이전등기를 신청하는 경우, 유언집행자(지정되지 않은 경우에는 상속인이 유언집행자)가 여럿인 경우에는 그 과반수 이상이 수증자 명의의 소유권이전등기절차에 동의하면 그 등기를 신청할 수 있으며(「민법」 제1102조, 등기예규 제1512호 2. 나, 등기선례 5-329), 이 경우 유증자의 등기필정보를 신청정보의 내용으로 등기소에 제공하여야 한다(「부동산등기법」 제50조 제2항, 등기예규 제1512호 4. 나.).

2. 멸실 등의 사유로 이러한 등기필정보를 제공할 수 없는 경우, 그 등기신청을 위임받은 자격자 대리인은 신청서에 등기의무자로 기재된 유언집행자로부터 등기신청을 위임받았음을 확인하고 그 확인한 사실을 증명하는 정보(확인서면 등의 확인정보)를 첨부정보로서 등기소에 제공할 수 있으며(「부동산등기법」 제51조, 「부동산등기규칙」 제111조), 만일 유언집행자 전원(A, B, C, D, E) 중 과반수인 3인(A, B, C)이 소유권이전등기를 신청하는 경우 신청서에 첨부된 확인정보는 유언집행자의 과반수 이상(A, B, C)의 것이면 충분하고 반드시 유언집행자 전원(A, B, C, D, E)의 것이 첨부될 필요는 없다(등기선례 5-334 참고).

1. 유언증서(자필증서)(규칙 제46조 제1항 제1호 등)

① 등기원인을 증명하기 위하여 유언증서를 제공하여야 한다.

② 사안의 경우 자필증서로 된 유언증서를 제공한다.

2. 유언검인조서등본(규칙 제46조 제1항 제1호 등)

유언증서가 자필증서경우에는 유언검인조서등본을 제공한다.

3. 상속인들의 진술서(김이남의 인감날인) 등(규칙 제46조 제1항 제1호 등)

① 검인기일에 출석한 상속인들이 "유언자의 자필이 아니고 날인도 유언자의 사용인이 아니라고 생각한다"는 등의 다툼 있는 사실이 기재되어 있는 검인조서를 첨부한 경우에는 유언내용에 따른 등기신청에 이의가 없다는 위 상속인들의 진술서(인감증명 등 첨부) 또는 위 상속인들을 상대로 한 유언유효확인의 소나 수증자 지위 확인의 소의 승소 확정판결문을 첨부하여야 한다(등기예규 제1512호).

② 유증으로 인한 소유권이전등기신청 시 첨부하여야 하는 유언검인조서에는 검인기일에 출석한 상속인들이 유언증서의 진위여부에 대하여 다투지 않는다는 뜻이 명확히 표시되어야 하는바, 유언검인조서에 "이 유언증서상 내용의 진위여부는 어떻게 아느냐"라는 상속인의 진술이 기재되었다면 이는 유언내용에 다툼이 없음이 불명확하므로 위 검인조서등본을 첨부하여 등기신청을 하는 때에는 유언내용에 따른 등기신청에 이의가 없다는 위 상속인의 동의서(인감증명첨부)를 첨부하여야 한다(선례 제8-208호).

③ 사안의 경우 검인조서에 김이남의 다툼이 있다는 사실이 기재되어 있으므로, 유언에 따른 등기신청에 이의가 없다는 김이남의 인감이 날인되어 있는 진술서를 제공한다.

4. 인감증명 등(김이남의 일반인감)(등기예규, 제62조)

① 상속인들의 진술서를 제공하는 경우 진술서에 날인한 인감을 증명하기 위하여 김이남의 인감증명을 제공한다.

② 인감날인 및 인감증명에 갈음하여, 서명하고 본인서명사실확인서 또는 전자본인서명확인서 발급증을 제공할 수 있다.

5. 유증자의 사망사실과 상속인의 범위 및 유언집행자를 증명하는 서면(규칙 제46조 제1항 제1호, 제5호 등)

① 유증은 유언자의 사망으로 효력이 발생하므로(민법 제1073조), 유증자의 사망사실과 사망일자를 증명하기 위하여 유증자 망 김서울 기준의 기본증명서(상세) 등을 제공하며(제1호),

② 유언집행자를 지정하지 아니하여 상속인이 유언집행자인 경우에는 상속인임을 증명하는 서면을 제공하여야 하는바, 상속인의 범위를 증명하기 위하여 유증자 망 김서울 기준의 가족관계증명서(상세), 친양자입양관계증명서(상세), 제적등본을 제공한다(제5호).

③ 상속인들이 <u>유증자의 서면에 기재된 상속인</u>임을 증명하기 위하여 상속인 박한양, 김일남, 김이남 기준의 <u>기본증명서(상세), 가족관계증명서(상세)</u>를 제공한다.

6. 주민등록표초본(말소자)(망 김서울)(규칙 제46조 제1항 제1호)

<u>실무상 유증자의 동일성을 증명하기 위하여 유증자 김서울의 주민등록표초본(말소자)</u>을 제공한다(발행일로부터 3월 이내).

7. 농지취득자격증명(규칙 제46조 제1항 제2호)

① 농지를 취득하여 소유권이전등기 등을 신청하는 경우에는 농지취득자격증명을 제공한다.

② 포괄유증이나 상속인에 대한 특정유증인 경우에는 농지취득자격증명을 제공할 필요가 없으나, <u>제3자에 대한 특정유증인 경우에는 농지취득자격증명을 제공</u>한다.

③ 사안의 경우 <u>도시계획구역 내 자연녹지로서 도시계획시설사업에 포함되는 경우가 아니</u>므로 <u>농지취득자격증명을 제공</u>한다.

[농지의 소유권이전등기에 관한 사무처리지침]

(등기예규 제1415호)

아래의 경우에는 <u>농지취득자격증명을 첨부하지 아니하고</u> 소유권이전등기를 신청할 수 있다.

1. <u>상속 및 포괄유증, 상속인에 대한 특정적 유증, 취득시효완성, 공유물분할, 매각, 진정한 등기명의회복, 농업법인의 합병</u>을 원인으로 하여 소유권이전등기를 신청하는 경우

2. <u>도시지역 내의 농지</u>에 대한 소유권이전등기를 신청하는 경우,

   다만 도시지역 중 <u>녹지지역 안의 농지에 대하여는 도시계획시설사업에 필요한 농지에 한함</u>(「국토의 계획 및 이용에 관한 법률」 제83조 제3호 참조)

   「국토의 계획 및 이용에 관한 법률」 제36조(용도지역의 지정)

   ① 국토교통부장관, 시·도지사 또는 대도시 시장은 다음 각 호의 어느 하나에 해당하는 용도지역의 지정 또는 변경을 도시·군관리계획으로 결정한다.

   1. <u>도시지역</u>: 다음 각 목의 어느 하나로 구분하여 지정한다.

      가. <u>주거지역</u>: 거주의 안녕과 건전한 생활환경의 보호를 위하여 필요한 지역

      나. <u>상업지역</u>: 상업이나 그 밖의 업무의 편익을 증진하기 위하여 필요한 지역

      다. <u>공업지역</u>: 공업의 편익을 증진하기 위하여 필요한 지역

      라. <u>녹지지역</u>: 자연환경·농지 및 산림의 보호, 보건위생, 보안과 도시의 무질서한 확산을 방지하기 위하여 녹지의 보전이 필요한 지역

[토지이용계획확인서상 자연녹지지역내의 농지에 대한 소유권이전등기 신청시 농지취득자격증명 첨부 여부]

(등기선례 제6-551호)

토지이용계획확인서상 도시계획구역 중 <u>자연녹지지역</u>내에 소재하는 농지에 대하여는 <u>도시계획사업에 필요한 농지에 한하여 농지취득자격증명을 첨부하지 않고도</u> 소유권이전등기를 신청할 수 있는바,

도시계획확인서상 <u>도시계획시설에 해당한다는 취지의 기재가 없이</u> 도시계획시설란에 해당없음의 기재가 되어 있고, 입안사항으로 택지개발예정지구입안지의 기재가 되어 있는 경우에도 소유권이전등기 신청시 <u>농지취득자격증명을 첨부하여야 한다.</u>

[도시계획구역 중 자연녹지지역 내의 농지에 대한 소유권이전등기신청시 농지취득자격증명의 첨부 요부] (등기선례 제6-560호)

토지이용계획확인서상 도시계획구역 중 <u>자연녹지지역 내</u>에 소재하고 있고 <u>도시계획 시설 표시가 유원지로 기재되어 있는</u> 농지에 대하여 소유권이전등기를 신청하는 경우에는, 그 농지는 <u>도시계획사업에 필요한 농지</u>라고 생각되므로 <u>농지취득자격증명을 첨부할 필요가 없다.</u>

[도시계획구역 중 자연녹지지역 내의 농지에 대해 도시계획시설란에 공원(도시자연공원)으로 기재된 토지이용계획확인서를 첨부하여 회사 명의의 소유권이전등기를 신청할 수 있는지 여부(적극)] (등기선례 제7-62호)

도시계획구역 내의 자연녹지지역에 소재한 지목이 전인 토지의 토지이용계획확인서 중 <u>도시계획시설란에 공원(도시자연공원)으로 기재</u>되어 있다면, 도시계획법 제31조 제2항 제3호의 규정에 따라 농지법이 적용되지 않으므로, <u>토지이용계획확인서를 첨부(농지취득자격증명을 첨부할 필요 없이)</u>하여 주식회사ㅇㅇ건설 명의로 소유권이전등기를 신청할 수 있다.

[준주거지역 및 녹지지역에 걸쳐있는 농지에 대한 소유권이전등기시 자연녹지지역 전부가 도로에 해당하는 경우 농지취득자격증명 첨부 여부(소극)] (등기선례 제7-473호)

첨부된 <u>도시관리계획확인도면</u>에 의하여 자연녹지지역 전부가 도로에 해당하는 것이 인정되는 경우에는 그 농지는 <u>도시계획사업에 필요한 농지</u>로서 농지취득자격증명을 첨부하지 않아도 될 것이다.

8. 확인서면(박한양, 김일남)(법 제50조 제2항, 법 제51조, 규칙 제111조)
   ① 권리에 관한 등기를 공동으로 신청하는 경우 등기의무자의 등기필증을 제공하여야 한다.
   ② 다만, 등기필증 등이 없는 경우에는 법 제51조에 따라 확인을 받아야 하므로, <u>법무사 최법무가 유언집행자의 과반수인 박한양, 김일남</u>을 신분증 등을 통해 <u>확인한 후</u> 필적기재란, 특기사항란, 우무인란 등을 기재하고 법무사의 직인을 날인한 <u>확인서면</u>을 제공한다(**법 제51조, 규칙 제111조 제3항**).

9. 신분증사본(박한양, 김일남)(법 제50조 제2항, 법 제51조, 규칙 제111조)
   위의 확인서면에는 등기의무자를 확인한 신분증 사본을 제공한다.

10. 인감증명 등(박한양, 김일남의 일반인감)(규칙 제60조, 제61조, 제62조)
    ① 유언집행자가 수인인 경우 <u>유언집행자의 과반수인 박한양, 김일남의 인감증명</u>을 제공한다.
    ② 인감날인 및 인감증명에 갈음하여, 서명하고 <u>본인서명사실확인서</u> 또는 전자본인서명확인서 발급증을 제공할 수 있다.

11. **주민등록표초본(또는 등본)(규칙 제46조 제1항 제6호)**

 (1) **등기의무자 겸 유언집행자**(박한양, 김일남, 김이남)

  ① 소유권이전등기를 신청하는 경우 등기의무자의 주소증명정보를 제공하여야 하므로, 유언집행자의 과반수인 박한양, 김일남의 주민등록표초본(또는 등본)을 제공한다(발행일로부터 3월 이내).

  ② 실무상 현재의 등기명의인인 김이남의 주민등록표초본(또는 등본)도 함께 제공한다(발행일로부터 3월 이내).

 (2) **등기권리자**(김평양)

  새로이 등기명의인이 되는 등기권리자의 주소 및 주민등록번호를 기입하여야 하므로, 등기권리자 겸 수증자 김평양의 주민등록표초본(또는 등본)을 제공한다(발행일로부터 3월 이내).

  다만, 유언증서 등의 주소와 등기신청 시의 주소가 상이할 경우에는 동일성을 소명하기 위하여 주소변동내역이 포함된 주민등록표초본(또는 등본)을 제공한다.

12. **취득세영수필확인서(지방세법 시행령 제36조, 법 제29조 제10호, 규칙 제44조 등)**

  ① 소유권이전등기를 신청하는 경우 시가표준액을 기초로 산정한 취득세 등을 신고·납부하여야 하므로, 이를 납부한 영수필확인서를 제공한다.

  ② 시장·군수·구청장 등으로부터 취득세납부서(OCR용지)를 발급받아 금융기관에 세금을 납부한 후 취득세영수필확인서를 제공한다.

  ③ 지방세인터넷납부시스템을 이용하여 납부하고 출력한 취득세납부확인서를 첨부할 수 있다. 다만 이 경우 국민주택채권매입금액 산정을 위해 시가표준액이 표시되어 있어야 한다.

13. **등기신청수수료영수필확인서(법 제22조 제3항, 법 제29조 제10호, 규칙 제44조 등)**

  등기를 신청하는 경우 대법원규칙으로 정하는 바에 따라 수수료를 납부하여야 하므로, 이를 납부한 그 영수필확인서를 제공한다.

14. **토지대장등본(규칙 제46조 제1항 제7호)**

  소유권이전등기를 하는 경우 부동산의 표시를 증명하여야 하므로, 토지대장등본을 제공한다(발행일로부터 3월 이내).

15. **등기신청위임장**(박한양, 김일남의 인감날인 및 김평양의 날인)**(규칙 제46조 제1항 제5호, 규칙 제60조 제1항 제1호)**

  ① 등기신청을 법무사 등 대리인에게 위임하는 경우 대리권한을 증명하여야 하므로, 박한양, 김일남 및 김평양 쌍방으로부터 위임을 받은 등기신청위임장을 제공한다. 등기신청위임장에는 부동산의 표시, 위임인, 수임인 등이 기재되어 있어야 한다.

  ② 사안의 경우 규칙 제60조 제1항 제1호에 해당하므로 진정성 담보를 위하여 등기의무자 겸 유언집행자인 박한양, 김일남의 인감을 날인을 한다.

2014년 법무사 제20회 - 일부변경(날짜)

【문 1】 아래 부동산에 대한 등기신청을 위임받은 대리인으로서 다음의 사실관계와 답안지 작성 유의사항에 따라 등기신청서를 작성하고 신청서의 첨부정보(서면)에 대하여 간단히 설명하시오(신청방식은 서면에 의한 방문신청임). 30점

1. 부동산

경기도 안성시 금광면 금광리 77번지 과수원 3,000㎡

2. 사실관계

가. 유증자 김일식은 동생 김이식에게 위 부동산을 유증한다는 취지의 자필유언증서를 작성한 후 2022.5.6.에 사망하였다.

나. 김일식에게는 상속인으로 처 박숙미, 자 김예슬, 자 김예린이 있다.

다. 위 유언은 적법한 방식과 절차에 따라 이루어졌고 유언집행자는 지정되지 않았다. 다만, 유언검인조서에는 "유언자의 자필이 아니고 날인도 유언자의 사용인이 아니라고 생각한다."는 상속인 박숙미의 진술내용이 기재되어 있다.

라. 목적 부동산에 대하여는 아래 상속인들에 의하여 법정상속분에 따른 상속등기가 마쳐져 있으며, 상속등기에 관한 등기필정보는 멸실된 상태이다.

마. 주소(또는 사무소 소재지), 주민등록번호(또는 부동산등기용등록번호) 등
  유증자 : 김일식 (500123-1234567) 서울 서초구 잠원로 123
  상속인 : 박숙미 (521122-2345678) 김일식과 같은 주소
    　　　김예슬 (770313-2033012) 경기도 성남시 분당구 불정로 62
    　　　김예린 (790303-2033015) 경기도 성남시 분당구 불정로 62
  수증자 : 김이식 (550505-1234568) 경기도 안성시 금광면 진안로 35

3. 답안작성 유의사항

가. 부동산표시란 및 첨부서면란 등이 부족할 경우에는 별지를 사용할 수 있다.

나. 첨부서면은 그 명칭과 통수를 기재하고 별지에는 각 서면별로 발급신청인(예 아무개의 인감증명 등), 제출이유와 내용을 간단히 설명한다.

다. 등기신청위임장 의 작성은 생략하되 첨부서면으로는 기재하고 그 내용(위임인 등)을 설명한다.

라. 신청서 양식 중 시가표준액 및 국민주택채권매입금액란, 취득세(등록면허세)란, 등기신청수수료란 등 설문에서 정보가 주어지지 않은 것은 기재를 생략한다.

마. 날인이 필요한 곳은 ⑩으로 표시하고, 전화번호의 기재는 생략한다.

바. 관할등기소는 수원지방법원 안성등기소이며, 신청서 작성일자는 2022년 6월 18일로 한다.

사. 대리인은 법무사 홍길동(서울 서초구 서초대로 55)으로 한다.

아. 위 사안의 인적사항 등은 문제구성을 위한 허구의 것이다.

소유권이전등기신청(유증)				

접 수	년 월 일	처리인	등기관 확인	각종 통지
	제 호			

	부동산의 표시(거래신고관리번호/거래가액)			
규 43①1	경기도 안성시 금광면 금광리 77 과수원 3,000m² - 이상 -			
규 43①5	등기원인과 그 연월일	2022년 5월 6일 유증		
규 43①6	등 기 의 목 적	공유자전원지분 전부이전		

	구분	성명 (상호·명칭)	주민등록번호 (등기용등록번호)	주소(소재지)	지분 (개인별)
규 43①2	등기의무자	박숙미 김예슬 김예린 유증자 망 김일식의 유언집행자 김예슬 김예린	521122-2345678 770313-2033012 790303-2033015 770313-2033012 790303-2033015	서울특별시 서초구 잠원로 123 경기도 성남시 분당구 불정로 62 경기도 성남시 분당구 불정로 62 경기도 성남시 분당구 불정로 62 경기도 성남시 분당구 불정로 62	7분의3 7분의2 7분의2
규 43①2	등기권리자	김이식	550505-1234568	경기도 안성시 금광면 진안로 35	

규 44	시가표준액 및 국민주택채권매입금액		
	부동산 표시	부동산별 시가표준액	부동산별 국민주택채권매입금액
	1.	금 ○○○ 원	금 ○○○ 원
	2.	금 ○○○ 원	금 ○○○ 원
	3.	금 ○○○ 원	금 ○○○ 원
	국 민 주 택 채 권 매 입 총 액	금	○○○ 원
	국 민 주 택 채 권 발 행 번 호	○○○○-○○-○○○○-○○○○	
	취득세(등록면허세) 금 ○○○ 원	지방교육세 금	○○○ 원
		농어촌특별세 금	○○○ 원
	세 액 합 계	금	○○○ 원
	등 기 신 청 수 수 료	금	○○○ 원
		납부번호 : ○○-○○-○○○○○○○○-○	
		일괄납부 : 건	○○○ 원

규 43①7	등기의무자의 등기필정보		
	부동산고유번호	○○○○-○○○○-○○○○○○	
	성명(명칭)	일련번호	비밀번호
		○○○○-○○○○-○○○○	○○-○○○○

첨 부 서 면   간인

- 유언증서(자필증서) 1통
- 유언검인조서등본 1통
- 상속인들의 진술서(박숙미의 인감날인) 등 1통
- 인감증명 등(박숙미의 일반인감) 1통
- 기본증명서(상세) 4통
  (망 김일식, 박숙미, 김예슬, 김예린)
- 가족관계증명서(상세) 4통
  (망 김일식, 박숙미, 김예슬, 김예린)
- 친양자입양관계증명서(상세)(망 김일식) 1통
- 제적등본(망 김일식) 1통
- 주민등록표초본(말소자)(망 김일식) 1통
- 농지취득자격증명 1통

- 확인서면(김예슬, 김예린) 2통
- 신분증사본(김예슬, 김예린) 2통
- 인감증명 등(김예슬, 김예린의 일반인감) 2통
- 주민등록표초본(또는 등본) 4통
  (박숙미, 김예슬, 김예린 및 김이식)
- 취득세영수필확인서 1통
- 등기신청수수료영수필확인서 1통
- 토지대장등본 1통
- 등기신청위임장 1통
  (김예슬, 김예린의 인감날인 및 김이식의 날인)

규 43①9	2022년 6월 18일

위 신청인   ㉑ (전화 :   )
                  ㉑ (전화 :   )

(또는) 위 대리인 **법무사 홍길동**   직인 (전화 :   )
         서울특별시 서초구 서초대로 55

규 43①8	**수원** 지방법원 **안성등기소** 귀중

- **신청서 작성요령** -

* 1. 부동산표시란에 2개 이상의 부동산을 기재하는 경우에는 그 부동산의 일련번호를 기재하여야 합니다.
  2. 신청인란 등 해당란에 기재할 여백이 없을 경우에는 별지를 이용합니다.
  3. 담당 등기관이 판단하여 위의 첨부서면 외에 추가적인 서면을 요구할 수 있습니다.

[첨부서면 해설]

[유증을 원인으로 한 소유권이전등기 전에 상속등기가 이미 마쳐진 경우 소유권이전등기의 신청방법]

(등기선례 제202203-1호)

1. 유언집행자가 여럿인 경우(유언집행자의 지정이 없어서 여러 명의 상속인들이 유언집행자가 된 경우를 포함한다)에는 그 과반수 이상이 수증자 명의의 소유권이전등기절차에 동의하면 그 등기를 신청할 수 있으며(등기예규 제1512호 2. 나. (2)), 유증을 원인으로 한 소유권이전등기 전에 상속등기가 이미 마쳐진 경우에도 상속등기를 말소하지 않고 상속인으로부터 수증자에게로 유증을 원인으로 한 소유권이전등기를 신청할 수 있다(등기예규 제1512호 3. (1)).

2. 따라서 망 갑의 채권자인 A의 대위신청에 의하여 을, 병, 정을 등기명의인으로 하는 상속으로 인한 소유권이전등기가 마쳐진 경우에는 상속등기를 말소하지 않은 채로 상속인으로부터 수증자에게로 유증을 원인으로 한 소유권이전등기를 신청할 수 있고, 만일 과반수 이상(을, 병)이 수증자 명의의 소유권이전등기절차에 동의하는 경우에는 등기신청서의 등기의무자란에는 "을, 병, 정, 유증자 망 갑의 유언집행자 을, 병"을 표시하고 각 그들의 주소 등을 기재하면 될 것이다.

[유언집행자가 여럿인 경우 등기소에 제공하여야 하는 확인정보]

(등기선례 제202202-3호)

1. 유증을 등기원인으로 하여 소유권이전등기를 신청하는 경우, 유언집행자(지정되지 않은 경우에는 상속인이 유언집행자)가 여럿인 경우에는 그 과반수 이상이 수증자 명의의 소유권이전등기절차에 동의하면 그 등기를 신청할 수 있으며(「민법」 제1102조, 등기예규 제1512호 2. 나., 등기선례 5-329), 이 경우 유증자의 등기필정보를 신청정보의 내용으로 등기소에 제공하여야 한다(「부동산등기법」 제50조 제2항, 등기예규 제1512호 4. 나.).

2. 멸실 등의 사유로 이러한 등기필정보를 제공할 수 없는 경우, 그 등기신청을 위임받은 자격자 대리인은 신청서에 등기의무자로 기재된 유언집행자로부터 등기신청을 위임받았음을 확인하고 그 확인한 사실을 증명하는 정보(확인서면 등의 확인정보)를 첨부정보로서 등기소에 제공할 수 있으며(「부동산등기법」 제51조, 「부동산등기규칙」 제111조), 만일 유언집행자 전원(A, B, C, D, E) 중 과반수인 3인(A, B, C)이 소유권이전등기를 신청하는 경우 신청서에 첨부된 확인정보는 유언집행자의 과반수 이상(A, B, C)의 것이면 충분하고 반드시 유언집행자 전원(A, B, C, D, E)의 것이 첨부될 필요는 없다(등기선례 5-334 참고).

1. 유언증서(자필증서)(규칙 제46조 제1항 제1호 등)
   ① 등기원인을 증명하기 위하여 유언증서를 제공하여야 한다.
   ② 사안의 경우 자필증서로 된 유언증서를 제공한다.

2. 유언검인조서등본(규칙 제46조 제1항 제1호 등)
   유언증서가 자필증서경우에는 유언검인조서등본을 제공한다.

3. 상속인들의 진술서(박숙미의 인감날인) 등(규칙 제46조 제1항 제1호 등)
   ① 검인기일에 출석한 상속인들이 "유언자의 자필이 아니고 날인도 유언자의 사용인이 아니라고 생각한다"는 등의 다툼 있는 사실이 기재되어 있는 검인조서를 첨부한 경우에는 유언 내용에 따른 등기신청에 이의가 없다는 위 상속인들의 진술서(인감증명 등 첨부) 또는 위 상속인들을 상대로 한 유언유효확인의 소나 수증자 지위 확인의 소의 승소 확정판결문을 첨부하여야 한다(등기예규 제1512호).
   ② 유증으로 인한 소유권이전등기신청 시 첨부하여야 하는 유언검인조서에는 검인기일에 출석한 상속인들이 유언증서의 진위여부에 대하여 다투지 않는다는 뜻이 명확히 표시되어야 하는바, 유언검인조서에 "이 유언증서상 내용의 진위여부는 어떻게 아느냐"라는 상속인의 진술이 기재되었다면 이는 유언내용에 다툼이 없음이 불명확하므로 위 검인조서등본을 첨부하여 등기신청을 하는 때에는 유언내용에 따른 등기신청에 이의가 없다는 위 상속인의 동의서(인감증명첨부)를 첨부하여야 한다(선례 제8-208호).
   ③ 사안의 경우 검인조서에 박숙미의 다툼이 있다는 사실이 기재되어 있으므로, 유언에 따른 등기신청에 이의가 없다는 박숙미의 인감이 날인되어 있는 진술서를 제공한다.

4. 인감증명 등(박숙미의 일반인감)(규칙 제60조, 제61조, 제62조)
   ① 상속인들의 진술서를 제공하는 경우 진술서에 날인한 인감을 증명하기 위하여 박숙미의 인감증명을 제공한다.
   ② 인감날인 및 인감증명에 갈음하여, 서명하고 본인서명사실확인서 또는 전자본인서명확인서 발급증을 제공할 수 있다.

5. 유증자의 사망사실과 상속인의 범위 및 유언집행자를 증명하는 서면(규칙 제46조 제1항 제1호, 제5호 등)
   ① 유증은 유언자의 사망으로 효력이 발생하므로(「민법」 제1073조), 유증자의 사망사실과 사망일자를 증명하기 위하여 유증자 망 김일식 기준의 기본증명서(상세) 등을 제공하며(제1호),
   ② 유언집행자를 지정하지 아니하여 상속인이 유언집행자인 경우에는 상속인임을 증명하는 서면을 제공하여야 하는바, 상속인의 범위를 증명하기 위하여 유증자 망 김일식 기준의 가족관계증명서(상세), 친양자입양관계증명서(상세), 제적등본을 제공한다(제5호).

③ 상속인들이 유증자의 서면에 기재된 상속인임을 증명하기 위하여 상속인 박숙미, 김예슬, 김예린 기준의 기본증명서(상세), 가족관계증명서(상세)를 제공한다.

6. 주민등록표초본(말소자)(망 김일식)(규칙 제46조 제1항 제1호)

실무상 유증자의 동일성을 증명하기 위하여 유증자 김서울의 주민등록표초본(말소자)을 제공한다(발행일로부터 3월 이내).

7. 농지취득자격증명(규칙 제46조 제1항 제2호)

① 농지를 취득하여 소유권이전등기 등을 신청하는 경우에는 농지취득자격증명을 제공한다.

② 포괄유증이나 상속인에 대한 특정유증인 경우에는 농지취득자격증명을 제공할 필요가 없으나, 제3자에 대한 특정유증인 경우에는 농지취득자격증명을 제공한다.

8. 확인서면(김예슬, 김예린)(법 제50조 제2항, 법 제51조, 규칙 제111조)

① 권리에 관한 등기를 공동으로 신청하는 경우 등기의무자의 등기필증을 제공하여야 한다.

② 다만, 등기필증 등이 없는 경우에는 법 제51조에 따라 확인을 받아야 하므로, 법무사 홍길동이 유언집행자의 과반수인 김예슬, 김예린을 신분증 등을 통해 확인한 후 필적기재란, 특기사항란, 우무인란 등을 기재하고 법무사의 직인을 날인한 확인서면을 제공한다(법 제51조, 규칙 제111조 제3항).

9. 신분증사본(김예슬, 김예린)(법 제50조 제2항, 법 제51조, 규칙 제111조)

위의 확인서면에는 등기의무자를 확인한 신분증 사본을 제공한다.

10. 인감증명 등(김예슬, 김예린의 일반인감)(규칙 제60조, 제61조, 제62조)

① 유언집행자가 수인인 경우 유언집행자의 과반수인 김예슬, 김예린의 인감증명을 제공한다.

② 인감날인 및 인감증명에 갈음하여, 서명하고 본인서명사실확인서 또는 전자본인서명확인서 발급증을 제공할 수 있다.

11. 주민등록표초본(또는 등본)(규칙 제46조 제1항 제6호)

(1) 등기의무자 겸 유언집행자(박숙미, 김예슬, 김예린)

① 소유권이전등기를 신청하는 경우 등기의무자의 주소증명정보를 제공하여야 하므로, 유언집행자의 과반수인 김예슬, 김예린의 주민등록표초본(또는 등본)을 제공한다(발행일로부터 3월 이내).

② 실무상 현재의 등기명의인인 박숙미의 주민등록표초본(또는 등본)도 함께 제공한다(발행일로부터 3월 이내).

(2) 등기권리자겸 수증자(김이식)

새로이 등기명의인이 되는 등기권리자의 주소 및 주민등록번호를 기입하여야 하므로, 등기권

리자 겸 수증자 김이식의 주민등록표초본(또는 등본)을 제공한다(발행일로부터 3월 이내).
다만, 유언증서 등의 주소와 등기신청 시의 주소가 상이할 경우에는 동일성을 소명하기
위하여 주소변동내역이 포함된 주민등록표초본(또는 등본)을 제공한다.

12. 취득세영수필확인서(지방세법 시행령 제36조, 법 제29조 제10호, 규칙 제44조 등)

① 소유권이전등기를 신청하는 경우 시가표준액을 기초로 산정한 취득세 등을 신고·납부
하여야 하므로, 이를 납부한 영수필확인서를 제공한다.

② 시장·군수·구청장 등으로부터 취득세납부서(OCR용지)를 발급받아 금융기관에 세금
을 납부한 후 취득세영수필확인서를 제공한다.

③ 지방세인터넷납부시스템을 이용하여 납부하고 출력한 취득세납부확인서를 첨부할 수 있
다. 다만 이 경우 국민주택채권매입금액 산정을 위해 시가표준액이 표시되어 있어야 한다.

13. 등기신청수수료영수필확인서(법 제22조 제3항, 법 제29조 제10호, 규칙 제44조 등)

등기를 신청하는 경우 대법원규칙으로 정하는 바에 따라 수수료를 납부하여야 하므로, 이를
납부한 그 영수필확인서를 제공한다.

14. 토지대장등본(규칙 제46조 제1항 제7호, 제62조 등)

소유권이전등기를 하는 경우 부동산의 표시를 증명하여야 하므로, 토지대장등본을 제공한
다(발행일로부터 3월 이내).

15. 등기신청위임장(김예슬, 김예린의 인감날인 및 김이식의 날인)(규칙 제46조 제1항 제5호, 규칙 제60조
제1항 등)

① 등기신청을 법무사 등 대리인에게 위임하는 경우 대리권한을 증명하여야 하므로, 김예
슬, 김예린 및 김이식 쌍방으로부터 위임을 받은 등기신청위임장을 제공한다. 등기신청
위임장에는 부동산의 표시, 위임인, 수임인 등이 기재되어 있어야 한다.

② 규칙 제60조 제1항 제1호에 해당하므로 진정성 담보를 위하여 등기의무자인 김예슬, 김
예린의 인감을 날인을 한다.

2022년 법무사 제28회

【문 1】 다음에 제시된 부동산의 등기기록 및 사실관계와 답안작성 유의사항에 따라 법무사 김고수가 제출할 등기신청서를 작성하고, 필요한 첨부서면의 제공 이유와 근거에 대하여 간략하게 설명하시오(서면에 의한 방문신청임을 전제로 함). 30점

1. 부동산(토지)의 등기기록

【 표제부 】		(토지의 표시)			
표시 번호	접수	소재지번	지목	면적	등기원인 및 기타사항
1	2000년 5월 3일	서울특별시 강남구 수서동 11	답	1,000㎡	

【 갑구 】				(소유권에 관한 사항)
순위 번호	등기목적	접수	등기원인	권리자 및 기타사항
2	소유권이전	2002년 5월 3일 제4000호	2002년 4월 19일 협의분할에 의한 상속	공유자 지분 2분의 1 김길동 주민등록번호 420717-1530333 서울특별시 서초구 강남대로 21(서초동) 지분 2분의 1 김미연 주민등록번호 480703-1562316 서울특별시 마포구 마포대로 25(공덕동)

(서울중앙지방법원 등기국 관할)

2. 사실관계

가. 김길동은 2015년 6월 1일 자신의 모교인 "학교법인 우정"에 "서울특별시 강남구 수서동 11번지" 부동산을 유증하기로 하고 "법무법인 강남"을 방문하여 자신의 지분 전부를 유증하는 내용과 유언집행자를 자신의 아들인 김철중으로 지정하는 내용의 공정증서를 작성하였다. 2022년 9월 2일 김길동은 사망하였고 김길동의 상속인으로는 妻 이정숙과 子 김철중이 있다. 위 유언은 적법한 방식과 절차에 따라 이뤄졌다.

법무사 김고수[사무소 소재지 : 서울특별시 서초구 법원로 11(서초동), 전화번호 : 02) 581-5300]는 위임에 따른 등기신청을 위해 필요한 첨부서면 등을 준비하여 2022년 11월 11일 관할 등기소에 등기신청을 하려고 한다.

나. 인적사항
① 유증자 – 김길동 : 주민등록번호 420717-1530333, 주소 서울특별시 서초구 강남대로 21(서초동)
② 상속인 – 이정숙 : 주민등록번호 491212-2384579, 주소 서울특별시 서초구 강남대로 21(서초동)
　　　– 김철중 : 주민등록번호 730402-1982597, 주소 서울특별시 송파구 송파로 1
③ 수증자 – 학교법인 우정 : 등록번호 111132-0000036, 주사무소 서울특별시 강동구 2(고덕동)
　　　– 이사장 진기호 : 주민등록번호 620913-1540739,
　　　　　　　　주소 서울특별시 강동구 강동로 1(암사동)

3. 답안작성 유의사항
가. 신청서 양식의 첨부서면란 등이 부족할 경우에는 답안지에 기재할 수 있습니다.
나. 신청서 양식의 첨부서면란에는 첨부서면의 명칭과 통수를 기재합니다. 첨부서면의 제공 이유와 근거는 답안지에 간략하게 기재하십시오.
다. 위임장은 작성하지 않으셔도 됩니다. 다만, 첨부서면으로는 기재하고 그 내용(위임인 등)도 답안지에 기재하시기 바랍니다.
라. 등록면허세, 등기신청수수료 등 설문에서 정보가 주어지지 않은 것은 신청서에 기재하지 않으셔도 됩니다. 그 밖에 설문에서 주어지지 않은 사항은 고려할 필요가 없습니다.
마. 날인이 필요한 곳에는 ⑩이라고 기재합니다.
바. 제시된 주민등록번호나 부동산등기용등록번호는 법령상의 부여 규칙이나 구성 체계 등과 맞지 않을 수 있으나, 이 점은 고려하지 않으셔도 됩니다.
사. 설문의 부동산과 사실관계는 모두 가상의 것들임을 알려 드립니다.

	소유권일부이전등기신청(유증)			

접 수	년 월 일 제 호	처리인	등기관 확인	각종 통지

	부동산의 표시

규 43①1	서울특별시 강남구 수서동 11 답 1,000m² - 이상 -

규 43①5	등기원인과 그 연월일	2022년 9월 2일 유증
규 43①6	등 기 의 목 적	갑구 2번 김길동지분 전부이전
규 123	이 전 할 지 분	공유자 지분 2분의 1

	구분	성명 (상호·명칭)	주민등록번호 (등기용등록번호)	주소(소재지)	지분 (개인별)
규 43①2	등기의무자	유증자 망 김길동 유언집행자 김철중	420717-1530333 730402-1982597	서울특별시 서초구 강남대로21(서초동) 서울특별시 송파구 송파로 1	2분의 1
규 43①2 규 43①3	등기권리자	학교법인 우정 이사장 진기호	111132-0000036	서울특별시 강동구 2(고덕동) 서울특별시 강동구 강동로 1(암사동)	2분의 1

규 44	시가표준액 및 국민주택채권매입금액		
	부동산 표시	부동산별 시가표준액	부동산별 국민주택채권매입금액
	1.	금 ○○○ 원	금 ○○○ 원
	2.	금 ○○○ 원	금 ○○○ 원
	3.	금 ○○○ 원	금 ○○○ 원
	국 민 주 택 채 권 매 입 총 액		금 ○○○ 원
	국 민 주 택 채 권 발 행 번 호		○○○○-○○-○○○○-○○○○
	취득세(등록면허세) 금 ○○○ 원	지방교육세 금	○○○ 원
		농어촌특별세 금	○○○ 원
	세 액 합 계	금	○○○ 원
	등 기 신 청 수 수 료	금	○○○ 원
		납부번호 : ○○-○○-○○○○○○○○-○	
		일괄납부 : 건	○○○ 원

규 43①7	등기의무자의 등기필정보		
	부동산고유번호		
	성명(명칭)	일련번호	비밀번호

첨 부 서 면 　[간인]

• 유언증서(유언공정증서) 1통	• 취득세영수필확인서 1통
• 기본증명서(상세)(망 김길동) 1통	• 등기신청수수료영수필확인서 1통
• 주민등록표초본(말소자)(망 김길동) 1통	• 토지대장등본 1통
• 등기필증(망 김길동) 1통	• 등기신청위임장(김철중의 인감날인 및
• 인감증명 등(김철중의 일반인감) 1통	학교법인 우정의 이사장 진기호의 날인) 1통
• 주민등록표초본(또는 등본)(김철중) 1통	• 자격자대리인의 등기의무자확인 및 자필서명정보
• 법인등기사항(전부)증명서(학교법인 우정) 1통	(김철중 확인, 망 김길동 기재) 1통

규 43①9

2022년 11월 11일

위 신청인　　　　　　　　　⑪　(전화 :　　　)
　　　　　　　　　　　　　　⑪　(전화 :　　　)

(또는) 위 대리인　법무사 김고수　[직인]　(전화 : 02) 581-5300)
　　　　　　　　서울특별시 서초구 법원로 11(서초동)

규 43①8　　서울중앙 지방법원 등기국 귀중

- 신청서 작성요령 -

* 1. 부동산표시란에 2개 이상의 부동산을 기재하는 경우에는 그 부동산의 일련번호를 기재하여야 합니다.
2. 신청인란 등 해당란에 기재할 여백이 없을 경우에는 별지를 이용합니다.
3. 담당 등기관이 판단하여 위의 첨부서면 외에 추가적인 서면을 요구할 수 있습니다.

[첨부서면 해설]

1. 유언증서(공정증서)(규칙 제46조 제1항 제1호, 제5호 등)

① 등기원인을 증명하기 위하여 유언증서를 제공하여야 하는바, 사안의 경우 공정증서를 제공한다(제1호).

② 유언증서가 공정증서인 경우 별도의 가정법원의 검인을 받을 필요는 없다.

③ 유증을 원인으로 하는 소유권이전등기는 유언집행자의 자격을 증명하는 서면을 제공하여야 하는바, 사안의 경우 유언증서에 김철중이 유언집행자로 지정되었으므로 위 유언증서는 등기원인을 증명(제1호)할 뿐만 아니라 유언집행자의 자격을 증명(제5호)하는 기능도 한다.

2. 기본증명서(상세)(망 김길동)(규칙 제46조 제1항 제1호 등)

유증은 유언자의 사망으로 효력이 발생하므로(「민법」 제1073조), 유증자의 사망사실과 사망일자를 증명하기 위하여 유증자 망 김길동 기준의 기본증명서(상세)를 제공한다. 사망일자가 2015년으로 「가족관계의 등록 등에 관한 법률」이 시행된 이후이므로 별도로 제적등본을 제공할 필요는 없을 것이다.

3. 주민등록표초본(말소자)(망 김길동)(규칙 제46조 제1항 제1호, 제62조)

실무상 유증자의 동일성을 증명하기 위하여 유증자 망 김길동의 주소변동이력이 나타나 있는 주민등록표초본(말소자)을 제공한다(발행일로부터 3월 이내).

4. 등기필증(망 김길동)(법 제50조 제2항, 법 부칙 제2조)

① 유증을 원인으로 하는 소유권이전등기는 공동신청이므로 일반 원칙에 따라 등기필증을 제공하여야 하며, 이 경우 유증자 망 김길동이 소유권(지분)취득 후 교부받은 등기필증을 제공한다(법 부칙 제2조).

② 만약, 등기필증 등이 없는 경우에는 법 제51조에 따라 확인을 받아야 하므로, 법무사 김고수가 유언집행자 김철중을 신분증 등을 통해 확인한 후 필적기재란, 특기사항란, 우무인란 등을 기재하고 법무사의 직인을 날인한 확인서면을 제공한다(법 제51조, 규칙 제111조 제3항).

5. 인감증명 등(김철중의 일반인감)(규칙 제60조, 제62조)

① 유증을 원인으로 소유권이전등기를 신청하는 경우에는 유언집행자가 등기의무자가 되므로 지정된 유언집행자 김철중의 인감증명을 제공한다(발행일로부터 3월 이내). 이 경우 등기원인이 매매가 아니므로 매도용인감증명을 제공할 필요는 없다.

② 인감날인 및 인감증명에 갈음하여, 서명하고 본인서명사실확인서 또는 전자본인서명확인서 발급증을 제공할 수 있다.

6. **주민등록표초본(또는 등본)**(망 김철중)(규칙 제46조 제1항 제6호, 제62조)

   소유권이전등기를 신청하는 경우 등기의무자의 주소증명정보를 제공하여야 하므로, <u>지정된</u> <u>유언집행자 김철중의 주민등록표초본(또는 등본)</u>을 제공한다(발행일로부터 3월 이내).

7. **법인등기사항(전부)증명서**(학교법인 우정)(규칙 제46조 제1항 제4호, 제62조)

   신청인이 법인인 경우에는 법인의 <u>명칭</u>, <u>사무소소재지</u>, <u>부동산등기용등록번호</u>, <u>대표자의 자</u> <u>격(이사장 진기호)</u>을 증명하기 위하여, <u>학교법인 우정의 법인등기사항(전부)증명서</u>를 제공한 다(발행일로부터 3월 이내).

8. **취득세영수필확인서**(지방세법 시행령 제36조, 법 제29조 제10호, 규칙 제44조 등)

   <u>소유권이전등기를 신청하는 경우 취득세 등을 신고·납부하여야 하므로, 이를 납부한 영수필</u> <u>확인서</u>를 제공한다.

9. **등기신청수수료영수필확인서**(법 제22조 제3항, 법 제29조 제10호, 규칙 제44조 등)

   등기를 신청하는 경우 대법원규칙으로 정하는 바에 따라 <u>수수료를 납부하여야 하므로</u>, 이를 납부한 그 영수필확인서를 제공한다.

10. **토지대장등본**(규칙 제46조 제1항 제7호, 제62조)

    소유권이전등기를 하는 경우 <u>부동산의 표시를 증명하여야 하므로, 토지대장등본을 제공한</u> 다(발행일로부터 3월 이내).

11. **등기신청위임장**(김철중의 인감날인 및 학교법인 우정의 대표자 진기호의 날인)(규칙 제46조 제1항 제5호, 규칙 제60조 제1항 제1호)

    ① 등기신청을 법무사 등 대리인에게 위임하는 경우 대리권한을 증명하여야 하므로, <u>등기</u> <u>의무자 겸 유언집행자 김철중 및 등기권리자 학교법인 우정 쌍방으로부터 위임을 받</u> <u>은 등기신청위임장</u>을 제공한다. 등기신청위임장에는 부동산의 표시, 위임인, 수임인 등이 기재되어 있어야 한다.

    ② 사안의 경우 <u>규칙 제60조 제1항 제1호에 해당하므로</u> 진정성 담보를 위하여 <u>등기의</u> <u>무자 겸 유언집행자인 김철중의 인감을 날인</u>을 한다.

12. **자격자대리인의 등기의무자확인 및 자필서명정보**(김철중 확인, 망 김길동 기재)(규칙 제46조 제1항 제8호)

    공동으로 신청하는 권리에 관한 등기 등을 <u>자격자대리인이 신청하는 경우 등기의무자인지</u> 여부를 확인하고 자필서명한 정보를 제공하여야 하므로, <u>법무사 김고수가 유언집행자 김철</u> 중을 확인하고 작성한 자필서명정보를 제공한다.

다만, 자필서명정보에는 등기기록형식상 권리를 상실하거나 불이익을 받는 자를 기재하여야 하므로 등기의무자란에는 유증자 망 김길동을 기재한다.

이와 관련한 명시적인 선례는 없으나 필자의 견해로서는 유증자 망 김길동을 기재하면서 유언집행자 김철중을 함께 기재하는 것이 바람직해 보인다.

IV 기타(판결 등)

2010년 법무사 제16회 - 일부변경(날짜, 등기소 명칭)

【문 1】 아래에 기재된 부동산에 대한 소유권이전등기신청을 위임받은 대리인으로서 제시된 사실관계와 답안 작성 시 유의사항에 적합한 등기신청서 및 위임장을 작성하고, 신청서에 첨부하는 서면에 대하여 간단히 설명하시오(신청방식은 서면에 의한 방문신청을 전제로 함). 30점

1. 부동산

서울특별시 서초구 서초동 100번지 전 1,000㎡
등기부상 소유자 홍길동

2. 사실관계

가. 김갑동(주민등록번호 : 550101-1000000, 주소 : 서울 강남구 대치동 1)은 홍길동(주민 등록번호 : 310202-2000001, 주소 : 서울 송파구 잠실동 1)을 상대로 위 부동산에 대한 소유권이전등기소송을 제기하여 2022.7.31. 승소판결이 선고되고, 그 후에 확정되었다.

나. 판결 주문은 다음과 같다.

"피고는 원고로부터 금 2억원을 지급받음과 동시에 원고에게 서울특별시 서초구 서초동 100번지 전 1000㎡에 관하여 2022.3.5. 매매를 원인으로 한 소유권이전등기절차를 이행하라."

다. 확정판결을 받은 김갑동이 소유권이전등기신청을 하기 전에 홍길동이 사망하여 위 부동산은

홍길동의 자인

홍일남(주민등록번호 : 770702-1000004, 주소 서울 송파구 잠실동 1),

홍이남(주민등록번호 : 800303-1000005, 주소 : 서울 강남구 수서동 2),

홍일순(주민등록번호 : 820405-2000001, 주소 : 서울 관악구 신림동 1)에게 상속되었다.

홍일순은 상속을 포기하였고, 남편인 박일동(주민등록번호 : 750505-1000202)과 자인 박이동(주민등록번호 : 050202-4000003)이 있으며, 각 주소는 홍일순의 주소와 같다.

홍길동의 사망 일자는 2022.8.5.이다.

라. 등기신청일 당시 상속인 명의로 상속등기가 경료되지 않고 있다.

마. 목적 부동산은 토지거래계약에 관한 허가구역이다.

바. 목적 부동산은 도시지역 중 녹지지역 내의 농지로서 도시계획시설사업에 필요한 농지가 아니다.

사. 소유권이전등기신청은 김갑동이 단독으로 신청하였다.

3. 답안작성 유의사항

　가. 부동산표시, 첨부서면란 등이 부족할 때에는 별지를 사용할 수 있다.

　나. 신청서 중 시가표준액 및 국민주택채권매입금액, 등록세, 등기신청수수료, 등기의무자의 등기필정보 등에 관한 각 난은 기재하지 않는다.

　다. 첨부서면은 그 명칭을 해당란에 기재하고, 별지에 각 서면별로 제출이유와 첨부서면으로서 갖추어야 할 요건 및 내용을 설명한다.

　라. 신청서 작성일은 2022.10.10.로 한다.

　마. 날인이 필요한 곳은 "⑩"으로 표시한다.

　바. 대리인은 아래와 같다.

　　법무사 김철수, 사무소 서울 서초구 서초동 1번지(전화 500-1234)

　사. 관할등기소(과)는 "서울중앙지방법원 등기국"이다.

소유권이전등기신청(판결)

접 수	년 월 일	처리인	등기관 확인	각종 통지
	제 호			

	부동산의 표시(거래신고관리번호/거래가액)			
규 43①1	서울특별시 서초구 서초동 100 전 1,000m² - 이상 -			
규 43①5	등기원인과 그 연월일	2022년 3월 5일 매매		
규 43①6	등 기 의 목 적	소유권이전		
	구분	성명 (상호·명칭)	주민등록번호 (등기용등록번호)	주소(소재지)	지분 (개인별)

규 43①2	등기의무자	망 홍길동
		상속인
		   홍일남
		   홍이남
			310202-2000001
			
			770702-1000004
			800303-1000005
				서울특별시 송파구 잠실동 1
				
				서울특별시 송파구 잠실동 1
				서울특별시 강남구 수서동 2	

규 43①2	등기권리자	김갑동	550101-1000000	서울특별시 강남구 대치동 1	

규 44	시가표준액 및 국민주택채권매입금액		
	부동산 표시	부동산별 시가표준액	부동산별 국민주택채권매입금액
	1.	금 ○○○ 원	금 ○○○ 원
	2.	금 ○○○ 원	금 ○○○ 원
	3.	금 ○○○ 원	금 ○○○ 원
	국 민 주 택 채 권 매 입 총 액	금	○○○ 원
	국 민 주 택 채 권 발 행 번 호	○○○○-○○-○○○○-○○○○	
	취득세(등록면허세) 금 ○○○ 원	지방교육세 금	○○○ 원
		농어촌특별세 금	○○○ 원
	세 액 합 계	금	○○○ 원
	등 기 신 청 수 수 료	금	○○○ 원
		납부번호 : ○○-○○-○○○○○○○○-○	
		일괄납부 : 건	○○○ 원
규 43①7	등기의무자의 등기필정보		
	부동산고유번호	○○○○-○○○○-○○○○○○	
	성명(명칭)	일련번호	비밀번호
		○○○○-○○○○-○○○○	○○-○○○○

첨 부 서 면　　　　　[간 인]

• 판결정본	1통	• 취득세영수필확인서	1통
• 확정증명서	1통	• 등기신청수수료영수필확인서	1통
• 집행문	1통	• 토지대장등본	1통
• 토지거래계약허가서	1통	• 등기신청위임장(김갑동의 날인)	1통
• 주민등록표초본(또는 등본)	3통	• 기본증명서(상세)	4통
(홍일남, 홍이남 및 김갑동)		(망 홍길동, 홍일남, 홍이남, 홍일순)	
		• 가족관계증명서(상세)	4통
		(망 홍길동, 홍일남, 홍이남, 홍일순)	
		• 친양자입양관계증명서(상세)(망 홍길동)	1통
		• 제적등본(망 홍길동)	1통
		• 주민등록표초본(말소자)(망 홍길동)	1통
		• 상속포기심판서정본(홍일순)	1통

규 43①9	2022년 10월 10일
	위 신청인 　　　　　　　　　　　⑪　　(전화 : 　　　　　)
	(또는) 위 대리인 법무사 김철수　[직 인]　(전화 :　500-1234)
	서울특별시 서초구 서초동 1
규 43①8	서울중앙 지방법원 등기국 귀중

- 신청서 작성요령 -

* 1. 부동산표시란에 2개 이상의 부동산을 기재하는 경우에는 그 부동산의 일련번호를 기재하여야 합니다.
  2. 신청인란 등 해당란에 기재할 여백이 없을 경우에는 별지를 이용합니다.
  3. 담당 등기관이 판단하여 위의 첨부서면 외에 추가적인 서면을 요구할 수 있습니다.

[첨부서면 해설]

1. 판결정본(규칙 제46조 제1항 제1호 등)

   ① 등기원인을 증명하기 위하여 판결정본을 제공한다. 판결정본에는 당사자 및 등기의 종류 등이 기재되어 있어야 한다.

   ② 판결의 경우 전자수입인지를 첨부할 필요가 없다.

   ③ 계약을 원인으로 하는 소유권이전등기를 신청하는 경우 검인을 받아야 하나, 사안의 경우 토지거래계약허가를 받으므로 검인을 받지 아니한다.

2. 확정증명서(규칙 제46조 제1항 제1호 등)

   법 제23조 제4항의 이행판결은 확정되어야 의사진술을 갈음하는 효력이 발생하므로, 법원에서 발급받은 확정증명서를 제공한다.

3. 집행문(규칙 제46조 제1항 제1호 등)

   법 제23조 제4항의 판결에 따른 등기신청의 경우 원칙적으로 집행문을 제공할 필요가 없으나, 사안의 경우 ○○○○판결이므로 예외적으로 집행문을 제공한다(예 상환이행판결, 조건부이행판결 등).

4. 토지거래계약허가서(규칙 제46조 제1항 제2호)

   ① 토지거래허가구역 내의 토지에 대하여 유상계약(매매계약)을 체결하여 소유권이전등기 등을 신청하는 경우 토지거래계약허가서를 제공한다.

   ② 판결에 의한 등기신청이라도 소유권이전등기신청의 경우 행정관청의 허가 등을 증명하는 정보는 반드시 제공하여야 하므로, 판결을 받아 신청하는 경우에도 소유권이전등기라면 토지거래계약허가서를 반드시 제공한다.

   ③ 원칙적으로 판결정본에도 검인을 받아야 하며, 도시지역 중 녹지지역이라도 도시계획시설사업에 필요한 경우가 아니면 농지취득자격증명을 제공하여야 할 것이나, 토지거래계약허가를 받은 경우에는 검인을 받거나 농지취득자격증명을 제공할 필요가 없다.

5. 주민등록표초본(또는 등본)(규칙 제46조 제1항 제6호)

   (1) 등기의무자(홍일남, 홍이남)

   ① 승소한 등기권리자가 등기를 신청하는 경우에는 원칙적으로 등기의무자의 주소증명정보는 제공할 필요가 없다.

   ② 그러나 판결문(피고 망 홍길동)과 상속을 증명하는 정보(망 홍길동, 홍일남, 홍이남)만으로는 그 상속관계를 정확하게 알 수 없는 경우 이를 증명하기 위하여 망 홍길동, 홍일남, 홍이남의 주소증명정보를 제공한다.

> **[상속인을 상대로 한 판결에 의한 등기신청시 피상속인 및 상속인의 주소증명서면 첨부 요부]**
> (등기선례 제200703-11호)
>
> 피상속인 갑으로부터 부동산을 매수한 을이 갑의 상속인들에 대하여 소유권이전등기절차를 명하는 확정판결을 받아 을명의로 소유권이전등기신청을 하는 경우, 판결문과 상속을 증명하는 서면에 의하여 갑의 상속인임이 확인된다면 주소를 증명하는 서면을 첨부할 필요가 없으나, 그렇지 않다면 피상속인 갑이 등기부상의 소유명의인이라는 점과 피고들이 갑의 상속인이라는 점을 증명할 수 있는 자료로서 갑 및 그 상속인들의 주소를 증명하는 서면을 첨부하여야 한다.

(2) 등기권리자(김갑동)

새로이 등기명의인이 되는 등기권리자의 주소 및 주민등록번호를 기입하여야 하므로, 김갑동의 주민등록표초본(또는 등본)을 제공한다.

6. 취득세영수필확인서(지방세법 시행령 제36조, 법 제29조 제10호, 규칙 제44조 등)

① 소유권이전등기를 신청하는 경우 취득세 등을 신고·납부하여야 하므로, 이를 납부한 영수필확인서를 제공한다.

② 시장·군수·구청장 등으로부터 취득세납부서(OCR용지)를 발급받아 금융기관에 세금을 납부한 후 취득세영수필확인서를 제공한다.

③ 지방세인터넷납부시스템을 이용하여 납부하고 출력한 취득세납부확인서를 첨부할 수 있다. 다만 이 경우 국민주택채권매입금액 산정을 위해 시가표준액이 표시되어 있어야 한다.

7. 등기신청수수료영수필확인서(법 제22조 제3항, 법 제29조 제10호, 규칙 제44조 등)

등기를 신청하는 경우 대법원규칙으로 정하는 바에 따라 수수료를 납부하여야 하므로, 이를 납부한 그 영수필확인서를 제공한다.

8. 토지대장등본(규칙 제46조 제1항 제7호, 제62조 등)

소유권이전등기를 하는 경우 부동산의 표시를 증명하여야 하므로, 토지대장등본을 제공한다 (발행일로부터 3월 이내).

9. 등기신청위임장(김갑동의 날인)(규칙 제46조 제1항 제5호, 규칙 제60조 제1항 등)

① 등기신청을 법무사 등 대리인에게 위임하는 경우 대리권한을 증명하여야 하므로, 승소한 권리자 김갑동으로부터 위임을 받은 등기신청위임장을 제공한다. 등기신청위임장에는 부동산의 표시, 위임인, 수임인 등이 기재되어 있어야 한다.

② 사안의 경우 규칙 제60조에 해당하지 않으므로 김갑동의 인감을 날인할 필요가 없다.

10. 상속을 증명하는 정보(규칙 제49조, 제62조 등)

① 법 제27조에 따라 포괄승계인이 등기를 신청하는 경우 포괄승계를 증명하는 정보를 제공한다.

② 피상속인의 사망사실과 사망일자 및 상속인의 범위를 증명하기 위하여, <u>피상속인 망 홍길동 기준의 기본증명서(상세), 가족관계증명서(상세), 친양자입양관계증명서(상세), 제적등본을 제공한다</u>(발행일로부터 3월 이내).

③ 상속인들이 피상속인의 서면에 기재된 상속인임을 증명하기 위하여 <u>상속인 홍일남, 홍이남, 홍일순 기준의 기본증명서(상세), 가족관계증명서(상세)</u>를 제공한다.

11. 주민등록표초본(말소자)(망 홍길동)(규칙 제49조)

<u>실무상 등기부상 명의인과 피상속인의 동일성을 증명하기 위하여 피상속인 홍길동의 주민등록표초본(말소자)</u>을 제공한다(발행일로부터 3월 이내).

즉, <u>등기기록상의 주소와 최종 주소가 상이할 경우에는 동일성을 증명하기 위하여 주소변동내역이 포함된 주민등록표초본(말소자)</u>을 제공한다.

12. 상속포기심판서정본(홍일순)(규칙 제49조, 제62조 등)

① 상속인 <u>홍일순이 상속포기를 하였으므로 이를 증명하기 위하여 상속포기심판서정본을 제공</u>한다.

② 상속포기를 한 경우 <u>대습상속은 발생하지 않고, 동순위의 상속인이 수인인 경우에는 최근친 상속인을 선순위로 하므로, 홍일순의 배우자 박일동과 자 박이동은 등기의무자가 되지 않으며, 포괄승계를 증명하는 정보도 제공할 필요가 없다.</u>

2018년 법무사 제24회

【문 1】 귀하는 등기신청을 위임받은 법무사로서 다음 주어진 사실관계와 답안작성 유의사항에 맞는 등기신청서를 작성하고, 이에 필요한 첨부서면에 관하여 간단하게 설명하시오. 30점

1. 사실관계

가. 경기도 행복시 사랑면 화목리 77번지 전 3,000㎡를 홍길동[주민등록번호: 760907-1532678, 주소: 서울특별시 종로구 세종대로 209(세종로)], 김갑순[주민등록번호: 781225-2342556, 주소: 부산광역시 연제구 중앙대로 1001(연산동)]과 재일동포인 일본 국적의 아라이 히로미치[국내거소신고번호: 730307-5567890, 국내거소: 광주광역시 서구 내방로 111(치평동)]가 공유(각 지분 3분의 1)하고 있는바, 위 3인은 위 토지를 3필지로 분할하여 각 단독소유하기로 하였으나 의견차이로 협의가 성립하지 아니하여 홍길동은 나머지 2명을 피고로 하여 법원에 공유물분할청구의 소를 제기하였다.

나. 이에 따라 위 토지를 분할하는 법원의 공유물분할판결(아래① 참조)이 2018.7.16. 선고되고 2018.8.3. 확정되었다. 그런데 이러한 판결에 불만이 있던 김갑순은 공유물분할등기가 마쳐지기 전에 이 토지에 대한 자신의 지분 전부를 박을순[주민등록번호: 810308-

2123456, 주소: 대전광역시 서구 둔산중로 78(둔산동)]에게 처분(매매)하여 2018.8.6. 그 지분이전등기가 마쳐졌다. 이후 대장이 분할(아래② 참조)되고, 2018.9.3. 지적소관 청의 촉탁에 따라 분필등기(아래③ 참조)가 완료되었다.

다. 각 공유자들의 주소 또는 거소는 공유물취득에 따른 등기를 할 때부터 지금까지 변동은 없으며, 판결문에 기재된 각 공유자의 주소 또는 거소는 등기기록에 기록된 주소 또는 거소와 일치한다.

〈① 판결에 의한 토지 분할 내용〉

㉠ 부분 1,000㎡ 김갑순 소유	㉡ 부분 1,000㎡ 홍길동 소유	㉢ 부분 1,000㎡ 아라이 히로미치 소유

〈② 판결에 따른 대장 분할 현황〉

㉠ 부분 : 경기도 행복시 사랑면 화목리 77번지 전 1,000㎡
㉡ 부분 : 경기도 행복시 사랑면 화목리 77-1번지 전 1,000㎡
㉢ 부분 : 경기도 행복시 사랑면 화목리 77-2번지 전 1,000㎡

〈③ 분필등기 후의 경기도 행복시 사랑면 화목리 77-1번지 전 1,000㎡의 등기기록 갑구〉

순위 번호	등기목적	접수	등기원인	권리자 및 기타사항
1 (전3)	소유권 이전	2018년 2월 6일 제345호	2018년 1월 6일 매매	공유자 　지분 3분의1 　홍길동 760907-1532678 　　서울특별시 종로구 세종대로 209(세종로) 　지분 3분의1 　김갑순 781225-2342556 　　부산광역시 연제구 중앙대로 1001(연산동) 　지분 3분의1 　일본국인 아라이 히로미치 730307-5567890 　　광주광역시 서구 내방로 111(치평동) 거래가액 금300,000,000원
2 (전4)	1번 김갑순 지분전부 이전	2018년 8월 6일 제5945호	2018년 8월 5일 매매	공유자 지분 3분의1 　박을순 810308-2123456 　　대전광역시 서구 둔산중로 78(둔산동) 거래가액 금120,000,000원
				분할로 인하여 순위 제1번, 제2번 등기를 경기도 행복시 사랑면 화목리 77에서 전사 접수 2018년 9월 3일 　제6456호

라. 홍길동은 위와 같은 판결에 따라 자신이 단독 소유하게 된 경기도 행복시 사랑면 화목리 77-1번지 전 1,000㎡에 대하여 자신의 단독명의로 등기를 하기 위해 2018.9.13. 임꺽정 법무사 사무소[사무소 소재지 : 서울특별시 서초구 법원로3길 14(서초동), 전화번호: 02) 456-5678]에 방문하여 공유물분할등기신청을 위임하였다.

마. 이에 따라 임꺽정 법무사는 이러한 등기신청에 필요한 등기신청수수료 납부 등 의무사항을 이행하고 필요한 첨부서면을 준비하여 다음날인 2018.9.14. 해당 토지의 관할등기소인 수원지방법원 행복등기소에 방문하여 서면으로 등기신청을 하려고 한다.

2. 답안작성 유의사항

가. 첨부서면은 그 명칭과 통수를 기재하고, 제출이유와 근거를 답안지에 간단히 설명하시기 바랍니다.

나. 위임장의 작성은 생략하되 첨부서면으로는 기재하고 그 내용(위임인 등)을 답안지에 설명하시기 바랍니다.

다. 신청서 양식 중 시가표준액 및 국민주택채권매입금액란, 취득세(등록면허세)란, 등기신청수수료란 등 설문에서 정보가 주어지지 않은 것은 기재를 생략하시기 바랍니다.

라. 날인이 필요한 곳은 ⑩으로 표시하시기 바랍니다.

마. 주어진 사항은 모두 가상이며, 주어진 사항 외에는 고려할 필요가 없습니다.

소유권일부이전등기신청(판결)				
접 수	년 월 일	처리인	등기관 확인	각종 통지
	제 호			

	부동산의 표시(거래신고관리번호/거래가액)				
규 43①1	경기도 행복시 사랑면 화목리 77-1 전 1,000m² - 이상 -				
규 43①5	등기원인과 그 연월일	2018년 8월 3일 공유물분할			
규 43①6	등 기 의 목 적	갑구 1번 일본국인 아라이 히로미치 지분전부, 2번 박을순 지분전부 이전			
규 123	이 전 할 지 분	공유자 지분 3분의 2			
	구분	성명 (상호·명칭)	주민등록번호 (등기용등록번호)	주소(소재지)	지분 (개인별)
규 43①2	등기의무자	일본국인 아라이 히로미치 박을순	730307-5567890 810308-2123456	광주광역시 서구 내방로 111(치평동) 대전광역시 서구 둔산중로 78(둔산동)	3분의 1 3분의 1
규 43①2	등기권리자	홍길동	760907-1532678	서울특별시 종로구 세종대로 209(세종로)	3분의 2

규 44	시가표준액 및 국민주택채권매입금액		
	부동산 표시	부동산별 시가표준액	부동산별 국민주택채권매입금액
	1.	금 ○○○ 원	금 ○○○ 원
	2.	금 ○○○ 원	금 ○○○ 원
	3.	금 ○○○ 원	금 ○○○ 원
	국 민 주 택 채 권 매 입 총 액	금	○○○ 원
	국 민 주 택 채 권 발 행 번 호	○○○○-○○-○○○○-○○○○	

규 44				
취득세(등록면허세)	금 ○○○ 원	지방교육세 금	○○○ 원	
		농어촌특별세 금	○○○ 원	
세 액 합 계	금		○○○ 원	
등 기 신 청 수 수 료	금		○○○ 원	
	납부번호 : ○○-○○-○○○○○○○○-○			
	일괄납부 : 건		○○○ 원	

규 43①7	등기의무자의 등기필정보	
부동산고유번호	○○○○-○○○○-○○○○○○	
성명(명칭)	일련번호	비밀번호
	○○○○-○○○○-○○○○	○○-○○○○

첨 부 서 면 간인

• 판결정본(검인)	1통	• 취득세영수필확인서	1통
• 확정증명서	1통	• 등기신청수수료영수필확인서	1통
• 승계집행문(박을순에 대하여)	1통	• 토지대장등본	1통
• 주민등록표초본(또는 등본)(홍길동)	1통	• 등기신청위임장(홍길동의 날인)	1통

규 43①9

2018년 9월 14일

위 신청인 ㉞ (전화 :)

(또는) 위 대리인 법무사 임꺽정 직인 (전화 : 02-456-5678)
서울특별시 서초구 법원로3길 14(서초동)

규 43①8 수원 지방법원 행복등기소 귀중

─ 신청서 작성요령 ─

* 1. 부동산표시란에 2개 이상의 부동산을 기재하는 경우에는 그 부동산의 일련번호를 기재하여야 합니다.
2. 신청인란 등 해당란에 기재할 여백이 없을 경우에는 별지를 이용합니다.
3. 담당 등기관이 판단하여 위의 첨부서면 외에 추가적인 서면을 요구할 수 있습니다.

[첨부서면 해설]

1. 판결정본(검인)(규칙 제46조 제1항 제1호 등)

   ① 등기원인을 증명하기 위하여 <u>판결정본</u>을 제공한다. 판결정본에는 당사자 및 등기의 종류 등이 기재되어 있어야 한다.

   ② 계약을 원인으로 하는 소유권이전등기를 신청하는 경우 계약서 또는 판결서에 검인을 받아야 하므로, <u>사안의 경우 검인받은 판결정본을 제공한다.</u>

2. 확정증명서(규칙 제46조 제1항 제1호 등)

   <u>법 제23조 제4항의 공유물분할판결은 확정되어야 소유권취득의 효력이 발생하므로, 법원에서 발급받은 확정증명서를 제공한다.</u>

3. 승계집행문(박을순에 대하여)(규칙 제46조 제1항 제1호, 민사소송법 제218조 제1항, 민사집행법 제31조, 제32조)

   ① <u>변론종결 이후에 원고 또는 피고의 승계가 있는 경우 승계집행문을 부여받아 제공한다.</u>

   ② 사안의 경우 변론종결(판결확정) 후 <u>김갑순으로부터 지분이전등기를 경료한 박을순은 변론종결 후의 승계인에 해당되므로, 박을순에 대한 승계집행문을 제공한다.</u>

4. 주민등록표초본(또는 등본)(홍길동)(규칙 제46조 제1항 제6호)

   ① 승소한 등기권리자가 등기를 신청하는 경우에는 <u>원칙적으로 등기의무자의 주소증명정보는 제공할 필요가 없다.</u>

   ② 사안의 경우 공유물취득에 따른 등기를 할 때부터 지금까지 주소 등의 변동이 없으며 <u>판결문에 기재된 주소 등과 일치하므로 동일성을 소명할 필요도 없다.</u>

   ③ 새로이 등기명의인이 되는 <u>등기권리자의 주소 및 주민등록번호를 기입하여야 하므로, 등기권리자 홍길동의 주민등록표초본(또는 등본)</u>을 제공한다(발행일로부터 3월 이내).

   > **[판결 등 집행권원에 의한 등기의 신청에 관한 업무처리지침]**
   >
   > **(등기예규 제1692호)**
   >
   > 1. 판결에 의하여 등기권리자가 단독으로 소유권이전등기를 신청할 때는 <u>등기권리자의 주소를 증명하는 서면만</u>을 제출하면 된다.
   > 2. <u>판결문상의 피고의 주소가 등기부상의 등기의무자의 주소와 다른 경우</u>(등기부상 주소가 판결에 병기된 경우 포함)에는 동일인임을 증명할 수 있는 자료로서 <u>주소에 관한 서면</u>을 제출하여야 한다. 다만 판결문상에 기재된 피고의 주민등록번호와 등기부상에 기재된 등기의무자의 <u>주민등록번호가 동일하여 동일인임을 인정할 수 있는 경우에는 그러하지 아니하다.</u>

5. 취득세영수필확인서(지방세법 시행령 제36조, 법 제29조 제10호, 규칙 제44조 등)

   소유권이전등기를 신청하는 경우 <u>취득세 등을 신고·납부하여야 하므로</u>, 이를 납부한 영수필확인서를 제공한다.

6. 등기신청수수료영수필확인서**(법 제22조 제3항, 법 제29조 제10호, 규칙 제44조 등)**

등기를 신청하는 경우 대법원규칙으로 정하는 바에 따라 <u>수수료를 납부하여야 하므로</u>, 이를 납부한 그 영수필확인서를 제공한다.

7. 토지대장등본**(규칙 제46조 제1항 제7호, 제62조 등)**

소유권이전등기를 하는 경우 <u>부동산의 표시를 증명하여야 하므로,</u> 토지대장등본을 제공한다 (발행일로부터 3월 이내).

8. 등기신청위임장**(홍길동의 날인)(규칙 제46조 제1항 제5호, 규칙 제60조 제1항 등)**

① 등기신청을 법무사 등 대리인에게 위임하는 경우 대리권한을 증명하여야 하므로, <u>승소한 권리자인 홍길동으로부터 위임을 받은</u> 등기신청위임장을 제공한다. 등기신청위임장에는 부동산의 표시, 위임인, 수임인 등이 기재되어 있어야 한다.

② 사안의 경우 <u>규칙 제60조에 해당하지 않으므로</u> 홍길동의 인감을 날인할 필요가 없다.

03 절 소유권변경 · 경정등기

I 소유권경정(지분 말소판결)

2001년 법무사 제7회 － 일부변경(날짜, 등기소 명칭)

1. 서울주식회사는 김갑동에게 본 사안 토지에 대하여 공유지분 3/4 만을 매도하였는데, 어떠한 사유인지 별첨 부동산등기부와 같이 소유권 전체가 이전된 것으로 등기된 것을 뒤늦게 발견하고는 이를 바로잡기 위해 처분금지가처분을 한 후 위 김갑동을 상대로 서울중앙지방법원에 소를 제기하여 승소의 확정판결을 받았다.

2. 서울중앙지방법원 판결의 주문
   피고는 원고에게 본 사건 부동산 중 1/4지분에 관하여 서울중앙지방법원등기국 2020년 3월 5일 접수 제410호로 마친 소유권이전등기의 말소등기절차를 이행하라.
   2021년　3월 20일 소제기(2021가합 45678)
   2021년　9월　1일 변론종결일
   2021년 10월　4일 선고
   2021년 11월　1일 확정

3. 이 경우 별첨 등기부를 첨부하여 위 판결에 의한 등기신청서를 대리인인 법무사의 입장에서 작성하고 별지 2에 첨부서면에 대하여 설명(첨부이유 등)하시오.

－ 기타사항 －
1. 부동산의 표시 및 인적 사항은 별첨등기부에 기재된 내용과 같다.
2. 법무사는 유명수(사무실 : 서울특별시 서초구 서초대로 314 번지(서초동))이다.
3. 서울주식회사 대표이사는 홍길동(400321-104432, 서울특별시 서초구 남부순환로 231)이다.
4. 신청서의 기재란이 부족하면 별지 1에 계속 기재하고 전화번호의 기재 및 위임장의 작성은 생략한다.
5. 관할등기소는 서울중앙지방법원 등기국이며, 등기신청일자는 2022년 8월 22일이다.
6. 제시되지 않은 등록면허세 등의 기재는 생략한다.
7. 날인할 곳은 ㉙이라 표시한다.

【 표제부 】		(토지의 표시)			
표시 번호	접수	소재지번	지목	면적	등기원인 및 기타사항
1	2019년 5월 26일	서울특별시 서초구 방배동 25	대	500㎡	

【 갑구 】 (소유권에 관한 사항)				
순위 번호	등기목적	접수	등기원인	권리자 및 기타사항
2	소유권이전	1995년 8월 5일 제5356호	1995년 7월 10일 매매	소유자 서울주식회사 110111-1100231 서울특별시 강남구 대치동 100
3	소유권이전	2020년 3월 5일 제410호	2020년 2월 17일 매매	소유자 김갑동 601211-1633618 서울특별시 서초구 서초대로 750(서초동) 거래가액 금 50,000,000원
4	소유권이전청 구권가등기	2020년 5월 13일 제1033호	2020년 4월 8일 매매예약	가등기권자 정순택 550409-1089343 서울특별시 서대문구 가좌로2 길 9(홍은동)
5	3번 김갑동지분 4분의 1지분 가 처분	2020년 10월 20일 제3047호	2020년 10월 19일 서울중앙지방법원 의 가처분결정 (2020카단2289)	피보전권리 소유권이정등기말소청구권 채권자 서울주식회사 110111-1100231 서울특별시 강남구 남부순환로 257(대치동) 금지사항 양도, 담보권설정 기타 일체의 처분행위의 금지

【 을구 】 (소유권 이외의 권리에 관한 사항)				
순위 번호	등기목적	접수	등기원인	권리자 및 기타사항
2	근저당권 설정	2020년 8월 5일 제1357호	2020년 7월 20일 설정계약	채권최고액 금 30,000,000원 채무자 김갑동 서울특별시 서초구 서초대로 750(서초동) 근저당권자 홍지영 701101-2914313 서울특별시 은평구 은평로 100(응암동)
3	지상권 설정	2020년 11월 3일 제4057호	2020년 10월 20일 설정계약	목적 철근콘크리트조 건물의 소유 범위 토지의 전부 존속기간 2012년 11월 20일부터 40년 지료 월 500,000원 지상권자 이시진 701213-1623618 서울특별시 구로구 새말로 35(구로동)

소유권경정등기신청(판결)				
접 수	년 월 일 제 호	처리인	등기관 확인	각종 통지

부동산의 표시(거래신고관리번호/거래가액)	
규 43①1	서울특별시 서초구 방배동 25 대 500m² - 이상 -
규 43①5	**등기원인과 그 연월일** 2021년 10월 4일 확정판결
규 43①6	**등 기 의 목 적** 3번 소유권경정
경 정 할 사 항	2020년 3월 5일 접수 제410호로 등기된 순위 3번 소유권이전등기사항 중 등기목적 "소유권이전"을 "소유권일부이전"으로, "소유자 김갑동 601211-1633618 서울특별시 서초구 서초대로 750(서초동)"을 "공유자 지분 4분의 3 김갑동 601211-1633618 서울특별시 서초구 서초대로 750(서초동)"으로 각 경정

	구분	성명 (상호·명칭)	주민등록번호 (등기용등록번호)	주소(소재지)	지분 (개인별)
규 43①2	등 기 의 무 자	김갑동	601211-1633618	서울특별시 서초구 서초대로 750(서초동)	
규 43①2 규 43①3	등 기 권 리 자	서울주식회사 대표이사 홍길동	110111-1100231	서울특별시 강남구 남부순환로 257(대치동) 서울특별시 서초구 남부순환로 231	

규 44	시가표준액 및 국민주택채권매입금액		
	부동산 표시	부동산별 시가표준액	부동산별 국민주택채권매입금액
	1.	금　　　　○○○ 원	금　　　　○○○ 원
	2.	금　　　　○○○ 원	금　　　　○○○ 원
	3.	금　　　　○○○ 원	금　　　　○○○ 원
	국 민 주 택 채 권 매 입 총 액		금　　　　○○○ 원
	국 민 주 택 채 권 발 행 번 호		○○○○-○○-○○○○-○○○○
	취득세(등록면허세)　금　　　○○○ 원	지방교육세　금　　　○○○ 원	
		농어촌특별세　금　　　○○○ 원	
	세 액 합 계	금　　　　　　　　　○○○ 원	
	등 기 신 청 수 수 료	금　　　　　　　　　○○○ 원	
		납부번호 : ○○-○○-○○○○○○○○-○	
		일괄납부 :　　　　건　　　　○○○ 원	

규 43①7	등기의무자의 등기필정보		
	부동산고유번호	○○○○-○○○○-○○○○○○	
	성명(명칭)	일련번호	비밀번호
		○○○○-○○○○-○○○○	○○-○○○○

첨 부 서 면　　　　간 인

• 판결정본	1통	• 등기신청위임장(서울주식회사 대표이사 홍길동의 날인)
• 확정증명서	1통	1통
• 법인등기사항(전부)증명서(서울주식회사) 1통		• 승낙서 등(정순택, 홍지영) 2통
• 등록면허세영수필확인서	1통	• 인감증명 등(정순택, 홍지영) 2통
• 등기신청수수료영수필확인서	1통	

<table>
<tr><td>규 43①9</td><td>2022년 8월 22일</td></tr>
</table>

위 신청인　　　　　　　　　㊞　　(전화 :　　　　　)

(또는) 위 대리인　법무사 유명수　직 인　(전화 :　　　　　)

서울특별시 서초구 서초대로 314(서초동)

규 43①8　　　서울중앙 지방법원 등기국 귀중

− 신청서 작성요령 −

* 1. 부동산표시란에 2개 이상의 부동산을 기재하는 경우에는 그 부동산의 일련번호를 기재하여야 합니다.
  2. 신청인란 등 해당란에 기재할 여백이 없을 경우에는 별지를 이용합니다.
  3. 담당 등기관이 판단하여 위의 첨부서면 외에 추가적인 서면을 요구할 수 있습니다.

[첨부서면 해설]

1. 판결정본(규칙 제46조 제1항 제1호 등)

등기원인을 증명하기 위하여 판결정본을 제공한다. 판결정본에는 당사자 및 등기의 종류 등이 기재되어 있어야 한다.

2. 확정증명서(규칙 제46조 제1항 제1호 등)

법 제23조 제4항의 이행판결은 확정되어야 의사진술을 갈음하는 효력이 발생하므로, 법원에서 발급받은 확정증명서를 제공한다.

3. 법인등기사항(전부)증명서(서울주식회사)(규칙 제46조 제1항 제4호, 제6호, 제62조 등)

신청인이 법인인 경우에는 법인의 명칭, 사무소소재지, 부동산등기용등록번호, 대표자의 자격 및 인적사항을 증명하기 위하여, 서울주식회사의 법인등기사항(전부)증명서를 제공한다(발행일로부터 3월 이내).

4. 등록면허세영수필확인서(지방세법 시행령 제49조, 법 제29조 제10호, 규칙 제44조 등)

소유권경정등기를 신청하는 경우 등록면허세 등을 신고·납부하여야 하므로, 이를 납부한 영수필확인서를 제공한다.

5. 등기신청수수료영수필확인서(법 제22조 제3항, 법 제29조 제10호, 규칙 제44조 등)

등기를 신청하는 경우 대법원규칙으로 정하는 바에 따라 수수료를 납부하여야 하므로, 이를 납부한 그 영수필확인서를 제공한다.

6. 등기신청위임장(서울주식회사 대표이사 홍길동의 날인)(규칙 제46조 제1항 제5호, 규칙 제60조 제1항 등)

① 등기신청을 법무사 등 대리인에게 위임하는 경우 대리권한을 증명하여야 하므로, 서울주식회사 대표이사 홍길동으로부터 위임을 받은 등기신청위임장을 제공한다. 등기신청위임장에는 부동산의 표시, 위임인, 수임인 등이 기재되어 있어야 한다.

② 사안의 경우 규칙 제60조에 해당하지 않으므로 인감을 날인할 필요가 없다.

7. 승낙서 등(정순택, 홍지영)(법 제57조, 규칙 제46조 제1항 제3호)

① 전부이전을 일부이전으로 하는 등기는 형식은 경정등기이나 실질은 말소등기(일부말소 의미의)에 해당하는 일부말소의미의 경정등기이므로 등기상 이해관계 있는 제3자가 있는 경우 그들의 승낙서를 반드시 제공한다.

② 가처분 전에 이루어진 가등기와 근저당권은 가처분의 처분금지적효력이 미치지 아니하며, 일부말소되는 김갑동의 지분에 대하여 자신의 권리도 감소하게 되는 손해를 입는 지위에 있다. 따라서 가등기명의인 정순택과 근저당권자 홍지영은 등기상 이해관계인에 해당하므로 그 승낙서 등을 제공한다.

③ 다만, <u>가처분 후에 이루어진 지상권</u>은 가처분의 <u>처분금지적 효력</u>에 의하여 당연히 실효가 된다. 따라서 <u>지상권자 이시진</u>은 등기상 이해관계인에 해당하지 아니므로, 승낙서 등을 제공할 필요가 없이 가처분권리자가 <u>판결에 의하여 단독으로 말소신청</u>을 하여야 한다(**법 제94조**).

8. 인감증명 등(정순택, 홍지영)(규칙 제60조 제1항 제7호, 제62조)

위와 같이 등기상 이해관계인의 승낙서를 제공하는 경우 <u>승낙서에 인감을 날인</u>하고 <u>인감증명 등</u>을 제공한다(발행일로부터 3월 이내).

Ⅱ 소유권경정(상속재산의 협의분할)

[상속등기와 그 경정등기에 관한 업무처리지침] (등기예규 제1675호)

1. 목적

이 등기예규는 상속으로 인한 소유권이전등기(이하 '상속등기'라 한다)와 상속재산 협의분할 등을 원인으로 한 상속등기의 경정등기를 신청하는 경우, 등기소에 제공하여야 하는 신청정보의 내용에 관한 사항과 그 등기의 기록방법에 관한 사항 등을 규정함을 목적으로 한다.

2. 상속등기를 신청하는 경우의 등기원인 및 그 연월일

가. 법정상속분에 따른 경우

법정상속분에 따라 상속등기를 신청할 때에는 등기원인을 '**상속**'으로, 그 연월일을 **피상속인이 사망한 날**로 한다. 다만, 1959.12.31. 이전에 개시된 상속으로 인한 소유권이전등기를 신청할 때에는 등기원인을 '호주상속 또는 유산상속'으로, 1960.1.1.부터 1990.12.31.까지의 기간 중에 개시된 상속으로 인한 소유권이전등기를 신청할 때에는 등기원인을 '재산상속'으로 한다.

나. 협의분할에 의한 경우

상속재산 협의분할에 따라 상속등기를 신청할 때에는 등기원인을 '**협의분할에 의한 상속**'으로, 그 연월일을 **피상속인이 사망한 날**로 한다.

다. 조정분할 또는 심판분할에 의한 경우

상속재산 조정분할 또는 상속재산 심판분할에 따라 상속등기를 신청할 때에는 등기원인을 각각 '**조정분할에 의한 상속**' 또는 '**심판분할에 의한 상속**'으로, 그 연월일을 **피상속인이 사망한 날**로 한다.

3. 상속등기의 경정등기를 신청하는 경우의 등기원인 및 그 연월일과 경정할 사항 그리고 그 등기의 기록방법

가. 법정상속분에 따라 상속등기를 마친 후에 상속재산 협의분할 등이 있는 경우

1) 등기원인 및 그 연월일

   법정상속분에 따라 여러 명의 공동상속인들을 등기명의인으로 하는 상속등기를 마친 후에 그 공동상속인들 중 일부에게 해당 부동산을 상속하게 하는 등의 상속재산 협의분할, 상속재산 조정분할 또는 상속재산 심판분할이 있어 이를 원인으로 상속등기의 경정등기를 신청할 때에는 등기원인을 각각 '협의분할', '조정분할' 또는 '심판분할'로, 그 연월일을 각각 협의가 성립한 날, 조정조서 기재일 또는 심판의 확정일로 한다.

2) 경정할 사항

   경정 전의 등기원인인 '상속'을 '협의분할에 의한 상속', '조정분할에 의한 상속' 또는 '심판분할에 의한 상속'으로, **경정 전의 등기명의인**을 협의분할, 조정분할 또는 심판분할에 따라 해당 부동산을 취득한 상속인으로 경정한다는 뜻을 신청정보의 내용으로 제공한다.

【 갑구 】				(소유권에 관한 사항)
순위 번호	등기목적	접수	등기원인	권리자 및 기타사항
2	소유권이전	2019년 5월 3일 제4000호	2019년 5월 1일 상속	공유자 지분 3분의 1 ~~어대한 701115-1201257~~ 　　~~서울특별시 서초구 강남대로~~ 　~~21(서초동)~~ 지분 3분의 1 ~~어민국 680703-1562316~~ 　　~~서울특별시 마포구 마포대로~~ 　~~25(공덕동)~~ 지분 3분의 1 ~~어거래 750614-1035852~~ 　　~~서울특별시 종로구 창덕궁길~~ 　~~105(원서동)~~
2-1	2번 소유권경정	2019년 6월 3일 제5000호	2019년 5월 27일 협의분할	등기원인 협의분할에 의한 상속 공유자 지분 2분의 1 이대한 701115-1201257 　　서울특별시 서초구 강남대로 　21(서초동) 지분 2분의 1 이민국 680703-1562316 　　서울특별시 마포구 마포대로 　25(공덕동)

나. 상속재산 협의분할에 따라 상속등기를 마친 후에 그 협의를 해제한 경우

  1) 등기원인 및 그 연월일

    상속재산 협의분할에 따라 상속등기를 마친 후에 공동상속인들이 그 협의를 전원의 합의에 의하여 해제하고 이를 원인으로 상속등기의 경정등기를 신청할 때에는 등기원인을 '**협의분할해제**'로, 그 연월일을 **협의를 해제한 날**로 한다.

  2) 경정할 사항

    경정 전의 등기원인인 '협의분할에 의한 상속'을 상속으로, **경정 전의 등기명의인을** 법정상속분에 따라 해당 부동산을 취득한 상속인으로 경정한다는 뜻을 신청정보의 내용으로 제공한다.

【 갑구 】			(소유권에 관한 사항)	
순위 번호	등기목적	접수	등기원인	권리자 및 기타사항

2	소유권이전	2019년 5월 3일
		제4000호
			2019년 5월 1일
			협의분할에 의한
			상속
				공유자
				
				지분 2분의 1
				~~이대한~~ ~~701115-1201257~~
				    서울특별시 서초구 강남대로
				    21(서초동)
				
				지분 2분의 1
				~~이민국~~ ~~680703-1562316~~
				    서울특별시 마포구 마포대로
				    25(공덕동)

2-1	2번소유권경정	2019년 6월 3일
		제5000호
			2019년 5월 27일
			협의분할해제
				등기원인 상속
				공유자
				
				지분 3분의 1
				이대한 701115-1201257
				    서울특별시 서초구 강남대로
				    21(서초동)
				
				지분 3분의 1
				이민국 680703-1562316
				    서울특별시 마포구 마포대로
				    25(공덕동)
				
				지분 3분의 1
				이겨레 750614-1035852
				    서울특별시 종로구 창덕궁길
				    105(원서동)

다. 상속재산 협의분할에 따라 상속등기를 마친 후에 그 협의를 해제하고 다시 새로운 협의분할을 한 경우

1) 상속인 일부만이 교체되는 경우

가) 등기원인 및 그 연월일

상속재산 협의분할에 따라 상속등기를 마친 후에 공동상속인들이 그 협의를 전원의 합의에 의하여 해제한 후 다시 새로운 협의분할을 하고 이를 원인으로 상속등기의 경정등기를 신청할 때에는 등기원인을 '**재협의분할**'로, 그 연월일을 **재협의가 성립한 날**로 한다.

나) 경정할 사항

경정 전의 등기명의인을 재협의분할에 따라 해당 부동산을 취득한 상속인으로 경정한다는 뜻을 신청정보의 내용으로 제공한다.

【 갑구 】		(소유권에 관한 사항)		
순위 번호	등기목적	접수	등기원인	권리자 및 기타사항
2	소유권이전	2019년 5월 3일 제4000호	2019년 5월 1일 협의분할에 의한 상속	공유자 ~~지분 2분의 1~~ ~~이대한 701115-1201257~~ 　~~서울특별시 서초구 강남대로~~ 　~~21(서초동)~~ ~~지분 2분의 1~~ ~~이민국 680703-1562316~~ 　~~서울특별시 마포구 마포대로~~ 　~~25(공덕동)~~
2-1	2번 소유권경정	2019년 6월 3일 제5000호	2019년 5월 27일 재협의분할	공유자 지분 2분의 1 이대한 701115-1201257 　서울특별시 서초구 강남대로 　21(서초동) 지분 2분의 1 이겨레 750614-1035852 　서울특별시 종로구 창덕궁길 　105(원서동)

2) 상속인 전부가 교체되는 경우

   가) 경정등기의 가부

       상속재산 협의분할에 따라 갑과 을을 등기명의인으로 하는 상속등기가 마쳐진 후에 공동상속인들이 그 협의를 전원의 합의에 의하여 해제하고 병을 상속인으로 하는 새로운 협의분할을 한 경우와 같이 재협의분할로 인하여 상속인 전부가 교체될 때에는 상속등기의 **경정등기**를 신청할 수 **없다**.

   나) 상속등기의 신청방법

     (1) 기존 상속등기의 말소등기 및 새로운 상속등기의 신청

        가)의 경우에는 기존 상속등기의 명의인을 등기의무자로, 재협의분할에 따라 해당 부동산을 취득한 상속인을 등기권리자로 하여 **기존 상속등기의 말소등기를 공동**으로 신청하고, 재협의분할에 따라 해당 부동산을 취득한 상속인이 **상속등기를 단독**으로 신청한다.

     (2) 등기원인 및 그 연월일

        (1)에 따라 **기존 상속등기의 말소등기**를 신청할 때에는 등기원인을 '**재협의분할**'로, 그 연월일을 **재협의가 성립한 날**로 하고, 새로운 **상속등기**를 신청할 때에는 등기원인을 '**협의분할에 의한 상속**'으로, 그 연월일을 **피상속인이 사망한 날**로 한다.

【 갑구 】			(소유권에 관한 사항)	
순위 번호	등기목적	접수	등기원인	권리자 및 기타사항

2	소유권이전	2019년 5월 3일
		제4000호
			2019년 5월 1일
			~~협의분할에 의한~~
			~~상속~~
				공유자
				  지분 2분의 1
				  이대한 ~~701115-1201257~~
				    서울특별시 서초구 강남대로
				    21(서초동)
				
				  지분 2분의 1
				  이민국 ~~680703-1562316~~
				    서울특별시 마포구 마포대로
				    25(공덕동)

3	2번소유권이전 등기말소	2019년 6월 3일 제5000호	2019년 5월 27일 재협의분할	

4	소유권이전	2019년 6월 3일
		제5001호
			2019년 5월 1일
			협의분할에 의한
			상속
				소유자 이겨레 750614-1035852
				  서울특별시 종로구 창덕궁길
				  105(원서동)

2012년 법무사 제18회 – 일부변경(날짜, 나이)

【문 1】 다음 부동산에 대한 등기신청을 위임받은 법무사로서 아래의 사실관계와 답안 작성 유의사항에 부합하는 등기신청서를 작성하고, 이에 필요한 정보 또는 첨부서면에 대하여 설명하시오(신청방식은 서면에 의한 방문신청을 전제로 함). 30점

1. 부동산

  가. 서울특별시 서초구 서초동 12번지 대 200㎡

  나. 서울특별시 서초구 서초동 12번지 지상

    철근콘트리트조 슬래브지붕 2층 주택 1층 100㎡, 2층 50㎡

2. 사실관계

  가. 등기부상 권리관계 : 2개 부동산 모두 아래 등기부와 같음

  나. 피상속인 김갑돌이 사망하여 상속인으로 처 이숙자, 자 김장남, 자 김차남(미성년자)이 있었는데 상속등기를 하지 않고 있는 사이에 이숙자의 채권자인 주식회사 대한카드가 대위하여 상속등기를 한 후에 이숙자 지분 전부에 대하여 가압류등기가 마쳐졌다.

  다. 이 상황에서 2022.8.20. 당사자 사이의 상속재산분할 협의성립에 의하여 위 부동산을 김차남의 단독소유로 하고자 한다.

  라. 상속인 모두의 주소는 신청서 작성일 현재, 등기부상 주소와 동일하다.

3. 답안작성 유의사항

  가. 신청서 중 부동산의 시가표준액, 국민주택채권매입금액, 취득세(등록면허세), 등기신청수수료, 등기의무자의 등기필정보 등에 관한 난은 기재하지 않는다.

  나. 첨부서면은 그 명칭 및 통수를 해당란에 기재하고, 별지에 각 서면별로 제출이유와 첨부서면으로서 갖추어야 할 요건, 내용 등을 간략히 설명한다. 특히 등기필정보의 제출여부와 그 이유를 필수적으로 설명하여야 한다.

  다. 신청서 작성일은 2022년 10월 2일로 하며, 날인이 필요한 곳은 "⑳"으로 표시한다.

  라. 위임장의 작성은 생략하되, 첨부서면으로는 제출한 것으로 한다. 대리인은 아래와 같다.
    법무사 김철수, 사무소 서울 서초구 서초동 1번지 (전화번호 생략)

  마. 관할 등기소는 "서울중앙지방법원 등기국"이다.

  바. 건물의 표시, 등기명의인의 주소에 관하여 도로명주소의 기재는 고려하지 않는다.

  사. 문제의 부동산 표시, 당사자의 인적사항 등은 가상의 것으로 실제와는 무관하다.

〈상속부동산의 등기사항증명서 – 갑구〉

【 갑구 】			(소유권에 관한 사항)	
순위 번호	등기목적	접수	등기원인	권리자 및 기타사항
2	소유권이전	1992년 3월 5일 제3500호	1992년 3월 1일 매매	소유자 김갑돌 551222-1023456 서울시 관악구 신림동 103
3	소유권이전	2022년 6월 29일 제5678호	2022년 6월 13일 상속	공유자 　지분 7분의 3 　이숙자　601124-2345678 　　서울시 서초구 서초동 12 　지분 7분의 2 　김장남 900120-1234567 　　서울시 서초구 서초동 12 　지분 7분의 2 　김차남 080302-3345678 　　서울시 서초구 서초동 12
				대위자 대한카드 주식회사 　서울시 종로구 수표동 11 대위원인 2012년 5월 9일 서울중 앙지방법원의 가압류명령
4	3번 이숙자지분 전부가압류	2022년 7월 3일 제 6001호	2022년 5월 9일 서울중앙지방법 원의 가압류결정 (2022카단999)	청구금액 21,000,000원 채권자 대한카드 주식회사 　　　114271-0001363 　서울시 종로구 수표동 11

소유권경정등기신청(협의분할)				
접 수	년 월 일	처리인	등기관 확인	각종 통지
	제 호			

	부동산의 표시(거래신고관리번호/거래가액)				
규 43①1	1. 서울특별시 서초구 서초동 12 대 200m² 2. 서울특별시 서초구 서초동 12 　　철근콘크리트조 슬래브지붕 2층 주택 　　1층 100m²　　2층 50m² - 이상 -				
규 43①5	등기원인과 그 연월일	2022년 8월 20일 협의분할			
규 43①6	등 기 의 목 적	3번 소유권경정			
	경 정 할 　사 항	2022년 6월 29일 접수 제5678호로 등기된 순위 3번 소유권이전등기사항 중 등기원인 "상속"을 "협의분할에 의한 상속"으로, "공유자 지분 7분의 3 이숙자 601124-2345678 서울시 서초구 서초동 12, 　　　　지분 7분의 2 김장남 900120-1234567 서울시 서초구 서초동 12, 　　　　지분 7분의 2 김차남 080302-3345678 서울시 서초구 서초동 12"를 "소유자 김차남 080302-3345678 서울특별시 서초구 서초동 12"로 각 경정				

	구분	성명 (상호·명칭)	주민등록번호 (등기용등록번호)	주소(소재지)	지분 (개인별)
규 43①2	등 기 의 무 자	이숙자 김장남	601124-2345678 900120-1234567	서울특별시 서초구 서초동 12 서울특별시 서초구 서초동 12	
규 43①2 규 43①4	등 기 권 리 자	김차남 위 김차남은 미성년자이므로 법정대리인 모 이숙자	080302-3345678	서울특별시 서초구 서초동 12 서울특별시 서초구 서초동 12	

규 44	시가표준액 및 국민주택채권매입금액		
	부동산 표시	부동산별 시가표준액	부동산별 국민주택채권매입금액
	1.	금 ○○○ 원	금 ○○○ 원
	2.	금 ○○○ 원	금 ○○○ 원
	3.	금 ○○○ 원	금 ○○○ 원
	국 민 주 택 채 권 매 입 총 액		금 ○○○ 원
	국 민 주 택 채 권 발 행 번 호		○○○○-○○-○○○○-○○○○
	취득세(등록면허세) 금 ○○○ 원	지방교육세 금 ○○○ 원	
		농어촌특별세 금 ○○○ 원	
	세 액 합 계 금		○○○ 원
	등 기 신 청 수 수 료	금 ○○○ 원	
		납부번호 : ○○-○○-○○○○○○○○-○	
		일괄납부 : 건 ○○○ 원	

규 43①7	등기의무자의 등기필정보		
	부동산고유번호	○○○○-○○○○-○○○○○○	
	성명(명칭)	일련번호	비밀번호
		○○○○-○○○○-○○○○	○○-○○○○

첨 부 서 면	간인

• 기본증명서(상세)(망 김갑돌, 이숙자, 김장남, 김차남)   4통
• 가족관계증명서(상세)(망 김갑돌, 이숙자, 김장남, 김차남)   4통
• 친양자입양관계증명서(상세)(망 김갑돌)   1통
• 제적등본(망 김갑돌)   1통
• 상속재산분할협의서   1통
  (이숙자, 김장남, 김차남의 특별대리인의 인감날인)
• 인감증명 등   3통
  (이숙자, 김장남, 김차남의 특별대리인)
• 특별대리인선임심판서(○○○)   1통
• 확인서면(이숙자, 김장남)   2통
• 신분증사본(이숙자, 김장남)   2통
• 주민등록표초본(또는 등본)(김차남)   1통
	• 등록면허세영수필확인서 1통
	• 등기신청수수료영수필확인서 1통
	• 등기신청위임장(이숙자, 김장남의 인감날인)
	                                                 1통
	• 자격자대리인의 등기의무자확인 및 자필서명정보
	  (이숙자, 김장남 확인) 1통
	• 승낙서 등(대한카드 주식회사) 1통
	• 위 인감증명(대한카드 주식회사의 법인인감) 1통
	• 법인등기사항(전부)증명서(대한카드 주식회사) 1통

규 43①9	2022년 10월 2일
	위 신청인 ⑨ (전화 :)
	(또는) 위 대리인 법무사 김철수 직인 (전화 :)
	서울특별시 서초구 서초동 1
규 43①8	서울중앙 지방법원 등기국 귀중

─ 신청서 작성요령 ─

* 1. 부동산표시란에 2개 이상의 부동산을 기재하는 경우에는 그 부동산의 일련번호를 기재하여야 합니다.
  2. 신청인란 등 해당란에 기재할 여백이 없을 경우에는 별지를 이용합니다.
  3. 담당 등기관이 판단하여 위의 첨부서면 외에 추가적인 서면을 요구할 수 있습니다.

[첨부서면 해설]

1. 상속을 증명하는 정보(규칙 제46조 제1항 제1호 등)

① 피상속인의 사망사실과 사망일자 및 상속인의 범위를 증명하기 위하여, <u>피상속인 망 김갑돌 기준의 기본증명서(상세), 가족관계증명서(상세), 친양자입양관계증명서(상세), 제적등본을 제공한다</u>(발행일로부터 3월 이내).

② 상속인들이 피상속인의 서면에 기재된 상속인임을 증명하기 위하여 <u>상속인 이숙자, 김장남, 김차남 기준의 기본증명서(상세), 가족관계증명서(상세)</u>를 제공한다.

③ **상속재산분할협의**는 <u>상속인 전원이 참여하여야 하는바 법정상속등기가 경료된 후 인지청구의 소 등에 의하여 상속인의 범위가 달라질 수 있으며</u>, **선례 제8-197호**에 따르면 법정상속등기가 경료된 후 공동상속인 중 어느 1인이 사망하였다면 상속재산분할협의에 의한 소유권경정등기는 <u>할 수 없으므로, 상속등기업무를 처리하는 등기관으로써는 상속인의 범위 및 공동상속인 중 사망한 자가 있는지 여부 등을 확인할 필요가 있으므로 위와 같은 상속을 증명하는 정보를 제공하는 것이 바람직하다</u>.

2. 상속재산분할협의서(이숙자, 김장남, 김차남의 특별대리인의 인감날인)(규칙 제46조 제1항 제1호 등)

① <u>등기원인을 증명하여야 하므로 상속재산분할협의서</u>를 제공한다.

② 상속재산분할협의서에는 피상속인과 분할협의 대상인 부동산, 협의연월일, 상속인의 인적사항 등이 기재되어 있어야 한다.

③ 상속재산분할협의서에는 <u>상속인 이숙자, 김장남과 김차남의 특별대리인의 인감을 날인한다</u>.

> **[미성년자의 대리인에 의한 등기신청에 관한 업무처리지침]** (등기예규 제1837호)
> **2. 미성년자의 특별대리인의 선임 여부**
> **가. 원칙**
> (1) <u>친권자와</u> 그 친권에 복종하는 <u>미성년자인 자 사이에 이해상반되는</u> 행위 또는 동일한 친권에 복종하는 <u>수인의 미성년자인 자 사이에 이해상반되는</u> 행위를 하는 경우, 그 미성년자 또는 그 미성년자 일방의 대리는 법원에서 선임한 특별대리인(이하 "특별대리인"이라 한다)이 하여야 한다
> (2) 공동친권자 중 한 사람만이 미성년자인 자와 이해가 상반되는 경우 이해가 상반되는 그 친권자는 미성년자인 자를 대리할 수 없고, 이 경우 특별대리인이 이해가 상반되지 않는 다른 일방의 친권자와 공동하여 그 미성년자를 대리하여야 한다.
>
> **나. 이해관계가 상반되는 예**
> (1) 미성년자인 자가 그 소유 부동산을 <u>친권자에게 매매 또는 증여</u>하는 경우
> (2) <u>상속재산협의분할서를 작성</u>하는데 있어서 친권자와 미성년자인 자 1인이 공동상속인인 경우(<u>친권자가 당해 부동산에 관하여 권리를 취득하지 않는 경우를 포함</u>한다).
> (3) 친권자와 미성년자인 자의 공유부동산을 <u>친권자의 채무에 대한 담보</u>로 제공하고 그에 따른 근저당권설정등기를 신청하는 경우

(4) 미성년자인 자 2인의 공유부동산에 관하여 <u>공유물분할계약</u>을 하는 경우(미성년자인 자 1인에 관한 특별대리인의 선임이 필요하다)

다. 이해관계가 상반되지 않는 예

(1) 친권자가 그 소유 부동산을 <u>미성년자인 자에게 증여하는 경우</u>

(2) 친권자가 미성년자인 자 소유의 부동산을 <u>제3자에게 증여하는 경우</u>

(3) 친권자가 미성년자인 자 소유의 부동산을 채무자인 그 <u>미성년자를 위하여 담보</u>로 제공하거나 제3자에게 처분하는 경우

(4) 친권자와 미성년자인 자의 공유부동산에 관하여 친권자와 그 미성년자를 <u>공동채무자</u>로 하거나 그 미성년자만을 채무자로 하여 저당권설정등기를 신청하는 경우

(5) 친권자와 미성년자인 자가 근저당권을 준공유하는 관계로서 근저당권설정등기의 말소를 신청하는 경우

(6) 미성년자인 자 1인의 <u>친권자가</u> 민법 제1041조의 규정에 의하여 <u>상속포기를 하고 그 미성년자를 위하여 상속재산분할협의</u>를 하는 경우

(7) <u>이혼하여 상속권이 없는 피상속인의 전처가</u> 자기가 낳은 미성년자 1인을 대리하여 상속재산분할협의를 하는 경우

3. 인감증명 등(이숙자, 김장남, 김차남의 특별대리인)(규칙 제60조 제1항 제1호, 제6호 등)

상속재산분할협의서에 <u>날인한 인영이 진정한 것임을 증명</u>하여 협의의 진정성을 담보하기 위하여 그 <u>인감증명을 제공</u>한다.

4. 특별대리인선임심판서(○○○)(규칙 제46조 제1항 제5호 등)

① <u>공동상속인 중 미성년자와 친권자가 상속재산분할협의를 하는 경우 친권자가 권리를 전혀 취득하지 않더라도 원칙적으로 이해상반행위에 해당한다.</u>

② 따라서 미성년자인 김차남에 대하여 특별대리인을 선임하여 <u>그자가 미성년자를 대리하여 협의분할을 하고, 분할협의서에는 특별대리인의 인감</u>을 날인하여야 한다.

5. 확인서면(이숙자, 김장남)(법 제50조 제2항, 법 제51조, 규칙 제111조)

① 권리에 관한 등기를 공동으로 신청하는 경우 등기의무자의 등기필증을 제공하여야 한다.

② 다만, 등기필증 등이 없는 경우에는 법 제51조에 따라 확인을 받아야 한다.

③ 사안의 경우 <u>상속등기가 대위에 의해 마쳐진 것이므로 규칙 제109조에 따라 이숙자, 김장남, 김차남의 등기필정보는 작성되지 아니하였다(규칙 제109조).</u>

④ 따라서 법무사 김철수가 등기의무자 이숙자, 김장남을 신분증 등을 통해 <u>확인</u>한 후 필적기재란, 특기사항란, 우무인란 등을 기재하고 법무사의 직인을 날인한 <u>확인서면</u>을 제공한다(법 제51조, 규칙 제111조 제3항).

6. 신분증사본(이숙자, 김정남)(법 제50조 제2항, 법 제51조, 규칙 제111조)

위의 확인서면에는 등기의무자를 확인한 신분증 사본을 제공한다.

7. 주민등록표초본(또는 등본)(김차남)(규칙 제46조 제1항 제6호 유추적용, 규칙 제112조)

소유권경정등기 시 등기기록상 기존의 김차남의 인적사항을 주말하고 새로이 김차남의 인적사항을 기록하므로 이를 규칙 제46조 제1항 제6호에서 규정하고 있는 "새로이 등기명의인이 되는 자"로 본다면, 김차남의 주민등록표초본(또는 등본)을 제공한다.

8. 등록면허세영수필확인서(지방세법 시행령 제36조, 제49조, 법 제29조 제10호, 규칙 제44조 등)

① 소유권경정등기를 신청하는 경우 등록면허세 등을 신고・납부하여야 하므로, 이를 납부한 영수필확인서를 제공한다.

② **사안의 경우** 김갑돌이 사망한 날은 2022년 6월 13일로 현재일을 기준 6개월을 초과하지 않은 것은 역수상 명백하므로 등록면허세를 신고한 후 이를 납부한 영수필확인서를 제공한다.

> 「지방세법」 제7조(납세의무자 등)
>
> ⑬ 상속개시 후 상속재산에 대하여 등기・등록・명의개서(명의개서) 등에 의하여 각 상속인의 상속분이 확정되어 등기등이 된 후, 그 상속재산에 대하여 공동상속인이 협의하여 재분할한 결과 특정 상속인이 당초 상속분을 초과하여 취득하게 되는 재산가액은 그 재분할에 의하여 상속분이 감소한 상속인으로부터 증여받아 취득한 것으로 본다.
> 다만, 다음 각 호의 어느 하나에 해당하는 경우에는 그러하지 아니하다.
> 1. 제20조 제1항에 따른 신고・납부기한 내에 재분할에 의한 취득과 등기등을 모두 마친 경우
> 2. 상속회복청구의 소에 의한 법원의 확정판결에 의하여 상속인 및 상속재산에 변동이 있는 경우
> 3. 「민법」 제404조에 따른 채권자대위권의 행사에 의하여 공동상속인들의 법정상속분대로 등기등이 된 상속재산을 상속인사이의 협의분할에 의하여 재분할하는 경우
>
> 「지방세법」 제20조(신고 및 납부)
>
> ① 취득세 과세물건을 취득한 자는 그 취득한 날(「부동산 거래신고 등에 관한 법률」 제10조 제1항에 따른 토지거래계약에 관한 허가구역에 있는 토지를 취득하는 경우로서 같은 법 제11조에 따른 토지거래계약에 관한 허가를 받기 전에 거래대금을 완납한 경우에는 그 허가일이나 허가구역의 지정 해제일 또는 축소일을 말한다)부터 60일[무상취득(상속은 제외한다) 또는 증여자의 채무를 인수하는 부담부 증여로 인한 취득의 경우는 취득일이 속하는 달의 말일부터 3개월, 상속으로 인한 경우는 상속개시일이 속하는 달의 말일부터, 실종으로 인한 경우는 실종선고일이 속하는 달의 말일부터 각각 6개월(외국에 주소를 둔 상속인이 있는 경우에는 각각 9개월)] 이내에 그 과세표준에 제11조부터 제13조까지, 제13조의2, 제13조의3, 제14조 및 제15조의 세율을 적용하여 산출한 세액을 대통령령으로 정하는 바에 따라 신고하고 납부하여야 한다. 〈개정 2023.12.29.〉

9. 등기신청수수료영수필확인서(법 제22조 제3항, 법 제29조 제10호, 규칙 제44조 등)

   등기를 신청하는 경우 대법원규칙으로 정하는 바에 따라 <u>수수료를 납부하여야 하므로</u>, 이를 납부한 그 영수필확인서를 제공한다.

10. 등기신청위임장(이숙자, 김장남의 인감날인)(규칙 제46조 제1항 제5호, 규칙 제60조 제1항 등)

    ① 등기신청을 법무사 등 대리인에게 위임하는 경우 대리권한을 증명하여야 하므로, <u>이숙자, 김장남으로부터 위임을 받은 등기신청위임장</u>을 제공한다. 등기신청위임장에는 부동산의 표시, 위임인, 수임인 등이 기재되어 있어야 한다.

    ② 이숙자는 <u>본인의 지위</u>, 김차남의 법정대리인의 지위에서 날인한다.

    ③ 사안의 경우 <u>규칙 제60조 제1항 제1호에 해당하므로</u> 진정성 담보를 위하여 <u>등기의무자인 이숙자, 김장남의 인감을</u> 날인을 한다.

    ④ 실무제요와 등기예규에서 미성년자와 친권자가 상속재산분할협의한 후 등기를 신청하는 경우 등기신청인 또는 등기위임인이 누가되어야 하는지 명시적인 언급은 없으나,

      등기예규에서 "상속재산분할협의서를 작성하는데 있어서" 특별대리인을 선임하여야 한다고 규정하고 있는 점(등기예규 제1837호), 상속은 <u>법률규정에 의한 물권변동으로 등기 없이도 소유권을 취득하며(「민법」 제187조)</u>, 협의의 효력은 소급하므로(「민법」 제1015조), 김차남의 특별대리인이 다른 공동상속인과 분할협의를 한 때에 상속재산은 소급하여 확정적으로 취득하게 되는 점 등을 고려할 때,

      상속재산분할협의서 작성이 아닌 <u>등기신청행위까지 이해상반행위로 볼 것은 아니므로</u>, 등기신청 위임 역시 특별대리인이 할 필요성은 없고 <u>김차남의 법정대리인이 하면 족하다</u>. 다만, 이와 관련하여 특별대리인의 등기신청까지 하여야 한다는 별개의 의견도 있다.

11. 자격자대리인의 등기의무자확인 및 자필서명정보(이숙자, 김장남 확인)(규칙 제46조 제1항 제8호)

    공동으로 신청하는 권리에 관한 등기를 자격자대리인이 신청하는 경우 등기의무자인지 여부를 확인하고 자필서명한 정보를 제공하여야 하므로, <u>법무사 김철수가 이숙자, 김장남을 확인하고 작성한 자필서명정보</u>를 제공한다.

12. 승낙서 등(대한카드 주식회사)(법 제57조, 규칙 제46조 제1항 제3호)

    ① 법정상속등기 후 협의분할에 따라 소유권경정등기는 형식은 경정등기이나 실질은 말소등기(일부말소 의미의)에 해당하는 <u>일부말소의미의 경정등기이므로 등기상 이해관계 있는 제3자가 있는 경우</u> 그들의 승낙서를 반드시 제공한다.

    ② 사안의 경우 <u>협의분할에 따라 상실되는 이숙자의 지분을 목적으로 한 가압류권자(대한카드 주식회사)는 등기상 이해관계인에 해당하므로</u>, 그 승낙서 등을 제공한다.

    ③ 가압류채권자가 <u>법인</u>이므로 승낙서에는 <u>법인인감</u>을 날인한다.

13. 위 인감증명(대한카드 주식회사의 법인인감)(규칙 제60조 제1항 제7호)

① 위와 같이 등기상 이해관계인의 승낙서를 제공하는 경우 <u>승낙서에 인감을 날인하고 인 감증명 등을 제공</u>한다.

② 가압류채권자가 법인이므로 <u>법인인감증명</u>을 제공한다.

14. 법인등기사항(전부)증명서(대한카드 주식회사)(제46조 제1항 제4호 유추)

대한카드 주식회사의 승낙서에 대표이사의 인적사항을 기재하고 대표이사의 법인인감을 날 <u>인하여야</u> 하므로, 대표이사의 자격을 증명하기 위하여 제공한다.

2024년 법무사 제30회

【문 1】 아래와 같이 등기신청을 위임받은 법무사로서 주어진 사실관계에 따른 등기신청서를 작성하고, 등기신청서와 함께 등기소에 제출하여야 하는 첨부서면에 관하여 설명하시오(신청방식은 서면에 의한 방문신청을 전제로 함). 30점

1. 사실관계

가. 서울특별시 서초구 반포동에 소재하는 아파트와 상가건물을 소유하고 있던 김갑동의 사망으로 그의 배우자 이을순과 자녀 김일녀 및 김이남은 2024.2.3. 아파트 및 상가건물에 대하여 법정상속지분에 따른 상속등기를 마쳤다.

나. 이후 2024.10.31. 아파트는 배우자 이을순이 단독으로 상속하고, 상가건물은 자녀 2인이 공동(각 공유지분 2분의 1)으로 상속하는 것으로 상속재산분할협의가 이루어지고 이에 따른 상속재산분할협의서가 작성되었다.

다. 위의 상속재산분할협의에 따른 등기신청의 당사자들은 인근에 소재하고 있는 홍길동 법무사 사무소[소재지 : 서울특별시 서초구 법원로 23(서초동), 전화번호 : 02)567-1234]를 찾아가서 그 등기신청을 위임하였다.

라. 등기신청을 위임받은 홍길동 법무사는 대리인으로서 해당 등기신청에 필요한 등기신청 수수료 납부 등 의무사항을 이행하고 필요한 첨부서면을 준비하여 2024.11.1. 이 부동산의 관할 등기소인 서울중앙지방법원 등기국을 방문하여 서면으로 등기신청을 하려고 한다.

※ 참고사항

- 김일녀는 재외국민으로서 미국에 거주하고 있으며, 김이남은 미성년자로서 이을순과 함께 거주하고 있음

‒ 이을순, 김일녀 및 김이남의 주소는 법정상속등기 당시부터 현재까지 변동사항 없음
‒ 김일녀는 외국에 거주하고 있는 관계로 상속재산분할협의와 이에 따른 등기신청에 관한 권한 일체를 어머니 이을순에게 위임함

2. 답안작성 유의사항

가. 등기신청서의 작성

1) 등기신청서는 주어진 양식으로 작성하되, 아파트에 대하여는 그 작성을 생략하고 상가건물에 대하여만 작성하시기 바랍니다(상가건물의 등기사항증명서는 아래와 같음).

2) 첨부서면란에는 첨부서면의 명칭과 통수를 기재하시기 바랍니다.

3) 날인이 필요한 곳은 (인)으로 표시하시기 바랍니다.

4) 신청서 양식 중 등록면허세 등 세액란, 등기신청수수료란과 등기의무자의 등기필정보란은 그 기재를 생략하시기 바랍니다.

나. 답안지에는 등기신청서 첨부서면란에 기재한 첨부서면에 관하여 그 제출이유와 근거를 설명하시기 바랍니다.

다. 위임장의 작성은 생략하되 그 내용을 답안지에 설명하시기 바랍니다.

라. 주어진 사항은 모두 가상이며, 주어진 사항 외에는 고려할 필요가 없습니다.

〈상가건물의 등기사항증명서〉

【 표제부 】		(1동의 건물의 표시)		
표시번호	접수	소재지번, 건물명칭 및 번호	건물내역	등기원인 및 기타사항
1	2009년 4월 3일	서울특별시 서초구 반포동 151, 151-1 장미아파트상가1동 [도로명주소] 서울특별시 서초구 반포로 61	철근콘크리트구조 슬래브지붕 4층 제1종근린생활시설 지하층 200㎡ 1층 280㎡ 2층 280㎡ 3층 280㎡ 4층 200㎡	
(대지권의 목적인 토지의 표시)				
표시번호	소재지번		지목	면적	등기원인 및 기타사항
1	1. 서울특별시 서초구 반포동 151 2. 서울특별시 서초구 반포동 151-1		대 대	1,320㎡ 680㎡	2009년 4월 3일 등기

【 표제부 】			(전유부분의 건물의 표시)	
표시 번호	접수	소재지번, 건물명칭 및 번호	건물내역	등기원인 및 기타사항
1	2009년 4월 3일	제1층 제103호	철근콘크리트구조 32㎡	
		(대지권의 표시)		
표시 번호	소재지번		대지권비율	등기원인 및 기타사항
1	1, 2 소유권대지권		2,000분의 18	2009년 3월 5일 대지권 2009년 4월 3일 등기

【 갑구 】				(소유권에 관한 사항)
순위 번호	등기목적	접수	등기원인	권리자 및 기타사항
		〈 생략 〉		
3	소유권이전	2012년 4월 3일 제24345호	2012년 2월 1일 매매	소유자 김갑동 600208-1234567 　서울특별시 서초구 반포로 60, 102동 　801호(반포동, 장미아파트) 거래가액 금800,000,000원
4	소유권이전	2024년 2월 3일 제16500호	2024년 1월 3일 상속	공유자 지분 7분의 3 이을순　650313-2033012 　서울특별시 서초구 반포로 60, 102동 　801호(반포동, 장미아파트) 지분 7분의 2 김일녀　950317-2077012 　미국 캘리포니아 로스앤젤레스 　노스힐스 하스켈 애비뉴 9560 지분 7분의 2 김이남　061221-3035332 　서울특별시 서초구 반포로 60, 102동 　801호(반포동, 장미아파트)

【 을구 】	(소유권 이외의 권리에 관한 사항)			
순위 번호	등기목적	접수	등기원인	권리자 및 기타사항
1	갑구4번 이을순지분전부 근저당권설정	2024년 7월 5일 제57691호	2024년 7월 5일 설정계약	채권최고액 금60,000,000원 채무자 이을순 서울특별시 서초구 반포로 60, 102동 801호(반포동, 장미아파트) 근저당권자 주식회사무지개은행 110123-0098765 서울특별시 중구 남대문로 3(소공동) (반포지점)

소유권경정등기신청(협의분할)				
접 수	년 월 일	처리인	등기관 확인	각종 통지
	제 호			

	부동산의 표시(거래신고관리번호/거래가액)	
규 43①1	1동의 건물의 표시 　　서울특별시 서초구 반포동 151, 151-1 　　장미아파트상가1동 　　[도로명주소] 서울특별시 서초구 반포로 61 전유부분의 건물의 표시 　건물의 번호 : 1-1-103 　구　　　조 : 철근콘크리트구조 　면　　　적 : 제1층 제103호 32m² 대지권의 표시 　대지권의 목적인 토지의 표시 　　1. 서울특별시 서초구 반포동 151　　대　1,320m² 　　2. 서울특별시 서초구 서초동 151-1　대　　680m² 　대지권의 종류 : 1.2 소유권대지권 　대지권의 비율 : 2,000분의 18 　　　　　　　　　　　　　　　- 이 상 -	
규 43①5	등기원인과 그 연월일	2024년 10월 31일 협의분할
규 43①6	등 기 의 목 적	4번 소유권경정
	경 정 할 사 항	2024년 2월 3일 접수 제16500호로 등기된 순위 4번 소유권이전등기사항 중 등기원인 "상속"을 "협의분할에 의한 상속"으로, "공유자 지분 7분의 3 이을순 650313-2033012 서울특별시 서초구 　　　　　　　　반포로 60, 102동 801호(반포동, 장미아파트), 　　지분 7분의 2 김일녀 950317-2077012 미국 캘리포니아 　　　　　　　　로스앤젤레스 노스힐스 하스켈 애비뉴 9560, 　　지분 7분의 2 김이남 061221-3035332 서울특별시 서초구 　　　　　　　　반포로 60, 102동 801호(반포동, 장미아파 　　　　　　　　트)"를 "공유자 지분 2분의 1 김일녀 950317-2077012 미국 캘리포니아 　　　　　　　　로스앤젤레스 노스힐스 하스켈 애비뉴 9560, 　　지분 2분의 1 김이남 061221-3035332 서울특별시 서초구 　　　　　　　　반포로 60, 102동 801호(반포동, 장미아파 　　　　　　　　트)"로 각 경정

	구분	성명 (상호·명칭)	주민등록번호 (등기용등록번호)	주소(소재지)	지분 (개인별)
규 43①2	등기의무자	이을순	650313-2033012	서울특별시 서초구 반포로 60, 102동 801호(반포동, 장미아파트)	
규 43①2 규 43①4	등기권리자	김일녀 김이남 위 김이남은 미성년자이므로 법정대리인 모 이을순	950317-2077012 061221-3035332	미국 캘리포니아 로스앤젤레스 노스힐스 하스켈 애비뉴 9560 서울특별시 서초구 반포로 60, 102동 801호(반포동, 장미아파트) 서울특별시 서초구 반포로 60, 102동 801호(반포동, 장미아파트)	

규 44	시가표준액 및 국민주택채권매입금액		
	부동산 표시	부동산별 시가표준액	부동산별 국민주택채권매입금액
	1.	금 　　　○○○ 원	금 　　　○○○ 원
	2.	금 　　　○○○ 원	금 　　　○○○ 원
	3.	금 　　　○○○ 원	금 　　　○○○ 원
	국 민 주 택 채 권 매 입 총 액		금 　　　○○○ 원
	국 민 주 택 채 권 발 행 번 호		○○○○-○○-○○○○-○○○○
	취득세(등록면허세　　　)	금 　　○○○ 원	지방교육세 　금 　　○○○ 원
			농어촌특별세 　금 　　○○○ 원
	세 액 합 계	금	○○○ 원
	등 기 신 청 수 수 료	금	○○○ 원
		납부번호 : ○○-○○-○○○○○○○○-○	
		일괄납부 : 　　　건	○○○ 원

규 43①7	등기의무자의 등기필정보	
	부동산고유번호	○○○○-○○○○-○○○○○○
	성명(명칭)	일련번호 　　　　　비밀번호
		○○○○-○○○○-○○○○ 　　○○-○○○○

첨 부 서 면 　　　　간인

• 기본증명서(상세)　　　　　4통
　(망 김갑동, 이을순, 김일녀, 김이남)
• 가족관계증명서(상세)　　　4통
　(망 김갑동, 이을순, 김일녀, 김이남)
• 친양자입양관계증명서(상세)(망 김갑동)　1통
• 제적등본(망 김갑동)　　　1통
• 상속재산분할협의위임장　　1통
　(김일녀, 대한민국 영사관의 인증)
• 상속재산분할협의서　　　　1통
　(이을순, 김이남의 특별대리인의 인감날인)
• 인감증명 등(이을순, 김이남의 특별대리인)　2통
• 특별대리인선임심판서(김이남의 특별대리인)1통
• 등기필정보(이을순)　　　1통
• 주민등록표초본(또는 등본) 등(김일녀, 김이남) 2통

• 취득세영수필확인서　　　　　1통
• 등기신청수수료영수필확인서　　1통
• 등기신청위임장(이을순의 인감날인 등)　1통
• 자격자대리인의 등기의무자확인 및 자필서명정보
　(이을순 확인)　　　　　　1통
• 승낙서 등(주식회사무지개은행)　1통
• 위 인감증명(주식회사무지개은행의 법인인감)1통
• 법인등기사항(전부)증명서(주식회사무지개은행)
　　　　　　　　　　　　　1통

규 43①9	2024년 11월 1일		
	위 신청인 　　　　　　㊞　　(전화 :　　　)		
	(또는) 위 대리인 법무사 홍길동 　직인　(전화 : 02-567-1234)		
	서울특별시 서초구 법원로 23(서초동)		
규 43①8	서울중앙 지방법원 등기국 귀중		

[첨부서면 해설]

1. 상속을 증명하는 정보(규칙 제46조 제1항 제1호 등)

① 피상속인의 사망사실과 사망일자 및 상속인의 범위를 증명하기 위하여, <u>피상속인 망 김갑동 기준의 기본증명서(상세), 가족관계증명서(상세), 친양자입양관계증명서(상세), 제적등본</u>을 제공한다(발행일로부터 3월 이내).

② 상속인들이 피상속인의 서면에 기재된 상속인임을 증명하기 위하여 <u>상속인 이을순, 김일녀, 김이남 기준의 기본증명서(상세), 가족관계증명서(상세)</u>를 제공한다.

③ <u>**상속재산분할협의**는 상속인 전원이 참여하여야 하는바 법정상속등기가 경료된 후 인지청구의 소 등에 의하여 상속인의 범위가 달라질 수 있으며, **선례 제8-197호**에 따르면 법정상속등기가 경료된 후 공동상속인 중 어느 1인이 사망하였다면 상속재산분할협의에 의한 소유권경정등기는 할 수 없으므로, 상속등기업무를 처리하는 등기관으로써는 상속인의 범위 및 공동상속인 중 사망한자가 있는지 여부 등을 확인할 필요가 있으므로 위와 같은 상속을 증명하는 정보를 제공하는 것이</u> 바람직하다.

2. 상속재산분할협의를 증명하는 정보(규칙 제46조 제1항 제1호, 제62조 등)

(1) 일반론

① 상속재산분할협의는 **본인이 직접** 참여할 수도 있고, 대리인에게 분할협의를 위임할 수도 있다. 따라서 본인이 미성년자가 아닌 한 **공동상속인 중 1인에게 위임**할 수도 있다(선례 4-26).

② 사안의 경우 김일녀가 상속재산분할협의에 관한 권한을 이을순에게 위임하였으므로 이에 대한 방법을 검토한다.

(2) 상속재산분할협의위임장(김일녀, 대한민국 영사관의 인증)(등기예규)

① <u>**재외국민**인 김일녀는 입국하지 않고 상속재산분할협의를 위임하므로, **상속재산분할협의위임장**</u>을 제공한다. 해당 위임장에는 분할대상 부동산의 표시, 대리인의 인적사항 등이 기재되어 있어야 한다.

② **상속재산분할협의위임장**에는 <u>진정한 의사를 확인하기 위하여 원칙적으로 인감을 날인</u>하여야 하지만(규칙 제60조 제1항 제6호), <u>**재외국민**의 경우 체류국(계속적 거주 국가 및 출장 등 일시체류 국가 포함) **대한민국 「재외공관 공증법」에 따른 인증**으로 갈음할 수 있다(규칙 제61조 제3항). 최신 선례에 따르면, 이 경우 **아포스티유를 받을 필요가 없다**</u>.

(3) 상속재산분할협의서(이을순, 김이남의 특별대리인의 인감날인)

① 등기원인을 증명하기 위하여, **상속재산분할협의서**를 제공한다. 상속재산분할협의서에는 피상속인과 분할협의 대상인 부동산, 협의연월일, 상속인의 인적사항 등이 기재되어 있어야 한다.

② 상속재산분할협의서에는 상속인 **이을순**과 **김이남의 특별대리인**의 인감을 날인한다.

③ **이을순**은 자신의 지위와 김일녀의 대리인으로서의 지위에서 인감을 날인한다.

④ 공동상속인 중 미성년자와 친권자가 상속재산분할협의를 하는 경우 친권자가 권리를 전혀 취득하지 않더라도 원칙적으로 이해상반행위에 해당한다. 따라서 미성년자인 김이남에 대하여 특별대리인을 선임하여 그자가 미성년자를 대리하여 협의분할을 하고, 분할협의서에는 특별대리인의 인감을 날인하여야 한다.

미성년자의 대리인에 의한 등기신청에 관한 업무처리지침 제정(등기예규 제1837호)

1. 미성년자의 특별대리인의 선임 여부

친권자와 그 친권에 복종하는 미성년자인 자 사이에 이해상반되는 행위 또는 동일한 친권에 복종하는 수인의 미성년자인 자 사이에 이해상반되는 행위를 하는 경우, 그 미성년자 또는 그 미성년자 일방의 대리는 법원에서 선임한 특별대리인(이하 "특별대리인"이라 한다)이 하여야 한다

2. 이해관계가 상반되는 예

② 상속재산협의분할서를 작성하는데 있어서 친권자와 미성년자인 자 1인이 공동상속인인 경우(친권자가 당해 부동산에 관하여 권리를 취득하지 않는 경우를 포함한다.)

3. 이해관계가 상반되지 않는 예

① 미성년자인 자 1인의 친권자가 민법 제1041조의 규정에 의하여 상속포기를 하고 그 미성년자를 위하여 상속재산분할협의를 하는 경우

② 이혼하여 상속권이 없는 피상속인의 전처가 자기가 낳은 미성년자 1인을 대리하여 상속재산분할협의를 하는 경우

---

3. **인감증명 등**(이을순, 김이남의 특별대리인)(규칙 제60조 제1항 제1호, 제6호 등)

① 상속재산분할협의서에 날인한 인영이 진정한 것임을 증명하여 협의의 진정성을 담보하기 위하여 그 인감증명을 제공한다.

② **이을순**은 본인의 지위에서 인감증명을 제공하며(규칙 제60조 제1항 제1호, 제6호), 김일녀의 임의대리인의로의 지위로서 인감증명을 제공한다(규칙 제60조 제2항).

③ **김이남의 특별대리인**은 김이남의 법정대리인으로의 지위로서 인감증명을 제공한다(규칙 제61조 제2항).

④ 인감날인 및 인감증명에 갈음하여, 서명하고 본인서명사실확인서 또는 전자본인서명확인서 발급증을 제공할 수 있으며, 공증으로도 갈음할 수 있다(규칙 제60조 제4항).

4. **특별대리인선임심판서**(김이남의 특별대리인)(규칙 제46조 제1항 제1호 등)

미성년자인 김이남에 대하여 특별대리인을 선임하여 상속재산분할협의를 하였다는 것을 증명하기 위하여, 특별대리인선임신판서를 제공한다.

5. 등기필정보(이을순)(법 제50조 제2항)

① 권리에 관한 등기를 공동으로 신청하는 경우 등기의무자의 등기필정보를 제공하여야 하므로, 이을순의 등기필정보를 신청정보 을지에 기재하여야 한다.

② 답안작성 유의사항에 따라 신청서의 기재는 생략하지만 제공한다는 점은 언급하여야 한다.

6. 주민등록표초본(또는 등본) 등(김일녀, 김이남)(규칙 제46조 제1항 제6호 유추적용, 규칙 제112조)

소유권경정등기의 실행 시 등기기록상 기존의 이을순, 김일녀, 김이남의 인적사항을 주말하고 새로이 김일녀, 김이남의 인적사항을 기록하므로 이를 규칙 제46조 제1항 제6호에서 규정하고 있는 "새로이 등기명의인이 되는 자"로 보아, 김일녀, 김이남의 인적사항을 확인하기 위한 주민등록표초본(또는 등본) 등을 제공하는 것이 바람직하다.

7. 취득세영수필확인서(지방세법 시행령 제36조, 제49조, 법 제29조 제10호, 규칙 제44조 등)

① 소유권경정등기를 신청하는 경우 취득세 또는 등록면허세 등을 신고·납부하여야 하므로, 이를 납부한 영수필확인서를 제공한다.

② 상속개시 후 상속재산에 대하여 상속분이 확정되어 등기된 후 공동상속인이 협의하여 재분할한 결과 특정 상속인이 당초 상속분을 초과하여 취득하게 되는 재산가액은 그 재분할에 의하여 상속분이 감소한 상속인으로부터 증여받아 취득한 것으로 보아 취득세를 납부하여야 한다(지방세법 제7조 제13항 본문).

③ 그러나 상속개시일이 속하는 달의 말일부터 6개월 이내에 재분할에 의한 취득과 등기를 모두 마치는 등 지방세법 제7조 제13항 단서규정에 해당하는 경우에는 등록면허세를 납부하면 족하다(지방세법 제7조 제13항 단서).

④ 사안의 경우 김갑동이 사망한 날은 2012년으로 현재일을 기준 6개월을 초과한 것은 역수상 명백하고 다른 사유에도 해당하지 아니하므로 등록면허세가 아닌 취득세를 신고한 후 이를 납부한 영수필확인서를 제공한다.

> 「지방세법」 제7조(납세의무자 등)
>
> ⑬ 상속개시 후 상속재산에 대하여 등기·등록·명의개서(명의개서) 등에 의하여 각 상속인의 상속분이 확정되어 등기등이 된 후, 그 상속재산에 대하여 공동상속인이 협의하여 재분할한 결과 특정 상속인이 당초 상속분을 초과하여 취득하게 되는 재산가액은 그 재분할에 의하여 상속분이 감소한 상속인으로부터 증여받아 취득한 것으로 본다.
> 다만, 다음 각 호의 어느 하나에 해당하는 경우에는 그러하지 아니하다.
> 1. 제20조 제1항에 따른 신고·납부기한 내에 재분할에 의한 취득과 등기등을 모두 마친 경우
> 2. 상속회복청구의 소에 의한 법원의 확정판결에 의하여 상속인 및 상속재산에 변동이 있는 경우

> 3. 「민법」 제404조에 따른 채권자대위권의 행사에 의하여 공동상속인들의 법정상속분대로
> 등기등이 된 상속재산을 상속인 사이의 협의분할에 의하여 재분할하는 경우

「지방세법」 제20조(신고 및 납부)

① 취득세 과세물건을 취득한 자는 그 취득한 날(「부동산 거래신고 등에 관한 법률」 제10조 제1항에 따른 토지거래계약에 관한 허가구역에 있는 토지를 취득하는 경우로서 같은 법 제11조에 따른 토지거래계약에 관한 허가를 받기 전에 거래대금을 완납한 경우에는 그 허가일이나 허가구역의 지정 해제일 또는 축소일을 말한다)부터 60일[무상취득(상속은 제외한다) 또는 증여자의 채무를 인수하는 부담부 증여로 인한 취득의 경우는 취득일이 속하는 달의 말일부터 3개월, 상속으로 인한 경우는 상속개시일이 속하는 달의 말일부터, 실종으로 인한 경우는 실종선고일이 속하는 달의 말일부터 각각 6개월(외국에 주소를 둔 상속인이 있는 경우에는 각각 9개월)] 이내에 그 과세표준에 제11조부터 제13조까지, 제13조의2, 제13조의3, 제14조 및 제15조의 세율을 적용하여 산출한 세액을 대통령령으로 정하는 바에 따라 신고하고 납부하여야 한다. 〈개정 2023.12.29.〉

8. 등기신청수수료영수필확인서(법 제22조 제3항, 법 제29조 제10호, 규칙 제44조 등)

등기를 신청하는 경우 대법원규칙으로 정하는 바에 따라 수수료를 납부하여야 하므로, 이를 납부한 그 영수필확인서를 제공한다.

9. 등기신청위임장(이을순의 인감날인 등)(규칙 제46조 제1항 제5호, 규칙 제60조 제1항 등)

① 등기신청을 법무사 등 대리인에게 위임하는 경우 대리권한을 증명하여야 하므로, 이을순으로부터 위임을 받은 등기신청위임장을 제공한다. 등기신청위임장에는 부동산의 표시, 위임인, 수임인 등이 기재되어 있어야 한다.

② 이을순은 본인의 지위, 김일녀의 임의대리인의로의 지위로서 인감을 날인하며(규칙 제60조 제1항 제1호), 김이남의 법정대리인의 지위에서 날인한다.

③ 실무제요와 등기예규에서 미성년자와 친권자가 상속재산분할협의한 후 등기를 신청하는 경우 등기신청인 또는 등기위임인이 누가되어야 하는지 명시적인 언급은 없으나, 등기예규에서 "상속재산분할협의서를 작성하는데 있어서" 특별대리인을 선임하여야 한다고 규정하고 있는 점(등기예규 제1837호), 상속은 법률규정에 의한 물권변동으로 등기 없이도 소유권을 취득하며(「민법」 제187조), 협의의 효력은 소급하므로(「민법」 제1015조), 김이남의 특별대리인이 다른 공동상속인과 분할협의를 한 때에 상속재산은 소급하여 확정적으로 취득하게 되는 점 등을 고려할 때, 상속재산분할협의서 작성이 아닌 등기신청행위까지 이해상반행위로 볼 것은 아니므로, 등기신청 위임 역시 특별대리인이 할 필요성은 없고 김이남의 법정대리인이 하면 족하다. 다만, 이와 관련하여 특별대리인의 등기신청까지 하여야 한다는 별개의 의견도 있다.

10. 자격자대리인의 등기의무자확인 및 자필서명정보(이을순 확인)(규칙 제46조 제1항 제8호)

   공동으로 신청하는 권리에 관한 등기를 자격자대리인이 신청하는 경우 등기의무자인지 여부
   를 확인하고 자필서명한 정보를 제공하여야 하므로, 법무사 홍길동이 이을순을 확인하고 작
   성한 자필서명정보를 제공한다.

11. 승낙서 등(주식회사무지개은행)(법 제57조, 규칙 제46조 제1항 제3호)

   ① 법정상속등기 후 협의분할에 따라 소유권경정등기는 형식은 경정등기이나 실질은 말소등
      기(일부말소 의미의)에 해당하는 일부말소의미의 경정등기이므로 등기상 이해관계 있는
      제3자가 있는 경우 그들의 승낙서를 반드시 제공한다.
   ② 사안의 경우 협의분할에 따라 상실되는 이을순의 지분을 목적으로 한 근저당권자(주식회
      사무지개은행)은 등기상 이해관계인에 해당하므로, 그 승낙서 등을 제공한다.

12. 위 인감증명(주식회사무지개은행의 법인인감)(규칙 제60조 제1항 제7호)

   ① 위와 같이 등기상 이해관계인의 승낙서를 제공하는 경우 승낙서에 인감을 날인하고 인감
      증명 등을 제공한다.
   ② 위 승낙서에 날인한 인감의 인영을 증명하기 위하여 인감증명을 제공하여야 하며, 인감
      증명을 제공하는 자가 법인인 경우이므로 주식회사무지개은행의 등기소의 증명을 얻은
      법인인감을 제공한다(발행일로부터 3개월 이내).

13. 법인등기사항(전부)증명서(주식회사무지개은행)(제46조 제1항 제4호 유추적용)

   승낙서에 대표이사의 인적사항을 기재하고 대표이사의 법인인감을 날인하여야 하므로, 그
   대표이사를 증명하기 위하여 주식회사무지개은행의 법인등기사항(전부)증명서를 제공한다
   (발행일로부터 3개월 이내).

III 소유권경정(상속재산의 상속포기)

2016년 법무사 제22회

【문 1】 아래 부동산에 대한 등기신청을 위임받은 대리인으로서 다음의 사실관계와 답안 작성 유의사항에 맞는 등기신청서를 작성하고 신청서에 첨부하는 서면에 대하여 간단히 설명하시오(신청방식은 서면에 의한 방문신청을 전제로 함). 30점

1. 부동산

2. 사실관계

　가. 경기도 파주시 법원읍 법원리 123-4번지 토지 소유자 김상식이 사망하자, 2016.3.3.에 장남 김일남은 상속에 의한 소유권이전등기를 신청하여 아래와 같이 등기가 경료되었다.

【 표제부 】		(토지의 표시)			
표시 번호	접수	소재지번	지목	면적	등기원인 및 기타사항
1 (전 3)	1998년 9월 5일	경기도 파주시 법원읍 법원리 123-4	전	1,000㎡	부동산등기법 제177조의6 제1항의 규정에 의하여 2000 년 12월 15일 전산이기

【 갑구 】				(소유권에 관한 사항)
순위 번호	등기목적	접수	등기원인	권리자 및 기타사항
1 (전 3)	소유권이전	2000년 3월 3일 제1111호	2000년 2월 15일 매매	소유자 김상식 601234-1234567 　서울시 서초구 서초동 100
2	소유권이전	2016년 3월 3일 제3333호	2016년 2월 18일 상속	공유자 지분 9분의 3 　이일숙 631234-2123456 　　서울시 서초구 서초동 100 지분 9분의 2 　김일남 900101-1234567 　　서울시 서초구 서초동 200 지분 9분의 2 　김이남 920101-1234567 　　서울시 서초구 서초동 300 지분 9분의 2 　김삼남 940101-1234567 　　서울시 서초구 서초동 100

나. 그런데 위 등기 후 망 김상식의 채권·채무관계가 불명확한 점이 많다는 것을 일부 상속인이 알게 되었고, 이에 따라 2016.4.15. 처 이일숙과 김삼남은 관할 가정법원에 상속포기의 신고를 하여 인용되었다.

다. 2016.6월 말경에는 상속받은 상속재산(적극재산)보다 상속채무(소극재산)가 훨씬 많다는 것을 상속인들이 명확히 알게 되었고, 상속인 김일남은 민법 제1019조 제3항에 따라 법원에 상속 한정승인(특별한정승인)의 신고를 하여 인용되었다.

라. 위 사건 상속인들은 현재의 권리관계에 맞도록 하는 등기를 신청하도록 법무사 홍길동(서울 서초구 서초대로 111)에게 위임하되, 등기를 신청할 수 있는 사람이면 전원이 함께 등기를 신청하려고 한다(위 상속등기 이후 주소가 변동된 사람은 없음).

3. 답안작성 유의사항

가. 첨부서면란 등이 부족할 경우에는 답안지에 기재할 수 있습니다.

나. 첨부서면은 그 명칭과 통수를 해당란에 기재하고, 각 서면별로 발급대상자(예 아무개의 인감증명 등), 제출이유와 내용은 답안지에 간단히 설명하시기 바랍니다.

다. 등기신청위임장 의 작성은 생략하되 위 나.에 따릅니다.

라. 신청서 양식 중 등기신청수수료란 등 설문에서 정보가 주어지지 않은 것에 해당하는 부분은 기재를 생략하시기 바랍니다.

마. 날인이 필요한 곳은 ㉛으로 표시하고, 신청서의 간인과 전화번호의 기재는 생략합니다.

바. 관할등기소는 의정부지방법원 고양지원 파주등기소이며, 신청서 작성일자는 2016년 10월 2일로 합니다.

사. 위 사안의 인적사항 등은 문제구성을 위한 것입니다.

소유권경정등기신청(상속포기)				
접 수	년 월 일	처리인	등기관 확인	각종 통지
	제 호			

	부동산의 표시(거래신고관리번호/거래가액)
규 43①1	경기도 파주시 법원읍 법원리 123-4 전 1,000m² - 이상 -
규 43①5	등기원인과 그 연월일	2016년 4월 15일 상속포기
규 43①6	등 기 의 목 적	2번 소유권경정

규 43①6		

	경 정 할 사 항	2016년 3월 3일 접수 제3333호로 등기된
		순위 2번 소유권이전등기사항 중
		"공유자 지분 9분의 3 이일숙 631234-2123456 서울시 서초구 서초동 100,
		            지분 9분의 2 김일남 900101-1234567 서울시 서초구 서초동 200,
		            지분 9분의 2 김이남 920101-1234567 서울시 서초구 서초동 300,
		            지분 9분의 2 김삼남 940101-1234567 서울시 서초구 서초동 100"을
		"공유자 지분 2분의 1 김일남 900101-1234567 서울특별시 서초구 서초동 200,
		            지분 2분의 1 김이남 920101-1234567 서울특별시 서초구 서초동 300"
		                                                                으로 경정

	구분	성명 (상호·명칭)	주민등록번호 (등기용등록번호)	주소(소재지)	지분 (개인별)
규 43①2	등 기 의 무 자	이일숙	631234-2123456	서울특별시 서초구 서초동 100	
		김삼남	940101-1234567	서울특별시 서초구 서초동 100	
규 43①2	등 기 권 리 자	김일남	900101-1234567	서울특별시 서초구 서초동 200	
		김이남	920101-1234567	서울특별시 서초구 서초동 300	

PART · 02

규 44	시가표준액 및 국민주택채권매입금액		
	부동산 표시	부동산별 시가표준액	부동산별 국민주택채권매입금액
	1.	금 ○○○ 원	금 ○○○ 원
	2.	금 ○○○ 원	금 ○○○ 원
	3.	금 ○○○ 원	금 ○○○ 원
	국 민 주 택 채 권 매 입 총 액		금 ○○○ 원
	국 민 주 택 채 권 발 행 번 호		○○○○-○○-○○○○-○○○○
	취득세(등록면허세) 금 ○○○ 원	지방교육세 금	○○○ 원
		농어촌특별세 금	○○○ 원
	세 액 합 계 금		○○○ 원
	등 기 신 청 수 수 료	금	○○○ 원
		납부번호 : ○○-○○-○○○○○○○○-○	
		일괄납부 : 건	○○○ 원
규 43①7	등기의무자의 등기필정보		
	부동산고유번호	○○○○-○○○○-○○○○○○	
	성명(명칭)	일련번호	비밀번호
		○○○○-○○○○-○○○○	○○-○○○○

	첨 부 서 면	간인

• 기본증명서(상세)(망 김상식, 이일숙, 김일남,
  　김이남, 김삼남)　　　　　　5통
• 가족관계증명서(상세)(망 김상식, 이일숙,
  　김일남, 김이남, 김삼남)　　5통
• 친양자입양관계증명서(상세)(망 김상식)　1통
• 제적등본(망 김상식)　　　　　1통
• 상속포기심판결정문(이일숙,김삼남)　2통
• 등기필증(이일숙, 김삼남)　　　2통
• 인감증명 등(이일숙, 김삼남)　　2통
• 주민등록표초본(또는 등본)(김일남, 김이남)　2통

• 등록면허세영수필확인서　　　　1통
• 등기신청수수료영수필확인서　　1통
• 등기신청위임장(이일숙, 김삼남의 인감날인
  　및 김일남, 김이남의 날인)　　1통

규 43①9	2016년 10월 2일

위 신청인　　　　　　　　　㊞　　(전화 :　　　　　)

(또는) 위 대리인 법무사 홍길동　　직인　(전화 :　　　　　)

서울특별시 서초구 서초대로 111

규 43①8 　　의정부지방법원 고양지원 파주등기소 귀중

- 신청서 작성요령 -

＊ 1. 부동산표시란에 2개 이상의 부동산을 기재하는 경우에는 그 부동산의 일련번호를
　　　기재하여야 합니다.
　2. 신청인란 등 해당란에 기재할 여백이 없을 경우에는 별지를 이용합니다.
　3. 담당 등기관이 판단하여 위의 첨부서면 외에 추가적인 서면을 요구할 수 있습니다.

[첨부서면 해설]

가. 상속포기와 소유권경정등기

① <u>근저당자인 채권자가</u> 사망한 채무자 명의의 부동산에 대하여 <u>상속등기를 대위로 신청</u>하여 <u>공동상속인 전원의 명의로 그 등기를</u> 마쳤으나, 이후 공동상속인 중 <u>일부가 상속을 포기한 사실을 알게 되었다면</u> 이 상속등기를 신청한 <u>채권자는</u> 이러한 사실을 증명하는 정보를 첨부정보로서 제공하여 그 상속등기에 대한 **경정등기** 또한 **단독으로 대위신청**할 수 있다(선례 제201907-10호).

② 공동상속인 중의 일부가 상속포기를 하였으나 이를 간과한 채 상속등기를 신청하여 상속포기 전의 공동상속인 전원 앞으로 상속등기가 잘못 경료되었다면, 등기권리자는 위 <u>상속포기를 증명하는 서면</u>(상속포기신고수리 심판서 등본 등)을 첨부하여 <u>등기의무자와 공동</u>으로 또는 등기의무자에 대한 **판결**을 얻어 **단독**으로 **경정등기**를 신청할 수 있으며, 이 경우 그 등기신청서에는 <u>등기의무자의 인감증명</u>과 위 경정등기에 관하여 <u>이해관계있는 제3자가 있는 때에는</u> 그 승낙서 또는 이에 대항할 수 있는 재판의 등본을 제출하여야 하지만, 위 잘못된 상속등기가 경료된 후 10년이 경과한 사실(등기부취득시효와 관련하여)은 위 경정등기신청의 장애사유가 될 수 없다(선례 제3-460호).

나. 한정승인과 소유권경정등기

<u>한정승인은</u> 상속으로 인하여 <u>취득할 재산의 한도에서 피상속인의 채무를 변제할 것을 조건으로 상속을 승인하는</u> 제도로서 <u>한정승인을 하였다 하더라도</u> 그 한정승인 전에 이미 이루어진 특정 부동산에 대한 상속인들의 협의분할 및 이를 원인으로 한 <u>상속등기의 효력이 상실되는 것이 아니므로</u> 한정승인을 원인으로 위 <u>상속등기를 말소 또는 경정할 수 없다</u>(선례 제200901-3호).

다. 실종선고와 소유권경정등기

<u>공동상속등기가 경료된 후</u> 공동상속인 중 <u>1인에 대하여 실종선고심판이 확정되었는데</u> 그 실종기간이 상속개시 전에 만료된 경우, 실종선고심판이 확정된 자에 대한 <u>상속인(대습상속인)이 없고, 등기상의 이해관계인도 없다면</u> 신청착오를 원인으로 하여 <u>나머지 공동상속인들이 경정등기를 신청할 수 있다</u>(선례 제6-414호).

1. 상속을 증명하는 정보(규칙 제46조 제1항 제1호 등)

① 피상속인의 사망사실과 사망일자 및 상속인의 범위를 증명하기 위하여, <u>피상속인 망 김상식 기준의 기본증명서(상세), 가족관계증명서(상세), 친양자입양관계증명서(상세), 제적등본을 제공한다</u>(발행일로부터 3월 이내).

② 상속인들이 피상속인의 서면에 기재된 상속인임을 증명하기 위하여 <u>상속인 이일숙, 김일남, 김이남, 김삼남 기준의 기본증명서(상세), 가족관계증명서(상세)</u>를 제공한다.

2. 상속포기심판결정문(규칙 제46조 제1항 제1호 등)

　　등기원인을 증명하여야 하므로 이일숙과 김삼남의 상속포기심판결정문(수리증명)을 각 제공
　　한다.

3. 등기필증(이일숙, 김삼남)(법 제50조 제2항, 부칙 제2조, 규칙 제43조 제1항 제7호)

　　① 권리에 관한 등기를 공동으로 신청하는 경우 등기의무자의 등기필증을 제공하여야 하므
　　　로, 이일숙, 김삼남이 소유권취득 후 교부받은 등기필증을 제공한다(법 부칙 제2조).

　　② 등기의무자가 등기필정보를 소지한 경우에는 일련번호와 비밀번호 등을 신청서에 기재하
　　　는 것으로 갈음한다(규칙 제43조 제1항 제7호).

4. 인감증명 등(이일숙, 김삼남)(규칙 제60조, 제61조, 제62조)

　　① 소유권자가 등기의무자가 되는 경우 등기의무자의 인감증명을 제공하여야 하므로, 등기의
　　　무자 이일숙, 김삼남의 인감증명을 제공한다(발행일로부터 3월 이내).

　　② 인감날인 및 인감증명에 갈음하여, 서명하고 본인서명사실확인서 또는 전자본인서명확인
　　　서 발급증을 제공할 수 있다.

5. 주민등록표초본(또는 등본)(김일남, 김이남)(규칙 제46조 제1항 제6호, 규칙 제112조)

　　소유권경정등기 시 등기기록상 기존의 김일남, 김이남의 인적사항을 주말하고 새로이 기록
　　하므로 이를 규칙 제46조 제1항 제6호에서 규정하고 있는 "새로이 등기명의인이 되는 자"로
　　본다면, 김일남, 김이남의 주민등록표초본(또는 등본)을 제공한다.

6. 등록면허세영수필확인서(지방세법 시행령 제49조, 법 제29조 제10호, 규칙 제44조 등)

　　소유권경정등기를 신청하는 경우 등록면허세 등을 신고·납부하여야 하므로, 이를 납부한 영
　　수필확인서를 제공한다.

7. 등기신청수수료영수필확인서(법 제22조 제3항, 법 제29조 제10호, 규칙 제44조 등)

　　등기를 신청하는 경우 대법원규칙으로 정하는 바에 따라 수수료를 납부하여야 하므로, 이를
　　납부한 그 영수필확인서를 제공한다.

8. 등기신청위임장(이일숙, 김삼남의 인감날인 및 김일남, 김이남의 날인)(규칙 제46조 제1항 제5호, 규칙 제60조
　　제1항 등)

　　① 등기신청을 법무사 등 대리인에게 위임하는 경우 대리권한을 증명하여야 하므로, 이일숙,
　　　김삼남 및 김일남, 김이남 쌍방으로부터 위임을 받은 등기신청위임장을 제공한다. 등기신
　　　청위임장에는 부동산의 표시, 위임인, 수임인 등이 기재되어 있어야 한다.

　　② 사안의 경우 규칙 제60조 제1항 제1호에 해당하므로 진정성 담보를 위하여 등기의무자인
　　　이일숙, 김삼남의 인감을 날인을 한다.

04 절 소유권말소등기

다음에 제시된 부동산 및 사실관계와 답안작성 유의사항에 따라 법무사 나합격이 제출할 등기신청서를 작성하고, 필요한 첨부서면의 제공 이유와 근거에 대하여 간략하게 설명하시오(서면에 의한 방문신청임을 전제로 함). 30점

1. 부동산의 표시

   서울 서초구 서초동 100번지
   [도로명주소] 서울특별시 서초구 서초대로 201
   철근콘크리트조 슬래브지붕 4층 주택
   1층 200㎡, 2층 200㎡, 3층 200㎡, 4층 200㎡
   (위 부동산은 서울중앙지방법원 등기국의 관할 구역에 속함)

2. 사실관계

   가. 김소유는 자신의 노력과 비용으로 위 건물을 신축하여 준공을 마친 후 소유권보존등기를 마쳤다.

   나. 이후 강부자가 서류를 위조하여 김소유로부터 자신의 앞으로 소유권이전등기를 경료하였으며, 이를 뒤늦게 발견한 김소유는 이를 바로잡기 위해 처분금지가처분을 한 후 강부자를 상대로 서울중앙지방법원에 소를 제기하여 승소의 확정판결을 받았다.

   다. 판결문의 주문은 다음과 같다.

   피고는 원고에게 본 사건 부동산에 관하여 서울중앙지방법원등기국 2021년 10월 1일 접수 제1000호로 마친 소유권이전등기의 말소등기절차를 이행하라.
   - 2022년 3월 20일 소제기(2022가합 45678)
   - 2022년 9월 1일 변론종결일
   - 2022년 10월 4일 선고
   - 2022년 11월 1일 확정

   라. 김소유는 위와 같은 판결에 따른 등기신청을 법무사 나합격에게 위임하였고, 법무사 나합격이 해당 등기신청을 하려고 한다.

   마. 주소(또는 본점이나 사무소 소재지), 주민등록번호(또는 부동산등기용등록번호) 등
   1) 김소유 : 서울시 서초구 강남대로 21(서초동), 701115-1201257
   2) 강부자 : 서울시 종로구 인사동6길 5(인사동), 601205-1371508
   3) 법무사 나합격 : 서울시 서초구 강남대로 21 (서초동), 전화번호 02-530-6126

3. 답안작성 유의사항

가. 신청서 양식의 첨부서면란 등이 부족할 경우에는 답안지에 기재할 수 있습니다.

나. 신청서 양식의 첨부서면란에는 첨부서면의 명칭과 통수를 기재합니다. 첨부서면의 제공 이유와 근거는 답안지에 간략하게 기재하십시오.

다. 어느 첨부서면을 다른 첨부서면으로 서로 대체할 수 있는 경우 신청서 양식의 첨부서면 란에는 그중 하나를 기재하고, 대체할 수 있는 다른 첨부서면에 대하여는 답안지에 기재 하시기 바랍니다.

라. 위임장은 작성하지 않으셔도 됩니다. 다만 첨부서면으로는 기재하고 그 내용(위임인 등) 도 답안지에 기재하시기 바랍니다.

마. 등록면허세, 등기신청수수료 등 설문에서 정보가 주어지지 않은 것은 신청서에 기재하지 않으셔도 됩니다. 그 밖에 설문에서 주어지지 않은 사항은 고려할 필요가 없습니다.

바. 날인이 필요한 곳에는 "㊞"이라고 기재합니다.

사. 신청서 작성일은 2022년 12월 1일로 합니다.

아. 제시된 주민등록번호나 부동산등기용등록번호는 법령상의 부여 규칙이나 구성 체계 등 과 맞지 않을 수 있으나, 이 점은 고려하지 않으셔도 됩니다.

자. 설문의 부동산과 사실관계는 모두 가상의 것들임을 알려 드립니다.

소유권이전등기말소등기신청(판결)

접 수	년 월 일	처리인	등기관 확인	각종 통지
	제 호			

부동산의 표시(거래신고관리번호/거래가액)	
규 43①1	서울특별시 서초구 서초동 100 [도로명주소] 서울특별시 서초구 서초대로 201 철근콘크리트조 슬래브지붕 4층 주택 1층 200m² 2층 200m² 3층 200m² 4층 200m² - 이상 -
규 43①5	등기원인과 그 연월일 2022년 10월 4일 확정판결
규 43①6	등 기 의 목 적 2번 소유권이전등기말소
	말 소 할 사 항 2021년 10월 1일 접수 제1000호로 등기된 순위 2번 소유권이전등기

	구분	성명 (상호·명칭)	주민등록번호 (등기용등록번호)	주소(소재지)	지분 (개인별)
규 43①2	등기의무자	강부자	601205-1371508	서울특별시 종로구 인사동6길 5(인사동)	
규 43①2	등기권리자	김소유	701115-1201257	서울특별시 서초구 강남대로 21(서초동)	

시가표준액 및 국민주택채권매입금액		
부동산 표시	부동산별 시가표준액	부동산별 국민주택채권매입금액
1.	금　　　　○○○　원	금　　　　　　　　　○○○　원
2.	금　　　　○○○　원	금　　　　　　　　　○○○　원
3.	금　　　　○○○　원	금　　　　　　　　　○○○　원
국 민 주 택 채 권 매 입 총 액	금　　　　　　　　　○○○　원	
국 민 주 택 채 권 발 행 번 호	○○○○-○○-○○○○-○○○○	
취득세(등록면허세)　금　　　○○○　원	지방교육세　　금　　　○○○　원	
	농어촌특별세　금　　　○○○　원	
세 액 합 계	금　　　　　　　　　○○○　원	
등 기 신 청 수 수 료	금　　　　　　　　　○○○　원	
	납부번호 : ○○-○○-○○○○○○○○-○	
	일괄납부 :　　　　건　　　　　　○○○　원	

규 44

규 43①7

등기의무자의 등기필정보		
부동산고유번호	○○○○-○○○○-○○○○○○	
성명(명칭)	일련번호	비밀번호
	○○○○-○○○○-○○○○	○○-○○○○

첨 부 서 면　　　　간 인

• 판결정본　　　　　　　　　　1통	• 등록면허세영수필확인서　　　　　1통
• 확정증명서　　　　　　　　　　1통	• 등기신청수수료영수필확인서　　　1통
	• 등기신청위임장(김소유의 날인)　1통

2022년 12월 1일

규 43①9

위 신청인　　　　　　　　㉑　(전화 :　　　　　　)
　　　　　　　　　　　　　㉑　(전화 :　　　　　　)

(또는) 위 대리인　법무사 나합격　　직 인　(전화 :　　02-530-6126)
서울특별시 서초구 강남대로 21 (서초동)

규 43①8

서울중앙 지방법원 등기국 귀중

－ 신청서 작성요령 －

＊ 1. 부동산표시란에 2개 이상의 부동산을 기재하는 경우에는 그 부동산의 일련번호를 기재하여야 합니다.
2. 신청인란 등 해당란에 기재할 여백이 없을 경우에는 별지를 이용합니다.
3. 담당 등기관이 판단하여 위의 첨부서면 외에 추가적인 서면을 요구할 수 있습니다.

[첨부서면 해설]

1. 판결정본(규칙 제46조 제1항 제1호 등)

등기원인을 증명하기 위하여 <u>판결정본</u>를 제공한다. 판결정본에는 당사자 및 등기의 종류 등이 기재되어 있어야 한다.

2. 확정증명서(규칙 제46조 제1항 제1호 등)

법 제23조 제4항의 <u>이행판결은 확정되어야 의사진술을 갈음하는 효력이 발생하므로</u>, <u>법원에서 발급받은 확정증명서</u>를 제공한다.

3. 등록면허세영수필확인서(지방세법 시행령 제49조, 법 제29조 제10호, 규칙 제44조 등)

<u>소유권말소등기</u>를 신청하는 경우 <u>등록면허세 등을 신고·납부하여야 하므로</u>, 이를 납부한 영수필확인서를 제공한다.

4. 등기신청수수료영수필확인서(법 제22조 제3항, 법 제29조 제10호, 규칙 제44조 등)

등기를 신청하는 경우 대법원규칙으로 정하는 바에 따라 <u>수수료를 납부하여야 하므로</u>, 이를 납부한 그 영수필확인서를 제공한다.

5. 등기신청위임장(김소유의 날인)(규칙 제46조 제1항 제5호, 규칙 제60조 제1항 등)

① 등기신청을 법무사 등 대리인에게 위임하는 경우 대리권한을 증명하여야 하므로, <u>김소유로부터 위임을 받은 등기신청위임장</u>을 제공한다. 등기신청위임장에는 부동산의 표시, 위임인, 수임인 등이 기재되어 있어야 한다.

② 사안의 경우 <u>규칙 제60조에 해당하지 않으므로</u> <u>인감을 날인할 필요가 없다.</u>

01 절 소유권 이외의 권리설정등기

I 지상권설정

다음에 제시된 부동산 및 사실관계와 답안작성 유의사항에 따라 법무사 나합격이 제출할 등기신청서를 작성하고, 필요한 첨부서면의 제공 이유와 근거에 대하여 간략하게 설명하시오(서면에 의한 방문신청임을 전제로 함). 30점

1. 부동산

　서울시 서초구 서초동 100번지　　대 400㎡

　※ 위 토지는 2021.9.11. 토지거래허가구역으로 지정이 되었다.

　　(위 토지는 서울중앙지방법원 등기국의 관할 구역에 속함)

2. 사실관계

　가. 건물임대업을 하는 박지상은 토지에 건물을 지어 임대하려는 목적으로 새로운 토지를 물색하던 중 마침 나대지인 토지를 찾게 되었다. 이에 박지상이 알아보니, 위 토지는 김소유가 소유권이전등기를 경료하여 소유권을 취득한 상태였다. 박지상은 김소유의 연락처를 알아낸 후 몇 차례 협의를 하였고, 그 결과 2022년 5월 16일 아래와 같은 내용의 지상권을 설정하기로 합의하였다. 이에 김소유와 박지상은 함께 지상권설정등기를 법무사 나합격에게 위임하였으며, 법무사 나합격은 필요한 서면을 갖춘 후 지상권설정등기신청서를 작성해 관할 등기소에 제출하려고 한다.

　나. 지상권설정계약의 주요 내용

　　1) 설정의 목적 : 철근콘크리트조 건물의 소유

　　2) 범위 : 토지의 서북쪽 100제곱미터

　　3) 존속기간 : 2022년 5월 16일부터 30년

　　4) 지료 : 월 금1,000,000원

　　5) 지료지급시기 : 매월 말일

　다. 주소(또는 본점이나 사무소 소재지), 주민등록번호(또는 부동산등기용등록번호) 등

　　1) 김소유 : 서울시 서초구 강남대로 21(서초동), 701115-1201257

　　　　　　　(등기사항증명서상의 주소와 현 주소는 일치함)

　　2) 박지상 : 서울시 서초구 서초대로46길 60, 101동 201호(서초동, 서초아파트), 680515-1684051

　　3) 법무사 나합격 : 서울시 서초구 강남대로 21 (서초동), 전화번호 02-530-6126

3. 답안작성 유의사항

가. 신청서 양식의 첨부서면란 등이 부족할 경우에는 답안지에 기재할 수 있습니다.

나. 신청서 양식의 첨부서면란에는 첨부서면의 명칭과 통수를 기재합니다. 첨부서면의 제공 이유와 근거는 답안지에 간략하게 기재하십시오.

다. 어느 첨부서면을 다른 첨부서면으로 서로 대체할 수 있는 경우 신청서 양식의 첨부서면 란에는 그중 하나를 기재하고, 대체할 수 있는 다른 첨부서면에 대하여는 답안지에 기재 하시기 바랍니다.

라. 위임장은 작성하지 않으셔도 됩니다. 다만 첨부서면으로는 기재하고 그 내용(위임인 등) 도 답안지에 기재하시기 바랍니다.

마. 등록면허세, 등기신청수수료 등 설문에서 정보가 주어지지 않은 것은 신청서에 기재하지 않으셔도 됩니다. 그 밖에 설문에서 주어지지 않은 사항은 고려할 필요가 없습니다.

바. 날인이 필요한 곳에는 "⑩"이라고 기재합니다.

사. 신청서 작성일은 2022년 10월 1일로 합니다.

아. 제시된 주민등록번호나 부동산등기용등록번호는 법령상의 부여 규칙이나 구성 체계 등 과 맞지 않을 수 있으나, 이 점은 고려하지 않으셔도 됩니다.

자. 설문의 부동산과 사실관계는 모두 가상의 것들임을 알려 드립니다.

	지상권설정등기신청				
접 수	년 월 일	처리인	등기관 확인		각종 통지
	제 호				

	부동산의 표시(거래신고관리번호/거래가액)	
규 43①1 규 126② 규 63 등기예규 1298	서울특별시 서초구 서초동 100 대 400m² [등록문서번호 : ○○○번] - 이상 -	
규 43①5	등기원인과 그 연월일	2022년 5월 16일 설정계약
규 43①6	등 기 의 목 적	지상권설정
법 69 규 126①	설 정 의 목 적	철근콘크리트조 건물의 소유
	범 위	토지의 서북쪽 100m²
	존 속 기 간	2022년 5월 16일부터 30년
	지 료	월 금1,000,000원
	지 급 시 기	매월 말일

	구분	성명 (상호·명칭)	주민등록번호 (등기용등록번호)	주소(소재지)	지분 (개인별)
규 43①2	등기의무자	김소유	701115-1201257	서울특별시 서초구 강남대로 21(서초동)	
규 43①2	등기권리자	박지상	680515-1684051	서울특별시 서초구 서초대로46길 60, 101동 201호(서초동, 서초아파트)	

규 44	등 록 면 허 세	금			○○○ 원
	지 방 교 육 세	금			○○○ 원
	농 어 촌 특 별 세	금			○○○ 원
	세 액 합 계	금			○○○ 원
	등 기 신 청 수 수 료	금			○○○ 원
		납부번호 : ○○-○○-○○○○○○○○-○			
		일괄납부 : 건			○○○ 원
	국민주택채권매입총액	금			○○○ 원
	국민주택채권발행번호	○○○○-○○-○○○○-○○○○			
규 43①7	등기의무자의 등기필정보				
	부 동 산 고 유 번 호	○○○○-○○○○-○○○○○○			
	성 명 (명 칭)	일련번호		비밀번호	
		○○○○-○○○○-○○○○		○○-○○○○	

첨 부 서 면　　　간 인

• 지상권설정계약서	1통	• 등록면허세영수필확인서	1통
• 토지거래계약허가서	1통	• 등기신청수수료영수필확인서	1통
• 등기필증(김소유)	1통	• 등기신청위임장(김소유의 인감날인 및	
• 인감증명 등(김소유의 일반인감)	1통	박지상의 날인)	1통
• 주민등록표초본(또는 등본)(박지상)	1통	• 자격자대리인의 등기의무자확인 및 자필서명정보	
		(김소유 확인)	1통
		• 지적도(도면)	영구보존문서

규 43①9	2022년 10월 1일
	위 신청인　　　　　　　　　　㉑　　(전화 :　　　　　)
	㉑　　(전화 :　　　　　)
	(또는) 위 대리인　**법무사 나합격**　직 인　(전화 :　02-530-6126)
	서울특별시 서초구 강남대로 21 (서초동)
규 43①8	**서울중앙 지방법원 등기국 귀중**

- 신청서 작성요령 -

* 1. 부동산표시란에 2개 이상의 부동산을 기재하는 경우에는 그 부동산의 일련번호를 기재하여야
  합니다.
  2. 신청인란 등 해당란에 기재할 여백이 없을 경우에는 별지를 이용합니다.
  3. 담당 등기관이 판단하여 위의 첨부서면 외에 추가적인 서면을 요구할 수 있습니다.

[첨부서면 해설]

1. 지상권설정계약서(규칙 제46조 제1항 제1호 등)

① <u>등기원인을 증명</u>하기 위하여, <u>지상권설정계약서</u>를 제공한다.

② 지상권설정계약서에는 부동산의 표시, 지상권설정의 목적, 범위, 계약연월일, 계약당사자의 인적사항 등이 기재되어 있어야 한다.

2. 토지거래계약허가서(규칙 제46조 제1항 제2호)

<u>토지거래허가구역 내의 토지</u>에 대하여 <u>유상계약(지료의 지급이 있는 지상권설정계약)</u>을 체결하여 지상권설정등기를 신청하는 경우 <u>토지거래계약허가서</u>를 제공한다.

3. 등기필증(김소유)(법 제50조 제2항, 부칙 제2조, 규칙 제43조 제1항 제7호)

① 권리에 관한 등기를 공동으로 신청하는 경우 등기의무자의 등기필증을 제공하여야 하므로, <u>김소유가 소유권취득 후 교부받은 등기필증</u>을 제공한다(법 부칙 제2조).

② 등기의무자가 등기필정보를 소지한 경우에는 <u>일련번호와 비밀번호 등</u>을 신청서에 기재하는 것으로 갈음한다(규칙 제43조 제1항 제7호).

4. 인감증명 등(김소유의 일반인감)(규칙 제60조, 제61조, 제62조)

① <u>소유권자가 등기의무자가 되는 경우</u> 등기의무자의 인감증명을 제공하여야 하므로, <u>김소유의 인감증명</u>을 제공한다(발행일로부터 3월 이내).

② 인감날인 및 인감증명에 갈음하여, 서명하고 <u>본인서명사실확인서</u> 또는 전자본인서명확인서 발급증을 제공할 수 있다.

5. 주민등록표초본(또는 등본)(박지상)(규칙 제46조 제1항 제6호, 제62조 등)

새로이 등기명의인이 되는 <u>등기권리자의 주소 및 주민등록번호</u>를 기입하여야 하므로, 등기권리자 박지상의 주민등록표초본(또는 등본)을 제공한다(발행일로부터 3월 이내).

다만, <u>계약서상의 주소</u>와 <u>등기신청시의 주소</u>가 상이할 경우에는 동일성을 증명하기 위하여 <u>주소변동내역이 포함된 주민등록표초본(또는 등본)</u>을 제공한다.

6. 등록면허세영수필확인서(지방세법 시행령 제49조, 법 제29조 제10호, 규칙 제44조 등)

① <u>지상권설정등기</u>를 신청하는 경우 <u>토지의 시가표준액을 기초로 산정한 등록면허세 등</u>을 신고·납부하여야 하므로, 이를 납부한 영수필확인서를 제공한다.

② 시장·군수·구청장 등으로부터 등록면허세납부서(OCR용지)를 발급받아 금융기관에 세금을 납부한 후 <u>등록면허세영수필확인서</u>를 제공한다.

③ 지방세인터넷납부시스템을 이용하여 납부하고 출력한 <u>등록면허세납부확인서</u>를 첨부할 수 있다.

7. 등기신청수수료영수필확인서(법 제22조 제3항, 법 제29조 제10호, 규칙 제44조 등)

등기를 신청하는 경우 대법원규칙으로 정하는 바에 따라 <u>수수료를 납부하여야 하므로</u>, 이를 납부한 그 영수필확인서를 제공한다.

8. 등기신청위임장(_{김소유의 인감날인 및 박지상의 날인})(규칙 제46조 제1항 제5호, 규칙 제60조 제1항 등)

① 등기신청을 법무사 등 대리인에게 위임하는 경우 대리권한을 증명하여야 하므로, <u>김소유 및 박지상 쌍방으로부터 위임을 받은 등기신청위임장</u>을 제공한다. 등기신청위임장에는 부동산의 표시, 위임인, 수임인 등이 기재되어 있어야 한다.

② 사안의 경우 <u>규칙 제60조 제1항 제1호에 해당하므로</u> 진정성 담보를 위하여 <u>등기의무자인 김소유의 인감을 날인</u>을 한다.

9. 자격자대리인의 등기의무자확인 및 자필서명정보(_{김소유의 확인})(규칙 제46조 제1항 제8호)

공동으로 신청하는 권리에 관한 등기를 자격자대리인이 신청하는 경우 등기의무자인지 여부를 확인하고 자필서명한 정보를 제공하여야 하므로, <u>법무사 나합격이 김소유를 확인</u>하고 작성한 자필서명정보를 제공한다.

10. 지적도(도면)(규칙 126조, 제63조, 등기예규 제1298호)

지적도(도면)은 <u>인터넷등기소 영구보존문서 등록</u>에서 지적도(도면)을 전자문서로 변환한 후 법무사 나합격이 전자서명을 부여하여 등록하고, 부여된 등록문서번호를 신청서의 부동산의 표시란에 기재(예 [등록문서번호 : 100번])하는 방법으로 제공한다.

Ⅱ 지역권설정

다음에 제시된 부동산 및 사실관계와 답안작성 유의사항에 따라 법무사 나합격이 제출할 등기신청서를 작성하고, 필요한 첨부서면의 제공 이유와 근거에 대하여 간략하게 설명하시오(서면에 의한 방문신청임을 전제로 함). 30점

1. 부동산

  1. 서울시 서초구 서초동 205번지   대 400㎡

  2. 서울시 서초구 서초동 231번지   대 200㎡

  (위 부동산은 서울중앙지방법원 등기국의 관할 구역에 속함)

2. 사실관계

  가. 박지역은 김소유와 그 자녀 김일남이 함께 소유하고 있는 여러 개의 부동산 중 일부 토지(위 1. 기재)에 대한 매매계약을 체결하여 그에 따른 소유권이전등기를 경료하였다. 박지역은 매매 목적물인 토지를 이용하여 그 지상에 주유소를 설치하여 경영하고자 하나, 위 토지와 도로의 사이에 통로가 없어 사업에 어려움이 있어 이를 해결하기 위해 김소유와 김일남

이 공유하고 있는 토지 중 도로와 연결된 토지(위 2. 기재)에 대하여 도로를 개설하여 사용하고자 하는 지역권설정계약을 2022년 7월 13일에 체결하였다. 이에 김소유, 김일남과 박지역은 함께 지역권설정등기를 법무사 나합격에게 위임하였으며, 법무사 나합격은 필요한 서면을 갖춘 후 지역권설정등기신청서를 작성해 관할 등기소에 제출하려고 한다.

나. 지역권설정계약의 주요 내용

　　1) 설정의 목적 : 통행

　　2) 범위 : 서북쪽 20제곱미터

　　3) 존속기간 : 2022년 5월 16일부터 30년

　　4) 지료 : 월 금100,000원

　　5) 지료지급시기 : 매월 말일

　　6) 특약 : 지역권은 요역지상의 소유권과 함께 이전하지 않고 요약지상의 소유권 이외의 권리의 목적으로 되지 아니함.

다. 주소(또는 본점이나 사무소 소재지), 주민등록번호(또는 부동산등기용등록번호) 등

　　1) 김소유 : 서울시 서초구 강남대로 21(서초동), 701115-1201257
　　　　　　　 (등기사항증명서상의 주소와 현 주소는 일치함)

　　2) 김일남 : 900504-1674424, 주소는 위 김소유와 일치함.

　　3) 박지역 : 서울시 서초구 서초대로46길 60, 101동 201호(서초동, 서초아파트), 680515-1684051

　　4) 법무사 나합격 : 서울시 서초구 강남대로 21 (서초동), 전화번호 02-530-6126

3. 답안작성 유의사항

가. 신청서 양식의 첨부서면란 등이 부족할 경우에는 답안지에 기재할 수 있습니다.

나. 신청서 양식의 첨부서면란에는 첨부서면의 명칭과 통수를 기재합니다. 첨부서면의 제공 이유와 근거는 답안지에 간략하게 기재하십시오.

다. 어느 첨부서면을 다른 첨부서면으로 서로 대체할 수 있는 경우 신청서 양식의 첨부서면란에는 그중 하나를 기재하고, 대체할 수 있는 다른 첨부서면에 대하여는 답안지에 기재하시기 바랍니다.

라. 위임장은 작성하지 않으셔도 됩니다. 다만 첨부서면으로는 기재하고 그 내용(위임인 등)도 답안지에 기재하시기 바랍니다.

마. 등록면허세, 등기신청수수료 등 설문에서 정보가 주어지지 않은 것은 신청서에 기재하지 않으셔도 됩니다. 그 밖에 설문에서 주어지지 않은 사항은 고려할 필요가 없습니다.

바. 날인이 필요한 곳에는 "⑩"이라고 기재합니다.

사. 신청서 작성일은 2022년 10월 1일로 합니다.

아. 제시된 주민등록번호나 부동산등기용등록번호는 법령상의 부여 규칙이나 구성 체계 등과 맞지 않을 수 있으나, 이 점은 고려하지 않으셔도 됩니다.

자. 설문의 부동산과 사실관계는 모두 가상의 것들임을 알려 드립니다.

지역권설정등기신청				
접 수	년 월 일 제 호	처리인	등기관 확인	각종 통지

부동산의 표시(거래신고관리번호/거래가액)	
규 43①1	승역지 : 서울특별시 서초구 서초동 231 대 200m²
법 70.3 규 127①	요역지 : 서울특별시 서초구 서초동 205 대 400m² [등록문서번호 : ○○○번] - 이상 -
규 127② 규 63	

규 43①5	등기원인과 그 연월일	2022년 7월 13일 설정계약
규 43①6	등 기 의 목 적	지역권설정
	설 정 의 목 적	통행
법 70	범 위	서북쪽 20m²
규 127①	특 약	지역권은 요역지상의 소유권과 함께 이전하지 않고 요역지상의 소유권이외의 권리의 목적으로 되지 아니함

	구분	성명 (상호·명칭)	주민등록번호 (등기용등록번호)	주소(소재지)	지분 (개인별)
규 43①2	등 기 의 무 자	김소유 김일남	701115-1201257 900504-1674424	서울특별시 서초구 강남대로 21(서초동) 서울특별시 서초구 강남대로 21(서초동)	
규 43①2	등 기 권 리 자	박지역	680515-1684051	서울특별시 서초구 서초대로46길 60, 101동 201호(서초동, 서초아파트)	

규 44	등 록 면 허 세	금			○○○	원
	지 방 교 육 세	금			○○○	원
	농 어 촌 특 별 세	금			○○○	원
	세 액 합 계	금			○○○	원
	등 기 신 청 수 수 료	금			○○○	원
		납부번호 : ○○-○○-○○○○○○○○-○				
		일괄납부 : 건			○○○	원
	국민주택채권매입총액	금			○○○	원
	국민주택채권발행번호	○○○○-○○-○○○○-○○○○				

규 43①7	등기의무자의 등기필정보		
부동산고유번호	○○○○-○○○○-○○○○○○		
성명(명칭)	일련번호		비밀번호
	○○○○-○○○○-○○○○		○○-○○○○

첨 부 서 면	간 인

- 지역권설정계약서   1통
- 등기필증(김소유, 김일남)   2통
- 인감증명 등(김소유, 김일남의 일반인감)   2통

- 등록면허세영수필확인서   1통
- 등기신청수수료영수필확인서   1통
- 등기신청위임장(김소유, 김일남의 인감날인 및 박지역의 날인)   1통
- 자격자대리인의 등기의무자확인 및 자필서명정보 (김소유, 김일남 확인)   1통
- 지적도(도면)   영구보존문서

규 43①9	2022년 10월 1일

위 신청인   ㉔ (전화 :   )
                        ㉔ (전화 :   )

(또는) 위 대리인 **법무사 나합격**   직 인 (전화 :   02-530-6126)
서울특별시 서초구 강남대로 21 (서초동)

규 43①8	**서울중앙 지방법원 등기국 귀중**

- 신청서 작성요령 -

＊ 1. 부동산표시란에 2개 이상의 부동산을 기재하는 경우에는 그 부동산의 일련번호를 기재하여야 합니다.

2. 신청인란 등 해당란에 기재할 여백이 없을 경우에는 별지를 이용합니다.

3. 담당 등기관이 판단하여 위의 첨부서면 외에 추가적인 서면을 요구할 수 있습니다.

[첨부서면 해설]

1. 지역권설정계약서(규칙 제46조 제1항 제1호 등)

① 등기원인을 증명하기 위하여, 지역권설정계약서를 제공한다.

② 지역권계약서에는 부동산의 표시, 지역권의 목적, 범위, 계약연월일, 계약당사자의 인적 사항 등이 기재되어 있어야 한다.

2. 등기필증(김소유, 김일남)(법 제50조 제2항, 부칙 제2조, 규칙 제43조 제1항 제7호)

① 권리에 관한 등기를 공동으로 신청하는 경우 등기의무자의 등기필증을 제공하여야 하므로, 김소유, 김일남이 소유권취득 후 교부받은 등기필증을 제공한다(법 부칙 제2조).

② 등기의무자가 등기필정보를 소지한 경우에는 일련번호와 비밀번호 등을 신청서에 기재하는 것으로 갈음한다(규칙 제43조 제1항 제7호).

3. 인감증명 등(김소유, 김일남의 일반인감)(규칙 제60조, 제61조, 제62조)

① 소유권자가 등기의무자가 되는 경우 등기의무자의 인감증명을 제공하여야 하므로, 김소유, 김일남의 인감증명을 제공한다(발행일로부터 3월 이내).

② 인감날인 및 인감증명에 갈음하여, 서명하고 본인서명사실확인서 또는 전자본인서명확인서 발급증을 제공할 수 있다.

4. 등록면허세영수필확인서(지방세법 시행령 제49조, 법 제29조 제10호, 규칙 제44조 등)

① 지역권등기를 신청하는 경우 요역지의 시가표준액을 기초로 산정한 등록면허세 등을 신고・납부하여야 하므로, 이를 납부한 영수필확인서를 제공한다.

② 시장・군수・구청장 등으로부터 등록면허세납부서(OCR용지)를 발급받아 금융기관에 세금을 납부한 후 등록면허세영수필확인서를 제공한다.

③ 지방세인터넷납부시스템을 이용하여 납부하고 출력한 등록면허세납부확인서를 첨부할 수 있다.

5. 등기신청수수료영수필확인서(법 제22조 제3항, 법 제29조 제10호, 규칙 제44조 등)

등기를 신청하는 경우 대법원규칙으로 정하는 바에 따라 수수료를 납부하여야 하므로, 이를 납부한 그 영수필확인서를 제공한다.

6. 등기신청위임장(김소유, 김일남의 인감날인 및 박지역의 날인)(규칙 제46조 제1항 제5호, 규칙 제60조 제1항 등)

① 등기신청을 법무사 등 대리인에게 위임하는 경우 대리권한을 증명하여야 하므로, 김소유, 김일남 및 박지역 쌍방으로부터 위임을 받은 등기신청위임장을 제공한다. 등기신청위임장에는 부동산의 표시, 위임인, 수임인 등이 기재되어 있어야 한다.

② 사안의 경우 규칙 제60조 제1항 제1호에 해당하므로 진정성 담보를 위하여 등기의무자인 김소유, 김일남의 인감을 날인을 한다.

7. 자격자대리인의 등기의무자확인 및 자필서명정보(김소유, 김일남의 확인)(규칙 제46조 제1항 제8호)

   공동으로 신청하는 권리에 관한 등기를 자격자대리인이 신청하는 경우 등기의무자인지 여부를 확인하고 자필서명한 정보를 제공하여야 하므로, 법무사 나합격이 김소유, 김일남을 확인하고 작성한 자필서명정보를 제공한다.

8. 지적도(도면)(규칙 126조, 제63조, 등기예규 제1298호)

   지적도(도면)은 인터넷등기소 영구보존문서 등록에서 지적도(도면)을 전자문서로 변환한 후 법무사 나합격이 전자서명을 부여하여 등록하고, 부여된 등록문서번호를 신청서의 부동산의 표시란에 기재(예 [등록문서번호 : 100번])하는 방법으로 제공한다.

Ⅲ 전세권설정

2021년 법무사 제27회 - 일부변경(날짜, 존속기간)

【문 1】다음에 제시된 부동산 및 사실관계와 답안작성 유의사항에 따라 법무사 최정상이 제출할 등기신청서를 작성하고, 필요한 첨부서면의 제공 이유와 근거에 대하여 간략하게 설명하시오(서면에 의한 방문신청임을 전제로 함). 30점

1. 부동산

   토지 : 경기도 화성시 서신면 송교리 543-21 공장용지 1,500㎡
   건물 : 경기도 화성시 서신면 송교리 543-21
          [도로명주소] 경기도 화성시 서신면 송교산단로 37
          일반철골구조 기타지붕 단층 공장 1,000㎡
          (위 토지와 건물은 수원지방법원 화성등기소의 관할 구역에 속함)

2. 사실관계

   가. 자동차 부품을 생산하는 '주식회사 미래로'의 대표이사 김웅장은 사업 확장을 위해 새로운 공장 건물을 물색하던 중 마침 비어 있던 홍길동 소유의 토지와 건물(위 1. 기재)을 찾게 되었다(등기기록상 위 토지와 건물은 2000년 3월 17일 홍길동 명의로 소유권이전등기가 마쳐져 있다). 대표이사 김웅장이 알아 보니, 홍길동은 재외국민 등록을 한 재외국민이었고 그 토지와 건물은 홍길동의 형님인 홍갑동이 근처에 거주하면서 관리를 하고 있었다. 대표이사 김웅장은 홍갑동을 통해 홍길동의 연락처를 알아낸 후 전화와 이메일로 몇 차례 협의를 하였고, 그 결과 위 토지와 건물 전부에 대해 전세권을 설정하기로 합의하였다. 홍길동은 우리나라에 입국하지 않고 전세권 설정에 관한 일체의 권한을 홍

갑동에게 수여했으며, 홍갑동과 대표이사 김웅장은 2022년 7월 21일 전세권설정계약을 체결하였다. 2022년 8월 3일 대표이사 김웅장은 홍갑동이 지정한 홍길동 명의의 예금계좌로 전세금 전액을 이체했고, 이체된 사실을 확인한 홍갑동은 대표이사 김웅장과 함께 전세권설정등기신청을 법무사 최정상에게 위임하였다. 같은 날 법무사 최정상은 필요한 서면을 갖춘 후 전세권설정등기신청서를 작성해 관할 등기소에 제출하려고 한다.

나. 전세권설정계약의 주요 내용

　　1) 전세금 : 금1,000,000,000원

　　2) 존속기간 : 2022년 8월 3일부터 2026년 8월 3일까지

다. 주소(또는 본점이나 사무소 소재지), 주민등록번호(또는 부동산등기용등록번호) 등

　　1) 주식회사 미래로 : 서울특별시 강남구 강남대로 1357, 110111-1234561

　　2) 대표이사 김웅장 : 서울특별시 강동구 양재대로 2468, 630527-1711113

　　3) 홍길동 : 미국 노스캐롤라이나주 웨이크카운티 캐리시 데이비스드라이브 1977(등기기록상 주소와 일치한다), 720317-1512345

　　4) 홍갑동 : 경기도 화성시 서신면 서신로 211, 700707-1543211

　　5) 법무사 최정상 : 서울특별시 서초구 서초대로 7531, 전화번호 010-1234-4321

3. 답안작성 유의사항

가. 신청서 양식의 첨부서면란 등이 부족할 경우에는 답안지에 기재할 수 있습니다.

나. 신청서 양식의 첨부서면란에는 첨부서면의 명칭과 통수를 기재합니다. 첨부서면의 제공 이유와 근거는 답안지에 간략하게 기재하십시오.

다. 어느 첨부서면을 다른 첨부서면으로 서로 대체할 수 있는 경우 신청서 양식의 첨부서면란에는 그중 하나를 기재하고, 대체할 수 있는 다른 첨부서면에 대하여는 답안지에 기재하시기 바랍니다.

라. 위임장은 작성하지 않으셔도 됩니다. 다만 첨부서면으로는 기재하고 그 내용(위임인 등)도 답안지에 기재하시기 바랍니다.

마. 등록면허세, 등기신청수수료 등 설문에서 정보가 주어지지 않은 것은 신청서에 기재하지 않으셔도 됩니다. 그 밖에 설문에서 주어지지 않은 사항은 고려할 필요가 없습니다.

바. 날인이 필요한 곳에는 "⑪"이라고 기재합니다.

사. 제시된 주민등록번호나 부동산등기용등록번호는 법령상의 부여 규칙이나 구성 체계 등과 맞지 않을 수 있으나, 이 점은 고려하지 않으셔도 됩니다.

아. 설문의 부동산과 사실관계는 모두 가상의 것들임을 알려 드립니다.

PART · 02

전세권설정등기신청

접 수	년 월 일	처리인	등기관 확인	각종 통지
	제 호			

	부동산의 표시(거래신고관리번호/거래가액)
규 43①1	1. 경기도 화성시 서신면 송교리 543-21 공장용지 1,500m² 2. 경기도 화성시 서신면 송교리 543-21 　　[도로명주소] 경기도 화성시 서신면 송교산단로 37 　　일반철골구조 기타지붕 단층 공장 1,000m² - 이상 -
규 43①5	등기원인과 그 연월일 : 2022년 7월 21일 설정계약
규 43①6	등 기 의 목 적 : 전세권설정
법 72① 규 128①	전 세 금 : 금 1,000,000,000원
	전세권의 목적인 범위 : 토지와 건물 전부
	존 속 기 간 : 2022년 8월 3일부터 2026년 8월 3일까지

	구분	성명 (상호·명칭)	주민등록번호 (등기용등록번호)	주소(소재지)	지분 (개인별)
규 43①2	등기의무자	홍길동	720317-1512345	미국 노스캐롤라이나주 웨이크카운티 캐러시 데이비스드라이브 1977	
규 43①2 규 43①3	등기권리자	주식회사 미래로 대표이사 김웅장	110111-1234561	서울특별시 강남구 강남대로 1357 서울특별시 강동구 양재대로 2468	

규 44	등 록 면 허 세	금	○○○ 원
	지 방 교 육 세	금	○○○ 원
	농 어 촌 특 별 세	금	○○○ 원
	세 액 합 계	금	○○○ 원
	등 기 신 청 수 수 료	금	○○○ 원
		납부번호 : ○○-○○-○○○○○○○○-○	
		일괄납부 : 건	○○○ 원

규 43①7	등기의무자의 등기필정보	
부 동 산 고 유 번 호	○○○○-○○○○-○○○○○○	
성 명 (명 칭)	일련번호	비밀번호
	○○○○-○○○○-○○○○	○○-○○○○

첨 부 서 면　　　　| 간 인 |

- 전세권설정계약서　　　　　　1통
- 처분위임장(홍길동, 재외공관의 인증)　1통
- 재외국민등록부등본(홍길동)　1통
- 등기필증(홍길동)　　　　　　1통
- 인감증명 등(홍길동)　　　　　1통
- 법인등기사항(전부)증명서(주식회사 미래로) 1통
- 등록면허세영수필확인서　　　1통
- 등기신청수수료영수필확인서　1통
- 등기신청위임장(홍길동의 인감날인 및 주식회사 미래로의 대표이사 김웅장의 날인)　1통
- 자격자대리인의 등기의무자확인 및 자필서명정보 (홍길동 확인)　　　　　　1통

규 43①9	2022년 8월 3일

　　　위 신청인　　　　　　　⑪　(전화 :　　　　)
　　　　　　　　　　　　　　⑪　(전화 :　　　　)

　　　(또는) 위 대리인　**법무사 최정상**　| 직 인 |　(전화 : 010-1234-4321)
　　　　　　　　　　　서울특별시 서초구 서초대로 7531

규 43①8	**수원** 지방법원 **화성등기소** 귀중

- 신청서 작성요령 -

* 1. 부동산표시란에 2개 이상의 부동산을 기재하는 경우에는 그 부동산의 일련번호를 기재하여야 합니다.
  2. 신청인란 등 해당란에 기재할 여백이 없을 경우에는 별지를 이용합니다.
  3. 담당 등기관이 판단하여 위의 첨부서면 외에 추가적인 서면을 요구할 수 있습니다.

[첨부서면 해설]

1. 전세권설정계약서(규칙 제46조 제1항 제1호 등)

① 등기원인을 증명하여야 하므로 전세권설정계약서를 제공한다. 전세권설정계약서에는 부동산의 표시, 전세금, 전세권의 목적인 범위, 계약당사자의 인적사항, 계약연월일 등이 기재되어 있어야 한다.

② 전세권설정계약서는 처분권한을 위임받은 대리인(홍갑동)이 본인(홍길동)의 대리인임을 현명하고 대리인의 자격으로 주식회사 미래로(대표이사 김웅장)와 작성한다.

2. 처분위임장(홍길동, 재외공관의 인증)(등기예규, 규칙 제46조 제1항 제1호, 제5호 등)

① 재외국민인 홍길동이 입국하지 않고 처분행위를 하는 경우이므로, 처분권한을 증명하기 위하여 처분위임장을 제공한다.

처분위임장은 ⓐ 처분대상 부동산, ⓑ 처분목적의 권리, ⓒ 대리인의 인적사항을 특정하여 작성하여야 한다.

② 홍길동의 처분권한 위임의사를 확인하기 위하여 원칙적으로 인감을 날인하고 인감증명을 제공하나, 대한민국 재외공관의 인증을 받음으로 갈음할 수 있다(규칙 제61조 제3항).

사안의 경우 국내입국하지 않고 처분위임을 하는 경우이므로, 미국주재 대한민국 재외공관의 인증을 받은 처분위임장을 제공한다.

③ 선례에 따르면, 본국 관공서의 증명이나 본국 공증인의 인증으로 인감증명을 갈음한 경우 그 증명이나 인증은 아포스티유 확인 대상이라 할 것이나, 대한민국 재외공관의 인증으로 인감증명을 갈음하는 경우 그 인증은 외국에서 발행된 공문서(또는 외국 공증인이 공증한 문서)가 아니므로 아포스티유 확인의 대상이 아니라고 한다(선례 제202303-2호). 따라서 위 처분위임장과 관련하여 아포스티유를 붙일 필요는 없다.

3. 재외국민등록부등본(홍길동)(등기예규)

규칙 제60조 제1항 제1호에 해당하는 처분권한을 수여하면서 인감날인에 갈음하여 재외공관의 확인을 받는 경우에는 재외국민등록부등본을 제공한다.

4. 등기필증(홍길동)(법 제50조 제2항, 부칙 제2조, 규칙 제43조 제1항 제7호)

① 권리에 관한 등기를 공동으로 신청하는 경우 등기의무자의 등기필증을 제공하여야 하므로, 홍길동이 소유권취득 후 교부받은 등기필증을 제공한다(법 부칙 제2조).

② 만약 등기필정보를 멸실하였다면, 처분위임장에 '등기필정보를 멸실(분실)하였다'는 등기필정보 멸실의 뜻을 기재하여 대한민국 재외공관의 인증을 받아 제공한다.

5. 인감증명 등(홍갑동)(규칙 제60조 제2항)

① 재외국민인 홍길동의 인감은 제공할 필요가 없다.

② 규칙 제60조 제1항 제1호에 해당하는 전세권설정등기의 처분권한을 수임받은 경우 그 대리인(홍갑동)의 인감증명을 제공한다.

6. 법인등기사항(전부)증명서(주식회사 미래로)(규칙 제46조 제1항 제6호)

신청인이 법인인 경우에는 법인의 명칭, 사무소소재지, 부동산등기용등록번호, 대표자의 자격 및 인적사항을 증명하기 위하여, 주식회사 주식회사 미래로의 법인등기사항(전부)증명서를 제공한다(발행일로부터 3월 이내).

7. 등록면허세영수필확인서(지방세법 시행령 제49조, 법 제29조 제10호, 규칙 제44조 등)

① 전세권설정등기를 신청하는 경우 전세금을 기초로 산정한 등록면허세 등을 신고·납부하여야 하므로, 이를 납부한 영수필확인서를 제공한다.

② 시장·군수·구청장 등으로부터 등록면허세납부서(OCR용지)를 발급받아 금융기관에 세금을 납부한 후 등록면허세영수필확인서를 제공한다.

③ 지방세인터넷납부시스템을 이용하여 납부하고 출력한 등록면허세납부확인서를 첨부할 수 있다.

8. 등기신청수수료영수필확인서(법 제22조 제3항, 법 제29조 제10호, 규칙 제44조 등)

등기를 신청하는 경우 대법원규칙으로 정하는 바에 따라 수수료를 납부하여야 하므로, 이를 납부한 그 영수필확인서를 제공한다.

9. 등기신청위임장(홍갑동의 인감날인 및 주식회사 미래로의 날인)(규칙 제46조 제1항 제5호, 규칙 제60조 제1항 등)

① 등기신청을 법무사 등 대리인에게 위임하는 경우 대리권한을 증명하여야 하므로, 처분권한을 수여받은 대리인(홍갑동) 및 주식회사 미래로의 대표이사 김웅장 쌍방으로부터 위임을 받은 등기신청위임장을 제공한다. 등기신청위임장에는 부동산의 표시, 위임인, 수임인 등이 기재되어 있어야 한다.

② 사안의 경우 규칙 제60조 제1항 제1호에 해당하므로 진정성 담보를 위하여 처분권한을 수여받은 대리인(홍갑동)의 인감을 날인을 한다.

10. 자격자대리인의 등기의무자확인 및 자필서명정보(홍길동 확인) 규칙 제46조 제1항 제8호)

① 공동으로 신청하는 권리에 관한 등기 등을 자격자대리인이 신청하는 경우 등기의무자인지 여부를 확인하고 자필서명한 정보를 제공하여야 하므로, 법무사 최정상이 홍길동을 확인하고 작성한 자필서명정보를 제공한다.

② 홍길동은 현재 입국하지 않고 있으므로, 화상통화 등의 방법으로 본인확인을 하여야 한다.

전세권설정등기신청

접 수	년 월 일	처리인	등기관 확인	각종 통지
	제 호			

	부동산의 표시(거래신고관리번호/거래가액)
규 43①1	1동의 건물의 표시 　　서울특별시 서초구 서초동 100, 101 서초아파트 가동 　　[도로명주소] 서울특별시 서초구 서초대로123길 1 전유부분의 건물의 표시 　건물의 번호 : 가-1-101 　구　　　조 : 철근콘크리트조 　면　　　적 : 제1층 제101호 96m² 대지권의 표시 　대지권의 목적인 토지의 표시 　　　　1. 서울특별시 서초구 서초동 100　　대 1,400m² 　　　　2. 서울특별시 서초구 서초동 101　　대 1,600m² 　　대지권의 종류 : 1,2　소유권대지권 　　대지권의 비율 : 1,2　3,000분의 50 - 이상 -
규 43①5	등기원인과 그 연월일　2022년 7월 21일　설정계약
규 43①6	등 기 의 목 적　전세권설정

법 72① 규 128①	전 세 금	금 1,000,000,000원
	전세권의 목적인 범위	건물 전부
	존 속 기 간	2022년 8월 3일부터 2026년 8월 3일까지

	구분	성명 (상호·명칭)	주민등록번호 (등기용등록번호)	주소(소재지)	지분 (개인별)
규 43①2	등기의무자	홍길동	720317-1512345	미국 노스캐롤라이나주 웨이크카운티 캐러시 데이비스드라이브 1977	
규 43①2 규 43①3	등기권리자	주식회사 미래로 대표이사 김웅장	110111-1234561	서울특별시 강남구 강남대로 1357 서울특별시 강동구 양재대로 2468	

PART · 02

Ⅳ 임차권설정

1. 민법상 임차권

다음에 제시된 부동산 및 사실관계와 답안작성 유의사항에 따라 법무사 나합격이 제출할 등기신청서를 작성하고, 필요한 첨부서면의 제공 이유와 근거에 대하여 간략하게 설명하시오(서면에 의한 방문신청임을 전제로 함). 30점

1. 부동산

   서울 서초구 서초동 100번지

   [도로명주소] 서울특별시 서초구 서초대로 201

   철근콘크리트조 슬래브지붕 4층 주택

   1층 200㎡, 2층 200㎡, 3층 200㎡, 4층 200㎡

   (위 부동산은 서울중앙지방법원 등기국의 관할 구역에 속함)

2. 사실관계

   가. 지방에서 서울에 취직하여 서울로 상경한 청년 박임차는 거주할 곳을 물색하던 중 아는 지인의 소개로 위 부동산의 소유자인 김소유와 2022년 8월 23일 임차권설정계약을 체결하였다. 이에 김소유와 박임차는 함께 임차권설정등기를 법무사 나합격에게 위임하였으며, 법무사 나합격은 필요한 서면을 갖춘 후 의뢰인들의 의사에 부합하는 등기신청서를 작성해 관할 등기소에 제출하려고 한다.

   나. 계약의 주요 내용

   1) 임차보증금 : 금 1억원

   2) 차임 : 금 70만원

   3) 범위 : 건물 4층 전부

   4) 차임지급시기 : 매월 말일

   5) 존속기간 : 2022년 9월 23일부터 2024년 9월 22일까지

   다. 주소(또는 본점이나 사무소 소재지), 주민등록번호(또는 부동산등기용등록번호) 등

   1) 김소유 : 서울시 서초구 강남대로 21(서초동), 701115-1201257

   　　　　　　 (등기사항증명서상의 주소와 현 주소는 일치함)

   2) 박임차 : 서울시 서초구 서초대로46길 60, 101동 201호(서초동, 서초아파트), 680515-1684051

   3) 법무사 나합격 : 서울시 서초구 강남대로 21 (서초동), 전화번호 02-530-6126

3. 답안작성 유의사항

   가. 신청서 양식의 첨부서면란 등이 부족할 경우에는 답안지에 기재할 수 있습니다.

나. 신청서 양식의 첨부서면란에는 첨부서면의 명칭과 통수를 기재합니다. 첨부서면의 제공 이유와 근거는 답안지에 간략하게 기재하십시오.

다. 어느 첨부서면을 다른 첨부서면으로 서로 대체할 수 있는 경우 신청서 양식의 첨부서면란에는 그중 하나를 기재하고, 대체할 수 있는 다른 첨부서면에 대하여는 답안지에 기재하시기 바랍니다.

라. 위임장은 작성하지 않으셔도 됩니다. 다만 첨부서면으로는 기재하고 그 내용(위임인 등)도 답안지에 기재하시기 바랍니다.

마. 등록면허세, 등기신청수수료 등 설문에서 정보가 주어지지 않은 것은 신청서에 기재하지 않으셔도 됩니다. 그 밖에 설문에서 주어지지 않은 사항은 고려할 필요가 없습니다.

바. 날인이 필요한 곳에는 "⑩"이라고 기재합니다.

사. 신청서 작성일은 2022년 10월 1일로 합니다.

아. 제시된 주민등록번호나 부동산등기용등록번호는 법령상의 부여 규칙이나 구성 체계 등과 맞지 않을 수 있으나, 이 점은 고려하지 않으셔도 됩니다.

자. 설문의 부동산과 사실관계는 모두 가상의 것들임을 알려 드립니다.

<table>
<tr><td colspan="5" align="center">임차권설정등기신청</td></tr>
</table>

접 수	년 월 일	처리인	등기관 확인	각종 통지
	제 호			

부동산의 표시(거래신고관리번호/거래가액)	
규 43①1	서울특별시 서초구 서초동 100 [도로명주소] 서울특별시 서초구 서초대로 201 철근콘크리트조 슬래브지붕 4층 주택 　1층 200m²　2층 200m² 　3층 200m²　4층 200m² - 이상 -
규 43①5 등기원인과 그 연월일	2022년 8월 23일　설정계약
규 43①6 등 기 의 목 적	임차권설정
법 74 규 130 임 차 보 증 금	금 100,000,000원
차 임	금 700,000원
차 임 지 급 시 기	매월 말일
범 위	건물 4층 전부
존 속 기 간	2022년 9월 23일부터 2024년 9월 22일까지

	구분	성명 (상호·명칭)	주민등록번호 (등기용등록번호)	주소(소재지)	지분 (개인별)
규 43①2	등기의무자	김소유	701115-1201257	서울특별시 서초구 강남대로 21(서초동)	
규 43①2	등기권리자	박임차	680515-1684051	서울특별시 서초구 서초대로46길 60, 101동 201호(서초동, 서초아파트)	

규 44	등 록 면 허 세	금		○○○ 원
	지 방 교 육 세	금		○○○ 원
	농 어 촌 특 별 세	금		○○○ 원
	세 액 합 계	금		○○○ 원
	등 기 신 청 수 수 료	금		○○○ 원
		납부번호 : ○○-○○-○○○○○○○○-○		
		일괄납부 : 건		○○○ 원
	국민주택채권매입총액	금		○○○ 원
	국민주택채권발행번호	○○○○-○○-○○○○-○○○○		

규 43①7	등기의무자의 등기필정보		
	부동산고유번호	○○○○-○○○○-○○○○○○	
	성명(명칭)	일련번호	비밀번호
		○○○○-○○○○-○○○○	○○-○○○○

<table>
<tr><td colspan="2" align="center">첨 부 서 면 　　간 인</td></tr>
<tr><td>

• 임차권설정계약서 　　　　　　　1통
• 등기필증(김소유) 　　　　　　　1통
• 인감증명 등(김소유) 　　　　　　1통
• 주민등록표초본(또는 등본)(박임차) 1통
</td><td>

• 등록면허세영수필확인서 　　　　1통
• 등기신청수수료영수필확인서 　　1통
• 등기신청위임장(김소유의 인감날인 및
　　　　　　　　박임차의 날인) 　1통
• 자격자대리인의 등기의무자확인 및 자필서명정보
　(김소유 확인) 　　　　　　　　1통
</td></tr>
</table>

규 43①9	2022년 10월 1일
	위 신청인　　　　　　　　㉑　(전화 :　　　　)
	㉑　(전화 :　　　　)
	(또는) 위 대리인　법무사 나합격　직 인 (전화 :　02-530-6126)
	서울특별시 서초구 강남대로 21 (서초동)
규 43①8	서울중앙 지방법원 등기국 귀중

- 신청서 작성요령 -

* 1. 부동산표시란에 2개 이상의 부동산을 기재하는 경우에는 그 부동산의 일련번호를 기재하여야 합니다.

2. 신청인란 등 해당란에 기재할 여백이 없을 경우에는 별지를 이용합니다.

3. 담당 등기관이 판단하여 위의 첨부서면 외에 추가적인 서면을 요구할 수 있습니다.

[첨부서면 해설]

1. 임차권설정계약서(규칙 제46조 제1항 제1호 등)

① 등기원인을 증명하기 위하여, 임차권설정계약서를 제공한다.

② 임차권설정계약서에는 부동산의 표시, 차임, 범위, 계약연월일, 계약당사자의 인적사항 등이 기재되어 있어야 한다.

2. 등기필증(김소유)(법 제50조 제2항, 부칙 제2조, 규칙 제43조 제1항 제7호)

① 권리에 관한 등기를 공동으로 신청하는 경우 등기의무자의 등기필증을 제공하여야 하므로, 김소유가 소유권취득 후 교부받은 등기필증을 제공한다(법 부칙 제2조).

② 등기의무자가 등기필정보를 소지한 경우에는 일련번호와 비밀번호 등을 신청서에 기재하는 것으로 갈음한다(규칙 제43조 제1항 제7호).

3. 인감증명 등(김소유의 일반인감)(규칙 제60조, 제61조, 제62조)

① 소유권자가 등기의무자가 되는 경우 등기의무자의 인감증명을 제공하여야 하므로, 김소유의 인감증명을 제공한다(발행일로부터 3월 이내).

② 인감날인 및 인감증명에 갈음하여, 서명하고 본인서명사실확인서 또는 전자본인서명확인서 발급증을 제공할 수 있다.

4. 주민등록표초본(또는 등본)(박임차)(규칙 제46조 제1항 제6호, 제62조 등)

새로이 등기명의인이 되는 등기권리자의 주소 및 주민등록번호를 기입하여야 하므로, 등기권리자 박임차의 주민등록표초본(또는 등본)을 제공한다(발행일로부터 3월 이내).

다만, 계약서상의 주소와 등기신청 시의 주소가 상이할 경우에는 동일성을 증명하기 위하여 주소변동내역이 포함된 주민등록표초본(또는 등본)을 제공한다.

5. 등록면허세영수필확인서(지방세법 시행령 제49조, 법 제29조 제10호, 규칙 제44조 등)

임차권등기를 신청하는 경우 차임을 기초로 산정한 등록면허세 등을 신고·납부하여야 하므로, 이를 납부한 영수필확인서를 제공한다. 시장·군수·구청장 등으로부터 등록면허세납부서(OCR용지)를 발급받아 금융기관에 세금을 납부한 후 등록면허세영수필확인서를 제공한다. 지방세인터넷납부시스템을 이용하여 납부하고 출력한 등록면허세납부확인서를 첨부할 수 있다.

6. 등기신청수수료영수필확인서(법 제22조 제3항, 법 제29조 제10호, 규칙 제44조 등)

등기를 신청하는 경우 대법원규칙으로 정하는 바에 따라 수수료를 납부하여야 하므로, 이를 납부한 그 영수필확인서를 제공한다.

PART · 02

7. 등기신청위임장(김소유의 인감날인 및 박임차의 날인)(규칙 제46조 제1항 제5호, 규칙 제60조 제1항 등)

① 등기신청을 법무사 등 대리인에게 위임하는 경우 대리권한을 증명하여야 하므로, 김소유 및 박임차 쌍방으로부터 위임을 받은 등기신청위임장을 제공한다. 등기신청위임장에는 부동산의 표시, 위임인, 수임인 등이 기재되어 있어야 한다.

② 사안의 경우 규칙 제60조 제1항 제1호에 해당하므로 진정성 담보를 위하여 등기의무자인 김소유의 인감을 날인을 한다.

8. 자격자대리인의 등기의무자확인 및 자필서명정보(김소유의 확인)(규칙 제46조 제1항 제8호)

공동으로 신청하는 권리에 관한 등기를 자격자대리인이 신청하는 경우 등기의무자인지 여부를 확인하고 자필서명한 정보를 제공하여야 하므로, 법무사 나합격이 김소유를 확인하고 작성한 자필서명정보를 제공한다.

2. 주임법상 임차권

다음에 제시된 부동산 및 사실관계와 답안작성 유의사항에 따라 법무사 나합격이 제출할 등기신청서를 작성하고, 필요한 첨부서면의 제공 이유와 근거에 대하여 간략하게 설명하시오(서면에 의한 방문신청임을 전제로 함). 30점

1. 부동산

서울 서초구 서초동 100번지
[도로명주소] 서울특별시 서초구 서초대로 201
철근콘크리트조 슬래브지붕 4층 주택
1층 200㎡, 2층 200㎡, 3층 200㎡, 4층 200㎡
(위 부동산은 서울중앙지방법원 등기국의 관할 구역에 속함)

2. 사실관계

가. 지방에서 서울에 취직하여 서울로 상경한 청년 박임차는 거주할 곳을 물색하던 중 아는 지인의 소개로 위 부동산의 소유자인 김소유와 2022년 8월 23일 주택임차권설정계약을 체결하였다. 이에 김소유와 박임차는 함께 주택임차권설정등기를 법무사 나합격에게 위임하였으며, 법무사 나합격은 필요한 서면을 갖춘 후 주택임차권설정등기신청서를 작성해 관할 등기소에 제출하려고 한다.

나. 주택임차권설정계약의 주요 내용
1) 임차보증금 : 금 1억원
2) 차임 : 금 70만원

  3) 범위 : 건물 4층 전부

  4) 차임지급시기 : 매월 말일

  5) 존속기간 : 2022년 9월 23일부터 2024년 9월 22일까지

  6) 박임차는 주택임차권설정계약을 체결한 후 2022년 9월 23일부터 점유를 개시하였으며, 같은 날 인근 주민센터에 방문하여 전입신고 및 확정일자를 부여받았음.

 다. 주소(또는 본점이나 사무소 소재지), 주민등록번호(또는 부동산등기용등록번호) 등

  1) 김소유 : 서울시 서초구 강남대로 21(서초동), 701115-1201257

     (등기사항증명서상의 주소와 현 주소는 일치함)

  2) 박임차 : 서울시 서초구 서초대로46길 60, 101동 201호(서초동, 서초아파트), 680515-1684051

  3) 법무사 나합격 : 서울시 서초구 강남대로 21 (서초동), 전화번호 02-530-6126

3. 답안작성 유의사항

 가. 신청서 양식의 첨부서면란 등이 부족할 경우에는 답안지에 기재할 수 있습니다.

 나. 신청서 양식의 첨부서면란에는 첨부서면의 명칭과 통수를 기재합니다. 첨부서면의 제공 이유와 근거는 답안지에 간략하게 기재하십시오.

 다. 어느 첨부서면을 다른 첨부서면으로 서로 대체할 수 있는 경우 신청서 양식의 첨부서면란에는 그중 하나를 기재하고, 대체할 수 있는 다른 첨부서면에 대하여는 답안지에 기재하시기 바랍니다.

 라. 위임장은 작성하지 않으셔도 됩니다. 다만 첨부서면으로는 기재하고 그 내용(위임인 등)도 답안지에 기재하시기 바랍니다.

 마. 등록면허세, 등기신청수수료 등 설문에서 정보가 주어지지 않은 것은 신청서에 기재하지 않으셔도 됩니다. 그 밖에 설문에서 주어지지 않은 사항은 고려할 필요가 없습니다.

 바. 날인이 필요한 곳에는 "⑩"이라고 기재합니다.

 사. 신청서 작성일은 2022년 10월 1일로 합니다.

 아. 제시된 주민등록번호나 부동산등기용등록번호는 법령상의 부여 규칙이나 구성 체계 등과 맞지 않을 수 있으나, 이 점은 고려하지 않으셔도 됩니다.

 자. 설문의 부동산과 사실관계는 모두 가상의 것들임을 알려 드립니다.

<table>
<tr><td colspan="5" align="center">주택임차권설정등기신청</td></tr>
<tr><td rowspan="2">접 수</td><td>년 월 일</td><td rowspan="2">처리인</td><td>등기관 확인</td><td>각종 통지</td></tr>
<tr><td>제   호</td><td></td><td></td></tr>
</table>

	부동산의 표시(거래신고관리번호/거래가액)	
규 43①1	서울특별시 서초구 서초동 100 [도로명주소] 서울특별시 서초구 서초대로 201 　　철근콘크리트조 슬래브지붕 4층 주택 　　　　1층 200m²　 2층 200m² 　　　　3층 200m²　 4층 200m² 　　　　　　　　　　　- 이상 -	
규 43①5	등기원인과 그 연월일	2022년 8월 23일　　설정계약
규 43①6	등 기 의 목 적	주택임차권설정
법 74 규 130	임 차 보 증 금	금 100,000,000원
	차　　　　　임	금 700,000원
	차 임 지 급 시 기	매월 말일
	범　　　　　위	건물 4층 전부
	존 속 기 간	2022년 9월 23일부터 2024년 9월 22일까지
주임법 3조의4 등기예규 1688	주 민 등 록 일 자	2022년 9월 23일
	점 유 개 시 일 자	2022년 9월 23일
	확 정 일 자	2022년 9월 23일

구분	성명 (상호·명칭)	주민등록번호 (등기용등록번호)	주소(소재지)	지분 (개인별)
규 43①2 / 등기의무자	김소유	701115-1201257	서울특별시 서초구 강남대로 21(서초동)	
규 43①2 / 등기권리자	박임차	680515-1684051	서울특별시 서초구 서초대로46길 60, 101동 201호(서초동, 서초아파트)	

규 44	등 록 면 허 세	금		○○○ 원
	지 방 교 육 세	금		○○○ 원
	농 어 촌 특 별 세	금		○○○ 원
	세 액 합 계	금		○○○ 원
	등 기 신 청 수 수 료	금		○○○ 원
		납부번호 : ○○-○○-○○○○○○○○-○		
		일괄납부 :	건	○○○ 원
	국민주택채권매입총액	금		○○○ 원
	국민주택채권발행번호	○○○○-○○-○○○○-○○○○		

규 43①7	등기의무자의 등기필정보		
부동산고유번호	○○○○-○○○○-○○○○○○		
성명(명칭)	일련번호		비밀번호
	○○○○-○○○○-○○○○		○○-○○○○

첨 부 서 면	간 인

• 주택임차권설정계약서	1통	• 등록면허세영수필확인서	1통
• 점유사실확인서(김소유 작성)	1통	• 등기신청수수료영수필확인서	1통
• 등기필증(김소유)	1통	• 등기신청위임장(김소유의 인감날인 및	
• 인감증명 등(김소유)	1통	박임차의 날인)	1통
• 주민등록표초본(또는 등본)(박임차)	1통	• 자격자대리인의 등기의무자확인 및 자필서명정보	
		(김소유 확인)	1통

규 43①9	2022년 10월 1일
	위 신청인　　　　　　　　　　⑪　(전화 :　　　)
	⑪　(전화 :　　　)
	(또는) 위 대리인　**법무사 나합격**　직인　(전화 :　02-530-6126)
	서울특별시 서초구 강남대로 21 (서초동)

규 43①8	**서울중앙** 지방법원 **등기국** 귀중

- 신청서 작성요령 -

＊ 1. 부동산표시란에 2개 이상의 부동산을 기재하는 경우에는 그 부동산의 일련번호를 기재하여야 합니다.

2. 신청인란 등 해당란에 기재할 여백이 없을 경우에는 별지를 이용합니다.

3. 담당 등기관이 판단하여 위의 첨부서면 외에 추가적인 서면을 요구할 수 있습니다.

「주택임대차보호법」 제3조의4(「민법」에 따른 주택임대차등기의 효력 등)

① 「민법」 제621조에 따른 주택임대차등기의 효력에 관하여는 제3조의3 제5항 및 제6항을 준용한다.

② 임차인이 대항력이나 우선변제권을 갖추고 「민법」 제621조 제1항에 따라 임대인의 협력을 얻어 임대차등기를 신청하는 경우에는 신청서에 「부동산등기법」 제74조 제1호부터 제6호까지의 사항 외에 다음 각 호의 사항을 적어야 하며, 이를 증명할 수 있는 서면(임대차의 목적이 주택의 일부분인 경우에는 해당 부분의 도면을 포함한다)을 첨부하여야 한다. 〈개정 2011.4.12, 2020.2.4.〉

1. 주민등록을 마친 날
2. 임차주택을 점유(점유)한 날
3. 임대차계약증서상의 확정일자를 받은 날

[전문개정 2008.3.21.]

임차권등기에 관한 업무처리지침(등기예규 1688)

2. 당사자의 신청에 의한 임차권설정등기

  가. 신청서의 기재사항

    2) 「주택임대차보호법」 제3조의4에 의한 주택임차권설정등기(이하 "주택임차권설정등기"라 한다)의 경우

    주택임차인이 「주택임대차보호법」 제3조의4 제2항의 규정에 의하여 임대인의 협력을 얻어 주택임차권설정등기를 신청하는 때에는, 신청서에 위 1)에서 정한 사항 이외에 **주민등록을 마친 날과 임차주택을 점유하기 시작한 날**(「주택임대차보호법」 제3조 제2항의 규정에 따른 대항력을 취득한 경우에는 지방자치단체장 또는 해당 법인이 선정한 입주자가 주민등록을 마친 날과 그 주택을 점유하기 시작한 날을 말한다. 이하 같다)을 기재하여야 하고, 주택임차인이 「주택임대차보호법」 제3조의2 제2항의 요건을 갖춘 때에는 임대차계약증서(「주택임대차보호법」 제3조 제2항의 경우에는 법인과 임대인 사이의 임대차계약증서를 말한다. 이하 같다)상의 **확정일자를 받은 날**도 기재하여야 한다.

[첨부서면 해설]

1. 주택임차권설정계약서(규칙 제46조 제1항 제1호 등)

① 등기원인을 증명하기 위하여, 주택임차권설정계약서를 제공한다.
② 주택임차권설정계약서에는 부동산의 표시, 차임, 범위, 계약연월일, 계약당사자의 인적사항 등이 기재되어 있어야 한다.

2. 점유사실확인서(김소유 작성)(규칙 제46조 제1항 제1호 등)

주택임차권설정등기를 신청 시 임차주택을 점유하기 시작한 날을 증명하는 서면으로 임대인(김소유)가 작성한 점유사실확인서를 제공한다.

3. 등기필증(김소유)(법 제50조 제2항, 부칙 제2조, 규칙 제43조 제1항 제7호)

① 권리에 관한 등기를 공동으로 신청하는 경우 등기의무자의 등기필증을 제공하여야 하므로, 김소유가 소유권취득 후 교부받은 등기필증을 제공한다(법 부칙 제2조).
② 등기의무자가 등기필정보를 소지한 경우에는 일련번호와 비밀번호 등을 신청서에 기재하는 것으로 갈음한다(규칙 제43조 제1항 제7호).

4. 인감증명 등(김소유의 일반인감)(규칙 제60조, 제61조, 제62조)

① 소유권자가 등기의무자가 되는 경우 등기의무자의 인감증명을 제공하여야 하므로, 김소유의 인감증명을 제공한다(발행일로부터 3월 이내).
② 인감날인 및 인감증명에 갈음하여, 서명하고 본인서명사실확인서 또는 전자본인서명확인서 발급증을 제공할 수 있다.

5. 주민등록표초본(또는 등본)(박임차)(규칙 제46조 제1항 제6호, 제62조 등)

새로이 등기명의인이 되는 등기권리자의 주소 및 주민등록번호를 기입하여야 하므로, 등기권리자 박임차의 주민등록표초본(또는 등본)을 제공한다(발행일로부터 3월 이내).
다만, 계약서상의 주소와 등기신청 시의 주소가 상이할 경우에는 동일성을 증명하기 위하여 주소변동내역이 포함된 주민등록표초본(또는 등본)을 제공한다.

6. 등록면허세영수필확인서(지방세법 시행령 제49조, 법 제29조 제10호, 규칙 제44조 등)

주택임차권등기를 신청하는 경우 차임을 기초로 산정한 등록면허세 등을 신고·납부하여야 하므로, 이를 납부한 영수필확인서를 제공한다. 시장·군수·구청장 등으로부터 등록면허세 납부서(OCR용지)를 발급받아 금융기관에 세금을 납부한 후 등록면허세영수필확인서를 제공한다. 지방세인터넷납부시스템을 이용하여 납부하고 출력한 등록면허세납부확인서를 첨부할 수 있다.

7. 등기신청수수료영수필확인서(법 제22조 제3항, 법 제29조 제10호, 규칙 제44조 등)

등기를 신청하는 경우 대법원규칙으로 정하는 바에 따라 <u>수수료를 납부하여야 하므로</u>, 이를 납부한 그 영수필확인서를 제공한다.

8. 등기신청위임장(김소유의 인감날인 및 박임차의 날인)(규칙 제46조 제1항 제5호, 규칙 제60조 제1항 등)

① 등기신청을 법무사 등 대리인에게 위임하는 경우 대리권한을 증명하여야 하므로, <u>김소유 및 박임차 쌍방으로부터 위임을 받은</u> 등기신청위임장을 제공한다. 등기신청위임장에는 부동산의 표시, 위임인, 수임인 등이 기재되어 있어야 한다.

② 사안의 경우 <u>규칙 제60조 제1항 제1호에 해당하므로</u> 진정성 담보를 위하여 <u>등기의무자인 김소유의 인감을 날인</u>을 한다.

9. 자격자대리인의 등기의무자확인 및 자필서명정보(김소유의 확인)(규칙 제46조 제1항 제8호)

공동으로 신청하는 권리에 관한 등기를 자격자대리인이 신청하는 경우 등기의무자인지 여부를 확인하고 자필서명한 정보를 제공하여야 하므로, <u>법무사 나합격이 김소유를 확인</u>하고 작성한 자필서명정보를 제공한다.

V 근저당권설정

1992년 법무사 제1회 − 일부변경(날짜, 주소, 등기소 명칭, 등기필정보 등)

다음의 근저당권설정계약에 따른 등기사건을 수임한 법무사 이범구(서울특별시 서초구 서초대로 568, 전화번호 : 962-9000)가 2022년 8월 16일자로 서울중앙지방법원 등기국에 제출할 근저당권설정등기 신청서를 작성하시오.

대리인이 날인한 자리에 ㉑으로 표시하고 신청서의 첨부서면은 그 명칭과 통수만을 신청서에 기재하시오. 그리고 첨부서면의 법적 근거를 별지에 기재하시오.

− 근저당권설정계약의 요지 −

1. 목적부동산
    ① 서울 서초구 서초동 31번지 대 382제곱미터
    ② 인천 연수구 송도동 54번지 대 154제곱미터
2. 채권최고액 : 금 3천만원
3. 채권자 : 김갑돌 (531212-1234567)
             서울특별시 관악구 관악대로 551(봉천동)
   채무자 : 이을남 (610312-2345678)
             서울특별시 관악구 종로구 인사동3길(인사동)
4. 부동산의 소유자 : 채무자와 동일인
5. 근저당권설정계약체결일 : 2022년 8월 13일

		근저당권설정등기신청 (부동산등기법 제7조의2에 의한 신청)			
접 수	년 월 일 제 호	처리인	등기관 확인		각종 통지

		부동산의 표시(거래신고관리번호/거래가액)		
규 43①1		1. 서울특별시 서초구 서초동 31 대 382m² (특례관할) 2. 인천광역시 연수구 송도동 54 대 154m² - 이상 -		
규 43①5	등기원인과 그 연월일	2022년 8월 13일 설정계약		
규 43①6	등 기 의 목 적	근저당권설정		
법 75②	채 권 최 고 액	금 30,000,000원		
규 131①	채 무 자	이을남 서울특별시 관악구 종로구 인사동3길(인사동)		
	설 정 할 지 분			
	구분	성명 (상호·명칭)	주민등록번호 (등기용등록번호)	주소(소재지)	지분 (개인별)
규 43①2	등기의무자	이을남	610312-2345678	서울특별시 관악구 종로구 인사동3길(인사동)	
규 43①2	등기권리자	김갑동	531212-1234567	서울특별시 관악구 관악대로 551(봉천동)	

규 44	등 록 면 허 세	금			○○○ 원
	지 방 교 육 세	금			○○○ 원
	농 어 촌 특 별 세	금			○○○ 원
	세 액 합 계	금			○○○ 원
	등 기 신 청 수 수 료	금			○○○ 원
		납부번호 : ○○-○○-○○○○○○○○-○			
		일괄납부 :	건		○○○ 원
	국민주택채권매입총액	금			○○○ 원
	국민주택채권발행번호	○○○○-○○-○○○○-○○○○			

규 43①7	등기의무자의 등기필정보		
부동산고유번호	○○○○-○○○○-○○○○○○		
성명(명칭)	일련번호		비밀번호
	○○○○-○○○○-○○○○		○○-○○○○

첨 부 서 면   간인

- 근저당권설정계약서 1통
- 등기필증(이을남) 2통
- 인감증명 등(이을남) 1통
- 주민등록표초본(또는 등본)(김갑돌) 1통

- 등록면허세영수필확인서 1통
- 등기신청수수료영수필확인서 1통
- 등기신청위임장(이을남의 인감날인 및 김갑돌의 날인) 1통
- 자격자대리인의 등기의무자확인 및 자필서명정보 (이을남 확인) 1통

규 43①9	2022년 8월 16일
	위 신청인 ㉑ (전화 :)
	㉑ (전화 :)
	(또는) 위 대리인 **법무사 이범구** 직인 (전화 : 962-9000)
	서울특별시 서초구 서초대로 568
규 43①8	**서울중앙** 지방법원 **등기국** 귀중

- 신청서 작성요령 -

* 1. 부동산표시란에 2개 이상의 부동산을 기재하는 경우에는 그 부동산의 일련번호를 기재하여야 합니다.
  2. 신청인란 등 해당란에 기재할 여백이 없을 경우에는 별지를 이용합니다.
  3. 담당 등기관이 판단하여 위의 첨부서면 외에 추가적인 서면을 요구할 수 있습니다.

[첨부서면 해설]

1. 근저당권설정계약서(규칙 제46조 제1항 제1호 등)

① 등기원인을 증명하여야 하므로 근저당권설정계약서를 제공한다.

② 근저당권설정계약서에는 부동산의 표시, 채권최고액, 채무자의 표시, 계약연월일, 계약당사자의 인적사항 등이 기재되어 있어야 한다.

2. 등기필증(이을남)(법 제50조 제2항, 부칙 제2조, 규칙 제43조 제1항 제7호)

① 권리에 관한 등기를 공동으로 신청하는 경우 등기의무자의 등기필증을 제공하여야 하므로, 이을남이 소유권취득 후 교부받은 등기필증을 제공한다(법 부칙 제2조).

② 등기의무자가 등기필정보를 소지한 경우에는 일련번호와 비밀번호 등을 신청서에 기재하는 것으로 갈음한다(규칙 제43조 제1항 제7호).

3. 인감증명 등(이을남의 일반인감)(규칙 제60조, 제61조, 제62조)

① 소유권자가 등기의무자가 되는 경우 등기의무자의 인감증명을 제공하여야 하므로, 이을남의 인감증명을 제공한다(발행일로부터 3월 이내).

② 인감날인 및 인감증명에 갈음하여, 서명하고 본인서명사실확인서 또는 전자본인서명확인서 발급증을 제공할 수 있다.

4. 주민등록표초본(또는 등본)(김갑돌)(규칙 제46조 제1항 제6호, 제62조 등)

새로이 등기명의인이 되는 등기권리자의 주소 및 주민등록번호를 기입하여야 하므로, 등기권리자 김갑돌의 주민등록표초본(또는 등본)을 제공한다(발행일로부터 3월 이내).

다만, 계약서상의 주소와 등기신청 시의 주소가 상이할 경우에는 동일성을 증명하기 위하여 주소변동내역이 포함된 주민등록표초본(또는 등본)을 제공한다.

5. 등록면허세영수필확인서(지방세법 시행령 제49조, 법 제29조 제10호, 규칙 제44조 등)

근저당권설정등기를 신청하는 경우 채권최고액을 기초로 산정한 등록면허세 등을 신고·납부하여야 하므로, 이를 납부한 영수필확인서를 제공한다. 시장·군수·구청장 등으로부터 등록면허세납부서(OCR용지)를 발급받아 금융기관에 세금을 납부한 후 등록면허세영수필확인서를 제공한다. 지방세인터넷납부시스템을 이용하여 납부하고 출력한 등록면허세납부확인서를 첨부할 수 있다.

6. 등기신청수수료영수필확인서(법 제22조 제3항, 법 제29조 제10호, 규칙 제44조 등)

등기를 신청하는 경우 대법원규칙으로 정하는 바에 따라 수수료를 납부하여야 하므로, 이를 납부한 그 영수필확인서를 제공한다.

7. **등기신청위임장**(이을남의 인감날인 및 김갑돌의 날인)(규칙 제46조 제1항 제5호, 규칙 제60조 제1항 등)

① 등기신청을 법무사 등 대리인에게 위임하는 경우 대리권한을 증명하여야 하므로, 이을남 및 김갑돌 쌍방으로부터 위임을 받은 등기신청위임장을 제공한다. 등기신청위임장에는 부동산의 표시, 위임인, 수임인 등이 기재되어 있어야 한다.

② 사안의 경우 규칙 제60조 제1항 제1호에 해당하므로 진정성 담보를 위하여 등기의무자인 이을남의 인감을 날인을 한다.

8. **자격자대리인의 등기의무자확인 및 자필서명정보**(이을남의 확인)(규칙 제46조 제1항 제8호)

공동으로 신청하는 권리에 관한 등기를 자격자대리인이 신청하는 경우 등기의무자인지 여부를 확인하고 자필서명한 정보를 제공하여야 하므로, 법무사 이범구가 이을남을 확인하고 작성한 자필서명정보를 제공한다.

2015년 법무사 제21회 － 일부변경(계약체결일)

【문 1】 아래 기재된 부동산에 대한 근저당권설정등기 신청을 위임받은 법무사 홍길동(사무소 : 서울 동작구 동작대로 123길 1 동자빌딩 101호 / 전화번호 : 876-5000)으로 제시된 사실관계와 답안 작성 유의사항에 따라 근저당권설정등기 신청서를 작성하시오(신청방식은 서면에 의한 방문신청을 전제로 함). **30점**

1. 부동산

별지 "1동의 건물의 표시 표제부" 및 "전유부분의 건물의 표시 표제부" 참조

2. 사실관계

가. 채권최고액 : 금 3억원

나. 채무자 : 박일남(700123-1234567/ 주소 "서울 강남구 강남대로 100")

　　　　　박이남(720123-1234567/ 주소 "서울 강남구 강남대로 100")

　　　　　- 박일남과 박이남은 채권자 김일남에 대하여 연대채무를 부담함

다. 채권자 : 김일남(400123-1234567/ 주소 "서울 송파구 송파대로 100")

라. 부동산 소유자 : 이일녀(410123-2345678/ 주소 "100 펜실배니아 애버뉴 워싱턴디씨 미국")

1) 이일녀는 별지 부동산을 2010년 매매를 원인으로 소유권이전등기를 하였음

2) 등기사항증명서 소유권란에 이일녀의 주소는 "서울 강남구 강남대로 100"으로 되어 있음

3) 이일녀의 소유권등기에 관한 등기필정보는 멸실된 상태임

4) 이일녀는 대한민국 국민으로 미국에 영주할 목적으로 2013년부터 미국에 거주하고 있으며, 현재 주소지는 미국임

5) 이일녀는 국내에 입국하지 않고 법무사 홍길동을 통해 위 부동산에 대한 근저당권 설정등기를 하고자 함

마. 근저당권설정 계약 체결일 : 2022년 9월 1일

바. 근저당권설정 계약서 내용

"이자로 매월 말에 금 100만원을 지급한다"와 "본 근저당권의 효력은 근저 당목적물의 부합물이나 종물에 효력이 미치지 않는다" 등의 문구를 명기하였음

3. 답안작성 유의사항

가. 부동산표시란 및 첨부서면란 등이 부족할 경우에는 별지를 사용할 수 있다.

나. 첨부서면은 그 명칭과 통수를 기재하고 별지에는 각 서면별로 발급신청인 (예 아무개의 인감증명 등), 제출이유와 내용을 간단히 설명한다.

다. 등기신청위임장 의 작성은 생략하되 첨부서면으로는 기재하고 그 내용(위임인 등)을 설명한다.

라. 신청서 양식 중 시가표준액 및 국민주택채권매입금액란, 취득세(등록면허세)란, 등기신 청수수료란 등 설문에서 정보가 주어지지 않은 것은 기재를 생략한다.

마. 관할등기소는 서울중앙지방법원 등기국이고, 날인이 필요한 곳은 ㉑으로 표시하며, 신청 서 작성일자는 답안작성일로 한다.

별지

▶ 1동의 건물의 표시 표제부

【 표제부 】		(1동의 건물의 표시)		
표시 번호	접수	소재지번, 건물명칭 및 번호	건물내역	등기원인 및 기타사항
1	2010년 4월 15일	서울특별시 서초구 서초동 100, 101 서초아파트 가동 (도로명주소) 서울특별시 서초구 서초대로 123길 1	5층아파트 철근콘크리트조 슬래브지붕 1층 637㎡ 2층 637㎡ 3층 637㎡ 4층 637㎡ 5층 637㎡ 지하실 220㎡ 옥탑 121㎡	도면 제2012-15호

(대지권의 목적인 토지의 표시)				
표시 번호	소재지번	지 목	면적	등기원인 및 기타사항
1	1.서울특별시 서초구 서초동 100 2.서울특별시 서초구 서초동 101	대 대	1,400㎡ 1,600㎡	2010년 4월 15일 등기

▶ 전유부분의 건물의 표시 표제부

【 표제부 】	(전유부분의 건물의 표시)			
표시 번호	접수	소재지번, 건물명칭 및 번호	건물내역	등기원인 및 기타사항
1	2012년 4월 15일	제1층 제101호	철근콘크리트조 96㎡	도면 제2012-15호
(대지권의 표시)				
표시 번호	소재지번	대지권비율		등기원인 및 기타사항
1	1, 2 소유권대지권	3,000분의 50		2010년 3월 15일 대지권 2010년 3월 15일 대지권 2010년 4월 15일 등기
2				별도등기 있음 2토지(을구 1번 근저당권설정등기) 2010년 4월 15일 등기

근저당권설정등기신청

접 수	년 월 일	처리인	등기관 확인	각종 통지
	제 호			

	부동산의 표시(거래신고관리번호/거래가액)
규 43①1	1동의 건물의 표시 　서울특별시 서초구 서초동 100, 101 서초아파트 가동 　[도로명주소] 서울특별시 서초구 서초대로123길 1 전유부분의 건물의 표시 　건물의 번호 : 가-1-101 　구　　　조 : 철근콘크리트조 　면　　　적 : 제1층 제101호 96m² 대지권의 표시 　대지권의 목적인 토지의 표시 　　　　1. 서울특별시 서초구 서초동 100　　대 1,400m² 　　　　2. 서울특별시 서초구 서초동 101　　대 1,600m² 　대지권의 종류 : 1,2 소유권대지권 　대지권의 비율 : 1,2 3,000분의 50 　　　　　　　　　　　　　　　　　- 이상 -
규 43①5	등기원인과 그 연월일　2022년 9월 1일　설정계약
규 43①6	등 기 의 목 적　근저당권설정
법 75② 규 131①	채 권 최 고 액　금 300,000,000원
	채　　　무　　　자　박일남 서울특별시 강남구 강남대로 100 　　　　　　　　　　박이남 서울특별시 강남구 강남대로 100
민 358但 법 75②3 규 131①	특　　　　　　　약　본 근저당권의 효력은 근저당권목적물의 부합물이나 종물에 효력을 미치지 않는다.

	구분	성명 (상호·명칭)	주민등록번호 (등기용등록번호)	주소(소재지)	지분 (개인별)
규 43①2	등기의무자	이일녀	410123-2345678	100 펜실베니아 애버뉴 워싱턴디씨 미국	
규 43①2	등기권리자	김일남	400123-1234567	서울특별시 송파구 송파대로 100	

규 44	등 록 면 허 세	금	○○○ 원
	지 방 교 육 세	금	○○○ 원
	농 어 촌 특 별 세	금	○○○ 원
	세 액 합 계	금	○○○ 원
	등 기 신 청 수 수 료	금	○○○ 원
		납부번호 : ○○-○○-○○○○○○○○-○	
		일괄납부 : 건	○○○ 원
	국민주택채권매입총액	금	○○○ 원
	국민주택채권발행번호	○○○○-○○-○○○○-○○○○	

규 43①7	등기의무자의 등기필정보		
	부동산고유번호 ·	○○○○-○○○○-○○○○○○	
	성명(명칭)	일련번호	비밀번호
		○○○○-○○○○-○○○○	○○-○○○○

	첨 부 서 면	간 인	
• 근저당권설정계약서 1통	• 등록면허세영수필확인서	1통
• 처분위임장(이일녀, 재외공관의 인증, 등기필정 보 멸실의 뜻 기재) 1통	• 등기신청수수료영수필확인서	1통
• 재외국민등록부등본(이일녀) 1통	• 등기신청위임장(수임인○○○의 인감날인 및 김일남의 날인)	1통
• 인감증명 등(수임인 ○○○) 1통	• 자격자대리인의 등기의무자확인 및 자필서명정보	
• 주민등록표초본(또는 등본)(김일남) 1통	(이일녀 확인)	1통

규 43①9	○○○○년 ○○월 ○○일
	위 신청인 ㊞ (전화 :)
	㊞ (전화 :)
	(또는) 위 대리인 법무사 홍길동 직 인 (전화 : 876-5000)
	서울특별시 동작구 동작대로123길 1 동자빌딩 101호

규 43①8	서울중앙 지방법원 등기국 귀중

- 신청서 작성요령 -

* 1. 부동산표시란에 2개 이상의 부동산을 기재하는 경우에는 그 부동산의 일련번호를 기재하여야 합니다.
  2. 신청인란 등 해당란에 기재할 여백이 없을 경우에는 별지를 이용합니다.
  3. 담당 등기관이 판단하여 위의 첨부서면 외에 추가적인 서면을 요구할 수 있습니다.

[첨부서면 해설]

사안의 경우 등기의무자인 이일녀의 등기부상 주소와 현주소가 일치하지 않으므로 먼저 등기명의인표시변경등기를 선행한 후에 본 사안의 등기신청이 가능하다.

1. 근저당권설정계약서(규칙 제46조 제1항 제1호 등)

   ① 등기원인을 증명하여야 하므로 근저당권설정계약서를 제공한다.

   ② 근저당권설정계약서에는 부동산의 표시, 채권최고액, 채무자의 표시, 계약연월일, 계약당사자의 인적사항 등이 기재되어 있어야 한다.

   ③ 근저당권설정계약서는 처분권한을 위임받은 대리인(수임인)이 본인(이일녀)의 대리인임을 현명하고 대리인의 자격으로 김일남과 작성한다.

2. 처분위임장(이일녀, 재외공관의 인증, 등기필정보 멸실의 뜻 기재)(등기예규, 규칙 제46 제1항 제1호, 제5호)

   ① 재외국민인 이일녀가 입국하지 않고 처분행위를 하는 경우이므로, 처분권한을 증명하기 위하여 처분위임장을 제공한다.
   처분위임장은 ⓐ 처분대상 부동산, ⓑ 처분목적의 권리, ⓒ 대리인의 인적사항을 특정하여 작성하여야 한다.

   ② 이일녀의 처분권한 위임의사를 확인하기 위하여 원칙적으로 인감을 날인하고 인감증명을 제공하나, 대한민국 재외공관의 인증을 받음으로 갈음할 수 있다(규칙 제61조 제3항).
   사안의 경우 국내입국하지 않고 처분위임을 하는 경우이므로, 미국주재 대한민국 재외공관의 인증을 받은 처분위임장을 제공한다.

   ③ 권리에 관한 등기를 공동으로 신청하는 경우 등기의무자의 등기필증을 제공하여야 하나, 사안의 경우 이일녀는 등기필정보를 멸실하였으므로, 처분위임장에 '등기필정보를 멸실(분실)하였다'는 등기필정보 멸실의 뜻을 기재하여 미국주재 대한민국 재외공관의 인증을 받아 제공한다.

   ④ 선례에 따르면, 본국 관공서의 증명이나 본국 공증인의 인증으로 인감증명을 갈음한 경우 그 증명이나 인증은 아포스티유 확인 대상이라 할 것이나, 대한민국 재외공관의 인증으로 인감증명을 갈음하는 경우 그 인증은 외국에서 발행된 공문서(또는 외국 공증인이 공증한 문서)가 아니므로 아포스티유 확인의 대상이 아니라고 한다(선례 제202303-2호). 따라서 위 처분위임장과 관련하여 아포스티유를 붙일 필요는 없다.

3. 재외국민등록부등본(이일녀)(규칙 제46조 제1항 제1호)

   규칙 제60조 제1항 제1호 내지 제3호에 해당하는 처분권한을 수여하면서 재외공관의 확인을 받는 경우에는 재외국민등록부등본을 제공한다.

4. 인감증명 등(수임인 ○○○)(규칙 제60조 제2항)

　① 재외국민인 <u>이일녀의 인감은 제공할 필요가 없다</u>.

　② <u>규칙 제60조 제1항 제1호에 해당하는 근저당권설정등기의 처분권한을 수임받은 경우 그
　　대리인(수임인)의 인감증명</u>을 제공한다.

5. 주민등록표초본(또는 등본)(김일남)(규칙 제46조 제1항 제6호)

　새로이 등기명의인이 되는 <u>등기권리자의 주소 및 주민등록번호를 기입하여야 하므로</u>, <u>등기권
　리자 김일남의 주민등록표초본(또는 등본)</u>을 제공한다(발행일로부터 3월 이내).

　다만, <u>계약서상의 주소와 등기신청 시의 주소가 상이할 경우에는 동일성을 증명하기 위하여
　주소변동내역이 포함된 주민등록표초본(또는 등본)</u>을 제공한다.

6. 등록면허세영수필확인서(지방세법 시행령 제49조, 법 제29조 제10호, 규칙 제44조 등)

　<u>근저당권설정등기를 신청하는 경우 채권최고액을 기초로 한 등록면허세 등을 신고·납부하
　여야 하므로</u>, 이를 납부한 영수필확인서를 제공한다.

7. 등기신청수수료영수필확인서(법 제22조 제3항, 법 제29조 제10호, 규칙 제44조 등)

　등기를 신청하는 경우 대법원규칙으로 정하는 바에 따라 <u>수수료를 납부하여야 하므로</u>, 이를
　납부한 그 영수필확인서를 제공한다.

8. 등기신청위임장(수임인○○○의 인감날인 및 김일남의 날인)(규칙 제46조 제1항 제5호, 규칙 제60조 제1항 등)

　① 등기신청을 법무사 등 대리인에게 위임하는 경우 대리권한을 증명하여야 하므로, <u>처분권
　　한을 수여받은 대리인(수임인) 및 김일남 쌍방으로부터 위임을 받은 등기신청위임장</u>을 제
　　공한다. 등기신청위임장에는 부동산의 표시, 위임인, 수임인 등이 기재되어 있어야 한다.

　② 사안의 경우 <u>규칙 제60조 제1항 제1호에 해당하므로</u> 진정성 담보를 위하여 <u>처분권한을
　　수여받은 대리인(수임인)의 인감을 날인</u>을 한다(규칙 제46조 제2항).

9. 자격자대리인의 등기의무자확인 및 자필서명정보(이일녀 확인)(규칙 제46조 제1항 제8호)

　① 공동으로 신청하는 권리에 관한 등기를 자격자대리인이 신청하는 경우 등기의무자인지 여
　　부를 확인하고 자필서명한 정보를 제공하여야 하므로, <u>법무사 홍길동이 이일녀를 확인하
　　고 작성한 자필서명정보</u>를 제공한다.

　② <u>이일녀는 현재 입국하지 않고 있으므로</u>, 화상통화 등의 방법으로 본인확인을 하여야 한다.

Ⅵ 추가적 근저당권설정

다음에 제시된 부동산 및 사실관계와 답안작성 유의사항에 따라 법무사 나합격이 제출할 등기신청서를 작성하고, 필요한 첨부서면의 제공 이유와 근거에 대하여 간략하게 설명하시오(서면에 의한 방문신청임을 전제로 함). 30점

1. 부동산

별지 "1동의 건물의 표시 표제부" 및 "전유부분의 건물의 표시 표제부" 참조

2. 사실관계

가. 아파트건설사업을 운영하는 김소유는 자신의 토지 위에 아파트를 신축하기 위한 자금을 확보하기 위하여 위 아파트의 대지권의 목적인 토지에 대하여 근저당권을 설정하였다.

나. 이후 성공적으로 건물을 신축한 후 김소유와 기존의 박저당는 기존 토지에 설정된 근저당권설정등기와 공동담보형성을 위하여 별지에 기재된 전유부분에 추가근저당권설정계약을 체결하였다. 이에 김소유와 박저당은 해당 등기신청을 법무사 나합격에게 위임하였으며, 법무사 나합격은 필요한 서면을 갖춘 후 관할 등기소에 제출하려고 한다.

다. 추가근저당권설정계약의 주요내용

1) 채권최고액 : 금 10억원

2) 채무자 겸 근저당권설정자 : 김소유

2) 채권자 겸 근저당권자 : 박저당

3) 목적부동산 : 별지 기재 전유부분

4) 계약체결일 : 2022년 9월 1일

5) 토지에 설정된 근저당권 : 2017년 12월 31일 접수 제1000호

라. 주소(또는 본점이나 사무소 소재지), 주민등록번호(또는 부동산등기용등록번호) 등

1) 김소유 : 서울시 서초구 강남대로 21(서초동), 701115-1201257
(등기사항증명서상의 주소와 현 주소는 일치함)

2) 박저당 : 서울시 서초구 서초대로46길 60, 101동 201호(서초동, 서초아파트), 680515-1684051

3) 법무사 나합격 : 서울시 서초구 강남대로 21 (서초동), 전화번호 02-530-6126

3. 답안작성 유의사항

가. 신청서 양식의 첨부서면란 등이 부족할 경우에는 답안지에 기재할 수 있습니다.

나. 신청서 양식의 첨부서면란에는 첨부서면의 명칭과 통수를 기재합니다. 첨부서면의 제공 이유와 근거는 답안지에 간략하게 기재하십시오.

다. 어느 첨부서면을 다른 첨부서면으로 서로 대체할 수 있는 경우 신청서 양식의 첨부서면 란에는 그중 하나를 기재하고, 대체할 수 있는 다른 첨부서면에 대하여는 답안지에 기재 하시기 바랍니다.

라. 위임장은 작성하지 않으셔도 됩니다. 다만 첨부서면으로는 기재하고 그 내용(위임인 등) 도 답안지에 기재하시기 바랍니다.

마. 등록면허세, 등기신청수수료 등 설문에서 정보가 주어지지 않은 것은 신청서에 기재하지 않으셔도 됩니다. 그 밖에 설문에서 주어지지 않은 사항은 고려할 필요가 없습니다.

바. 날인이 필요한 곳에는 "㉑"이라고 기재합니다.

사. 신청서 작성일은 2022년 10월 1일로 합니다.

아. 제시된 주민등록번호나 부동산등기용등록번호는 법령상의 부여 규칙이나 구성 체계 등 과 맞지 않을 수 있으나, 이 점은 고려하지 않으셔도 됩니다.

자. 설문의 부동산과 사실관계는 모두 가상의 것들임을 알려 드립니다.

별지

▶ **1동의 건물의 표시 표제부**

【 표제부 】	(1동의 건물의 표시)			
표시 번호	접수	소재지번, 건물명칭 및 번호	건물내역	등기원인 및 기타사항
1	2021년 4월 15일	서울특별시 서초구 서초동 100 서초아파트 가동 (도로명주소) 서울특별시 서초구 서초대로 123길 1	5층아파트 철근콘크리트 조 슬래브지붕 1층 637㎡ 2층 637㎡ 3층 637㎡ 4층 637㎡ 5층 637㎡ 지하실 220㎡ 옥탑 121㎡	도면 제2021-15호
(대지권의 목적인 토지의 표시)				
표시 번호	소재지번	지목	면적	등기원인 및 기타사항
1	1. 서울특별시 서초구 서초동 100	대	3,000㎡	2021년 4월 15일 등기

▶ 전유부분의 건물의 표시 표제부

【 표제부 】		(전유부분의 건물의 표시)		
표시 번호	접 수	소재지번, 건물명칭 및 번호	건물내역	등기원인 및 기타사항
1	2021년 4월 15일	제1층 제101호	철근콘크리트조 96㎡	도면 제2021-15호
(대지권의 표시)				
표시 번호	소재지번		대지권비율	등기원인 및 기타사항
1	1. 소유권대지권		3,000분의 50	2021년 3월 15일 대지권 2021년 3월 15일 대지권 2021년 4월 15일 등기
2				별도등기 있음 1토지(을구 1번 근저당권설정등기) 2021년 4월 15 등기

추가근저당권설정등기신청

접 수	년 월 일	처 리 인	등기관 확인	각종 통지
	제 호			

	부동산의 표시(거래신고관리번호/거래가액)
규 43①1	추가할 부동산의 표시 　1동의 건물의 표시 　　서울특별시 서초구 서초동 100 서초아파트 가동 　　[도로명주소] 서울특별시 서초구 서초대로123길 1 　전유부분의 건물의 표시 　　건물의 번호 : 가-1-101 　　구　　　조 : 철근콘크리트조 　　면　　　적 : 제1층 제101호 96㎡ 　대지권의 표시 　　대지권의 목적인 토지의 표시 　　　1. 서울특별시 서초구 서초동 100　　　대 3,000㎡ 　　대지권의 종류 : 1　소유권대지권 　　대지권의 비율 : 1　3,000분의 50
규 131	전에 등기한 부동산의 표시 　　서울특별시 서초구 서초동 100　　　대 3,000㎡ - 이상 -
규 43①5	등기원인과 그 연월일	2022년 9월 1일 추가설정계약
규 43①6	등 기 의　목 적	근저당권설정
법 75②	채 권 최 고 액	금 1,000,000,000원
규 131①	채　　무　　자	김소유 서울특별시 서초구 강남대로 21(서초동)
규 134	전에 등기한 근저당권	2017년 12월 31일 접수 제1000호로 등기된 순위 1번 근저당권설정등기

	구분	성명 (상호·명칭)	주민등록번호 (등기용등록번호)	주소(소재지)	지분 (개인별)
규 43①2	등기의무자	김소유	701115-1201257	서울특별시 서초구 강남대로 21(서초동)	
규 43①2	등기권리자	박저당	680515-1684051	서울특별시 서초구 서초대로46길 60, 101동 201호(서초동, 서초아파트)	

규 44	등 록 면 허 세	금		○○○ 원
	지 방 교 육 세	금		○○○ 원
	농 어 촌 특 별 세	금		○○○ 원
	세 액 합 계	금		○○○ 원
	등 기 신 청 수 수 료	금		○○○ 원
		납부번호 : ○○-○○-○○○○○○○○-○		
		일괄납부 :	건	○○○ 원
	국민주택채권매입총액	금		○○○ 원
	국민주택채권발행번호	○○○○-○○-○○○○-○○○○		

규 43①7	등기의무자의 등기필정보		
부동산고유번호	○○○○-○○○○-○○○○○○		
성명(명칭)	일련번호		비밀번호
○○○	○○○○-○○○○-○○○○		○○-○○○○

첨 부 서 면   [간인]

• 추가근저당권설정계약서	1통	• 등록면허세영수필확인서	1통
• 등기필증 (김소유)	1통	• 등기신청수수료영수필확인서	1통
• 인감증명 등 (김소유)	1통	• 등기신청위임장 (김소유의 인감날인 및	
• 주민등록표초본(또는 등본)	1통	박저당의 날인)	1통
		• 자격자대리인의 등기의무자확인 및 자필서명정보	
		(김소유 확인)	1통

규 43①9	2022년 10월 1일
	위 신청인 ㉙ (전화 :)
	㉙ (전화 :)
	(또는) 위 대리인 **법무사 나합격** [직인] (전화 : 02-530-6126)
	서울특별시 서초구 강남대로 21 (서초동)

규 43①8	**서울중앙** 지방법원 **등기국** 귀중

- 신청서 작성요령 -

* 1. 부동산표시란에 2개 이상의 부동산을 기재하는 경우에는 그 부동산의 일련번호를 기재하
  여야 합니다.
  2. 신청인란 등 해당란에 기재할 여백이 없을 경우에는 별지를 이용합니다.
  3. 담당 등기관이 판단하여 위의 첨부서면 외에 추가적인 서면을 요구할 수 있습니다.

[첨부서면 해설]

[집합건물의 등기에 관한 업무처리지침]　　(등기예규 제1470호)

구분건물과 그 대지권의 어느 일방에만 설정되어 있는 저당권의 추가담보로써 다른 일방을 제공하려는 경우

1. 대지에 관하여 이미 저당권이 설정되어 있는 상태에서 대지권의 등기를 하고, 그와 아울러 또는 그 후에 구분건물에 관하여 동일채권의 담보를 위한 저당권을 추가설정하려는 경우에는, 구분건물과 대지권을 일체로 하여 그에 관한 추가저당권설정등기의 신청을 할 수 있다.
2. 위 추가저당권설정등기를 신청하는 경우에는 구분건물 외에 그 대지권의 표시에 관한 사항(「부동산등기규칙」 제119조 제1항)과 대지에 관하여 설정된 종전의 저당권등기를 표시하는 사항을 신청정보의 내용으로 제공하여야 한다(「부동산등기규칙」 제134조).
3. 위 추가저당권설정의 등기는 구분건물에 관한 등기의 일반원칙에 따라 구분건물의 등기기록 을구에만 이를 기록하고, 대지권의 목적인 토지에 관하여 설정된 종전의 저당권등기에 저당권담보추가의 부기등기를 할 필요는 없다.
4. 위 1. 과 반대로 구분건물에 관하여 먼저 저당권이 설정되고 새로 건물의 대지권의 목적이 된 토지에 관하여 동일채권의 담보를 위한 저당권을 추가설정하려는 경우에도 위 1. 및 2.에 준하여 처리한다. 이 경우에는 그 추가저당권설정의 등기는 구분건물 등기기록의 을구에만 이를 기록하고, 토지의 등기기록에는 별도의 기록을 할 필요가 없다.

1. 추가근저당권설정계약서(규칙 제46조 제1항 제1호 등)

   ① 등기원인을 증명하여야 하므로 추가근저당권설정계약서를 제공한다.
   ② 추가근저당권설정계약서에는 부동산의 표시, 채권최고액, 채무자의 표시, 계약연월일, 계약당사자의 인적사항 등이 기재되어 있어야 한다.

2. 등기필증(김소유)(법 제50조 제2항, 부칙 제2조, 규칙 제43조 제1항 제7호)

   ① 권리에 관한 등기를 공동으로 신청하는 경우 등기의무자의 등기필증을 제공하여야 하므로, 김소유가 소유권보존등기 후 교부받은 등기필증을 제공한다(법 부칙 제2조).
   ② 등기의무자가 등기필정보를 소지한 경우에는 일련번호와 비밀번호 등을 신청서에 기재하는 것으로 갈음한다(규칙 제43조 제1항 제7호).
   ③ 추가근저당권설정등기를 할 때에는 종전 부동산의 소유권에 대한 등기필정보나 저당권등기에 관한 등기필정보를 제공할 필요는 없고, 추가되는 부동산에 대한 등기필정보를 제공하여야 한다.

3. 인감증명 등(김소유)(규칙 제60조, 제61조, 제62조)

① 소유권자가 등기의무자가 되는 경우 등기의무자의 인감증명을 제공하여야 하므로, <u>김소유의 인감증명</u>을 제공한다(발행일로부터 3월 이내).

② 인감날인 및 인감증명에 갈음하여, 서명하고 <u>본인서명사실확인서</u> 또는 전자본인서명확인서 발급증을 제공할 수 있다.

4. 주민등록표초본(또는 등본)(박저당)(규칙 제46조 제1항 제6호)

새로이 등기명의인이 되는 등기권리자의 주소 및 주민등록번호를 기입하여야 하므로, 등기권리자 박저당의 주민등록표초본(또는 등본)을 제공한다(발행일로부터 3월 이내).

다만, 계약서상의 주소와 등기신청 시의 주소가 상이할 경우에는 동일성을 증명하기 위하여 <u>주소변동내역이 포함된 주민등록표초본(또는 등본)</u>을 제공한다.

5. 등록면허세영수필확인서(지방세법 시행령 제49조, 법 제29조 제10호, 규칙 제44조 등)

<u>추가근저당권설정등기</u>를 신청하는 경우 <u>채권최고액을 기초로 한 등록면허세 등을 신고·납부하는 것이 아니고</u> 정액세에 해당하는 등록면허세 등을 신고·납부하여야 하므로, 이를 납부한 영수필확인서를 제공한다.

6. 등기신청수수료영수필확인서(법 제22조 제3항, 법 제29조 제10호, 규칙 제44조 등)

등기를 신청하는 경우 대법원규칙으로 정하는 바에 따라 <u>수수료를 납부하여야 하므로</u>, 이를 납부한 그 영수필확인서를 제공한다.

7. 등기신청위임장(김소유의 인감날인 및 박저당의 날인)(규칙 제46조 제1항 제5호, 규칙 제60조 제1항 등)

① 등기신청을 법무사 등 대리인에게 위임하는 경우 대리권한을 증명하여야 하므로, <u>김소유 및 박저당 쌍방으로부터 위임을 받은 등기신청위임장</u>을 제공한다. 등기신청위임장에는 부동산의 표시, 위임인, 수임인 등이 기재되어 있어야 한다.

② 사안의 경우 <u>규칙 제60조 제1항 제1호</u>에 해당하므로 진정성 담보를 위하여 <u>등기의무자인 김소유의 인감을 날인</u>을 한다.

8. 자격자대리인의 등기의무자확인 및 자필서명정보(김소유 확인)(규칙 제46조 제1항 제8호)

공동으로 신청하는 권리에 관한 등기를 자격자대리인이 신청하는 경우 등기의무자인지 여부를 확인하고 자필서명한 정보를 제공하여야 하므로, <u>법무사 나합격이 김소유를 확인하고 작성한 자필서명정보</u>를 제공한다.

02 절 소유권 이외의 권리이전등기

Ⅰ 전세권이전

다음에 제시된 부동산 및 사실관계와 답안작성 유의사항에 따라 법무사 나합격이 제출할 등기신청서를 작성하고, 필요한 첨부서면의 제공 이유와 근거에 대하여 간략하게 설명하시오(서면에 의한 방문신청임을 전제로 함). 30점

1. 부동산

   서울 서초구 서초동 100번지
   [도로명주소] 서울특별시 서초구 서초대로 201
   철근콘크리트조 슬래브지붕 4층 주택
   1층 200㎡, 2층 200㎡, 3층 200㎡, 4층 200㎡
   (위 부동산은 서울중앙지방법원 등기국의 관할 구역에 속함)

2. 사실관계

   가. 전세권자 박전세는 전세권설정자인 김소유와 존속기간을 정한 전세권설정계약을 체결하여 이에 대한 전세권설정등기를 마쳤다(아래의 등기사항증명서 참조). 김소유는 존속기간 만료 전에 민법 제312조에 따른 갱신거절의 뜻을 통지하였고 이에 따라 전세권은 소멸하였다.

   나. 존속기간이 만료된 후 김소유가 전세금의 반환의무를 지체하는 사이에 2022년 7월 10일 박전세가 자신의 전세금반환채권의 일부(금 오천만원)을 전양수에게 양도하는 계약을 체결하였다. 박전세와 전양수는 이를 등기사항증명서에 반영하기 위하여 법무사 나합격에게 관련된 등기신청을 위임하였으며, 법무사 나합격은 필요한 서면을 갖춘 후 해당신청서를 작성해 관할 등기소에 제출하려고 한다.

【 을구 】				(소유권 이외의 권리에 관한 사항)
순위 번호	등기 목적	접수	등기원인	권리자 및 기타사항
1	전세권 설정	2020년 3월 5일 제3005호	2020년 3월 5일 설정계약	전세금 금 100,000,000원 범 위 건물 4층 전부 존속기간 2020년 3월 5일부터 2022년 3월 4일까지 전세권자 박전세 680515-1684051 서울특별시 서초구 서초대로46길 60, 101동 201호 (서초동, 서초아파트)

다. 주소(또는 본점이나 사무소 소재지), 주민등록번호(또는 부동산등기용등록번호) 등
   1) 김소유 : 서울시 서초구 강남대로 21(서초동), 701115-1201257 (등기사항증명서
      상의 주소와 현 주소는 일치함)
   2) 박전세 : 위 등기사항증명서의 기재사항과 같음
   3) 전양수 : 서울특별시 마포구 마포대로11가길 25 (염리동), 750308-1684272
   4) 법무사 나합격 : 서울시 서초구 강남대로 21 (서초동), 전화번호 02-530-6126

3. 답안작성 유의사항

가. 신청서 양식의 첨부서면란 등이 부족할 경우에는 답안지에 기재할 수 있습니다.

나. 신청서 양식의 첨부서면란에는 첨부서면의 명칭과 통수를 기재합니다. 첨부서면의 제공
   이유와 근거는 답안지에 간략하게 기재하십시오.

다. 어느 첨부서면을 다른 첨부서면으로 서로 대체할 수 있는 경우 신청서 양식의 첨부서면
   란에는 그중 하나를 기재하고, 대체할 수 있는 다른 첨부서면에 대하여는 답안지에 기재
   하시기 바랍니다.

라. 위임장은 작성하지 않으셔도 됩니다. 다만 첨부서면으로는 기재하고 그 내용(위임인 등)
   도 답안지에 기재하시기 바랍니다.

마. 등록면허세, 등기신청수수료 등 설문에서 정보가 주어지지 않은 것은 신청서에 기재하지
   않으셔도 됩니다. 그 밖에 설문에서 주어지지 않은 사항은 고려할 필요가 없습니다.

바. 날인이 필요한 곳에는 "⑩"이라고 기재합니다.

사. 신청서 작성일은 2022년 10월 1일로 합니다.

아. 제시된 주민등록번호나 부동산등기용등록번호는 법령상의 부여 규칙이나 구성 체계 등
   과 맞지 않을 수 있으나, 이 점은 고려하지 않으셔도 됩니다.

자. 설문의 부동산과 사실관계는 모두 가상의 것들임을 알려 드립니다.

<table>
<tr><td colspan="5" align="center">전세권일부이전등기신청</td></tr>
<tr><td rowspan="2">접 수</td><td colspan="2" align="center">년 월 일</td><td rowspan="2">처 리 인</td><td>등기관 확인</td><td>각종 통지</td></tr>
<tr><td colspan="2" align="center">제 호</td><td></td><td></td></tr>
</table>

	부동산의 표시(거래신고관리번호/거래가액)				

규 43①1	서울특별시 서초구 서초동 100
	 [도로명주소] 서울특별시 서초구 서초대로 201
	  철근콘크리트조 슬래브지붕 4층 주택
	  1층 200m² 2층 200m²
	  3층 200m² 4층 200m²
	
	  - 이상 -				

규 43①5	등기원인과 그 연월일	2022년 7월 10일 전세금반환채권일부양도			
규 43①6	등 기 의 목 적	1번 전세권일부이전			
법 73	이 전 할 전 세 권	2020년 3월 5일 접수 제3005호로 등기된 순위 1번 전세권설정등기			
규 129①	양 도 액	금 50,000,000원			

	구분	성명 (상호·명칭)	주민등록번호 (등기용등록번호)	주소(소재지)	지분 (개인별)
규 43①2	등기의무자	박전세	680515-1684051	서울특별시 서초구 서초대로46길 60, 101동 201호(서초동, 서초아파트)	
규 43①2	등기권리자	전양수	750308-1684272	서울특별시 마포구 마포대로11가길 25(염리동)	

규 44	등 록 면 허 세	금	○○○ 원
	지 방 교 육 세	금	○○○ 원
	농 어 촌 특 별 세	금	○○○ 원
	세 액 합 계	금	○○○ 원
	등 기 신 청 수 수 료	금	○○○ 원
		납부번호 : ○○-○○-○○○○○○○○-○	
		일괄납부 : 건	○○○ 원
	국민주택채권매입총액	금	○○○ 원
	국민주택채권발행번호	○○○○-○○-○○○○-○○○○	

규 43①7	등기의무자의 등기필정보		
	부 동 산 고 유 번 호	○○○○-○○○○-○○○○○○	
	성 명 (명 칭)	일련번호	비밀번호
		○○○○-○○○○-○○○○	○○-○○○○

	첨 부 서 면	간인

- 전세권일부이전계약서
  (전세금반환채권일부양도계약서)   1통
- 갱신거절통지서   1통
- 등기필증(박전세)   1통
- 주민등록표초본(또는 등본)(전양수)   1통

- 등록면허세영수필확인서   1통
- 등기신청수수료영수필확인서   1통
- 등기신청위임장(박전세의 날인 및
                전양수의 날인)   1통
- 자격자대리인의 등기의무자확인 및 자필서명정보
  (박전세 확인)   1통

규 43①9

2022년 10월 1일

위 신청인   ㉘ (전화 :   )
                    ㉘ (전화 :   )

(또는) 위 대리인 **법무사 나합격** 직인 (전화 : 02-530-6126)
                서울특별시 서초구 강남대로 21 (서초동)

규 43①8   **서울중앙 지방법원 등기국 귀중**

- 신청서 작성요령 -

＊ 1. 부동산표시란에 2개 이상의 부동산을 기재하는 경우에는 그 부동산의 일련번호를 기재하여야 합니다.
  2. 신청인란 등 해당란에 기재할 여백이 없을 경우에는 별지를 이용합니다.
  3. 담당 등기관이 판단하여 위의 첨부서면 외에 추가적인 서면을 요구할 수 있습니다.

[첨부서면 해설]

1. 전세권일부이전계약서(전세금반환채권일부양도계약서)(규칙 제46조 제1항 제1호 등)

   ① 등기원인을 증명하기 위하여, 전세권일부이전계약서(전세금반환채권일부양도계약서)를 제공한다.

   ② 전세권일부이전계약서(전세금반환채권일부양도계약서)에는 부동산의 표시, 양도액, 계약연월일, 계약당사자의 인적사항 등이 기재되어 있어야 한다.

2. 갱신거절통지서(규칙 제46조 제1항 제1호, 민법 제321조 제4항)

   건물전세권의 존속기간이 만료되어 등기를 신청하는 경우에는 전세권이 소멸하였음을 증명하는 정보(갱신거절의 통지 등)를 첨부정보로서 등기소에 제공한다(등기예규 1406).

3. 등기필증(박전세)(법 제50조 제2항, 부칙 제2조, 규칙 제43조 제1항 제7호)

   ① 권리에 관한 등기를 공동으로 신청하는 경우 등기의무자의 등기필증을 제공하여야 하므로, 박전세가 전세권설정등기 후 교부받은 등기필증을 제공한다(법 부칙 제2조).

   ② 등기의무자가 등기필정보를 소지한 경우에는 일련번호와 비밀번호 등을 신청서에 기재하는 것으로 갈음한다(규칙 제43조 제1항 제7호).

4. 주민등록표초본(또는 등본)(전양수)(규칙 제46조 제1항 제6호, 제62조 등)

   새로이 등기명의인이 되는 등기권리자의 주소 및 주민등록번호를 기입하여야 하므로, 등기권리자 전양수의 주민등록표초본(또는 등본)을 제공한다(발행일로부터 3월 이내).

   다만, 계약서상의 주소와 등기신청 시의 주소가 상이할 경우에는 동일성을 증명하기 위하여 주소변동내역이 포함된 주민등록표초본(또는 등본)을 제공한다.

5. 등록면허세영수필확인서(지방세법 시행령 제49조, 법 제29조 제10호, 규칙 제44조 등)

   ① 전세권일부이전등기를 신청하는 경우 등록면허세 등을 신고 · 납부하여야 하므로, 이를 납부한 영수필확인서를 제공한다.

   ② 시장 · 군수 · 구청장 등으로부터 등록면허세납부서(OCR용지)를 발급받아 금융기관에 세금을 납부한 후 등록면허세영수필확인서를 제공한다.

   ③ 지방세인터넷납부시스템을 이용하여 납부하고 출력한 등록면허세납부확인서를 첨부할 수 있다.

6. 등기신청수수료영수필확인서(법 제22조 제3항, 법 제29조 제10호, 규칙 제44조 등)

   등기를 신청하는 경우 대법원규칙으로 정하는 바에 따라 수수료를 납부하여야 하므로, 이를 납부한 그 영수필확인서를 제공한다.

7. 등기신청위임장(박전세의 날인 및 전양수의 날인)**(규칙 제46조 제1항 제5호, 규칙 제60조 제1항 등)**

   ① 등기신청을 법무사 등 대리인에게 위임하는 경우 대리권한을 증명하여야 하므로, <u>박전세 및 전양수 쌍방으로부터 위임을 받은 등기신청위임장</u>을 제공한다. 등기신청위임장에는 부동산의 표시, 위임인, 수임인 등이 기재되어 있어야 한다.

   ② 사안의 경우 <u>규칙 제60조에 해당하지 않으므로</u> <u>박전세 및 전양수의 인감을 날인할 필요가 없다.</u>

8. 자격자대리인의 등기의무자확인 및 자필서명정보(박전세 확인)**(규칙 제46조 제1항 제8호)**

   공동으로 신청하는 권리에 관한 등기를 자격자대리인이 신청하는 경우 등기의무자인지 여부를 확인하고 자필서명한 정보를 제공하여야 하므로, <u>법무사 나합격이 박전세를 확인하고 작성한 자필서명정보를 제공한다.</u>

Ⅱ 근저당권이전

근저당권일부이전등기신청				
접 수	년 월 일 제 호	처 리 인	등기관 확인	각종 통지

	부동산의 표시(거래신고관리번호/거래가액)	
규 43①1	서울특별시 서초구 서초동 100 [도로명주소] 서울특별시 서초구 서초대로 201 철근콘크리트조 슬래브지붕 4층 주택 1층 200m² 2층 200m² 3층 200m² 4층 200m² - 이상 -	
규 43①5	등기원인과 그 연월일	2022년 7월 10일 확정채권일부양도
규 43①6	등 기 의 목 적	1번 근저당권일부이전
법 79 규 137	이전할 근저당권	2020년 3월 5일 접수 제3005호로 등기된 순위 1번 근저당권 설정등기, 단 근저당권은 채권과 함께 이전함.
	양 도 액	금 50,000,000원

구분		성명 (상호·명칭)	주민등록번호 (등기용등록번호)	주소(소재지)	지분 (개인별)
규 43①2	등기의무자	박저당	680515-1684051	서울특별시 서초구 서초대로 46길 60, 101동 201호(서초 동, 서초아파트)	
규 43①2	등기권리자	저양수	750308-1684272	서울특별시 마포구 마포대로 11가길 25 (염리동)	

규 44	등 록 면 허 세	금	○○○ 원
	지 방 교 육 세	금	○○○ 원
	농 어 촌 특 별 세	금	○○○ 원
	세 액 합 계	금	○○○ 원
	등 기 신 청 수 수 료	금	○○○ 원
		납부번호 :　○○-○○-○○○○○○○○-○	
		일괄납부 :　　　　건	○○○ 원
	국민주택채권매입총액	금	○○○ 원
	국민주택채권발행번호	○○○○-○○-○○○○-○○○○	

규 43①7	등기의무자의 등기필정보		
	부동산고유번호	○○○○-○○○○-○○○○○○	
	성명(명칭)	일련번호	비밀번호
		○○○○-○○○○-○○○○	○○-○○○○

첨 부 서 면　　　　　**간 인**

• 근저당권일부이전계약서		• 등록면허세영수필확인서	1통
(확정채권일부양도계약서)	1통	• 등기신청수수료영수필확인서	1통
• 등기필증(박저당)	1통	• 등기신청위임장(박저당 날인 및	
• 주민등록표초본(또는 등본)(저양수)	1통	저양수의 날인)	1통
		• 자격자대리인의 등기의무자확인 및 자필서명정보	
		(박저당 확인)	1통

<table>
<tr><td>규 43①9</td><td colspan="2" align="center">2022년 10월 1일</td></tr>
</table>

위 신청인　　　　　　　　　ⓘ　(전화 :　　　　　)
　　　　　　　　　　　　　　ⓘ　(전화 :　　　　　)

(또는) 위 대리인　**법무사 나합격**　직 인　(전화 :　02-530-6126)
　　　　　　　　서울특별시 서초구 강남대로 21 (서초동)

규 43①8　　　**서울중앙** 지방법원 **등기국** 귀중

- 신청서 작성요령 -

＊1. 부동산표시란에 2개 이상의 부동산을 기재하는 경우에는 그 부동산의 일련번호를 기재하여야 합니다.

2. 신청인란 등 해당란에 기재할 여백이 없을 경우에는 별지를 이용합니다.

3. 담당 등기관이 판단하여 위의 첨부서면 외에 추가적인 서면을 요구할 수 있습니다.

[첨부서면 해설]

1. 근저당권일부이전계약서(확정채권일부양도계약서)(규칙 제46조 제1항 제1호 등)

   ① 등기원인을 증명하기 위하여, <u>근저당권일부이전계약서(확정채권일부양도계약서)</u>를 제공한다.

   ② 근저당권일부이전계약서(확정채권일부양도계약서)에는 부동산의 표시, 양도액, 계약연월일, 계약당사자의 인적사항 등이 기재되어 있어야 한다.

2. 등기필증(박저당)(법 제50조 제2항, 부칙 제2조, 규칙 제43조 제1항 제7호)

   ① 권리에 관한 등기를 공동으로 신청하는 경우 등기의무자의 등기필증을 제공하여야 하므로, <u>박저당이 근저당권설정등기 후 교부받은 등기필증</u>을 제공한다(법 부칙 제2조).

   ② 등기의무자가 등기필정보를 소지한 경우에는 <u>일련번호와 비밀번호 등</u>을 신청서에 기재하는 것으로 갈음한다(규칙 제43조 제1항 제7호).

3. 주민등록표초본(또는 등본)(저양수)(규칙 제46조 제1항 제6호, 제62조 등)

   새로이 등기명의인이 되는 <u>등기권리자의 주소 및 주민등록번호를 기입</u>하여야 하므로, <u>등기권리자 저양수의 주민등록표초본(또는 등본)</u>을 제공한다(발행일로부터 3월 이내).

   다만, <u>계약서상의 주소와 등기신청 시의 주소가 상이</u>할 경우에는 동일성을 증명하기 위하여 <u>주소변동내역이 포함된 주민등록표초본(또는 등본)</u>을 제공한다.

4. 등록면허세영수필확인서(지방세법 시행령 제49조, 법 제29조 제10호, 규칙 제44조 등)

   ① <u>근저당권일부이전등기를 신청</u>하는 경우 <u>등록면허세 등을 신고·납부</u>하여야 하므로, <u>이를 납부한 영수필확인서</u>를 제공한다.

   ② 시장·군수·구청장 등으로부터 등록면허세납부서(OCR용지)를 발급받아 금융기관에 세금을 납부한 후 <u>등록면허세영수필확인서</u>를 제공한다.

   ③ 지방세인터넷납부시스템을 이용하여 납부하고 출력한 <u>등록면허세납부확인서</u>를 첨부할 수 있다.

5. 등기신청수수료영수필확인서(법 제22조 제3항, 법 제29조 제10호, 규칙 제44조 등)

   등기를 신청하는 경우 대법원규칙으로 정하는 바에 따라 <u>수수료를 납부하여야 하므로</u>, 이를 납부한 그 영수필확인서를 제공한다.

6. 등기신청위임장(박저당의 날인 및 저양수의 날인)(규칙 제46조 제1항 제5호, 규칙 제60조 제1항 등)

   ① 등기신청을 법무사 등 대리인에게 위임하는 경우 대리권한을 증명하여야 하므로, <u>박저당 및 저양수 쌍방으로부터 위임을 받은 등기신청위임장</u>을 제공한다. 등기신청위임장에는 부동산의 표시, 위임인, 수임인 등이 기재되어 있어야 한다.

② 사안의 경우 규칙 제60조에 해당하지 않으므로 박저당 및 저양수의 인감을 날인할 필요가 없다.

7. 자격자대리인의 등기의무자확인 및 자필서명정보(박저당 확인)**(규칙 제46조 제1항 제8호)**

공동으로 신청하는 권리에 관한 등기를 자격자대리인이 신청하는 경우 등기의무자인지 여부를 확인하고 자필서명한 정보를 제공하여야 하므로, 법무사 나합격이 박저당을 확인하고 작성한 자필서명정보를 제공한다.

03 절 소유권 이외의 권리변경 · 경정등기

I 전세권변경

다음에 제시된 부동산 및 사실관계와 답안작성 유의사항에 따라 법무사 나합격이 제출할 등기신청서를 작성하고, 필요한 첨부서면의 제공 이유와 근거에 대하여 간략하게 설명하시오(서면에 의한 방문신청임을 전제로 함). **30점**

1. 부동산

서울 서초구 서초동 100번지

[도로명주소] 서울특별시 서초구 서초대로 201

철근콘크리트조 슬래브지붕 4층 주택

1층 200㎡, 2층 200㎡, 3층 200㎡, 4층 200㎡

(위 부동산은 서울중앙지방법원 등기국의 관할 구역에 속함)

2. 사실관계

가. 전세권자 박전세는 전세권설정자인 김소유와 존속기간을 정한 전세권설정계약을 체결하여 이에 대한 전세권설정등기를 마쳤다(아래의 등기사항증명서 참조).

나. 전세권설정자 김소유와 전세권자 박전세는 2022년 3월 1일 존속기간을 연장하기로 하는 합의(2022년 3월 5일부터 2024년 3월 4일까지)를 마친 후 이에 따른 계약서를 작성하였다.

다. 등기상 이해관계인은 변경계약에 따른 내용에 승낙해주기로 하였다.

라. 김소유와 박전세는 이를 등기사항증명서에 반영하기 위하여 법무사 나합격에게 관련된 등기신청을 위임하였으며, 법무사 나합격은 필요한 서면을 갖춘 후 해당신청서를 작성해 관할 등기소에 제출하려고 한다.

【 을구 】				(소유권 이외의 권리에 관한 사항)
순위 번호	등기목적	접수	등기원인	권리자 및 기타사항
1	전세권 설정	2020년 3월 5일 제3005호	2020년 3월 5일 설정계약	전세금　　금 100,000,000원 범 위　　건물 4층 전부 존속기간　2020년 3월 5일부터 2022년 3월 4일 　　　　　까지 전세권자　박전세 680515-1684051 　　　　　서울특별시 서초구 서초대로46길 60, 　　　　　101동 201호(서초동, 서초아파트)
2	근저당권 설정	2020년 4월 5일 제3205호	2020년 4월 5일 설정계약	채권최고액 금 100,000,000원 채무자 김소유 　　　　서울특별시 서초구 강남대로 21(서초동) 근저당권자 박저당 680515-1345448 　　　　서울특별시 서초구 서초대로12길 60, 　　　　203호

마. 주소(또는 본점이나 사무소 소재지), 주민등록번호(또는 부동산등기용등록번호) 등

　　1) 김소유 : 서울시 서초구 강남대로 21(서초동), 701115-1201257(등기사항증명서상
　　　의 주소와 현 주소는 일치함)

　　2) 박전세 : 위 등기사항증명서의 기재사항과 같음

　　3) 법무사 나합격 : 서울시 서초구 강남대로 21(서초동), 전화번호 02-530-6126

3. 답안작성 유의사항

　가. 신청서 양식의 첨부서면란 등이 부족할 경우에는 답안지에 기재할 수 있습니다.

　나. 신청서 양식의 첨부서면란에는 첨부서면의 명칭과 통수를 기재합니다. 첨부서면의 제공
　　이유와 근거는 답안지에 간략하게 기재하십시오.

　다. 어느 첨부서면을 다른 첨부서면으로 서로 대체할 수 있는 경우 신청서 양식의 첨부서면
　　란에는 그중 하나를 기재하고, 대체할 수 있는 다른 첨부서면에 대하여는 답안지에 기재
　　하시기 바랍니다.

　라. 위임장은 작성하지 않으셔도 됩니다. 다만 첨부서면으로는 기재하고 그 내용(위임인 등)
　　도 답안지에 기재하시기 바랍니다.

　마. 등록면허세, 등기신청수수료 등 설문에서 정보가 주어지지 않은 것은 신청서에 기재하지
　　않으셔도 됩니다. 그 밖에 설문에서 주어지지 않은 사항은 고려할 필요가 없습니다.

　바. 날인이 필요한 곳에는 "⑪"이라고 기재합니다.

　사. 신청서 작성일은 2022년 3월 1일로 합니다.

　아. 제시된 주민등록번호나 부동산등기용등록번호는 법령상의 부여 규칙이나 구성 체계 등
　　과 맞지 않을 수 있으나, 이 점은 고려하지 않으셔도 됩니다.

　자. 설문의 부동산과 사실관계는 모두 가상의 것들임을 알려 드립니다.

PART · 02

전세권변경등기신청

접 수	년 월 일 제 호	처 리 인	등기관 확인	각종 통지

	부동산의 표시(거래신고관리번호/거래가액)
규 43①1	서울특별시 서초구 서초동 100 [도로명주소] 서울특별시 서초구 서초대로 201 철근콘크리트조 슬래브지붕 4층 주택 　　1층 200m²　　2층 200m² 　　3층 200m²　　4층 200m² 　　　　　　　　　- 이상 -
규 43①5	등기원인과 그 연월일 ┃ 2022년 3월 1일　변경계약
규 43①6	등 기 의 　목 적 ┃ 1번 전세권변경

	변 경 할 　사 항	2020년 3월 5일 접수 제3005호로 등기된 순위 1번 전세권설정등기사항 중 존속기간 "2020년 3월 5일부터 2022년 3월 4일까지"를 　　　　"2022년 3월 5일부터 2024년 3월 4일까지"로 변경

	구분	성명 (상호·명칭)	주민등록번호 (등기용등록번호)	주소(소재지)	지분 (개인별)
규 43①2	등 기 의 무 자	김소유	701115-1201257	서울특별시 서초구 강남대로 21 (서초동)	
규 43①2	등 기 권 리 자	박전세	680515-1684051	서울특별시 서초구 서토대로46길 60, 101동 201호(서초동, 서초 아파트)	

규 44	등 록 면 허 세	금		○○○ 원
	지 방 교 육 세	금		○○○ 원
	농 어 촌 특 별 세	금		○○○ 원
	세 액 합 계	금		○○○ 원
	등 기 신 청 수 수 료	금		○○○ 원
		납부번호 :	○○-○○-○○○○○○○-○	
		일괄납부 :	건	○○○ 원
	국민주택채권매입총액	금		○○○ 원
	국민주택채권발행번호	○○○○-○○-○○○○-○○○○		

규 43①7	등기의무자의 등기필정보		
	부동산고유번호	○○○○-○○○○-○○○○○○	
	성명(명칭)	일련번호	비밀번호
		○○○○-○○○○-○○○○	○○-○○○○

<table>
<tr><td colspan="2" align="center">첨 부 서 면   간인</td></tr>
<tr>
<td>
• 전세권변경계약서   1통
• 등기필증(김소유)   1통
• 인감증명 등(김소유)   1통
</td>
<td>
• 등록면허세영수필확인서   1통
• 등기신청수수료영수필확인서   1통
• 등기신청위임장(김소유의 인감날인 및 박전세의 날인)   1통
• 이해관계인의 승낙서(박저당)   1통
• 인감증명 등(박저당)   1통
</td>
</tr>
</table>

규 43①9	
	2022년 3월 1일
	위 신청인 ⑩ (전화 :) ⑩ (전화 :)
	(또는) 위 대리인 **법무사 나합격** 직인 (전화 : 02-530-6126) 서울특별시 서초구 강남대로 21 (서초동)
규 43①8	**서울중앙** 지방법원 **등기국** 귀중

– 신청서 작성요령 –

* 1. 부동산표시란에 2개 이상의 부동산을 기재하는 경우에는 그 부동산의 일련번호를 기재하여야 합니다.
2. 신청인란 등 해당란에 기재할 여백이 없을 경우에는 별지를 이용합니다.
3. 담당 등기관이 판단하여 위의 첨부서면 외에 추가적인 서면을 요구할 수 있습니다.

[첨부서면 해설]

1. 전세권변경계약서(규칙 제46조 제1항 제1호 등)

① 등기원인을 증명하기 위하여, 전세권변경계약서를 제공한다.

② 전세권변경계약서에는 부동산의 표시, 변경할 사항, 계약연월일, 계약당사자의 인적사항 등이 기재되어 있어야 한다.

2. 등기필증(김소유)(법 제50조 제2항, 부칙 제2조, 규칙 제43조 제1항 제7호)

① 권리에 관한 등기를 공동으로 신청하는 경우 등기의무자의 등기필증을 제공하여야 하므로, 김소유가 소유권취득 후 교부받은 등기필증을 제공한다(법 부칙 제2조).

② 등기의무자가 등기필정보를 소지한 경우에는 일련번호와 비밀번호 등을 신청서에 기재하는 것으로 갈음한다(규칙 제43조 제1항 제7호).

3. 인감증명 등(김소유)(규칙 제60조, 제61조, 제62조)

① 소유권자가 등기의무자가 되는 경우 등기의무자의 인감증명을 제공하여야 하므로, 김소유의 인감증명을 제공한다(발행일로부터 3월 이내).

② 인감날인 및 인감증명에 갈음하여, 서명하고 본인서명사실확인서 또는 전자본인서명확인서 발급증을 제공할 수 있다.

4. 등록면허세영수필확인서(지방세법 시행령 제49조, 법 제29조 제10호, 규칙 제44조 등)

① 전세권변경등기를 신청하는 경우 등록면허세 등을 신고·납부하여야 하므로, 이를 납부한 영수필확인서를 제공한다.

② 시장·군수·구청장 등으로부터 등록면허세납부서(OCR용지)를 발급받아 금융기관에 세금을 납부한 후 등록면허세영수필확인서를 제공한다.

③ 지방세인터넷납부시스템을 이용하여 납부하고 출력한 등록면허세납부확인서를 첨부할 수 있다.

5. 등기신청수수료영수필확인서(법 제22조 제3항, 법 제29조 제10호, 규칙 제44조 등)

등기를 신청하는 경우 대법원규칙으로 정하는 바에 따라 수수료를 납부하여야 하므로, 이를 납부한 그 영수필확인서를 제공한다.

6. 등기신청위임장(김소유의 인감날인 및 박전세의 날인)(규칙 제46조 제1항 제5호, 규칙 제60조 제1항 등)

① 등기신청을 법무사 등 대리인에게 위임하는 경우 대리권한을 증명하여야 하므로, 김소유 및 박전세 쌍방으로부터 위임을 받은 등기신청위임장을 제공한다. 등기신청위임장에는 부동산의 표시, 위임인, 수임인 등이 기재되어 있어야 한다.

② 사안의 경우 규칙 제60조 제1항 제1호에 해당하므로 진정성 담보를 위하여 등기의무자인 김소유의 인감을 날인을 한다.

7. 이해관계인의 승낙서(박저당)(법 제52조, 규칙 제46조 제1항 제3호, 제60조 제1항 제7호)

전세권의 존속기간을 연장하는 전세권변경등기를 신청함에 있어서 후순위 근저당권자인 박저당은 등기상 이해관계인에 해당하므로, 등기상 이해관계 있는 제3자인 박저당의 승낙이 있음을 증명하는 정보를 제공한다. 승낙서에는 진정성담보를 위하여 인감을 날인한다.

8. 인감증명 등(박저당)(규칙 제60조 제1항 제7호, 제62조)

① 위 이해관계인의 승낙서에 날인한 인감의 인영을 증명하기 위하여 인감증명을 제공한다.
② 인감날인 및 인감증명에 갈음하여, 서명하고 본인서명사실확인서 또는 전자본인서명확인서 발급증을 제공할 수 있다.

Ⅱ 근저당권변경

1. 계약인수

2005년 법무사 제11회 - 일부변경(날짜, 등기소 명칭)

【문 1】 아래 사실관계에 부합하는 등기신청서를 등기부등본을 고려하여 작성하고, 첨부서면에 대하여 설명하시오. 30점

1. 부동산

서울 서초구 서초동 100 대 1,000㎡

2. 사실관계

가. 서초유통주식회사와 서울제조주식회사는 서울제조주식회사의 제품을 일정한 한도까지 서초유통주식회사에 외상으로 공급하기로 하는 내용의 계속적 공급계약을 체결하고 이 외상대금을 담보하기 위하여 서초유통주식회사 소유의 토지에 별첨 등기부등본 을구 순위번호 1번과 같이 근저당권설정등기를 하였다.

나. 위 계약의 내용과 같이 거래하던 중 사정이 발생하여 서초유통주식회사의 대표이사 김갑동이 개인자격으로 서초유통주식회사의 지위를 승계하여 거래를 지속하되 위 근저당권은 김갑동과의 거래에서 발생하는 외상대금 채무를 계속하여 담보하도록 당사자 간에 합의가 이루어져 그에 따른 등기를 신청하고자 한다.

다. 등기원인의 연월일은 2022.8.10.임.

라. 주소(또는 사무소 소재지), 주민등록번호(또는 부동산등기용등록번호) 등
   1) 서초유통주식회사의 부동산등기용등록번호 : 110111-0234567
     대표이사 성명 : 김갑동(600512-1043432)
     대표이사 주소 : 서울특별시 서대문구 아현동 123
   2) 서울제조주식회사의
     대표이사 성명 : 이한수(510601-1035356)
     대표이사 주소 : 서울특별시 송파구 잠실동 456
   3) 기타의 인적사항은 등기부등본과 같음.

3. 답안작성 유의사항

가. 관할등기소는 서울중앙지방법원 등기국임.
나. 위임에 의하지 않고 당사자가 직접 신청함.
다. 날인이 필요한 곳은 ㉑이라고 표시하고 전화번호 기재는 "공란"으로 기재함.
라. 신청서 작성일은 2022.10.2.임.

【 을구 】				(소유권 이외의 권리에 관한 사항)
순위 번호	등기 목적	접수	등기원인	권리자 및 기타사항

1
(전1)
	근저
	당권
	설정
		2001년 1월 6일
		제806호
			2001년 1월 3일
			설정계약
				채권최고액 금 600,000,000원
				채무자 서초유통주식회사
				   서울특별시 서초구 서초동 100
				근저당권자 서울제조주식회사 110111-1234567
				   서울특별시 마포구 공덕동 5

				부동산등기법 제177조의6 제1항의 규정에 의 하여 2001년 7월 12일 전산이기

2	근저
	당권
	설정
		2003년 6월 12일
		제78901호
			2003년 6월 5일
			설정계약
				채권최고액 금 500,000,000원
				채무자 서초유통주식회사
				   서울특별시 서초구 서초동 100
				근저당권자 김일동 660105-1023456
				   서울특별시 강남구 신사동 22

근저당권변경등기신청

접 수	년 월 일	처 리 인	등기관 확인	각종 통지
	제 호			

부동산의 표시(거래신고관리번호/거래가액)

규 43①1	서울특별시 서초구 서초동 100　　　대 1,000m² - 이상 -
규 43①5	등기원인과 그 연월일	2022년 8월 10일　계약인수
규 43①6	등 기 의 목 적	1번 근저당권변경

변 경 할 사 항	2001년 1월 6일 접수 제806호로 등기된 순위 1번 근저당권설정등기사항 중 채무자 "서초유통주식회사 서울특별시 서초구 서초동 100"을 　　　"김갑동 서울특별시 서대문구 아현동 123"으로 변경

	구분	성명 (상호·명칭)	주민등록번호 (등기용등록번호)	주소(소재지)	지분 (개인별)
규 43①2 규 43①3	등기의무자	서초유통주식회사 대표이사 김갑동	110111-0234567	서울특별시 서초구 서초동 100 서울특별시 서대문구 아현동 123	
규 43①2 규 43①3	등기권리자	서울제조주식회사 대표이사 이한수	110111-1234567	서울특별시 마포구 공덕동 5 서울특별시 송파구 잠실동 456	

규 44	시가표준액 및 국민주택채권매입금액		
	부동산 표시	부동산별 시가표준액	부동산별 국민주택채권매입금액
	1.	금 ○○○ 원	금 ○○○ 원
	2.	금 ○○○ 원	금 ○○○ 원
	3.	금 ○○○ 원	금 ○○○ 원
	국 민 주 택 채 권 매 입 총 액		금 ○○○ 원
	국 민 주 택 채 권 발 행 번 호		○○○○-○○-○○○○-○○○○
	취득세(등록면허세) 금 ○○○ 원	지방교육세 금 ○○○ 원	
		농어촌특별세 금 ○○○ 원	
	세 액 합 계	금 ○○○ 원	
	등 기 신 청 수 수 료	금 ○○○ 원	
		납부번호 : ○○-○○-○○○○○○○○-○	
		일괄납부 : 건 ○○○ 원	
규 43①7	등기의무자의 등기필정보		
	부동산고유번호	○○○○-○○○○-○○○○○○	
	성명(명칭)	일련번호	비밀번호
		○○○○-○○○○-○○○○	○○-○○○○

첨 부 서 면   간 인

• 근저당권변경계약서 1통	• 등록면허세영수필확인서 1통
• 등기필증(서울유통 주식회사) 1통	• 등기신청수수료영수필확인서 1통
• 인감증명 등(서울유통 주식회사) 1통	
• 법인등기사항(전부)증명서	
(서울유통 주식회사, 서울제조 주식회사) 2통	

<table>
<tr><td>규 43①9</td><td>
2022년 10월 2일

위 신청인   서초유통주식회사 서울특별시 서초구 서초동 100
                    대표이사 김갑동   ⑩   (전화 :   )

             서울제조주식회사 서울특별시 마포구 공덕동 5
                    대표이사 이한수   ⑩   (전화 :   )

      (또는) 위 대리인   (전화 :   )
</td></tr>
<tr><td>규 43①8</td><td>   서울중앙 지방법원 등기국 귀중</td></tr>
</table>

– 신청서 작성요령 –

＊ 1. 부동산표시란에 2개 이상의 부동산을 기재하는 경우에는 그 부동산의 일련번호를 기재하여야 합니다.

  2. 신청인란 등 해당란에 기재할 여백이 없을 경우에는 별지를 이용합니다.

  3. 담당 등기관이 판단하여 위의 첨부서면 외에 추가적인 서면을 요구할 수 있습니다.

[첨부서면 해설]

1. 근저당권변경계약서(규칙 제46조 제1항 제1호 등)

등기원인을 증명하기 위하여, <u>근저당권변경계약서</u>를 제공한다. 계약서에는 부동산의 표시, 근저당권의 변경에 대한 내용, 당사자의 인적사항, 계약연월일 등이 기재되어 있어야 한다.

2. 등기필증(서울유통 주식회사)(법 제50조 제2항, 부칙 제2조, 규칙 제43조 제1항 제7호)

① 권리에 관한 등기를 공동으로 신청하는 경우 등기의무자의 등기필증을 제공하여야 하므로, <u>서초유통주식회사가 소유권취득 후 교부받은 등기필증을 제공한다</u>(법 부칙 제2조).
② 등기의무자가 등기필정보를 소지한 경우에는 <u>일련번호와 비밀번호 등을</u> 신청서에 기재하는 것으로 갈음한다(규칙 제43조 제1항 제7호).

3. 인감증명 등(서울유통 주식회사)(규칙 제60조, 제61조, 제62조)

① 소유권자가 등기의무자가 되는 경우 등기의무자의 인감증명을 제공하여야 하므로, <u>서초유통주식회사의 인감증명</u>을 제공한다(발행일로부터 3월 이내).
② 인감증명을 제공하는 자가 <u>법인인 경우 등기소의 증명을 얻은 대표이사 김갑동의 법인인감</u>을 제공한다.

4. 법인등기사항(전부)증명서(서울유통 주식회사, 서울제조 주식회사)(규칙 제46조 제1항 제4호, 제62조 등)

신청인이 법인인 경우에는 법인의 <u>명칭, 사무소소재지, 부동산등기용등록번호, 대표자의 자격 및 인적사항을 증명하기 위하여, 주식회사 서초유통주식회사 및 서울제조주식회사의 법인등기사항(전부)증명서</u>를 제공한다(발행일로부터 3월 이내).

5. 등록면허세영수필확인서(지방세법 시행령 제36조, 제49조, 법 제29조 제10호, 규칙 제44조 등)

근저당권변경등기를 신청하는 경우 <u>등록면허세 등을 신고·납부하여야 하므로</u>, 이를 납부한 영수필확인서를 제공한다.

6. 등기신청수수료영수필확인서(법 제22조 제3항, 법 제29조 제10호, 규칙 제44조 등)

등기를 신청하는 경우 대법원규칙으로 정하는 바에 따라 <u>수수료를 납부하여야 하므로</u>, 이를 납부한 그 영수필확인서를 제공한다.

2. 확정채무의 면책적 인수

【문 1】 아래 사실관계에 부합하는 등기신청서를 등기부등본을 고려하여 작성하고, 첨부서면에 대하여 설명하시오. **30점**

1. 부동산

서울 서초구 서초동 100 대 1,000㎡

2. 사실관계

가. 서초유통주식회사와 서울제조주식회사는 서울제조주식회사의 제품을 일정한 한도까지 서초유통주식회사에 외상으로 공급하기로 하는 내용의 계속적 공급계약을 체결하고 이 외상대금을 담보하기 위하여 서초유통주식회사 소유의 토지에 별첨 등기부등본 을구 순위번호 1번과 같이 근저당권설정등기를 하였다.

나. 위 계약의 내용과 같이 거래하던 중 사정이 발생하여 서초유통주식회사의 대표이사 김갑동이 개인자격으로 서초유통주식회사의 채무전부를 인수하였고, 관계인들의 합의가 이루어져 그에 따른 등기를 신청하고자 한다.

다. 등기원인의 연월일은 2022.8.10.임.

라. 주소(또는 사무소 소재지), 주민등록번호(또는 부동산등기용등록번호) 등

1) 서초유통주식회사의 부동산등기용등록번호 : 110111-0234567

　　대표이사 성명 : 김갑동(600512-1043432)

　　대표이사 주소 : 서울특별시 서대문구 아현동 123

2) 서울제조주식회사의

　　대표이사 성명 : 이한수(510601-1035356)

　　대표이사 주소 : 서울특별시 송파구 잠실동 456

3) 기타의 인적사항은 등기부등본과 같음.

마. 계약의 당사자는 이를 등기사항증명서에 반영하기 위하여 법무사 나합격에게 관련된 등기신청을 위임하였으며, 법무사 나합격은 필요한 서면을 갖춘 후 해당신청서를 작성해 관할 등기소에 제출하려고 한다.

법무사 나합격 : 서울시 서초구 강남대로 21 (서초동), 전화번호 02-530-6126

3. 답안작성 유의사항

가. 관할등기소는 서울중앙지방법원 등기국임.

나. 날인이 필요한 곳은 ⑩이라고 표시하고 전화번호 기재는 "공란"으로 기재함.

다. 신청서 작성일은 2022.10.2.임.

【 을구 】				(소유권 이외의 권리에 관한 사항)
순위 번호	등기목적	접수	등기원인	권리자 및 기타사항
1 (전1)	근저당권 설정	2001년 1월 6일 제806호	2001년 1월 3일 설정계약	채권최고액 금 600,000,000원 채무자 서초유통주식회사 　　　서울특별시 서초구 서초동 100 근저당권자 서울제조주식회사 110111-1234567 　　　서울특별시 마포구 공덕동 5
				부동산등기법 제177조의6 제1항의 규정에 의하여 2001년 7월 12일 전산이기
2	근저당권 설정	2003년 6월 12일 제78901호	2003년 6월 5일 설정계약	채권최고액 금 500,000,000원 채무자 서초유통주식회사 　　　서울특별시 서초구 서초동 100 근저당권자 김일동 660105-1023456 　　　서울특별시 강남구 신사동 22

근저당권변경등기신청

접 수	년 월 일	처 리 인	등기관 확인	각종 통지
	제 호			

	부동산의 표시(거래신고관리번호/거래가액)			
규 43①1	서울특별시 서초구 서초동 100 대 1,000m² - 이상 -			
규 43①5	등기원인과 그 연월일	2022년 8월 10일 확정채무의 면책적 인수		
규 43①6	등 기 의 목 적	1번 근저당권변경		
	변 경 할 사 항	2001년 1월 6일 접수 제806호로 등기된 순위 1번 근저당권설정등기사항 중 채무자 "서초유통주식회사 서울특별시 서초구 서초동 100"을 "김갑동 서울특별시 서대문구 아현동 123"으로 변경		
	구분	성명 (상호·명칭)	주민등록번호 (등기용등록번호)	주소(소재지)	지분 (개인별)
규 43①2 규 43①3	등 기 의 무 자	서초유통주식회사 대표이사 김갑동	110111-0234567	서울특별시 서초구 서초동 100 서울특별시 서대문구 아현동 123	
규 43①2 규 43①3	등 기 권 리 자	서울제조주식회사 대표이사 이한수	110111-1234567	서울특별시 마포구 공덕동 5 서울특별시 송파구 잠실동 456	

규 44	시가표준액 및 국민주택채권매입금액		
	부동산 표시	부동산별 시가표준액	부동산별 국민주택채권매입금액
	1.	금　　　　○○○　원	금　　　　　　　○○○　원
	2.	금　　　　○○○　원	금　　　　　　　○○○　원
	3.	금　　　　○○○　원	금　　　　　　　○○○　원
	국 민 주 택 채 권 매 입 총 액	금　　　　　　　　　　　○○○　원	
	국 민 주 택 채 권 발 행 번 호	○○○○-○○-○○○○-○○○○	
	취득세(등록면허세)　금　　○○○　원	지방교육세　　금　　　　　○○○　원	
		농어촌특별세　　금　　　　○○○　원	
	세　액　합　계　금	○○○　원	
	등 기 신 청 수 수 료	금　　　　　　　　　　　○○○　원	
		납부번호 : ○○-○○-○○○○○○○○-○	
		일괄납부 :　　　건　　　　　　　○○○　원	
규 43①7	등기의무자의 등기필정보		
	부동산고유번호	○○○○-○○○○-○○○○○○	
	성명(명칭)	일련번호	비밀번호
		○○○○-○○○○-○○○○	○○-○○○○

첨 부 서 면　　　<u>간 인</u>

- 근저당권변경계약서　　　　　　1통
- 등기필증(서울유통 주식회사)　　1통
- 인감증명 등(서울유통 주식회사)　1통
- 법인등기사항(전부)증명서
  (서울유통 주식회사, 서울제조 주식회사) 2통

- 등록면허세영수필확인서　　　　1통
- 등기신청수수료영수필확인서　　1통
- 등기신청위임장(서초유통주식회사 대표이사 김
  갑동의 인감날인 및 서울제조주식회사 대표이사
  이한수의 날인)　　　　　　　　1통
- 자격자대리인의 등기의무자확인 및 자필서명정보
  (서초유통주식회사 대표이사 김갑동 확인 및 서
  초유통주식회사 기재)　　　　　1통

규 43①9	
	<div align="center">2022년 10월 2일</div>

위 신청인　　　　　　　　　　㊞　(전화 :　　　　　　)

　　　　　　　　　　　　　　　㊞　(전화 :　　　　　　)

(또는) 위 대리인　법무사 나합격　<u>직 인</u>　(전화 :　02-530-6126)

　　　　　　　서울특별시 서초구 강남대로 21 (서초동)

규 43①8　　　서울중앙 지방법원 등기국 귀중

- 신청서 작성요령 -

＊1. 부동산표시란에 2개 이상의 부동산을 기재하는 경우에는 그 부동산의 일련번호를 기재하여야 합니다.

2. 신청인란 등 해당란에 기재할 여백이 없을 경우에는 별지를 이용합니다.

3. 담당 등기관이 판단하여 위의 첨부서면 외에 추가적인 서면을 요구할 수 있습니다.

[첨부서면 해설]

1. 근저당권변경계약서(규칙 제46조 제1항 제1호 등)

등기원인을 증명하기 위하여, 근저당권변경계약서를 제공한다. 계약서에는 부동산의 표시, 근저당권의 변경에 대한 내용, 당사자의 인적사항, 계약연월일 등이 기재되어 있어야 한다.

2. 등기필증(서울유통 주식회사)(법 제50조 제2항, 부칙 제2조, 규칙 제43조 제1항 제7호)

① 권리에 관한 등기를 공동으로 신청하는 경우 등기의무자의 등기필증을 제공하여야 하므로, 서초유통주식회사가 소유권취득 후 교부받은 등기필증을 제공한다(법 부칙 제2조).

② 등기의무자가 등기필정보를 소지한 경우에는 일련번호와 비밀번호 등을 신청서에 기재하는 것으로 갈음한다(규칙 제43조 제1항 제7호).

3. 인감증명 등(서울유통 주식회사)(규칙 제60조, 제61조, 제62조)

① 소유권자가 등기의무자가 되는 경우 등기의무자의 인감증명을 제공하여야 하므로, 서초유통주식회사의 인감증명을 제공한다(발행일로부터 3월 이내).

② 인감증명을 제공하는 자가 법인인 경우 등기소의 증명을 얻은 대표이사 김갑동의 법인인 감을 제공한다.

4. 법인등기사항(전부)증명서(서울유통 주식회사, 서울제조 주식회사)(규칙 제46조 제1항 제4호, 제62조 등)

신청인이 법인인 경우에는 법인의 명칭, 사무소소재지, 부동산등기용등록번호, 대표자의 자격 및 인적사항을 증명하기 위하여, 주식회사 서초유통주식회사 및 서울제조주식회사의 법인 등기사항(전부)증명서를 제공한다(발행일로부터 3월 이내).

5. 등록면허세영수필확인서(지방세법 시행령 제36조, 제49조, 법 제29조 제10호, 규칙 제44조 등)

근저당권변경등기를 신청하는 경우 등록면허세 등을 신고·납부하여야 하므로, 이를 납부한 영수필확인서를 제공한다.

6. 등기신청수수료영수필확인서(법 제22조 제3항, 법 제29조 제10호, 규칙 제44조 등)

등기를 신청하는 경우 대법원규칙으로 정하는 바에 따라 수수료를 납부하여야 하므로, 이를 납부한 그 영수필확인서를 제공한다.

7. 등기신청위임장(서초유통주식회사 대표이사 김갑동의 인감날인 및 서울제조주식회사 대표이사 이한수의 날인)

(규칙 제46조 제1항 제5호, 규칙 제60조 제1항 등)

① 등기신청을 법무사 등 대리인에게 위임하는 경우 대리권한을 증명하여야 하므로, 서초유통주식회사 대표이사 김갑동 및 서울제조주식회사 대표이사 이한수 쌍방으로부터 위임을 받은 등기신청위임장을 제공한다. 등기신청위임장에는 부동산의 표시, 위임인, 수임인 등이 기재되어 있어야 한다.

② 사안의 경우 <u>규칙 제60조 제1항 제1호에 해당하므로</u> 진정성 담보를 위하여 <u>등기의무자인 서초유통주식회사의 대표이사 김갑동의 법인인감을 날인</u>을 한다.

8. 자격자대리인의 등기의무자확인 및 자필서명정보(서초유통주식회사 대표이사 김갑동 확인 및 서초유통주식회사 기재)(규칙 제46조 제1항 제8호)

공동으로 신청하는 권리에 관한 등기 등을 <u>자격자대리인이 신청하는 경우 등기의무자인지 여부를 확인하고 자필서명한 정보를 제공하여야 하므로</u>, 법무사 나합격이 서초유통주식회사 대표이사 김갑동을 확인하고 작성한 자필서명정보를 제공한다. 다만, 자필서명정보에는 등기기록형식상 권리를 상실하거나 불이익을 받는 자를 기재하여야 하므로 <u>등기의무자란에는 서초유통주식회사를 기재</u>한다.

3. 변경계약

다음에 제시된 부동산 및 사실관계와 답안작성 유의사항에 따라 법무사 나합격이 제출할 등기신청서를 작성하고, 필요한 첨부서면의 제공 이유와 근거에 대하여 간략하게 설명하시오(서면에 의한 방문신청임을 전제로 함). 30점

1. 부동산

서울 서초구 서초동 100번지
[도로명주소] 서울특별시 서초구 서초대로 201
철근콘크리트조 슬래브지붕 4층 주택
1층 200㎡, 2층 200㎡, 3층 200㎡, 4층 200㎡
(위 부동산은 서울중앙지방법원 등기국의 관할 구역에 속함)

2. 사실관계

가. 근저당권자 박저당은 근저당권설정자인 김소유와 근저당권설정계약을 체결하여 이에 대한 근저당권설정등기를 마쳤다(아래의 등기사항증명서 참조).

나. 근저당권설정자 김소유와 근저당권자 박저당은 2022년 10월 1일 채권최고액을 200,000,000원으로 증액하기로 하는 계약서를 작성하였다.

다. 등기상 이해관계인은 변경계약에 따른 내용에 승낙해주기로 하였다.

라. 김소유와 박저당은 이를 등기사항증명서에 반영하기 위하여 법무사 나합격에게 관련된 등기신청을 위임하였으며, 법무사 나합격은 필요한 서면을 갖춘 후 해당신청서를 작성해 관할 등기소에 제출하려고 한다.

【 을구 】				(소유권 이외의 권리에 관한 사항)
순위번호	등기목적	접수	등기원인	권리자 및 기타사항
1	근저당권설정	2020년 3월 5일 제3005호	2020년 3월 5일 설정계약	채권최고액 금 100,000,000원 채무자 김소유 　　　서울특별시 서초구 강남대로 21(서초동) 근저당권자 박저당 680515-1684051 　　　서울특별시 서초구 서초대로46길 　　　60, 101동 201호(서초동, 서초 　　　아파트)
2	전세권설정	2020년 4월 5일 제3205호	2020년 4월 5일 설정계약	전세금 금 100,000,000원 범 위 건물 4층 전부 존속기간 2020년 3월 5일부터 2022년 3월 4일까지 전세권자 박전세 680515-1345448 　　　서울특별시 서초구 서초대로12길 　　　60, 203호

　마. 주소(또는 본점이나 사무소 소재지), 주민등록번호(또는 부동산등기용등록번호) 등

　　1) 김소유 : 서울시 서초구 강남대로 21(서초동), 701115-1201257 (등기사항증명서 상의 주소와 현 주소는 일치함)

　　2) 박저당 : 위 등기사항증명서의 기재사항과 같음

　　3) 법무사 나합격 : 서울시 서초구 강남대로 21 (서초동), 전화번호 02-530-6126

3. 답안작성 유의사항

　가. 신청서 양식의 첨부서면란 등이 부족할 경우에는 답안지에 기재할 수 있습니다.

　나. 신청서 양식의 첨부서면란에는 첨부서면의 명칭과 통수를 기재합니다. 첨부서면의 제공 이유와 근거는 답안지에 간략하게 기재하십시오.

　다. 어느 첨부서면을 다른 첨부서면으로 서로 대체할 수 있는 경우 신청서 양식의 첨부서면 란에는 그중 하나를 기재하고, 대체할 수 있는 다른 첨부서면에 대하여는 답안지에 기재 하시기 바랍니다.

　라. 위임장은 작성하지 않으셔도 됩니다. 다만 첨부서면으로는 기재하고 그 내용(위임인 등) 도 답안지에 기재하시기 바랍니다.

　마. 등록면허세, 등기신청수수료 등 설문에서 정보가 주어지지 않은 것은 신청서에 기재하지 않으셔도 됩니다. 그 밖에 설문에서 주어지지 않은 사항은 고려할 필요가 없습니다.

　바. 날인이 필요한 곳에는 "㊞"이라고 기재합니다.

　사. 신청서 작성일은 2022년 10월 1일로 합니다.

　아. 제시된 주민등록번호나 부동산등기용등록번호는 법령상의 부여 규칙이나 구성 체계 등 과 맞지 않을 수 있으나, 이 점은 고려하지 않으셔도 됩니다.

　자. 설문의 부동산과 사실관계는 모두 가상의 것들임을 알려 드립니다.

<table>
<tr><th colspan="5">근저당권변경등기신청</th></tr>
<tr><td rowspan="2">접 수</td><td>년 월 일</td><td rowspan="2">처 리 인</td><td>등기관 확인</td><td>각종 통지</td></tr>
<tr><td>제   호</td><td></td><td></td></tr>
</table>

	부동산의 표시(거래신고관리번호/거래가액)
규 43①1	서울특별시 서초구 서초동 100 [도로명주소] 서울특별시 서초구 서초대로 201 철근콘크리트조 슬래브지붕 4층 주택 1층 200m² 2층 200m² 3층 200m² 4층 200m² - 이상 -
규 43①5	**등기원인과 그 연월일** 2022년 10월 1일 변경계약
규 43①6	**등 기 의 목 적** 1번 근저당권변경
	변 경 할 사 항 2020년 3월 5일 접수 제3005호로 등기된 순위 1번 근저당권설정등기사항 중 채권최고액 "금 100,000,000원"을 "금 200,000,000원"으로 변경

구분	성명 (상호·명칭)	주민등록번호 (등기용등록번호)	주소(소재지)	지분 (개인별)
규 43①2 등기의무자	김소유	701115-1201257	서울특별시 서초구 강남대로 21 (서초동)	
규 43①2 등기권리자	박저당	680515-1684051	서울특별시 서초구 서토대로46길 60, 101동 201호(서초동, 서초 아파트)	

규 44	등 록 면 허 세	금	○ ○ ○	원
	지 방 교 육 세	금	○ ○ ○	원
	농 어 촌 특 별 세	금	○ ○ ○	원
	세 액 합 계	금	○ ○ ○	원
	등 기 신 청 수 수 료	금	○ ○ ○	원
		납부번호 : ○○-○○-○○○○○○○○-○		
		일괄납부 :　　　　　건	○ ○ ○	원
	국민주택채권매입총액	금	○ ○ ○	원
	국민주택채권발행번호	○○○○-○○-○○○○-○○○○		

규 43①7	등기의무자의 등기필정보		
	부동산고유번호	○○○○-○○○○-○○○○○○	
	성명(명칭)	일련번호	비밀번호
		○○○○-○○○○-○○○○	○○-○○○○

첨 부 서 면　　　　　　　　　간 인

• 근저당권변경계약서　　　　1통	• 등록면허세영수필확인서　　　　　　1통
• 등기필증(김소유)　　　　　1통	• 등기신청수수료영수필확인서　　　　1통
• 인감증명 등(김소유)　　　　1통	• 등기신청위임장(김소유의 인감날인 및 박저당의 날인)　　　　　　　　　　　　1통
	• 자격자대리인의 등기의무자확인 및 자필서명정보 (김소유 확인)　　　　　　　　　　1통
	• 이해관계인의 승낙서(박전세)　　　1통
	• 인감증명 등(박전세)　　　　　　　1통

규 43①9	2022년 10월 1일
	위 신청인　　　　　　　　㉛　　(전화 :　　　　　　)
	㉛　　(전화 :　　　　　　)
	(또는) 위 대리인　법무사 나합격　직 인　(전화 :　02-530-6126) 서울특별시 서초구 강남대로 21 (서초동)
규 43①8	서울중앙 지방법원 등기국 귀중

- 신청서 작성요령 -

＊ 1. 부동산표시란에 2개 이상의 부동산을 기재하는 경우에는 그 부동산의 일련번호를 기재하여야 합니다.
　 2. 신청인란 등 해당란에 기재할 여백이 없을 경우에는 별지를 이용합니다.
　 3. 담당 등기관이 판단하여 위의 첨부서면 외에 추가적인 서면을 요구할 수 있습니다.

[첨부서면 해설]

1. 근저당권변경계약서(규칙 제46조 제1항 제1호 등)

① 등기원인을 증명하기 위하여, 근저당권변경계약서를 제공한다.

② 근저당권변경계약서에는 부동산의 표시, 변경할 사항, 계약연월일, 계약당사자의 인적사항 등이 기재되어 있어야 한다.

2. 등기필증(김소유)(법 제50조 제2항, 부칙 제2조, 규칙 제43조 제1항 제7호)

① 권리에 관한 등기를 공동으로 신청하는 경우 등기의무자의 등기필증을 제공하여야 하므로, 김소유가 소유권취득 후 교부받은 등기필증을 제공한다(법 부칙 제2조).

② 등기의무자가 등기필정보를 소지한 경우에는 일련번호와 비밀번호 등을 신청서에 기재하는 것으로 갈음한다(규칙 제43조 제1항 제7호).

3. 인감증명 등(김소유)(규칙 제60조, 제61조, 제62조)

① 소유권자가 등기의무자가 되는 경우 등기의무자의 인감증명을 제공하여야 하므로, 김소유의 인감증명을 제공한다(발행일로부터 3월 이내).

② 인감날인 및 인감증명에 갈음하여, 서명하고 본인서명사실확인서 또는 전자본인서명확인서 발급증을 제공할 수 있다.

4. 등록면허세영수필확인서(지방세법 시행령 제49조, 법 제29조 제10호, 규칙 제44조 등)

① 근저당권변경등기를 신청하는 경우 등록면허세 등을 신고·납부하여야 하므로, 이를 납부한 영수필확인서를 제공한다.

② 시장·군수·구청장 등으로부터 등록면허세납부서(OCR용지)를 발급받아 금융기관에 세금을 납부한 후 등록면허세영수필확인서를 제공한다.

③ 지방세인터넷납부시스템을 이용하여 납부하고 출력한 등록면허세납부확인서를 첨부할 수 있다.

5. 등기신청수수료영수필확인서(법 제22조 제3항, 법 제29조 제10호, 규칙 제44조 등)

등기를 신청하는 경우 대법원규칙으로 정하는 바에 따라 수수료를 납부하여야 하므로, 이를 납부한 그 영수필확인서를 제공한다.

6. 등기신청위임장(김소유의 인감날인 및 박저당의 날인)(규칙 제46조 제1항 제5호, 규칙 제60조 제1항 등)

① 등기신청을 법무사 등 대리인에게 위임하는 경우 대리권한을 증명하여야 하므로, 김소유 및 박저당 쌍방으로부터 위임을 받은 등기신청위임장을 제공한다. 등기신청위임장에는 부동산의 표시, 위임인, 수임인 등이 기재되어 있어야 한다.

② 사안의 경우 <u>규칙 제60조 제1항 제1호</u>에 해당하므로 진정성 담보를 위하여 <u>등기의무자인</u> <u>김소유의 인감</u>을 날인을 한다.

7. 자격자대리인의 등기의무자확인 및 자필서명정보^(김소유 확인)(규칙 제46조 제1항 제8호)

공동으로 신청하는 권리에 관한 등기 등을 자격자대리인이 신청하는 경우 등기의무자인지 여부를 확인하고 자필서명한 정보를 제공하여야 하므로, 법무사 나합격이 김소유를 확인하고 작성한 자필서명정보를 제공한다.

8. 이해관계인의 승낙서^(박전세)(법 제52조, 규칙 제46조 제1항 제3호, 제60조 제1항 제7호)

근저당권의 채권최고액을 증액하는 근저당권변경등기를 신청함에 있어서 후순위 전세권자인 박전세은 등기상 이해관계인에 해당하므로, <u>등기상 이해관계 있는 제3자인 박전세의 승낙</u>이 있음을 증명하는 정보를 제공한다. 승낙서에는 진정성담보를 위하여 인감을 날인한다.

9. 인감증명 등^(박전세)(규칙 제60조 제1항 제7호, 제62조)

① 위 이해관계인의 승낙서에 날인한 인감의 인영을 증명하기 위하여 인감증명을 제공한다.
② 인감날인 및 인감증명에 갈음하여, 서명하고 <u>본인서명사실확인서</u> 또는 전자본인서명확인서 발급증을 제공할 수 있다.

04 절 소유권 이외의 권리말소등기

I 전세권말소

다음에 제시된 부동산 및 사실관계와 답안작성 유의사항에 따라 법무사 나합격이 제출할 등기신청서를 작성하고, 필요한 첨부서면의 제공 이유와 근거에 대하여 간략하게 설명하시오(서면에 의한 방문신청임을 전제로 함). 30점

1. 부동산
서울 서초구 서초동 100번지
[도로명주소] 서울특별시 서초구 서초대로 201
철근콘크리트조 슬래브지붕 4층 주택
1층 200㎡, 2층 200㎡, 3층 200㎡, 4층 200㎡
(위 부동산은 서울중앙지방법원 등기국의 관할 구역에 속함)

2. 사실관계

  가. 전세권자 박전세는 전세권설정자인 김소유(701115-1201257, 서울특별시 서초구 강남대로 21(서초동))와 존속기간을 정한 전세권설정계약을 체결하여 이에 대한 전세권설정 등기를 마쳤다(아래의 등기사항증명서 참조). 이후 박전세는 자신의 전세권을 전부 전양수에게 매도하여 아래와 같은 전세권이전등기가 마쳐졌다.

  나. 이후 전세권설정자와 전세권자는 전세계약을 해지하기로 하고 2022년 1월 3일 해지증서를 작성하였다. 전세권말소등기를 신청하기 위해 등기신청당사자는 법무사 나합격에게 관련된 등기신청을 위임하였으며, 법무사 나합격은 필요한 서면을 갖춘 후 해당신청서를 작성해 관할 등기소에 제출하려고 한다.

  다. 다만, 전양수는 아래의 전세권이전등기 후 '서울특별시 관악구 관악로41(봉천동)'으로 전입신고를 하였으나, 등기사항증명서에는 반영되어 있지 않다.

  라. 법무사의 주소(또는 본점이나 사무소 소재지), 주민등록번호(또는 부동산등기용등록번호) 등

    법무사 나합격 : 서울시 서초구 강남대로 21 (서초동), 전화번호 02-530-6126

【 을구 】				(소유권 이외의 권리에 관한 사항)
순위번호	등기목적	접수	등기원인	권리자 및 기타사항
1	전세권설정	2020년 3월 5일 제3005호	2020년 3월 5일 설정계약	전세금 금 100,000,000원 범 위 건물 4층 전부 존속기간 2020년 3월 5일부터 2022년 3월 4일까지 ~~전세권자 박전세~~ ~~680515-1684051~~ ~~서울특별시 서초구 서초대로46길 60,~~ ~~101동 201호(서초동, 서초아파트)~~
1-1	1번 전세권 이전	2021년 5월 5일 제16500호	2021년 5월 5일 매매	전세권자 전양수 750308-1684272 서울특별시 마포구 마포대로11가길 25 (염리동)

3. 답안작성 유의사항

  가. 신청서 양식의 첨부서면란 등이 부족할 경우에는 답안지에 기재할 수 있습니다.

  나. 신청서 양식의 첨부서면란에는 첨부서면의 명칭과 통수를 기재합니다. 첨부서면의 제공 이유와 근거는 답안지에 간략하게 기재하십시오.

  다. 어느 첨부서면을 다른 첨부서면으로 서로 대체할 수 있는 경우 신청서 양식의 첨부서면란에는 그중 하나를 기재하고, 대체할 수 있는 다른 첨부서면에 대하여는 답안지에 기재하시기 바랍니다.

  라. 위임장은 작성하지 않으셔도 됩니다. 다만 첨부서면으로는 기재하고 그 내용(위임인 등)도 답안지에 기재하시기 바랍니다.

마. 등록면허세, 등기신청수수료 등 설문에서 정보가 주어지지 않은 것은 신청서에 기재하지 않으셔도 됩니다. 그 밖에 설문에서 주어지지 않은 사항은 고려할 필요가 없습니다.

바. 날인이 필요한 곳에는 "㊞"이라고 기재합니다.

사. 신청서 작성일은 2022년 10월 1일로 합니다.

아. 제시된 주민등록번호나 부동산등기용등록번호는 법령상의 부여 규칙이나 구성 체계 등과 맞지 않을 수 있으나, 이 점은 고려하지 않으셔도 됩니다.

자. 해당 부동산과 관련된 등기필정보에 대한 내용은 아래와 같다.

    1) 부동산고유번호 : 1234-2001-033456

    2) 일련번호 : T4PU-DU39-9N3M

    3) 비밀번호 : 40-0121

<table>
<tr><td colspan="5" align="center">전세권설정등기말소등기신청
전세권말소등기신청</td></tr>
<tr>
<td rowspan="2">접 수</td>
<td>년 월 일</td>
<td rowspan="2">처 리 인</td>
<td>등기관 확인</td>
<td>각종 통지</td>
</tr>
<tr>
<td>제   호</td>
<td></td>
<td></td>
</tr>
</table>

	부동산의 표시(거래신고관리번호/거래가액)				
규 43①1	서울특별시 서초구 서초동 100 [도로명주소] 서울특별시 서초구 서초대로 201 철근콘크리트조 슬래브지붕 4층 주택 1층 200m² 2층 200m² 3층 200m² 4층 200m² - 이상 -				
규 43①5	등기원인과 그 연월일	2022년 1월 3일 해지			
규 43①6	등 기 의 목 적	1번 전세권설정등기말소			
	말 소 할 사 항 (= 말소할 등기)	2020년 3월 5일 접수 제3005호로 등기된 순위 1번 전세권설정등기			
	구분	성명 (상호 · 명칭)	주민등록번호 (등기용등록번호)	주소(소재지)	지분 (개인별)
규 43①2	등기의무자	전양수	750308-1684272	등기부상주소 서울특별시 마포구 마포대로11 가길 25 (염리동) 현재 주소 서울특별시 관악구 관악로41 (봉천동)	
규 43①2	등기권리자	김소유	701115-1201257	서울특별시 서초구 강남대로 21 (서초동)	

규 44	등 록 면 허 세	금		○○○ 원
	지 방 교 육 세	금		○○○ 원
	농 어 촌 특 별 세	금		○○○ 원
	세 액 합 계	금		○○○ 원
	등 기 신 청 수 수 료	금		○○○ 원
		납부번호 : ○○-○○-○○○○○○○○-○		
		일괄납부 : 건		○○○ 원
	국민주택채권매입총액	금		○○○ 원
	국민주택채권발행번호	○○○○-○○-○○○○-○○○○		

규 43①7	등기의무자의 등기필정보		
	부동산고유번호	1234-2001-033456	
	성명(명칭)	일련번호	비밀번호
	전양수	T4PU-DU39-9N3M	40-0121

<table>
<tr><td colspan="2" align="center">첨 부 서 면   간 인</td></tr>
<tr>
<td>

• 해지증서   1통
• 등기필정보(전양수)   신청서 기재
• 주민등록표초본(또는 등본)(전양수, 주소변동
     이력 포함)   1통

</td>
<td>

• 등록면허세영수필확인서   1통
• 등기신청수수료영수필확인서   1통
• 등기신청위임장(전양수 날인 및 김소유의 날인)
     1통
• 자격자대리인의 등기의무자확인 및 자필서명정보
     (전양수 확인)   1통

</td>
</tr>
</table>

규 43①9	2022년 10월 1일
	위 신청인 ㊞ (전화 :)
	㊞ (전화 :)
	(또는) 위 대리인 **법무사 나합격** 직 인 (전화 : 02-530-6126)
	서울특별시 서초구 강남대로 21 (서초동)
규 43①8	**서울중앙 지방법원 등기국 귀중**

- 신청서 작성요령 -

* 1. 부동산표시란에 2개 이상의 부동산을 기재하는 경우에는 그 부동산의 일련번호를 기재하여야 합니다.
2. 신청인란 등 해당란에 기재할 여백이 없을 경우에는 별지를 이용합니다.
3. 담당 등기관이 판단하여 위의 첨부서면 외에 추가적인 서면을 요구할 수 있습니다.

[첨부서면 해설]

1. 해지증서(규칙 제46조 제1항 제1호 등)
① 등기원인을 증명하기 위하여, 해지증서를 제공한다.
② 해지증서에는 부동산의 표시, 계약연월일, 계약당사자의 인적사항 등이 기재되어 있어야 한다.

2. 등기필정보(전양수)(법 제50조 제2항, 부칙 제2조, 규칙 제43조 제1항 제7호)
① 권리에 관한 등기를 공동으로 신청하는 경우 등기의무자의 등기필증을 제공하여야 하므로, 전양수가 전세권이전등기 후 교부받은 등기필증을 제공한다(법 부칙 제2조).
② 등기의무자가 등기필정보를 소지한 경우에는 일련번호와 비밀번호 등을 신청서에 기재하는 것으로 갈음한다(규칙 제43조 제1항 제7호).

3. 주민등록표초본(또는 등본)(전양수, 주소변동이력 포함)(등기예규, 제62조 등)
① 전세권 등 소유권 이외의 권리에 관한 등기의 말소를 신청하는 경우에 있어서는 그 등기명의인의 표시에 변경 또는 경정의 사유가 있는 때라도 신청서에 그 변경 또는 경정을 증명하는 서면을 첨부함으로써 등기명의인의 표시변경 또는 경정의 등기를 생략할 수 있을 것이다.
② 따라서 전양수의 주소변경내역이 나타나 있는 주민등록표초본(또는 등본)을 제공한다.

4. 등록면허세영수필확인서(지방세법 시행령 제49조, 법 제29조 제10호, 규칙 제44조 등)
① 전세권말소등기를 신청하는 경우 등록면허세 등을 신고·납부하여야 하므로, 이를 납부한 영수필확인서를 제공한다.
② 시장·군수·구청장 등으로부터 등록면허세납부서(OCR용지)를 발급받아 금융기관에 세금을 납부한 후 등록면허세영수필확인서를 제공한다.
③ 지방세인터넷납부시스템을 이용하여 납부하고 출력한 등록면허세납부확인서를 첨부할 수 있다.

5. 등기신청수수료영수필확인서(법 제22조 제3항, 법 제29조 제10호, 규칙 제44조 등)
등기를 신청하는 경우 대법원규칙으로 정하는 바에 따라 수수료를 납부하여야 하므로, 이를 납부한 그 영수필확인서를 제공한다.

6. 등기신청위임장(전양수의 날인 및 김소유의 날인)(규칙 제46조 제1항 제5호, 규칙 제60조 제1항 등)
① 등기신청을 법무사 등 대리인에게 위임하는 경우 대리권한을 증명하여야 하므로, 전양수 및 김소유 쌍방으로부터 위임을 받은 등기신청위임장을 제공한다. 등기신청위임장에는 부동산의 표시, 위임인, 수임인 등이 기재되어 있어야 한다.
② 사안의 경우 규칙 제60조에 해당하지 않으므로 전양수 및 김소유의 인감을 날인할 필요가 없다.

7. 자격자대리인의 등기의무자확인 및 자필서명정보(전양수 확인)(규칙 제46조 제1항 제8호)

공동으로 신청하는 권리에 관한 등기를 자격자대리인이 신청하는 경우 등기의무자인지 여부를 확인하고 자필서명한 정보를 제공하여야 하므로, 법무사 나합격이 전양수를 확인하고 작성한 자필서명정보를 제공한다.

Ⅱ 근저당권말소

근저당권설정등기말소등기신청 근저당권말소등기신청				
접 수	년 월 일 제 호	처 리 인	등기관 확인	각종 통지

	부동산의 표시(거래신고관리번호/거래가액)				
규 43①1	서울특별시 서초구 서초동 100 [도로명주소] 서울특별시 서초구 서초대로 201 　　철근콘크리트조 슬래브지붕 4층 주택 　　　1층 200m² 　2층 200m² 　　　3층 200m² 　4층 200m² 　　　　　　　　　　　　　　- 이상 -				
규 43①5	등기원인과 그 연월일	2022년 1월 3일　해지			
규 43①6	등 기 의 　목 적	1번 근저당권설정등기말소			
	말소할　사항 (말소할　등기)	2020년 3월 5일 접수 제3005호로 등기된 순위 1번 근저당권설정등기			
	구분	성명 (상호·명칭)	주민등록번호 (등기용등록번호)	주소(소재지)	지분 (개인별)
규 43①2	등기의무자	저양수	750308-1684272	등기부상주소 　서울특별시 마포구 마포대로11가길 　25 (염리동) 현재 주소 　서울특별시 관악구 관악로41(봉천동)	
규 43①2	등기권리자	김소유	701115-1201257	서울특별시 서초구 강남대로 21 (서초동)	

규 44	등 록 면 허 세	금			○○○	원
	지 방 교 육 세	금			○○○	원
	농 어 촌 특 별 세	금			○○○	원
	세 액 합 계	금			○○○	원
	등 기 신 청 수 수 료	금			○○○	원
		납부번호 : ○○-○○-○○○○○○○○-○				
		일괄납부 : 건			○○○	원
	국민주택채권매입총액	금			○○○	원
	국민주택채권발행번호	○○○○-○○-○○○○-○○○○				

규 43①7	등기의무자의 등기필정보		
	부동산고유번호	○○○○-○○○○-○○○○○○	
	성명(명칭)	일련번호	비밀번호
		○○○○-○○○○-○○○○	○○-○○○○

첨 부 서 면   간 인

• 해지증서	1통	• 등록면허세영수필확인서	1통
• 등기필증(저양수)	1통	• 등기신청수수료영수필확인서	1통
• 주민등록표초본(또는 등본)(저양수)	1통	• 등기신청위임장(저양수 날인 및 김소유의 날인)	1통
		• 자격자대리인의 등기의무자확인 및 자필서명정보 (저양수 확인)	1통

규 43①9

2022년 10월 1일

위 신청인 ㉑ (전화 :)
㉑ (전화 :)

(또는) 위 대리인 **법무사 나합격** 직 인 (전화 : 02-530-6126)
서울특별시 서초구 강남대로 21 (서초동)

규 43①8 **서울중앙** 지방법원 **등기국** 귀중

– 신청서 작성요령 –

＊1. 부동산표시란에 2개 이상의 부동산을 기재하는 경우에는 그 부동산의 일련번호를 기재하여야 합니다.

2. 신청인란 등 해당란에 기재할 여백이 없을 경우에는 별지를 이용합니다.

3. 담당 등기관이 판단하여 위의 첨부서면 외에 추가적인 서면을 요구할 수 있습니다.

[첨부서면 해설]

1. 해지증서(규칙 제46조 제1항 제1호 등)

① 등기원인을 증명하기 위하여, 해지증서를 제공한다.

② 해지증서에는 부동산의 표시, 계약연월일, 계약당사자의 인적사항 등이 기재되어 있어야 한다.

2. 등기필증(저양수)(법 제50조 제2항, 부칙 제2조, 규칙 제43조 제1항 제7호)

① 권리에 관한 등기를 공동으로 신청하는 경우 등기의무자의 등기필증을 제공하여야 하므로, 저양수가 근저당권이전등기 후 교부받은 등기필증을 제공한다(법 부칙 제2조).

② 등기의무자가 등기필정보를 소지한 경우에는 일련번호와 비밀번호 등을 신청서에 기재하는 것으로 갈음한다(규칙 제43조 제1항 제7호).

3. 주민등록표초본(또는 등본)(저양수)(규칙 제46조 제1항 제6호, 제62조 등)

① 전세권 등 소유권 이외의 권리에 관한 등기의 말소를 신청하는 경우에 있어서는 그 등기명의인의 표시에 변경 또는 경정의 사유가 있는 때라도 신청서에 그 변경 또는 경정을 증명하는 서면을 첨부함으로써 등기명의인의 표시변경 또는 경정의 등기를 생략할 수 있을 것이다.

② 따라서 저양수의 주소변경내역이 나타나 있는 주민등록표초본(또는 등본)을 제공한다.

4. 등록면허세영수필확인서(지방세법 시행령 제49조, 법 제29조 제10호, 규칙 제44조 등)

① 근저당권말소등기를 신청하는 경우 등록면허세 등을 신고·납부하여야 하므로, 이를 납부한 영수필확인서를 제공한다.

② 시장·군수·구청장 등으로부터 등록면허세납부서(OCR용지)를 발급받아 금융기관에 세금을 납부한 후 등록면허세영수필확인서를 제공한다.

③ 지방세인터넷납부시스템을 이용하여 납부하고 출력한 등록면허세납부확인서를 첨부할 수 있다.

5. 등기신청수수료영수필확인서(법 제22조 제3항, 법 제29조 제10호, 규칙 제44조 등)

등기를 신청하는 경우 대법원규칙으로 정하는 바에 따라 수수료를 납부하여야 하므로, 이를 납부한 그 영수필확인서를 제공한다.

6. 등기신청위임장(저양수의 날인 및 김소유의 날인)(규칙 제46조 제1항 제5호, 규칙 제60조 제1항 등)

① 등기신청을 법무사 등 대리인에게 위임하는 경우 대리권한을 증명하여야 하므로, 저양수 및 김소유 쌍방으로부터 위임을 받은 등기신청위임장을 제공한다. 등기신청위임장에는 부동산의 표시, 위임인, 수임인 등이 기재되어 있어야 한다.

② 사안의 경우 규칙 제60조에 해당하지 않으므로 저양수 및 김소유의 인감을 날인할 필요가 없다.

7. 자격자대리인의 등기의무자확인 및 자필서명정보(저양수 확인)(규칙 제46조 제1항 제8호)

   공동으로 신청하는 권리에 관한 등기를 자격자대리인이 신청하는 경우 등기의무자인지 여부를 확인하고 자필서명한 정보를 제공하여야 하므로, <u>법무사 나합격이 저양수를 확인하고 작성한 자필서명정보</u>를 제공한다.

05 절 소유권 이외의 권리말소회복등기

다음에 제시된 부동산 및 사실관계와 답안작성 유의사항에 따라 법무사 나합격이 제출할 등기신청서를 작성하고, 필요한 첨부서면의 제공 이유와 근거에 대하여 간략하게 설명하시오(서면에 의한 방문신청임을 전제로 함). 30점

1. 부동산

서울 서초구 서초동 100번지
[도로명주소] 서울특별시 서초구 서초대로 201
철근콘크리트조 슬래브지붕 4층 주택
1층 200㎡, 2층 200㎡, 3층 200㎡, 4층 200㎡
(위 부동산은 서울중앙지방법원 등기국의 관할 구역에 속함)

2. 사실관계

가. 김소유는 위 부동산에 대하여 소유권보존등기를 마친 후 박저당과 소비대차계약을 체결하여 금전을 차용하면서 근저당권설정계약을 체결하고 아래 등기기록과 같은 근저당권설정등기를 마쳐주었다.

나. 김소유가 변제기일이 지났음에도 불구하고 채무변제를 차일피일 미루고 있자 박저당은 채권회수를 위한 경매를 신청하기 위해 등기사항증명서를 발급받아 본 결과 아래와 같이 자신의 근저당권이 말소되었고 소유권도 이매수에게 넘어가 있는 상태였다.

다. 이에 박저당은 자신의 권리를 회복하기 위하여 서울중앙지방법원에 근저당권설정등기말소회복의 소를 제기하여 승소의 확정판결을 받았다.

   2021년 3월 20일 소제기(2021가합 45678)
   2021년 9월 1일 변론종결일
   2021년 10월 4일 선고
   2021년 11월 1일 확정

라. 박저당은 위 판결문을 가지고 법무사 나합격에게 관련된 등기신청을 위임하였으며, 법무사 나합격은 필요한 서면을 갖춘 후 해당신청서를 작성해 관할 등기소에 제출하려고 한다.

법무사 나합격 : 서울시 서초구 강남대로 21 (서초동), 전화번호 02-530-6126

【 갑구 】				(소유권에 관한 사항)
순위 번호	등기목적	접수	등기원인	권리자 및 기타사항
1	소유권보존	2018년 3월 5일 제1005호		소유자 김소유 701115-1201257 서울특별시 서초구 강남대로 21(서초동)
2	소유권이전	2020년 3월 1일 제2005호	2020년 2월 1일 매매	소유자 이매수 670514-1246137 서울특별시 서초구 서초대로 200(서초동)

【 을구 】				(소유권 이외의 권리에 관한 사항)
순위 번호	등기목적	접수	등기원인	권리자 및 기타사항
~~1~~	~~근저당권 설정~~	~~2019년 4월 5일 제1205호~~	~~2019년 4월 5일 설정계약~~	~~채권최고액 금 100,000,000원~~ ~~채무자 김소유~~ ~~서울특별시 서초구 강남대로 21~~ ~~(서초동)~~ ~~근저당권자 박저당 680515-1684051~~ ~~서울특별시 서초구 서초대로46~~ ~~길 60, 101동 201호(서초동,~~ ~~서초아파트)~~
2	1번 근저당 권설정등기 말소	2020년 2월 1일 제1700호	2020년 2월 1일 해제	

3. 답안작성 유의사항

가. 신청서 양식의 첨부서면란 등이 부족할 경우에는 답안지에 기재할 수 있습니다.

나. 신청서 양식의 첨부서면란에는 첨부서면의 명칭과 통수를 기재합니다. 첨부서면의 제공
이유와 근거는 답안지에 간략하게 기재하십시오.

다. 어느 첨부서면을 다른 첨부서면으로 서로 대체할 수 있는 경우 신청서 양식의 첨부서면
란에는 그중 하나를 기재하고, 대체할 수 있는 다른 첨부서면에 대하여는 답안지에 기재
하시기 바랍니다.

라. 위임장은 작성하지 않으셔도 됩니다. 다만 첨부서면으로는 기재하고 그 내용(위임인 등)
도 답안지에 기재하시기 바랍니다.

마. 등록면허세, 등기신청수수료 등 설문에서 정보가 주어지지 않은 것은 신청서에 기재하지
않으셔도 됩니다. 그 밖에 설문에서 주어지지 않은 사항은 고려할 필요가 없습니다.

바. 날인이 필요한 곳에는 "⑪"이라고 기재합니다.

사. 신청서 작성일은 2022년 10월 1일로 합니다.

아. 제시된 주민등록번호나 부동산등기용등록번호는 법령상의 부여 규칙이나 구성 체계 등
   과 맞지 않을 수 있으나, 이 점은 고려하지 않으셔도 됩니다.

자. 설문의 부동산과 사실관계는 모두 가상의 것들임을 알려 드립니다.

근저당권설정등기말소회복등기신청				
접 수	년 월 일 제 호	처 리 인	등기관 확인	각종 통지

	부동산의 표시(거래신고관리번호/거래가액)	
규 43①1	서울특별시 서초구 서초동 100 [도로명주소] 서울특별시 서초구 서초대로 201 철근콘크리트조 슬래브지붕 4층 주택 1층 200m² 2층 200m² 3층 200m² 4층 200m² - 이상 -	
규 43①5	등기원인과 그 연월일	2021년 10월 4일 확정판결
규 43①6	등 기 의 목 적	1번 근저당권설정등기회복
	회 복 할 사 항 (회 복 할 등 기)	2019년 4월 5일 접수 제1205호로 등기된 순위 1번 "등기원인 2019년 4월 5일 설정계약, 채권최고액 금 100,000,000원, 채무자 김소유 서울특별시 서초구 강남대로 21(서초동), 근저당권자 박저당 680515-1684051 서울특별시 서초구 서초대로 46길 60, 101동 201호(서초동, 서초아파트)" 근저당권설정등기

	구분	성명 (상호·명칭)	주민등록번호 (등기용등록번호)	주소(소재지)	지분 (개인별)
규 43①2	등기의무자	김소유	701115-1201257	서울특별시 서초구 강남대로 21 (서초동)	
규 43①2	등기권리자	박저당	680515-1684051	서울특별시 서초구 서초대로46 길 60, 101동 201호(서초동, 서 초아파트)	

규 44	등 록 면 허 세	금			○○○	원
	지 방 교 육 세	금			○○○	원
	농 어 촌 특 별 세	금			○○○	원
	세 액 합 계	금			○○○	원
	등 기 신 청 수 수 료	금			○○○	원
		납부번호 : ○○−○○−○○○○○○○○−○				
		일괄납부 :	건		○○○	원
	국민주택채권매입총액	금			○○○	원
	국민주택채권발행번호	○○○○−○○−○○○○−○○○○				

규 43①7	등기의무자의 등기필정보		
	부동산고유번호	○○○○−○○○○−○○○○○○	
	성명(명칭)	일련번호	비밀번호
		○○○○−○○○○−○○○○	○○−○○○○

첨 부 서 면   간인

• 판결정본	1통	• 등록면허세영수필확인서	1통
• 확정증명서	1통	• 등기신청수수료영수필확인서	1통
• 주민등록표초본(또는 등본)(박저당)	1통	• 등기신청위임장(박저당의 날인)	1통
		• 이해관계인의 승낙서(이매수)	1통
		• 인감증명 등(이매수)	1통

규 43①9

2022년 10월 1일

위 신청인   ㉑   (전화 :   )
            ㉑   (전화 :   )

(또는) 위 대리인 **법무사 나합격** 직인 (전화 :   02-530-6126)
       서울특별시 서초구 강남대로 21 (서초동)

규 43①8   **서울중앙** 지방법원 **등기국** 귀중

– 신청서 작성요령 –

＊ 1. 부동산표시란에 2개 이상의 부동산을 기재하는 경우에는 그 부동산의 일련번호를 기재하여야 합니다.

2. 신청인란 등 해당란에 기재할 여백이 없을 경우에는 별지를 이용합니다.

3. 담당 등기관이 판단하여 위의 첨부서면 외에 추가적인 서면을 요구할 수 있습니다.

[첨부서면 해설]

1. 판결정본(규칙 제46조 제1항 제1호 등)

등기원인을 증명하기 위하여 판결정본을 제공한다. 판결정본에는 당사자 및 등기의 종류 등이 기재되어 있어야 한다.

2. 확정증명서(규칙 제46조 제1항 제1호 등)

법 제23조 제4항의 이행판결은 확정되어야 의사진술을 갈음하는 효력이 발생하므로, 법원에서 발급받은 확정증명서를 제공한다.

3. 주민등록표초본(또는 등본)(박저당)(규칙 제46조 제1항 제6호, 제62조 등)

실무상 회복대상등기의 명의인인 박저당의 주민등록표초본(또는 등본)을 제공한다(발행일로부터 3월 이내).

4. 등록면허세영수필확인서(지방세법 시행령 제49조, 법 제29조 제10호, 규칙 제44조 등)

① 근저당권말소회복등기를 신청하는 경우 등록면허세 등을 신고·납부하여야 하므로, 이를 납부한 영수필확인서를 제공한다.

② 시장·군수·구청장 등으로부터 등록면허세납부서(OCR용지)를 발급받아 금융기관에 세금을 납부한 후 등록면허세영수필확인서를 제공한다.

③ 지방세인터넷납부시스템을 이용하여 납부하고 출력한 등록면허세납부확인서를 첨부할 수 있다.

5. 등기신청수수료영수필확인서(법 제22조 제3항, 법 제29조 제10호, 규칙 제44조 등)

등기를 신청하는 경우 대법원규칙으로 정하는 바에 따라 수수료를 납부하여야 하므로, 이를 납부한 그 영수필확인서를 제공한다.

6. 등기신청위임장(김갑동의 날인)(규칙 제46조 제1항 제5호, 규칙 제60조 제1항 등)

① 등기신청을 법무사 등 대리인에게 위임하는 경우 대리권한을 증명하여야 하므로, 승소한 권리자 박저당으로부터 위임을 받은 등기신청위임장을 제공한다. 등기신청위임장에는 부동산의 표시, 위임인, 수임인 등이 기재되어 있어야 한다.

② 사안의 경우 규칙 제60조에 해당하지 않으므로 박저당의 인감을 날인할 필요가 없다.

7. 이해관계인의 승낙서(이매수)(법 제59조, 규칙 제46조 제1항 제3호, 제60조 제1항 제7호)

① 불법하게 말소된 것을 이유로 한 근저당권설정등기의 회복등기 청구는 그 등기 말소 당시의 소유자를 상대로 하여야 하므로(등기예규 제137조), 김소유는 등기의무자이다.

② 말소회복등기에 있어서 등기상 이해관계인이라 함은 등기기록 형식상 회복등기로 인하여 손해를 입을 염려가 있는 자를 의미하고, 이는 회복등기 시를 기준으로 판단한다.

③ 사안의 경우 <u>갑구 순위 2번 이매수는 근저당권설정등기가 회복됨으로 인해 제한물권의 부담이라는 손해를 입을 우려가 있는 등기상 이해관계 있는 제3자에 해당하므로, 등기상 이해관계 있는 제3자인 이매수 승낙이 있음을 증명하는 정보를 제공한다.</u> 이러한 승낙서에는 진정성담보를 위하여 인감을 날인한다.

8. 인감증명 등(이매수)(규칙 제60조 제1항 제7호, 제62조)

① 위 이해관계인의 승낙서에 날인한 인감의 인영을 증명하기 위하여 인감증명을 제공한다.

② 인감날인 및 인감증명에 갈음하여, 서명하고 <u>본인서명사실확인서</u> 또는 전자본인서명확인서 발급증을 제공할 수 있다.

가등기

01 절 소유권이전등기청구권가등기

다음에 제시된 부동산 및 사실관계와 답안작성 유의사항에 따라 법무사 나합격이 제출할 등기신청서를 작성하고, 필요한 첨부서면의 제공 이유와 근거에 대하여 간략하게 설명하시오(서면에 의한 방문신청임을 전제로 함). **30점**

1. 부동산

서울특별시 서초구 우면동 123   전 100㎡
※ 위 토지는 토지거래허가구역이다.
(위 부동산은 서울중앙지방법원 등기국의 관할 구역에 속함)

2. 사실관계

가. 위 부동산은 등기기록상 현재 김일남과 김이선이 공유하고 있다(각 공유지분은 2분의 1). 김일남과 김이선은 1993.9.15.에 그들 명의로 소유권이전등기를 마쳤다. A종중의 대표자 홍길동은 종중의 은행 예금으로 위 부동산을 매수하려고 생각하였지만, 자금 등의 사정으로 인하여 당장 소유권을 취득하는 것은 불가능하다고 판단하여 매매예약을 체결한 후 가등기를 하는 방법으로 자신의 순위를 확보하기로 계획을 세웠다.

나. 홍길동은 종중 총회를 소집하였고, 2022.5.30. 개최된 총회에서 위 부동산에 대한 매매예약을 승인하고 이에 해당하는 등기에 필요한 일체의 권한을 종중 대표자 홍길동에게 위임하기로 하는 내용의 결의가 적법하게 이루어졌다. 2022.6.19. 홍길동은 A종중을 대표하여 김일남, 김이선과 위 부동산에 대한 매매예약을 체결하고, 필요한 서류들을 받아 동석한 법무사 나합격에게 건네주었다.

다. 매매예약의 주요 내용
  1) 매매예약금 : 금 1억원
  2) 예약체결일 : 2022.6.19.

라. 주소(또는 본점이나 사무소 소재지), 주민등록번호(또는 부동산등기용등록번호) 등
  1) 김일남 : 서울특별시 서초구 서초대로 987, 750621-1234567
  2) 김이선 : 서울특별시 서초구 서초대로 654, 770306-2234568
  3) A종중 : 서울특별시 강동구 양재대로 456, 123456-3456789
  4) 홍길동 : 서울특별시 강동구 양재대로 789, 420107-1311115
  5) 법무사 나합격 : 서울시 서초구 강남대로 21 (서초동), 전화번호 02-530-6126

3. 답안작성 유의사항

가. 신청서 양식의 첨부서면란 등이 부족할 경우에는 답안지에 기재할 수 있습니다.

나. 신청서 양식의 첨부서면란에는 첨부서면의 명칭과 통수를 기재합니다. 첨부서면의 제공 이유와 근거는 답안지에 간략하게 기재하십시오.

다. 어느 첨부서면을 다른 첨부서면으로 서로 대체할 수 있는 경우 신청서 양식의 첨부서면 란에는 그중 하나를 기재하고, 대체할 수 있는 다른 첨부서면에 대하여는 답안지에 기재 하시기 바랍니다.

라. 위임장은 작성하지 않으셔도 됩니다. 다만 첨부서면으로는 기재하고 그 내용(위임인 등) 도 답안지에 기재하시기 바랍니다.

마. 등록면허세, 등기신청수수료 등 설문에서 정보가 주어지지 않은 것은 신청서에 기재하지 않으셔도 됩니다. 그 밖에 설문에서 주어지지 않은 사항은 고려할 필요가 없습니다.

바. 날인이 필요한 곳에는 "⑩"이라고 기재합니다.

사. 신청서 작성일은 2022년 10월 1일로 합니다.

아. 제시된 주민등록번호나 부동산등기용등록번호는 법령상의 부여 규칙이나 구성 체계 등 과 맞지 않을 수 있으나, 이 점은 고려하지 않으셔도 됩니다.

자. 설문의 부동산과 사실관계는 모두 가상의 것들임을 알려 드립니다.

소유권이전청구권가등기신청(매매예약)

접 수	년 월 일	처 리 인	등기관 확인	각종 통지
	제 호			

부동산의 표시(거래신고관리번호/거래가액)

규 43①1	서울특별시 서초구 우면동 123 전 100m² - 이상 -
규 43①5	등기원인과 그 연월일 2022년 6월 19일 매매예약
규 43①6	등 기 의 목 적 소유권이전청구권가등기
	가 등 기 할 지 분

	구분	성명 (상호·명칭)	주민등록번호 (등기용등록번호)	주소(소재지)	지분 (개인별)
규 43①2	등기의무자	김일남	750621-1234567	서울특별시 서초구 서초대로 987	2분의 1
		김이선	770306-2234568	서울특별시 서초구 서초대로 654	2분의 1
규 43①2	등기권리자	A종중	123456-3456789	서울특별시 강동구 양재대로 456	
규 43②		대표자 홍길동	420127-1311115	서울특별시 강동구 양재대로 789	

규 44	시가표준액 및 국민주택채권매입금액		
	부동산 표시	부동산별 시가표준액	부동산별 국민주택채권매입금액
	1.	금　　　　　○○○　원	금　　　　　　　　　　○○○　원
	2.	금　　　　　○○○　원	금　　　　　　　　　　○○○　원
	3.	금　　　　　○○○　원	금　　　　　　　　　　○○○　원
	국 민 주 택 채 권 매 입 총 액		금　　　　　　　　　　○○○　원
	국 민 주 택 채 권 발 행 번 호		○○○○－○○－○○○○－○○○○

		취득세(등록면허세) 금　　　　○○○　원	지방교육세　　　금　　　　○○○　원
			농어촌특별세　　금　　　　○○○　원

	세　액　합　계	금　　　　　　　　　　　　　　○○○　원
		금　　　　　　　　　　　　　　○○○　원
	등 기 신 청 수 수 료	납부번호 :　　○○－○○－○○○○○○○○－○
		일괄납부 :　　　　　건　　　　　　　　○○○　원

규 43①7	등기의무자의 등기필정보		
	부동산고유번호	○○○○－○○○○－○○○○○○	
	성명(명칭)	일련번호	비밀번호
		○○○○－○○○○－○○○○	○○－○○○○

	첨　　　부　　　서　　　면	간인

• 매매예약서　　　　　　　　　　　　　　1통	• 등록면허세영수필확인서　　　　　　1통
• 토지거래계약허가서　　　　　　　　　　1통	• 등기신청수수료영수필확인서　　　　1통
• 등기필증(김일남, 김이선)　　　　　　　2통	• 등기신청위임장(김일남, 김이선의 인감날인
• 인감증명 등(김일남, 김이선의 일반인감) 2통	및 A종중 대표자 홍길동의 날인)　1통
• 주소증명정보(A종중의 정관 등)　　　　1통	• 자격자대리인의 등기의무자확인 및
• 부동산등기용등록번호증명(A종중)　　　1통	자필서명정보(김일남, 김이선 확인)　1통
• 정관이나 그 밖의 규약(A종중)　　　　　1통	
• 대표자자격증명서면(A종중의　종중총회결의서)	
1통	
• 위에 대한 인감증명(성년자 2인)　　　　2통	
• 주민등록표초본(또는 등본)(A종중의 대표자 홍길동)	
1통	

규 43①9	2022년 10월 1일
	위 신청인　　　　　　　　　　㉑　(전화 :　　　　　)
	㉑　(전화 :　　　　　)
	(또는) 위 대리인　**법무사 나합격**　직인 (전화 :　02-530-6126)
	서울특별시 서초구 강남대로 21 (서초동)
규 43①8	**서울중앙 지방법원 등기국 귀중**

- 신청서 작성요령 -

＊ 1. 부동산표시란에 2개 이상의 부동산을 기재하는 경우에는 그 부동산의 일련번호를 기재하여야
　　합니다.
　2. 신청인란 등 해당란에 기재할 여백이 없을 경우에는 별지를 이용합니다.
　3. 담당 등기관이 판단하여 위의 첨부서면 외에 추가적인 서면을 요구할 수 있습니다.

[첨부서면 해설]

1. 매매예약서(규칙 제46조 제1항 제1호 등)

① 등기원인을 증명하기 위하여, 매매예약서를 제공한다.

② 계약을 원인으로 하는 소유권이전등기를 신청하는 경우 계약서 또는 판결서에 검인을 받아야 하나, 사안의 경우 소유권이전청구권가등기를 하는 경우이므로 검인을 받지 아니한다. 또한, 전자수입인지도 첨부할 필요가 없다.

2. 토지거래계약허가서(규칙 제46조 제1항 제2호)

토지거래허가구역 내의 토지에 대하여 유상계약 또는 유상예약(매매예약)을 체결하여 소유권 이전청구권가등기를 신청하는 경우 토지거래계약허가서를 제공한다.

3. 등기필증(김일남, 김이선)(법 제50조 제2항, 부칙 제2조, 규칙 제43조 제1항 제7호)

① 권리에 관한 등기를 공동으로 신청하는 경우 등기의무자의 등기필증을 제공하여야 하므로, 김일남, 김이선이 소유권취득 후 교부받은 등기필증을 제공한다(법 부칙 제2조).

② 등기의무자가 등기필정보를 소지한 경우에는 일련번호와 비밀번호 등을 신청서에 기재하는 것으로 갈음한다(규칙 제43조 제1항 제7호).

4. 인감증명 등(김일남, 김이선의 일반인감)(규칙 제60조, 제61조, 제62조)

① 소유권자가 등기의무자가 되는 경우 등기의무자의 인감증명을 제공하여야 하므로, 등기의무자 김일남, 김이선의 인감증명을 제공한다(발행일로부터 3월 이내).

② 가등기의 경우 매도용인감을 제공할 필요가 없다.

③ 인감날인 및 인감증명에 갈음하여, 서명하고 본인서명사실확인서 또는 전자본인서명확인서 발급증을 제공할 수 있다.

5. 주소증명정보(A종중의 정관 등)(규칙 제46조 제1항 제6호)

① 새로이 등기명의인이 되는 등기권리자의 주소를 기입하여야 하므로, 등기권리자 A종중의 정관(또는 회의록 등)을 제공한다.

② A종중의 사무소소재지는 정관에 기재되어 있으므로, 위 정관은 주소증명의 기능도 하게 된다.

6. 부동산등기용등록번호증명(A종중)(법 제49조, 규칙 제46조 제1항 제6호)

새로 등기명의인이 되는 등기권리자의 번호를 기입하여야 하므로, 법 제49조에 의하여 시장·군수·구청장으로부터 부여받은 부동산등기용등록번호증명정보를 제공한다.

7. 정관이나 그 밖의 규약(A종중)(규칙 제48조 제1호, 민법 제40조 등)

① 종중은 법인등기부가 존재하지 않으므로, 단체의 실체를 증명하기 위하여 A종중의 정관이나 그 밖의 규약을 제공한다.

② 이러한 서면에는 종중의 명칭, 사무소의 소재지, 대표자의 임면에 관한 규정 등이 기재되어 있어야 한다(민법 제40조).

8. 대표자자격증명서면(A종중의 종중총회결의서)(규칙 제48조 제2호)

① 종중은 법인등기부가 존재하지 않으므로, 대표자를 증명하기 위하여 별도의 대표자자격증명정보를 제공한다.

② 정관에서 정한 방법에 따라 대표자를 선임(임면)한 후 대표자의 자격을 증명하는 정보를 제공한다(예컨대, 종중총회결의서 또는 의사록).

③ 사안의 경우 종중 총회에서 대표자를 선임하였으므로 종중총회결의서를 제공한다.

9. 위에 대한 인감증명(성년자 2인)(등기예규, 규칙 제60조 제1항 제8호, 제62조)

① 대표자자격증명서면 및 민법 제276조의 결의서에는 진정성을 담보하기 위하여 성년 2인 이상이 상위 없음과 성명을 기재하고 인감을 날인한 후 그 인감증명을 제공한다(발행일로부터 3월 이내).

② 법무사가 진정성을 담보하는 경우 기명날인으로 갈음할 수 있다.

10. 주민등록표초본(또는 등본)(A종중의 대표자 홍길동)(규칙 제48조 제4호, 제62조)

종중의 경우 대표자의 인적사항(성명·주소·번호)을 등기부에 기록하여야 하므로, A종중의 대표자인 홍길동의 주민등록표초본(또는 등본)을 제공한다.

11. 등록면허세영수필확인서(지방세법 시행령 제49조, 법 제29조 제10호, 규칙 제44조 등)

소유권이전등기청구권가등기를 신청하는 경우 매매예약금을 기초로 산정한 등록면허세 등을 신고·납부하여야 하므로, 이를 납부한 영수필확인서를 제공한다.

12. 등기신청수수료영수필확인서(법 제22조 제3항, 법 제29조 제10호, 규칙 제44조 등)

등기를 신청하는 경우 대법원규칙으로 정하는 바에 따라 수수료를 납부하여야 하므로, 이를 납부한 그 영수필확인서를 제공한다.

13. 등기신청위임장(김일남, 김이선의 인감날인 및 A종중 대표자 홍길동의 날인)(규칙 제46조 제1항 제5호, 규칙 제60조 제1항 등)

① 등기신청을 법무사 등 대리인에게 위임하는 경우 대리권한을 증명하여야 하므로, 김일남, 김이선 및 A종중의 대표자 홍길동 쌍방으로부터 위임을 받은 등기신청위임장을 제공한다. 등기신청위임장에는 부동산의 표시, 위임인, 수임인 등이 기재되어 있어야 한다.

② 사안의 경우 규칙 제60조 제1항 제1호에 해당하므로 진정성 담보를 위하여 등기의무자인 김일남, 김이선의 인감을 날인을 한다.

14. 자격자대리인의 등기의무자확인 및 자필서명정보(규칙 제46조 제1항 제8호)

   공동으로 신청하는 권리에 관한 등기를 자격자대리인이 신청하는 경우 등기의무자인지 여부를 확인하고 자필서명한 정보를 제공하여야 하므로, 법무사 나합격이 김일남, 김이선을 확인하고 작성한 자필서명정보를 제공한다.

02 절 소유권이전본등기(매매)

2009년 법무사 제15회

【문 1】 다음 부동산에 대한 등기신청을 위임받은 법무사로서 사실관계와 답안지 작성시 유의사항에 부합하는 등기신청서 및 위임장을 작성하고 이에 필요한 정보 및 첨부서면에 대하여 설명하시오(신청방식은 서면에 의한 방문신청을 전제로 함). 30점

1. 부동산

   가. 서울특별시 서초구 양재동 200번지 전 200㎡
   나. 서울특별시 서초구 서초동 300번지 대 500㎡
   다. 서울특별시 서초구 서초동 300번지 지상
      [도로명주소] 서울특별시 서초구 서초대로 200
      철근콘크리트조 슬래브지붕 2층 주택 1층 100㎡, 2층 50㎡

2. 사실관계

   가. 등기부상 권리관계 : 3개 부동산 동일함

【 갑구 】		(소유권에 관한 사항)		
순위번호	등기목적	접수	등기원인	권리자 및 기타사항
1	소유권보존	2000년 8월 8일 제45000호		소유자 김갑동 530123~1523332 미합중국 켈리포니아주 로스엔젤레스시 에스에스 500

| 2 | 소유권이
전청구권
가등기 | 2017년 1월 5일
제1501호 | 2017년 1월 4일
매매예약 | 가등기권자
　지분 3분의 2
　이도령 580112-1122352
　　　서울특별시 강남구 대치동 100
　지분 3분의 1
　성춘향 650201-2135555
　　　서울특별시 서초구 서초동 200 |

나. 위 가등기권리 당사자들은 2022.7.7.자로 매매계약을 체결(매매대금 3억원)한 후 가등기에 기한 본등기신청을 하기 위하여 2022.8.1. 서울 서초구 서초동 100번지 소재 법무사 홍길동 사무소에 모두 출석하여 직접 위임하였다.

다. 소유자 김갑동은 재외국민으로서 주민등록은 이미 말소되었으며, 소유권보존등기 후 등기소로부터 교부받은 등기필증은 분실하였다.

라. 이도령과 성춘향의 주소는 가등기 당시와 동일하고 가등기 후 등기소로부터 받은 등기필증은 이도령이 보관하다 법무사에게 제출하였다.

마. 위 부동산 중 서울특별시 서초구 서초동 300번지는 토지거래계약에 관한 허가구역으로 지정된 곳으로 가등기신청 당시 토지거래계약허가증을 이미 제출한 바 있으며, 거래신고 관리번호는 12345-2022-7-1234567이다.

3. 답안작성 유의사항

가. 부동산표시, 첨부서면란 등이 부족할 때에는 별지를 사용할 수 있다.

나. 신청서 중 시가표준액 및 국민주택채권매입금액란, 등록세란 등의 ○○○부분은 기재는 생략하되 첨부서면 및 정보의 설명 시 구체적 금액과 번호를 제외한 나머지 부분을 설명한다.

다. 날인할 곳에는 ⑩으로 표시하고 전화번호의 기재는 생략한다.

라. 관할등기소는 서울중앙지방법원 등기국이며, 신청서는 오늘 작성하여 제출하려 한다.

마. 위 사안은 문제 구성을 위한 것으로 대상 부동산의 실제 현황과 무관하다.

소유권이전 본등기신청(매매)

접 수	년 월 일 제 호	처 리 인	등기관 확인	각종 통지

	부동산의 표시(거래신고관리번호/거래가액)			

규 43①1

1. 서울특별시 서초구 양재동 200　　　전 200m²
2. 서울특별시 서초구 서초동 300　　　대 500m²
3. 서울특별시 서초구 서초동 300
　　[도로명주소] 서울특별시 서초구 서초대로 200
　　철근콘크리트조 슬래브지붕 2층 주택
　　　1층　100m²　　2층　50m²

거래신고관리번호 : 12345-2022-7-1234567　거래가액 : 금 300,000,000원

- 이상 -

규 43①5	등기원인과 그 연월일	2022년 7월 7일　매매
규 43①6	등 기 의 목 적	소유권이전
	가 등 기 의 표 시	2017년 1월 5일 접수 제1501호로 등기된 순위 2번 소유권이전청구권가등기

	구분	성명 (상호·명칭)	주민등록번호 (등기용등록번호)	주소(소재지)	지분 (개인별)
규 43①2	등 기 의 무 자	김갑동	530123-1523332	미합중국 캘리포니아주 로스엔젤레스시 에스에스 500	
규 43①2	등 기 권 리 자	이도령	580112-1122352	서울특별시 강남구 대치동 100	3분의 2
		성춘향	650201-2135555	서울특별시 서초구 서초동 200	3분의 1

규 44	시가표준액 및 국민주택채권매입금액		
	부동산 표시	부동산별 시가표준액	부동산별 국민주택채권매입금액
	1.	금 ○○○ 원	금 ○○○ 원
	2.	금 ○○○ 원	금 ○○○ 원
	3.	금 ○○○ 원	금 ○○○ 원
	국 민 주 택 채 권 매 입 총 액	금	○○○ 원
	국 민 주 택 채 권 발 행 번 호	○○○○-○○-○○○○-○○○○	
	취득세(등록면허세) 금 ○○○ 원	지방교육세 금	○○○ 원
		농어촌특별세 금	○○○ 원
	세 액 합 계	금	○○○ 원
	등 기 신 청 수 수 료	금	○○○ 원
		납부번호 : ○○-○○-○○○○○○○○-○	
		일괄납부 : 건	○○○ 원

규 43①7	등기의무자의 등기필정보		
	부동산고유번호	○○○○-○○○○-○○○○○○	
	성명(명칭)	일련번호	비밀번호
		○○○○-○○○○-○○○○	○○-○○○○

첨 부 서 면 |간 인|

• 매매계약서(전자수입인지 첨부) 1통	• 취득세영수필확인서 1통
• 부동산거래계약신고필증 1통	• 등기신청수수료영수필확인서 1통
• 매매목록 1통	• 토지대장등본 2통
• 농지취득자격증명(양재동 200) 2통	• 건축물대장등본 1통
• 토지이용계획확인서(양재동 200, 300) 2통	• 등기신청위임장(김갑동의 인감날인 및
• 확인서면(김갑동) 1통	이도령, 성춘향의 날인) 1통
• 신분증사본(김갑동) 1통	• 자격자대리인의 등기의무자확인 및 자필서명정보
• 인감증명 등(김갑동의 매도용인감) 1통	(김갑동 확인) 1통
• 재외국민등록부등본(김갑동) 1통	
• 주민등록표초본(또는 등본)(이도령, 성춘향) 2통	

<table>
<tr><td>규 43①9</td><td colspan="2">○○○○ 년 ○○ 월 ○○ 일</td></tr>
<tr><td></td><td>위 신청인</td><td>㉑ (전화 :)
㉑ (전화 :)</td></tr>
<tr><td></td><td>(또는) 위 대리인   법무사 홍길동 |직 인| (전화 :)
서울특별시 서초구 서초동 100</td><td></td></tr>
<tr><td>규 43①8</td><td>서울중앙 지방법원 등기국 귀중</td><td></td></tr>
</table>

─ 신청서 작성요령 ─

* 1. 부동산표시란에 2개 이상의 부동산을 기재하는 경우에는 그 부동산의 일련번호를 기재하여야 합니다.
  2. 신청인란 등 해당란에 기재할 여백이 없을 경우에는 별지를 이용합니다.
  3. 담당 등기관이 판단하여 위의 첨부서면 외에 추가적인 서면을 요구할 수 있습니다.

[첨부서면 해설]

1. 매매계약서(전자수입인지 첨부)(규칙 제46조 제1항 제1호 등)

① 등기원인을 증명하기 위하여, 매매계약서를 제공한다. 매매계약서에는 부동산의 표시, 매매대금, 계약연월일, 계약당사자의 인적사항 등이 기재되어 있어야 한다.

② 계약을 원인으로 하는 소유권이전등기를 신청하는 경우 계약서 또는 판결서에 검인을 받아야 하나, 사안의 경우 부동산거래계약신고를 하였으므로 검인을 받지 아니한다.

③ 계약으로 인한 소유권이전등기를 하는 경우에는 그 계약서에 기재된 거래금액이 1,000만원(주택은 1억원)을 초과하는 경우에는 일정액의 전자수입인지를 제공한다(증여계약서와 신탁계약서 등의 경우 인지 생략).

2. 부동산거래계약신고필증(법 제68조, 규칙 제124조 등)

2006년 1월 1일 이후 매매계약서를 제공하여 소유권이전등기를 신청하는 경우 거래가액을 등기하여야 하므로, 부동산거래계약신고를 한 후 거래신고관리번호와 거래가액을 신청정보의 내용으로 제공하고, 부동산거래계약신고필증을 제공한다.

3. 매매목록(규칙 제124조 등)

부동산거래계약신고필증을 제공하는 경우 거래부동산이 2개 이상이면 정확한 금액을 공시하기 위하여 거래가액 및 목적부동산을 기재한 매매목록을 제공한다.

4. 농지취득자격증명(양재동 200)(규칙 제46조 제1항 제2호)

① 농지를 취득하여 소유권이전등기를 신청하는 경우에는 농지취득자격증명을 제공한다.

② 사안의 경우 '양재동 200번지'에 대하여 이도령과 성춘향이 발급받은 농지취득자격증명을 각각 제공한다(2통).

5. 토지이용계획확인서(양재동 200, 300)(규칙 제46조 제1항 제2호)

① 양재동 200번지에 대하여 토지거래허가구역이 아님을 증명하기 위하여 토지이용계획확인서를 제공한다.

② 양재동 300번지에 대하여 토지거래허가구역임을 증명하기 위하여 토지이용계획확인서를 제공하나, 가등기시에 토지거래허가서를 제공하였으므로 본등기시에 다시 제공할 필요는 없다.

6. 확인서면(김갑동)(법 제50조 제2항, 법 제51조, 규칙 제111조)

① 권리에 관한 등기를 공동으로 신청하는 경우 등기의무자의 등기필증을 제공하여야 한다.

② 다만, 등기필증 등이 없는 경우에는 법 제51조에 따라 확인을 받아야 하므로, 법무사 홍길동이 등기의무자 김갑동을 신분증 등을 통해 확인한 후 필적기재란, 특기사항란, 우무

인란 등을 기재하고 법무사의 직인을 날인한 <u>확인서면</u>을 제공한다(**법 제51조, 규칙 제111조 제3항**).

7. 신분증사본(김갑동)(법 제50조 제2항, 법 제51조, 규칙 제111조)

위의 확인서면에는 등기의무자를 확인한 신분증 사본을 제공한다.

8. 인감증명 등(김갑동의 매도용인감)(규칙 제60조, 제61조, 제62조)

① 소유권자가 등기의무자가 되는 경우 등기의무자의 인감증명을 제공하여야 하므로, <u>등기 의무자 김갑동의 인감증명</u>을 제공한다(발행일로부터 3월 이내).

② 등기원인이 매매인 경우에는 <u>매수인 전원(이도령, 성춘향)의 인적사항(성명·주소·주민 등록번호)이</u> 기재된 <u>부동산매도용 인감증명</u>을 제공한다.

③ 인감날인 및 인감증명에 갈음하여, 서명하고 <u>본인서명사실확인서</u> 또는 전자본인서명확인 서 발급증을 제공할 수 있다.

9. 재외국민등록부등본(김갑동)(규칙 제46조 제1항 제6호)

① 소유권이전등기를 신청하는 경우 등기의무자의 <u>주소증명정보를</u> 제공하여야 하므로, 김갑 동의 재외국민등록부등본을 제공한다.

② 이 경우 <u>규칙 제122조에</u> 해당하면 등기관이 직권으로 등기명의인표시변경등기를 하여야 하므로, <u>과거의 주소변동 내역이 포함된 재외국민등록부등본</u>을 제공한다.

10. 주민등록표초본(또는 등본)(이도령, 성춘향)(규칙 제46조 제1항 제6호)

새로이 등기명의인이 되는 <u>등기권리자의 주소 및 주민등록번호를 기입하여야 하므로</u>, 등기 권리자 이도령, 성춘향의 <u>주민등록표초본(또는 등본)</u>을 제공한다(발행일로부터 3월 이내).
다만, <u>계약서상의 주소와 등기신청 시의 주소가 상이할 경우에는 동일성을 증명하기 위하여 주소변동내역이 포함된 주민등록표초본(또는 등본)</u>을 제공한다.

11. 취득세영수필확인서(지방세법 시행령 제36조, 법 제29조 제10호, 규칙 제44조 등)

<u>매매를 원인으로 소유권이전(본)등기를 신청하는 경우 매매금액을 기초로 한 취득세 등을 신고·납부하여야 하므로</u>, 이를 납부한 영수필확인서를 제공한다.

12. 등기신청수수료영수필확인서(법 제22조 제3항, 법 제29조 제10호, 규칙 제44조 등)

등기를 신청하는 경우 대법원규칙으로 정하는 바에 따라 <u>수수료를 납부하여야 하므로</u>, 이를 납부한 그 영수필확인서를 제공한다.

13. 토지대장등본 및 건축물대장등본(규칙 제46조 제1항 제7호, 제62조 등)

소유권이전등기를 하는 경우 <u>부동산의 표시를 증명하여야 하므로,</u> 토지대장등본 및 건축물 <u>대장등본을 제공한다</u>(발행일로부터 3월 이내).

14. 등기신청위임장(김갑동의 인감날인 및 이도령, 성춘향의 날인)(규칙 제46조 제1항 제5호, 규칙 제60조 제1항 등)

① 등기신청을 법무사 등 대리인에게 위임하는 경우 대리권한을 증명하여야 하므로, <u>김갑동 및 이도령, 성춘향 쌍방으로부터 위임을 받은 등기신청위임장을 제공한다. 등기신청위임 장에는 부동산의 표시, 위임인, 수임인 등이 기재되어 있어야 한다.

② 사안의 경우 <u>규칙 제60조 제1항 제1호에 해당하므로 진정성 담보를 위하여 <u>등기의무자인 김갑동의 인감을 날인을 한다.

15. 자격자대리인의 등기의무자확인 및 자필서명정보(김갑동 확인)(규칙 제46조 제1항 제8호)

공동으로 신청하는 권리에 관한 등기를 자격자대리인이 신청하는 경우 등기의무자인지 여 부를 확인하고 자필서명한 정보를 제공하여야 하므로, <u>법무사 홍길동이 김갑동을 확인하고 작성한 자필서명정보를 제공한다.

[신탁등기 기록례]

1. 신탁등기
   가. 수탁자가 1인인 경우

【 갑구 】				(소유권에 관한 사항)
순위번호	등기목적	접수	등기원인	권리자 및 기타사항
5	소유권이전	2019년 3월 5일 제3005호	2019년 3월 4일 신탁	수탁자 김우리 600104-1056429 서울특별시 서초구 서초대로46길 60, 101동 201호(서초동, 서초아파트)
	신탁			신탁원부 제2019-5호
5-1	신탁주의사항			이 부동산에 관하여 임대차 등의 법률행위를 하는 경우에는 등기사항증명서뿐만 아니라 등기기록의 일부인 신탁원부를 통하여 신탁의 목적, 수익자, 신탁재산의 관리 및 처분에 관한 신탁 조항 등을 확인할 필요가 있음. 2025년 3월 5일 부기

(주) 신탁을 원인으로 위탁자와 수탁자가 공동으로 소유권이전등기를 신청하는 때에는 등기명의인의 표시를 '수탁자 또는 수탁자(합유)'로 기록한다.

   나. 수탁자가 2인 이상인 경우

【 갑구 】				(소유권에 관한 사항)
순위번호	등기목적	접수	등기원인	권리자 및 기타사항
5	소유권이전	2019년 5월 2일 제5002호	2019년 5월 1일 신탁	수탁자 (합유) 김우리 600104-1056429 서울특별시 중구 세종대로 136 (태평로1가) 강미래 790513-1052134 서울특별시 마포구 성암로15길 12 (상암동)
	신탁			신탁원부 제2019-5호

다. 수익자가 수탁자를 대위하여 위탁자와 공동으로 소유권이전등기와 동시 신청하는 경우

【 갑구 】				(소유권에 관한 사항)
순위 번호	등기목적	접수	등기원인	권리자 및 기타사항
4	소유권이전	2019년 3월 5일 제3005호	2019년 3월 4일 신탁	수탁자 김우리 600104-1056429 　서울특별시 서초구 반포대로 60 　(반포동)
	신탁			신탁원부 제2019-5호
				대위자 이대한 　서울특별시 서초구 강남대로37길 21 　(서초동)
				대위원인 부동산등기법 제82조 제2항

라. 신탁재산처분에 의한 신탁

　1) 신탁재산처분에 의한 신탁

【 갑구 】				(소유권에 관한 사항)
순위 번호	등기목적	접수	등기원인	권리자 및 기타사항
2	소유권이전	2018년 9월 9일 제8009호	2018년 9월 8일 매매	소유자 김우리 600104-1056429 　서울특별시 서초구 반포대로 60 　(반포동) 거래가액 금50,000,000원
3	소유권이전	2019년 3월 5일 제3005호	2019년 3월 4일 매매	소유자 강미래 790513-1052134 　서울특별시 용산구 원효로 10 　(원효로1가) 거래가액 금50,000,000원
	신탁재산처분에 의한 신탁			신탁원부 제2019-5호

(주) 신탁재산의 처분 또는 신탁재산의 회복으로 인하여 신탁재산이 된 부동산에 대하
여 수탁자가 제3자와 공동으로 매매를 원인으로 한 소유권이전등기를 신청함과
동시에 수탁자가 단독으로 신탁등기를 신청할 경우에는 등기명의인의 표시는 '소
유자 또는 공유자'로 표시하고 공유자인 경우에는 그 지분도 기록한다.

2) 대위에 의한 신탁재산처분에 의한 신탁(← 유추해석)

【 갑구 】			(소유권에 관한 사항)	
순위 번호	등기목적	접수	등기원인	권리자 및 기타사 항
2	소유권이전	2018년 9월 9일 제8009호	2018년 9월 8일 매매	소유자 **김우리** 600104-1056429 　　　서울특별시 서초구 반포대로 60 　　　(반포동) 거래가액 금50,000,000원
3	소유권이전	2019년 3월 5일 제3005호	2019년 3월 4일 매매	**소유자 강미래** 790513-1052134 　　　서울특별시 용산구 원효로 10 　　　(원효로1가) 거래가액 금50,000,000원
	신탁재산처분에 의한 신탁			신탁원부 제2019-5호 대위자 이대한 　　　서울특별시 서초구 강남대로37 　　　길 21 (서초동) 대위원인 부동산등기법 제82조 제2항

3) 수탁자 앞으로의 소유권이전등기 후에 하는 신탁재산처분에 의한 신탁

【 갑구 】			(소유권에 관한 사항)	
순위 번호	등기목적	접수	등기원인	권리자 및 기타사항
2	소유권이전	2018년 9월 9일 제8009호	2018년 9월 8일 매매	소유자 **김우리** 600104-1056429 　　　서울특별시 서초구 반포대로 　　　60 (반포동) 거래가액 금50,000,000원
3	소유권이전	2019년 3월 5일 제3005호	2019년 3월 4일 매매	**소유자 강미래** 790513-1052134 　　　서울특별시 용산구 원효로 10 　　　(원효로1가) 거래가액 금50,000,000원
4	3번 신탁재산 처분에 의한 신탁	2019년 5월 3일 제5003호		신탁원부 제2019-5호

(주) 신탁재산의 처분(회복)으로 인하여 신탁재산이 된 부동산에 대하여 제3자와 매수인인 수탁자가 소유권이전등기만을 신청하여 먼저 수탁자 앞으로의 소유권이전등

기가 마쳐진 후 <u>수탁자 단독으로 신탁등기만을 신청한 경우</u>에는 **주등기**에 의하되 **등기의 목적은 'ㅇ번 신탁재산처분에 의한 신탁'**으로 기록한다.

4) 신탁재산의 처분을 원인으로 수탁자가 취득한 부동산에 대하여 위탁자(또는 수익자)가 대위신청하는 경우

【 갑구 】	(소유권에 관한 사항)			
순위 번호	등기목적	접수	등기원인	권리자 및 기타사항
2	소유권이전	2018년 9월 9일 제8009호	2018년 9월 8일 매매	소유자 **김우리** 600104-1056429 　　서울특별시 서초구 반포대로 60 　　(반포동) 거래가액 금50,000,000원
3	소유권이전	2019년 3월 5일 제3005호	2019년 3월 4일 매매	**소유자 강미래** 790513-1052134 　　서울특별시 용산구 원효로 10 　　(원효로1가) 거래가액 금50,000,000원
4	3번 신탁재산 처분에 의한 신탁	2019년 5월 3일 제5003호		신탁원부 제2019-5호 대위자 이대한 　　서울특별시 서초구 강남대로37길 　　21 (서초동) 대위원인 부동산등기법 제82조 제2항

(주) 신탁재산의 처분 또는 회복으로 인하여 신탁재산이 된 부동산에 대하여 제3자와 매수인인 수탁자가 매매 등을 원인으로 한 소유권이전등기를 마친 후 <u>수탁자를 대위하여 위탁자 또는 수익자가 신탁등기만을 신청하는 경우</u>에는 **주등기**에 의하되 그 <u>등기의 목적을 'ㅇ번 신탁재산처분(회복)에 의한 신탁'</u>으로 기록한다.

2. 신탁등기의 말소

가. 신탁재산처분으로 인한 말소

【 갑구 】				(소유권에 관한 사항)
순위 번호	등기목적	접수	등기원인	권리자 및 기타사항
3	소유권이전	2018년 9월 9일 제9100호	2018년 9월 8일 매매	소유자 김우리 600104-1056429 　　서울특별시 서초구 반포대로 60 　　(반포동) 거래가액 금60,000,000원
	신탁재산처분 에 의한 신탁			신탁원부 제2018-52호
4	소유권이전	2019년 3월 5일 제3005호	2019년 3월 4일 매매	소유자 이대한 701115-1201257 　　서울특별시 서초구 강남대로37 　　길 21 (서초동) 거래가액 금60,000,000원
	3번 신탁등기 말소		신탁재산의 처분	

나. 신탁종료로 인한 말소

【 갑구 】				(소유권에 관한 사항)
순위 번호	등기목적	접수	등기원인	권리자 및 기타사항
3	소유권이전	2018년 9월 9일 제13009호	2018년 9월 8일 매매	소유자 김우리 600104-1056429 　　서울특별시 서초구 반포대로 60 　　(반포동) 거래가액 금50,000,000원
	신탁재산처분 에 의한 신탁			신탁원부 제2018-52호
4	소유권이전	2019년 3월 5일 제3005호	2019년 3월 4일 신탁재산의 귀속	소유자 이대한 701115-1201257 　　서울특별시 서초구 강남대로37 　　길 21 (서초동)
	3번 신탁등기 말소		신탁재산의 귀속	

01 절 소유권이전 및 신탁등기

다음에 제시된 부동산 및 사실관계와 답안작성 유의사항에 따라 법무사 나합격이 제출할 등기신청서를 작성하고, 필요한 첨부서면의 제공 이유와 근거에 대하여 간략하게 설명하시오(서면에 의한 방문신청임을 전제로 함). **30점**

1. 부동산

서울 서초구 서초동 100번지
[도로명주소] 서울특별시 서초구 서초대로 201
철근콘크리트조 슬래브지붕 4층 주택
1층 200㎡, 2층 200㎡, 3층 200㎡, 4층 200㎡
(위 부동산은 서울중앙지방법원 등기국의 관할 구역에 속함)

2. 사실관계

가. 김소유는 이수탁과 "김소유는 이수탁에게 위 부동산을 신탁하고 이수탁은 그 부동산의 관리 및 운용으로 발생하는 수익은 김소유의 자 김일남에게 귀속"시키기로 하는 신탁계약을 2022년 5월 3일에 체결하였다. 이후 당사자는 위와 같은 등기신청을 법무사 나합격에게 위임하였고, 법무사 나합격이 해당 등기신청을 하려고 한다.

나. 주소(또는 본점이나 사무소 소재지), 주민등록번호(또는 부동산등기용등록번호) 등
1) 김소유 : 서울시 서초구 강남대로 21(서초동), 701115-1201257
2) 이수탁 : 서울시 관악구 관악로35길 10(봉천동), 670145-1534758
3) 김일남 : 서울시 강남구 역삼동 34(역삼동), 961214-1571911
4) 법무사 나합격 : 서울시 서초구 강남대로 21 (서초동), 전화번호 02-530-6126

3. 답안작성 유의사항

가. 신청서 양식의 첨부서면란 등이 부족할 경우에는 답안지에 기재할 수 있습니다.

나. 신청서 양식의 첨부서면란에는 첨부서면의 명칭과 통수를 기재합니다. 첨부서면의 제공 이유와 근거는 답안지에 간략하게 기재하십시오.

다. 어느 첨부서면을 다른 첨부서면으로 서로 대체할 수 있는 경우 신청서 양식의 첨부서면란에는 그중 하나를 기재하고, 대체할 수 있는 다른 첨부서면에 대하여는 답안지에 기재하시기 바랍니다.

라. 위임장은 작성하지 않으셔도 됩니다. 다만 첨부서면으로는 기재하고 그 내용(위임인 등)도 답안지에 기재하시기 바랍니다.

마. 등록면허세, 등기신청수수료 등 설문에서 정보가 주어지지 않은 것은 신청서에 기재하지 않으셔도 됩니다. 그 밖에 설문에서 주어지지 않은 사항은 고려할 필요가 없습니다.

바. 날인이 필요한 곳에는 "㉘"이라고 기재합니다.

사. 신청서 작성일은 2022년 10월 1일로 합니다.

아. 제시된 주민등록번호나 부동산등기용등록번호는 법령상의 부여 규칙이나 구성 체계 등과 맞지 않을 수 있으나, 이 점은 고려하지 않으셔도 됩니다.

자. 설문의 부동산과 사실관계는 모두 가상의 것들임을 알려 드립니다.

소유권이전 및 신탁등기신청				
접 수	년 월 일	처 리 인	등기관 확인	각종 통지
	제 호			

부동산의 표시(거래신고관리번호/거래가액)

규 43①1 법 81 규 139③④ 규 63	서울특별시 서초구 서초동 100 [도로명주소] 서울특별시 서초구 서초대로 201 　　철근콘크리트조 슬래브지붕 4층 주택 　　　1층 200m²　2층 200m² 　　　3층 200m²　4층 200m² 　　　　　　　　　　　　[등록문서번호 : ○○○번] 　　　　　　　　　　- 이상 -
규 43①5　등기원인과 그 연월일	2022년 5월 3일　신탁
규 43①6　등 기 의　목 적	소유권이전 및 신탁

	구분	성명 (상호·명칭)	주민등록번호 (등기용등록번호)	주소(소재지)	지분 (개인별)
규 43①2	등 기 의 무 자	김소유	701115-1201257	서울특별시 서초구 강남대로 21(서초동)	
규 43①2	등 기 권 리 자	이수탁	670145-1534758	서울특별시 관악구 관악로3가길 10(봉천동)	

규 44	시가표준액 및 국민주택채권매입금액		
	부동산 표시	부동산별 시가표준액	부동산별 국민주택채권매입금액
	1.	금　　　　○○○　원	금　　　　　　　　　○○○　원
	2.	금　　　　○○○　원	금　　　　　　　　　○○○　원
	3.	금　　　　○○○　원	금　　　　　　　　　○○○　원
	국 민 주 택 채 권 매 입 총 액		금　　　　　　　　　○○○　원
	국 민 주 택 채 권 발 행 번 호		○○○○-○○-○○○○-○○○○

	취득세(등록면허세)	금　　○○○　원	지방교육세　　금　　　　○○○　원
			농어촌특별세　금　　　　○○○　원
	세　액　합　계	금	○○○　원
	등 기 신 청 수 수 료	금	○○○　원
		납부번호 : ○○-○○-○○○○○○○○-○	
		일괄납부 :　　　　건	○○○　원

규 43①7	등기의무자의 등기필정보		
	부동산고유번호	○○○○-○○○○-○○○○○○	
	성명(명칭)	일련번호	비밀번호
		○○○○-○○○○-○○○○	○○-○○○○

<table>
<tr><td colspan="3" align="center">첨　부　서　면　　<u>간 인</u></td></tr>
<tr>
<td>
• 신탁계약서(검인)　　　　　　　　　1통
• 신탁원부작성을 위한 정보　영구보존문서등록
• 등기필증(김소유)　　　　　　　　　1통
• 인감증명 등(김소유의 인감)　　　　1통
• 지방세납세증명서(김소유)　　　　　1통
• 주민등록표초본(또는 등본)(김소유 및 이수탁) 2통
</td>
<td>
• 등록면허세영수필확인서　　　　　　1통
• 등기신청수수료영수필확인서　　　　1통
• 건축물대장등본　　　　　　　　　　1통
• 등기신청위임장(김소유의 인감날인 및
　　　　　　　　　이수탁의 날인)　1통
• 자격자대리인의 등기의무자확인 및 자필서명정보
　(김소유 확인)　　　　　　　　　　1통
</td>
</tr>
</table>

규 43①9	2022년 10월 1일
	위 신청인　　　　　　　　　㊞　(전화 :　　　　)
	㊞　(전화 :　　　　)
	(또는) 위 대리인　법무사 나합격　[직 인]　(전화 :　02-530-6126)
	서울특별시 서초구 강남대로 21 (서초동)

규 43①8	서울중앙 지방법원 등기국 귀중

- 신청서 작성요령 -

＊ 1. 부동산표시란에 2개 이상의 부동산을 기재하는 경우에는 그 부동산의 일련번호를 기재하여야 합니다.

2. 신청인란 등 해당란에 기재할 여백이 없을 경우에는 별지를 이용합니다.

3. 담당 등기관이 판단하여 위의 첨부서면 외에 추가적인 서면을 요구할 수 있습니다.

[첨부서면 해설]

1. 신탁계약서(검인)(규칙 제46조 제1항 제1호 등)

① 등기원인을 증명하기 위하여, 신탁계약서를 제공한다. 신탁계약서에는 부동산의 표시, 계약연월일, 계약당사자의 인적사항 등이 기재되어 있어야 한다.

② 계약을 원인으로 하는 소유권이전등기를 신청하는 경우 계약서 또는 판결서에 검인을 받아야 하므로, 사안의 경우 검인받은 신탁계약서를 제공한다(예컨대, 매매·증여·교환·공유물분할·신탁·신탁재산귀속·판결).

2. 신탁원부작성을 위한 정보(규칙 제139조 제3항)

① 신탁등기를 신청하는 경우 부동산등기법 제81조 제1항 각 호의 사항이 기재된 신탁원부작성을 위한 정보를 각 부동산마다 별개로 제공한다.

② 이는 영구보존문서이므로 원칙적으로 전자문서로 작성하고, 등기신청서에는 등록문서번호를 기재한다.

3. 등기필증(검소유)(법 제50조 제2항, 법 제51조, 규칙 제111조)

① 권리에 관한 등기를 공동으로 신청하는 경우 등기의무자의 등기필증을 제공하여야 하므로, 김소유가 소유권취득 후 교부받은 등기필증을 제공한다(법 부칙 제2조).

② 등기의무자가 등기필정보를 소지한 경우에는 일련번호와 비밀번호 등을 신청서에 기재하는 것으로 갈음한다(규칙 제43조 제1항 제7호).

4. 인감증명 등(검소유의 인감)(규칙 제60조, 제61조, 제62조)

① 소유권자가 등기의무자가 되는 경우 등기의무자의 인감증명을 제공하여야 하므로, 등기의무자 김소유의 인감증명을 제공한다(발행일로부터 3월 이내).

② 인감날인 및 인감증명에 갈음하여, 서명하고 본인서명사실확인서 또는 전자본인서명확인서 발급증을 제공할 수 있다.

5. 지방세납세증명서(검소유)(등기예규 1726, 지방세징수법 제5조 제1항 제4호)

소유자인 김소유의 신탁 부동산에 대한 지방세 납세증명서(증명서에 기재된 유효기간 이내)를 제공한다.

「지방세징수법」 제5조(납세증명서의 제출 및 발급)

① 납세자(미과세된 자를 포함한다. 이하 이 조에서 같다)는 다음 각 호의 어느 하나에 해당하는 경우에는 대통령령으로 정하는 바에 따라 납세증명서를 제출하여야 한다. 다만, 제4호에 해당하여 납세증명서를 제출할 때에는 이전하는 부동산의 소유자에게 부과되었거나 납세의무가 성립된 해당 부동산에 대한 취득세, 재산세, 지방교육세 및 지역자원시설세의 납세증명서로 한정한다.

　1. 국가·지방자치단체 또는 대통령령으로 정하는 정부관리기관으로부터 대금을 받을 때

　2. 「출입국관리법」 제31조에 따른 외국인등록 또는 「재외동포의 출입국과 법적 지위에 관한 법률」 제6조에 따른 국내거소신고를 한 외국인이 체류기간 연장허가 등 대통령령으로 정하는 체류 관련 허가 등을 법무부장관에게 신청하는 경우

　3. 내국인이 해외이주 목적으로 「해외이주법」 제6조에 따라 재외동포청장에게 해외이주신고를 하는 경우

　4. 「신탁법」에 따른 신탁을 원인으로 부동산의 소유권을 수탁자에게 이전하기 위하여 등기관서의 장에게 등기를 신청할 때

② 납세자로부터 납세증명서의 발급신청을 받으면 세무공무원은 그 사실을 확인하여 즉시 발급하여야 한다.

[신탁등기사무처리에 관한 등기예규] (등기예규 제1726호)

「신탁법」 제3조 제1항 제1호(위탁자와 수탁자 간의 계약) 및 제2호(위탁자의 유언)에 따라 **신탁을 원인으로 소유권이전등기 및 신탁등기를 신청하는 경우**와 「신탁법」 제3조 제5항(수탁자가 타인에게 신탁재산에 대하여 설정하는 신탁)에 따라 **재신탁을 원인으로 소유권이전등기 및 신탁등기를 신청하는 경우**에는 「지방세징수법」 제5조 제1항 제4호에 따라 **지방세 납세증명서를 첨부정보로서 제공**하여야 한다.
다만 등기원인을 증명하는 정보로서 확정판결, 그 밖에 이에 준하는 집행권원(집행권원)을 제공하는 경우에는 지방세 납세증명서를 제공할 필요가 없다.

6. 주민등록표초본(또는 등본)(규칙 제46조 제1항 제6호, 제62조 등)

　(1) 등기의무자(김소유)

　　① 소유권이전등기를 신청하는 경우 등기의무자의 주소증명정보를 제공하여야 하므로, 등기의무자 김소유의 주민등록표초본(또는 등본)을 제공한다(발행일로부터 3월 이내).
다만, 등기기록상의 주소(또는 계약서상의 주소)와 등기신청 시의 주소가 상이할 경우

에는 동일성을 증명하기 위하여 <u>주소변동내역이 포함된 주민등록표초본(또는 등본)</u>을 제공한다.

② 이 경우 <u>규칙 제122조</u>에 해당하면 등기관이 직권으로 등기명의인표시변경등기를 한다.

(2) 등기권리자(이수탁)

새로이 등기명의인이 되는 <u>등기권리자의 주소 및 주민등록번호를 기입</u>하여야 하므로, 등기권리자 이수탁의 <u>주민등록표초본(또는 등본)</u>을 제공한다(발행일로부터 3월 이내).

다만, <u>계약서상의 주소와 등기신청 시의 주소가 상이</u>할 경우에는 <u>동일성을 증명</u>하기 위하여 <u>주소변동내역이 포함된 주민등록표초본(또는 등본)</u>을 제공한다.

7. 등록면허세영수필확인서(지방세법 시행령 제49조, 법 제29조 제10호, 규칙 제44조 등)

① <u>신탁등기</u>를 신청하는 경우 <u>등록면허세 등을 신고·납부</u>하여야 하므로, <u>이를 납부한 영수필확인서</u>를 제공한다.

② <u>신탁등기와 일괄하여 신청하는 소유권이전등기</u>는 지방세법상 취득세가 부과되는 '취득'에 해당하지 아니하므로 취득세를 납부할 필요는 없다.

8. 등기신청수수료영수필확인서(법 제22조 제3항, 법 제29조 제10호, 규칙 제44조 등)

등기를 신청하는 경우 대법원규칙으로 정하는 바에 따라 <u>수수료를 납부하여야 하므로</u>, 이를 납부한 그 영수필확인서를 제공한다.

9. 건축물대장등본(규칙 제46조 제1항 제7호, 제62조 등)

소유권이전등기를 하는 경우 <u>부동산의 표시를 증명</u>하여야 하므로, 건축물대장등본을 제공한다(발행일로부터 3월 이내).

10. 등기신청위임장(김소유의 인감날인 및 이수탁의 날인)(규칙 제46조 제1항 제5호, 규칙 제60조 제1항 등)

① 등기신청을 법무사 등 대리인에게 위임하는 경우 대리권한을 증명하여야 하므로, <u>김소유 및 이수탁 쌍방으로부터 위임을 받은 등기신청위임장</u>을 제공한다. 등기신청위임장에는 부동산의 표시, 위임인, 수임인 등이 기재되어 있어야 한다.

② 사안의 경우 <u>규칙 제60조 제1항 제1호</u>에 해당하므로 진정성 담보를 위하여 <u>등기의무자인 김소유의 인감을 날인</u>을 한다.

11. 자격자대리인의 등기의무자확인 및 자필서명정보(김소유 확인)(규칙 제46조 제1항 제8호)

공동으로 신청하는 권리에 관한 등기 등을 자격자대리인이 신청하는 경우 등기의무자인지 여부를 확인하고 자필서명한 정보를 제공하여야 하므로, <u>법무사 나합격이 김소유를 확인</u>하고 작성한 자필서명정보를 제공한다.

02 절 신탁재산(금전)의 처분신탁등기

2013년 법무사 제19회 – 일부변경(날짜)

【문 1】 김순철은 이건호와 "김순철은 이건호에게 금전 10억원을 신탁하고 이건호는 그 돈으로 적당한 토지를 매입하여 전원주택부지를 조성하여 판매함으로써 생기는 수익은 김순철의 자 김기태에게 귀속"시키기로 하는 신탁계약을 체결하였다. 이에 따라 이건호는 아래 토지를 소유자 박귀자로부터 매수하는 매매계약을 체결하였다. 그런데 이건호는 박귀자에게 매매대금 전액을 지급하고 소유권이전등기에 필요한 인허가절차를 모두 마쳤음에도 불구하고 등기를 차일피일 미루고 있다. 김순철이 알아보니 매도인 박귀자는 언제라도 소유권이전등기절차에 협력하겠다고 한다. 이에 김순철이 필요한 등기를 대위신청하고자 법무사 홍길동에게 등기의 신청을 의뢰하였다. 아래 주어진 내용을 바탕으로 등기신청서를 작성하시오(서면에 의한 방문신청을 전제로 함). 30점

1. 사실관계
   가. 부동산의 표시

   경기도 양평군 옥천면 옥천리 138 전 4,000㎡

   경기도 양평군 옥천면 옥천리 139 전 2,000㎡

   ※ 위 양 필지는 토지거래허가구역임

   나. 당사자 인적사항
   - 김순철(450123-1234567) : 경기도 용인시 수지구 신봉로 33
   - 이건호(581231-1234568) : 서울특별시 서초구 서초대로 123
   - 김기태(760111-1234569) : 서울특별시 송파구 송파대로 479
   - 박귀자(530222-1234560) : 경기도 양평군 옥천면 옥천리 55

   다. 매매계약의 내용
   - 매매계약일 : 2022.6.10.
   - 매매대금   : 금 10억원

   라. 거래신고관리번호 : 12345-2022-6-1234567

   마. 관할등기소 : 수원지방법원 양평등기소

   바. 법무사 홍길동 사무소 : 서울 서초구 서초동 11번지(전화번호 생략)

2. 답안작성 유의사항
   가. 주어진 등기신청서 양식에 답안내용을 기재하되, 필요한 경우 양식을 수정하여 사용한다. 이 경우 신청서 여백에 '삭 5자, 가 5자'와 같이 표시하여야 한다.

   나. 신청서 중 설문에서 정보가 주어지지 않은 부동산의 시가표준액, 국민주택채권매입금액, 취득세(등록면허세) 등의 기재는 생략한다.

다. 첨부서면은 그 명칭 및 제출통수를 해당란에 기재하고, 별지에 각 서면별로 제출이유와 첨부정보(서면)으로서 갖추어야 할 내용 등을 간략히 설명한다.

라. 신청서 작성일은 2022년 10월 2일로 하고, 날인이 필요한 곳은 ⑳으로 표시한다.

마. 설문의 부동산 표시, 당사자 인적사항 등은 가상의 것이다.

소유권이전 및 신탁대위등기신청(신탁재산처분)

접 수	년 월 일	처 리 인	등기관 확인	각종 통지
	제 호			

	부동산의 표시(거래신고관리번호/거래가액)			
규 43①1	1. 경기도 양평군 옥천면 옥천리 138 전 4,000m² 2. 경기도 양평군 옥천면 옥천리 139 전 2,000m² [등록문서번호 : ○○○번] 거래신고관리번호 : 12345-2021-6-1234567 거래가액 : 금 1,000,000,000원 - 이상 -			
규 43①5	등기원인과 그 연월일	2022년 6월 10일 매매		
규 43①6 법 82 규 139②	등기의 목적	소유권이전 및 신탁재산처분에 의한 신탁		
법 82② 규 50.4	대위원인	부동산등기법 제82조 제2항		

	구분	성명 (상호·명칭)	주민등록번호 (등기용등록번호)	주소(소재지)	지분 (개인별)
규 43①2	등기의무자	박귀자	530222-1234560	경기도 양평군 옥천면 옥천리 55	
규 43①2 규 50.1 규 50.2 규 50.3	등기권리자	이건호 대위신청인 김순철	581231-1234568	서울특별시 서초구 서초대로 123 경기도 용인시 수지구 신봉로 33	

PART · 02

규 44	시가표준액 및 국민주택채권매입금액		
	부동산 표시	부동산별 시가표준액	부동산별 국민주택채권매입금액
	1.	금　　　　○○○　　원	금　　　　　　　　　○○○　　원
	2.	금　　　　○○○　　원	금　　　　　　　　　○○○　　원
	3.	금　　　　○○○　　원	금　　　　　　　　　○○○　　원
	국 민 주 택 채 권 매 입 총 액		금　　　　　　　　　○○○　　원
	국 민 주 택 채 권 발 행 번 호		○○○○-○○-○○○○-○○○○
	취득세(등록면허세)　　금　　　○○○　　원	지방교육세　　금　　　　　○○○　　원	
		농어촌특별세　금　　　　　○○○　　원	
	세　액　합　계　금		○○○　　원
	등 기 신 청 수 수 료	금	○○○　　원
		납부번호 : ○○-○○-○○○○○○○○-○	
		일괄납부 :　　　　　건	○○○　　원

규 43①7	등기의무자의 등기필정보		
	부동산고유번호	○○○○-○○○○-○○○○○○	
	성명(명칭)	일련번호	비밀번호
		○○○○-○○○○-○○○○	○○-○○○○

첨 부 서 면　　　　　간인

- 매매계약서(전자수입인지 첨부)　　1통
- 신탁계약서　　　　　　　　　　　1통
- 신탁원부작성을 위한 정보　　영구보존문서등록
- 부동산거래계약신고필증　　　　　1통
- 매매목록　　　　　　　　　　　　1통
- 토지거래계약허가서　　　　　　　1통
- 등기필증(박귀자)　　　　　　　　1통
- 인감증명 등(박귀자의 매도용인감)　1통
- 주민등록표초본(또는 등본)(박귀자 및 이건호) 2통

- 취득세영수필확인서　　　　　　　1통
- 등록면허세영수필확인서　　　　　1통
- 등기신청수수료영수필확인서　　　1통
- 토지대장등본　　　　　　　　　　2통
- 등기신청위임장(박귀자의 인감날인 및
　　　　　　　　　김순철의 날인)　1통
- 자격자대리인의 등기의무자확인 및 자필서명정보
　(박귀자 확인)　　　　　　　　　1통
- 대위원인을 증명하는 정보　　동시계출원용

규 43①9

2022년 10월 2일

위 신청인　　　　　　　　　ⓘ　(전화 :　　　　)
　　　　　　　　　　　　　ⓘ　(전화 :　　　　)

(또는) 위 대리인　법무사 홍길동　직인　(전화 :　　　　)
　　　　　　서울특별시 서초구 서초동 11

규 43①8　　수원 지방법원 양평등기소 귀중

- 신청서 작성요령 -

* 1. 부동산표시란에 2개 이상의 부동산을 기재하는 경우에는 그 부동산의 일련번호를 기재하여야 합니다.
2. 신청인란 등 해당란에 기재할 여백이 없을 경우에는 별지를 이용합니다.
3. 담당 등기관이 판단하여 위의 첨부서면 외에 추가적인 서면을 요구할 수 있습니다.

[첨부서면 해설]

1. 매매계약서(전자수입인지 첨부)(규칙 제46조 제1항 제1호 등)

① 등기원인을 증명하기 위하여, 매매계약서를 제공한다. 매매계약서에는 부동산의 표시, 매매대금, 계약연월일, 계약당사자의 인적사항 등이 기재되어 있어야 한다.

② 계약을 원인으로 하는 소유권이전등기를 신청하는 경우 계약서 또는 판결서에 검인을 받아야 하나, 사안의 경우 부동산거래계약신고를 하였으므로 검인을 받지 아니한다.

③ 계약으로 인한 소유권이전등기를 하는 경우에는 그 계약서에 기재된 거래금액이 1,000만 원(주택은 1억원)을 초과하는 경우에는 일정액의 전자수입인지를 제공한다(증여계약서와 신탁계약서 등의 경우 인지 생략).

2. 신탁계약서(규칙 제46조 제1항 제1호 등)

신탁등기를 신청하는 경우에는 신탁행위가 있었음을 증명하기 위하여 신탁계약서를 제공한다.

3. 신탁원부작성을 위한 정보(규칙 제46조 제1항 제1호, 제139조 제3항)

① 신탁등기를 신청하는 경우 부동산등기법 제81조 제1항 각 호의 사항이 기재된 신탁원부작성을 위한 정보를 각 부동산마다 별개로 제공한다.

② 이는 영구보존문서이므로 원칙적으로 전자문서로 작성하고, 등기신청서에는 등록문서번호를 기재한다.

4. 부동산거래계약신고필증(법 제68조, 규칙 제124조 등)

2006년 1월 1일 이후 매매계약서를 제공하여 소유권이전등기를 신청하는 경우 거래가액을 등기하여야 하므로, 부동산거래계약신고를 한 후 거래신고관리번호와 거래가액을 신청정보의 내용으로 제공하고, 부동산거래계약신고필증을 제공한다.

5. 매매목록(규칙 제124조 등)

부동산거래계약신고필증을 제공하는 경우 거래부동산이 2개 이상이면 정확한 금액을 공시하기 위하여 거래가액 및 목적부동산을 기재한 매매목록을 제공한다.

6. 토지거래계약허가서(규칙 제46조 제1항 제2호)

토지거래허가구역 내의 토지에 대하여 유상계약(매매계약)을 체결하여 소유권이전등기 등을 신청하는 경우 토지거래계약허가서를 제공한다.

7. 등기필증(박귀자)(법 제50조 제2항, 법 제51조, 규칙 제111조)

① 권리에 관한 등기를 공동으로 신청하는 경우 등기의무자의 등기필증을 제공하여야 하므로, 박귀자가 소유권취득 후 교부받은 등기필증을 제공한다(법 부칙 제2조).

② 등기의무자가 등기필정보를 소지한 경우에는 일련번호와 비밀번호 등을 신청서에 기재하는 것으로 갈음한다(규칙 제43조 제1항 제7호).

8. 인감증명 등(박귀자의 매도용인감)(규칙 제60조, 제61조, 제62조)

   ① 소유권자가 등기의무자가 되는 경우 등기의무자의 인감증명을 제공하여야 하므로, 등기 의무자 박귀자의 인감증명을 제공한다(발행일로부터 3월 이내).

   ② 등기원인이 매매인 경우에는 매수인 전원(이건호)의 인적사항(성명·주소·주민등록번호)이 기재된 부동산매도용 인감증명을 제공한다.

   ③ 인감날인 및 인감증명에 갈음하여, 서명하고 본인서명사실확인서 또는 전자본인서명확인서 발급증을 제공할 수 있다.

9. 주민등록표초본(또는 등본)(규칙 제46조 제1항 제6호, 제62조 등)

 (1) 등기의무자(박귀자)

   ① 소유권이전등기를 신청하는 경우 등기의무자의 주소증명정보를 제공하여야 하므로, 등기 의무자 박귀자의 주민등록표초본(또는 등본)을 제공한다(발행일로부터 3월 이내).
      다만, 등기기록상의 주소(또는 계약서상의 주소)와 등기신청 시의 주소가 상이할 경우에는 동일성을 증명하기 위하여 주소변동내역이 포함된 주민등록표초본(또는 등본)을 제공한다.

   ② 이 경우 규칙 제122조에 해당하면 등기관이 직권으로 등기명의인표시변경등기를 한다.

 (2) 등기권리자(이건호)

   새로이 등기명의인이 되는 등기권리자의 주소 및 주민등록번호를 기입하여야 하므로, 등기 권리자 이건호의 주민등록표초본(또는 등본)을 제공한다(발행일로부터 3월 이내).
   다만, 계약서상의 주소와 등기신청 시의 주소가 상이할 경우에는 동일성을 증명하기 위하여 주소변동내역이 포함된 주민등록표초본(또는 등본)을 제공한다.

10. 취득세영수필확인서(지방세법 시행령 제36조, 법 제29조 제10호, 규칙 제44조 등)

   ① 매매를 등기원인으로 소유권이전등기를 신청하는 경우 매매금액을 기초로 산정한 취득세 등을 신고·납부하여야 하므로, 이를 납부한 영수필확인서를 제공한다.

   ② 시장·군수·구청장 등으로부터 취득세납부서(OCR용지)를 발급받아 금융기관에 세금을 납부한 후 취득세영수필확인서를 제공한다.

   ③ 지방세인터넷납부시스템을 이용하여 납부하고 출력한 취득세납부확인서를 첨부할 수 있다. 다만 이 경우 국민주택채권매입금액 산정을 위해 시가표준액이 표시되어 있어야 한다.

11. 등록면허세영수필확인서(지방세법 시행령 제49조, 법 제29조 제10호, 규칙 제44조 등)

   신탁등기에 대한 등록면허세 등을 신고·납부하여야 하므로, 이를 납부한 영수필확인서를 제공한다.

12. 등기신청수수료영수필확인서(법 제22조 제3항, 법 제29조 제10호, 규칙 제44조 등)

   등기를 신청하는 경우 대법원규칙으로 정하는 바에 따라 수수료를 납부하여야 하므로, 이를 납부한 그 영수필확인서를 제공한다.

13. 토지대장등본(규칙 제46조 제1항 제7호, 제62조 등)

   소유권이전등기를 하는 경우 부동산의 표시를 증명하여야 하므로, 토지대장등본을 제공한다(발행일로부터 3월 이내).

14. 등기신청위임장(박귀자의 인감날인 및 김순철의 날인)(규칙 제46조 제1항 제5호, 규칙 제60조 제1항 등)

   ① 등기신청을 법무사 등 대리인에게 위임하는 경우 대리권한을 증명하여야 하므로, 등기의무자 박귀자 및 대위신청인 김순철 쌍방으로부터 위임을 받은 등기신청위임장을 제공한다. 등기신청위임장에는 부동산의 표시, 위임인, 수임인 등이 기재되어 있어야 한다.
   ② 사안의 경우 규칙 제60조 제1항 제1호에 해당하므로 진정성 담보를 위하여 등기의무자인 박귀자의 인감을 날인을 한다.

15. 자격자대리인의 등기의무자확인 및 자필서명정보(박귀자 확인)(규칙 제46조 제1항 제8호)

   공동으로 신청하는 권리에 관한 등기 등을 자격자대리인이 신청하는 경우 등기의무자인지 여부를 확인하고 자필서명한 정보를 제공하여야 하므로, 법무사 홍길동이(가) 박귀자를 확인하고 작성한 자필서명정보를 제공한다.

16. 대위원인을 증명하는 정보(규칙 제50조)

   부동산 등기법 제82조 제2항에 따른 대위등기를 신청하기 위하여 대위원인을 증명하는 정보를 제공한다. 위 신탁계약서가 대위원인을 증명하는 서면이 될 것이다.

03 절 소유권이전 및 신탁등기말소

2006년 법무사 제12회 − 일부변경(날짜, 거래신고관리번호)

【문 1】등기신청을 위임받은 대리인으로서 별첨 등기부등본을 참조하여 다음 사실관계에 부합하는 등기신청서를 작성하고 신청서의 첨부서면에 대하여 간단히 설명하시오(단, 첨부서면 중 토지대장 및 등기필증에 대한 설명은 생략). 30점

1. 부동산

별첨 등기부등본 참조

2. 사실관계

가. 위탁자 김갑수와 수탁자 이현동은 부동산의 관리 및 처분을 목적으로 하는 신탁계약을 체결하고 이를 원인으로 별첨 등기부등본과 같이 신탁등기를 경료하였다.

나. 수탁자 이현동과 박병삼은 신탁된 부동산에 대하여 아래와 같은 내용의 매매계약을 체결하였으나, 이에 따른 소유권이전등기 전에 매수인 박병삼이 사망하였다.

다. 위 망 박병삼의 유족으로는 처 김부자, 아들 박영웅, 출가녀 박영은이 있으며 상속인들은 상속재산분할협의를 통하여 위 부동산을 처 김부자의 단독소유로 하기로 하였다.

라. 법무사 배상두는 쌍방으로부터 위 등기신청에 관한 모든 권한을 위임받았다.

마. 매매계약 내용

1) 계약일자 : 2021.10.20.   잔금지급   : 2021.11.20.

2) 매매대금 : 250,000,000원   시가표준액 : 214,400,000원

3) 거래신고관리번호 : 12345-2021-10-1234567

바. 주소(또는 사무소 소재지), 주민등록번호(또는 부동산등기용등록번호) 등

1) 매도인 수탁자 : 별첨 등기부등본 참조

2) 매수인 망 박병삼(450927-1247289)은 2021.12.12. 사망 남양주시 금곡동 32-2

상속인 처 김부자(490122-2232761) 남양주시 금곡동 32-2

자 박영웅(731107-1267932) 남양주시 금곡동 32-2

출가녀 박영은(750611-2267892) 서울 광진구 광장동 664 현대아파트 201동 2005호

3) 대리인 : 법무사 배상두, 사무소 서울 서초구 서초동 100번지 ☎ 생략

사. 토지거래허가구역

1) 금곡동은 계약이후인 2021.11.1. 「국토의 계획 및 이용에 관한 법률」에 의하여 최초로 토지거래계약에 관한 허가구역으로 지정되었음.

토지거래허가를 요하지 않는 토지면적은

1. 주거지역 : 180제곱미터 이하
2. 상업지역 : 200제곱미터 이하
3. 공업지역 : 660제곱미터 이하
4. 녹지지역 : 100제곱미터 이하
5. 도시지역 외의 지역 : 250제곱미터 이하. 다만, 농지의 경우는 500제곱미터 이하로 하고, 임야의 경우는 1천제곱미터 이하

2) 위 토지는 토지이용계획확인서상 도시계획구역 내의 자연녹지지역으로서 도시계획시설란에 도시자연공원으로 기재되어 있음.

경기도 남양주시 금곡동 200　　　　고유번호 : 생략

【 표제부 】		(토지의 표시)			
표시 번호	접수	소 재 지 번	지목	면적	등기원인 및 기타사항
1 (전3)	1985년 4월 25일	경기도 남양주시 금곡동 200	전	670㎡	
					전산이기 (생략)

【 갑구 】			(소유권에 관한 사항)	
순위 번호	등기목적	접수	등기원인	권리자 및 기타사항
1 (전2)	소유권이전	1986년 6월 25일 제23345호	1986년 5월 20일 매매	소유자 김갑수(430222-1278932) 경기 남양주시 가운동 320
				전산이기(생략)
2	소유권이전	2004년 3월 4일 제11320호	2004년 2월 2일 신탁	수탁자 이현동(561020-1123467) 서울 강남구 일원동 250번지
	신탁			신탁원부 15호

3. 답안작성 유의사항

가. 관할등기소 : 의정부지방법원 남양주등기소

나. 신청서의 작성일은 2022. 10. 13. 임.

　　위임장 작성은 생략하고, 신청서양식 중 불필요한 기재사항은 삭제하시오.

다. 첨부서면 : 명칭과 통수만을 신청서에 기재하고, 날인할 곳에는 ⑪으로 표시 요.

라. 위 사안은 문제 구성을 위한 것임.

소유권이전 및 신탁등기말소신청(매매)				
접 수	년 월 일 제 호	처 리 인	등기관 확인	각종 통지

	부동산의 표시(거래신고관리번호/거래가액)
규 43①1	경기도 남양주시 금곡동 200 전 670m² 거래신고관리번호 : 12345-2021-10-1234567 거래가액 : 금 250,000,000원 - 이상 -
규 43①5	등기원인과 그 연월일	2021년 10월 20일 매매 및 신탁재산의 처분
규 43①6 법 87① 규 144①	등 기 의 목 적	소유권이전 및 신탁등기말소

	구분	성명 (상호·명칭)	주민등록번호 (등기용등록번호)	주소(소재지)	지분 (개인별)
규 43①2	등기의무자	이현동	561020-1123467	서울특별시 강남구 일원동 250	
규 43①2	등기권리자	망 박병삼 상속인 김부자	450927-1247289 490122-2232761	경기도 남양주시 금곡동 32-2 경기도 남양주시 금곡동 32-2	

규 44	시가표준액 및 국민주택채권매입금액		
	부동산 표시	부동산별 시가표준액	부동산별 국민주택채권매입금액
	1.	금 ○○○ 원	금 ○○○ 원
	2.	금 ○○○ 원	금 ○○○ 원
	3.	금 ○○○ 원	금 ○○○ 원
	국 민 주 택 채 권 매 입 총 액		금 ○○○ 원
	국 민 주 택 채 권 발 행 번 호		○○○○-○○-○○○○-○○○○
	취득세(등록면허세) 금 ○○○ 원	지방교육세 금	○○○ 원
		농어촌특별세 금	○○○ 원
	세 액 합 계	금	○○○ 원
	등 기 신 청 수 수 료	금	○○○ 원
		납부번호 : ○○-○○-○○○○○○○○-○	
		일괄납부 : 건	○○○ 원

규 43①7	등기의무자의 등기필정보		
	부동산고유번호	○○○○-○○○○-○○○○○○	
	성명(명칭)	일련번호	비밀번호
		○○○○-○○○○-○○○○	○○-○○○○

첨 부 서 면   간 인

- 매매계약서(전자수입인지 첨부)　　　　1통
- 기본증명서(상세)(망 박병삼, 김부자, 박영웅, 박영은)　4통
- 가족관계증명서(상세)(망 박병삼, 김부자, 박영웅, 박영은)　4통
- 친양자입양관계증명서(상세)(망 박병삼)　1통
- 제적등본(망 박병삼)　　　　　　　　1통
- 주민등록표초본(말소자)(망 박병삼)　1통
- 상속재산분할협의서(김부자, 박영웅, 박영은의 인감날인)　1통
- 인감증명 등(김부자, 박영웅, 박영은의 일반인감)　3통
- 부동산거래계약신고필증　　　　　　1통
- 토지이용계획확인서　　　　　　　　1통
- 등기필증(이현동)　　　　　　　　　1통
- 인감증명 등(이현동의 매도용인감)　1통
- 주민등록표초본(또는 등본)(이현동 및 김부자)　2통
- 취득세영수필확인서　　　　　　　　1통
- 등록면허세영수필확인서　　　　　　1통
- 등기신청수수료영수필확인서　　　　1통
- 토지대장등본　　　　　　　　　　　1통
- 등기신청위임장(이현동의 인감날인 및 김부자의 날인)　1통
- 자격자대리인의 등기의무자확인 및 자필서명정보(이현동 확인)　1통

규 43①9	**2022년 10월 13일**
	위 신청인　　　　　　　　㉑ (전화 :　　　)
	㉑ (전화 :　　　)
	(또는) 위 대리인　**법무사 배상두**　직 인 (전화 :　　　)
	서울특별시 서초구 서초동 100
규 43①8	**의정부 지방법원 남양주등기소 귀중**

소유권이전 및 신탁말소등기 신청 시 말소의 대상이 되는 신탁등기를 특정하여 신청정보의 내용으로 제공하여야 하는지 여부(등기선례 제201906-1호)

신탁부동산에 대하여 매매 또는 신탁재산 귀속을 원인으로 소유권이전등기 및 신탁등기의 말소등기를 신청할 때에는 말소할 사항으로서 말소의 대상인 신탁등기를 특정하여 신청정보의 내용으로 등기소에 제공하여야 하는바,
다만 이전등기의 대상인 소유권등기와 말소등기의 대상인 신탁등기가 같은 순위번호를 사용하고 있는 경우에는 신청정보의 내용 중 "말소할 사항"에 관하여는 그 제공을 생략할 수 있다.

[첨부서면 해설]

1. 매매계약서(전자수입인지 첨부)(규칙 제46조 제1항 제1호 등)

   ① 등기원인을 증명하기 위하여, 피상속인이 생전에 작성한 매매계약서를 제공한다. 이 경우 상속인 명의로 새로이 작성하거나 변경할 필요는 없다.

   ② 계약을 원인으로 하는 소유권이전등기를 신청하는 경우 계약서 또는 판결서에 검인을 받아야 하나, 사안의 경우 부동산거래계약신고를 하였으므로 검인을 받지 아니한다.

   ③ 계약으로 인한 소유권이전등기를 하는 경우에는 그 계약서에 기재된 거래금액이 1,000만원(주택은 1억원)을 초과하는 경우에는 일정액의 전자수입인지를 제공한다(증여계약서와 신탁계약서 등의 경우 인지 생략).

2. 상속을 증명하는 정보(규칙 제49조, 제62조 등)

   ① 법 제27조에 따라 포괄승계인이 등기를 신청하는 경우 포괄승계를 증명하는 정보를 제공한다.

   ② 피상속인의 사망사실과 사망일자 및 상속인의 범위를 증명하기 위하여, 피상속인 망 박병삼 기준의 기본증명서(상세), 가족관계증명서(상세), 친양자입양관계증명서(상세), 제적등본을 제공한다(발행일로부터 3월 이내).

   ③ 상속인들이 피상속인의 서면에 기재된 상속인임을 증명하기 위하여 상속인 김부자, 박영웅, 박영은 기준의 기본증명서(상세), 가족관계증명서(상세)를 제공한다.

3. 주민등록표초본(말소자)(망 박병삼)(규칙 제49조)

   실무상 피상속인 박병삼의 주민등록표초본(말소자)을 제공한다(발행일로부터 3월 이내).

4. 상속재산분할협의서(김부자, 박영웅, 박영은)(규칙 제49조)

   상속인들이 협의분할하여 김부자가 단독으로 상속받기로 하였으므로, 이를 증명하기 위하여 상속재산분할협의서를 제공한다. 상속재산분할협의서에는 피상속인과 분할협의 대상인 부동산, 협의연월일, 상속인의 인적사항 등이 기재되어 있어야 한다. 상속재산분할협의서에는 상속인 전원의 인감을 날인하여야 하지만(규칙 제60조 제1항 제6호), 반드시 연명으로 이루어질 필요는 없으며, 공증으로 갈음할 수 있다(규칙 제60조 제4항).

5. 인감증명 등(김부자, 박영웅, 박영은의 일반인감)(규칙 제60조, 제61조, 제62조)

협의분할에 의한 상속등기를 하는 경우 상속인 전원의 인감증명을 제공하여야 하므로, 상속인 김부자, 박영웅, 박영은의 인감증명을 제공한다(발행일로부터 3월 이내).

6. 부동산거래계약신고필증(법 제68조, 규칙 제124조 등)

2006년 1월 1일 이후 매매계약서를 제공하여 소유권이전등기를 신청하는 경우 거래가액을 등기하여야 하므로, 부동산거래계약신고를 한 후 거래신고관리번호와 거래가액을 신청정보의 내용으로 제공하고, 부동산거래계약신고필증을 제공한다.

7. 토지이용계획확인서(규칙 제46조 제1항 제2호)

① 농지취득자격증명을 제공할 필요가 없음을 증명(예 도시지역 등)하기 위하여 토지이용계획확인서를 제공한다.

② 도시계획구역 중 녹지지역 내의 농지에 대하여는 그 농지가 도시계획사업에 필요한 경우에 한하여 농지취득자격증명을 첨부함이 없이 소유권이전등기를 경료받을 수 있는바, 도시계획구역 내의 자연녹지지역에 소재한 지목이 전인 토지의 토지이용계획확인서 중 도시계획시설란에 공원(도시자연공원)으로 기재되어 있다면, 도시계획법 제31조 제2항 제3호의 규정에 따라 농지법이 적용되지 않으므로, 토지이용계획확인서를 첨부(농지취득자격증명을 첨부할 필요 없이)하여 주식회사○○건설 명의로 소유권이전등기를 신청할 수 있다.

8. 등기필증(이현동)(법 제50조 제2항, 부칙 제2조, 규칙 제43조 제1항 제7호)

① 권리에 관한 등기를 공동으로 신청하는 경우 등기의무자의 등기필증을 제공하여야 하므로, 이현동이 소유권취득 후 교부받은 등기필증을 제공한다(법 부칙 제2조).

② 등기의무자가 등기필정보를 소지한 경우에는 일련번호와 비밀번호 등을 신청서에 기재하는 것으로 갈음한다(규칙 제43조 제1항 제7호).

9. 인감증명 등(이현동의 매도용인감)(규칙 제60조, 제61조, 제62조)

① 소유권자가 등기의무자가 되는 경우 등기의무자의 인감증명을 제공하여야 하므로, 등기의무자 겸 수탁자 이현동의 인감증명을 제공한다(발행일로부터 3월 이내).

② 등기원인이 매매인 경우에는 매수인 전원(김부자)의 인적사항(성명·주소·주민등록번호)이 기재된 부동산매도용 인감증명을 제공한다.

10. 주민등록표초본(또는 등본)(규칙 제46조 제1항 제6호)

 (1) 등기의무자(이현동)

   ① 소유권이전등기를 신청하는 경우 등기의무자의 주소증명정보를 제공하여야 하므로, 등기의무자 이현동의 주민등록표초본(또는 등본)을 제공한다(발행일로부터 3월 이내).
   다만, 등기기록상의 주소(또는 계약서상의 주소)와 등기신청 시의 주소가 상이할 경우에는 동일성을 증명하기 위하여 주소변동내역이 포함된 주민등록표초본(또는 등본)을 제공한다.
   ② 이 경우 규칙 제122조에 해당하면 등기관이 직권으로 등기명의인표시변경등기를 한다.

 (2) 등기권리자(김부자)

   새로이 등기명의인이 되는 등기권리자의 주소 및 주민등록번호를 기입하여야 하므로, 등기권리자 김부자의 주민등록표초본(또는 등본)을 제공한다(발행일로부터 3월 이내).
   다만, 계약서상의 주소와 등기신청 시의 주소가 상이할 경우에는 동일성을 증명하기 위하여 주소변동내역이 포함된 주민등록표초본(또는 등본)을 제공한다.

11. 취득세영수필확인서(지방세법 시행령 제36조, 법 제29조 제10호, 규칙 제44조 등)

   ① 매매를 등기원인으로 소유권이전등기를 신청하는 경우 매매금액을 기초로 산정한 취득세 등을 신고·납부하여야 하므로, 이를 납부한 영수필확인서를 제공한다.
   ② 시장·군수·구청장 등으로부터 취득세납부서(OCR용지)를 발급받아 금융기관에 세금을 납부한 후 취득세영수필확인서를 제공한다.
   ③ 지방세인터넷납부시스템을 이용하여 납부하고 출력한 취득세납부확인서를 첨부할 수 있다. 다만 이 경우 국민주택채권매입금액 산정을 위해 시가표준액이 표시되어 있어야 한다.

12. 등록면허세영수필확인서(지방세법 시행령 제49조, 법 제29조 제10호, 규칙 제44조 등)

   신탁등기말소에 대한 등록면허세 등을 신고·납부하여야 하므로, 이를 납부한 영수필확인서를 제공한다.

13. 등기신청수수료영수필확인서(법 제22조 제3항, 법 제29조 제10호, 규칙 제44조 등)

   등기를 신청하는 경우 대법원규칙으로 정하는 바에 따라 수수료를 납부하여야 하므로, 이를 납부한 그 영수필확인서를 제공한다.

14. 토지대장등본(규칙 제46조 제1항 제7호, 제62조 등)

   소유권이전등기를 하는 경우 부동산의 표시를 증명하여야 하므로, 토지대장등본을 제공한다(발행일로부터 3월 이내).

15. **등기신청위임장**(이현동의 인감날인 및 김부자의 날인)**(규칙 제46조 제1항 제5호, 규칙 제60조 제1항 등)**

   ① 등기신청을 법무사 등 대리인에게 위임하는 경우 대리권한을 증명하여야 하므로, <u>이현동 및 김부자 쌍방으로부터 위임을 받은 등기신청위임장</u>을 제공한다. 등기신청위임장에는 부동산의 표시, 위임인, 수임인 등이 기재되어 있어야 한다.

   ② 사안의 경우 <u>규칙 제60조 제1항 제1호에 해당하므로</u> 진정성 담보를 위하여 <u>등기의무자인 이현동의 인감을 날인</u>을 한다.

16. **자격자대리인의 등기의무자확인 및 자필서명정보**(이현동 확인)**(규칙 제46조 제1항 제8호)**

   공동으로 신청하는 권리에 관한 등기 등을 자격자대리인이 신청하는 경우 등기의무자인지 여부를 확인하고 자필서명한 정보를 제공하여야 하므로, <u>법무사 배상두가 이현동을 확인</u>하고 작성한 자필서명정보를 제공한다.

2019년 법무사 제25회 – 일부변경(날짜)

【문 1】 아래와 같이 등기신청을 위임받은 법무사로서 주어진 사실관계와 답안작성 유의사항에 맞는 등기신청서를 작성하고, 이에 필요한 첨부서면에 관하여 설명하시오. 30점

1. 부동산

2. 사실관계

   가. 김갑동[주민등록번호: 680908-1456789, 현재의 주소: 서울특별시 강남구 영동대로 30(삼성동)]으로부터 금전을 신탁받은 이을순[주민등록번호: 790513-2052134, 현재의 주소: 서울특별시 광진구 뚝섬로 20(자양동)]은 이 금전으로 박우리가 소유하고 있는 서울특별시 중구 서소문동 37번지 지상 건물을 매수하여 이를 임대해 오다가 처분하기로 하고 2022.6.20. 최정순[주민등록번호: 800204-2456789, 주소: 서울특별시 마포구 마포로 34(공덕동)]과 매매계약(매매금액 8억원)을 체결하였다. 이 거래를 중개한 공인중개사는 2022.7.10. 부동산거래계약신고(거래신고관리번호: 12345-2022-6-1234560)를 마쳤다. 이후 이을순은 2022.9.20. 최정순으로부터 잔금을 수령하고 같은 날 최정순과 함께 강박사 법무사사무소[사무소 소재지: 서울특별시 서초구 법원로 26(서초동), 전화번호: 02)432-8765]에 찾아가 이에 따른 등기신청을 위임하였다(이 건물의 등기기록은 아래와 같음).

   나. 위의 등기신청을 위임받은 강박사 법무사는 이러한 등기신청에 필요한 등기신청수수료 납부 등 의무사항을 이행하고 필요한 첨부서면을 준비하여 같은 날인 2022.9.20. 해당 건물의 관할등기소인 서울중앙지방법원 중부등기소에 방문하여 서면으로 등기신청을 하려고 한다.

〈건물의 등기기록〉

【 표제부 】			(건물의 표시)	
표시 번호	접수	소재지번 및 건물번호	건물내역	등기원인 및 기타사항
1	2009년 3월 5일	서울특별시 중구 서소문동 37 [도로명주소] 서울특별시 중구 서소문로 11	철근콘크리트조 슬래브지붕 3층 단독주택 지하층 120㎡ 1층 150㎡ 2층 150㎡ 3층 80㎡	

【 갑구 】			(소유권에 관한 사항)	
순위 번호	등기목적	접수	등기원인	권리자 및 기타사항
2	소유권이전	2012년 9월 9일 제8009호	2012년 7월 8일 매매	소유자 박우리 600104-1056429 서울특별시 서초구 반포대로 60 (반포동) 거래가액 금500,000,000원
3	소유권이전	2017년 3월 6일 제3005호	2017년 1월 4일 매매	소유자 이을순 790513-2052134 서울특별시 용산구 원효로 10 (원효로1가) 거래가액 금600,000,000원
4	신탁재산처 분에 의한 신탁	2017년 3월 13일 제3123호		신탁원부 제2017-5호

〈신탁원부〉

1.	위탁자의 성명 주소	김갑동 서울특별시 강남구 영동대로 30(삼성동)
2.	수탁자의 성명 주소	이을순 서울특별시 용산구 원효로 10(원효로1가)
3.	수익자의 성명 주소	김갑동 서울특별시 강남구 영동대로 30(삼성동)
4.	신탁관리인의 성명 주소	없음
5.	신탁 조항	1. 이 신탁의 목적은 수탁자가 위탁자로부터 신탁받은 금전으로 부동산을 매수하여 이를 관리·운용하고 처분하는 업무를 수행하는데 있다. 2. 이 신탁의 수익권은 수익자와 수탁자의 합의가 없는 한 양도하거나 질권의 목적으로 할 수 없다. 3. 수익자는 수탁자와의 합의에 의해서 이 신탁의 내용을 변경할 수 있다. 4. 수탁자가 신탁부동산을 제3자에게 처분할 때에는 수익자의 동의를 받아야 한다. 5. ~ 〈생략〉

3. 답안작성 유의사항

가. 첨부서면은 그 명칭과 통수를 기재하고, 제출이유와 근거를 답안지에 간단히 설명하시기 바랍니다.

나. 등기신청위임장 의 작성은 생략하되 첨부서면으로는 기재하고 그 내용(위임인 등)을 답안지에 설명하시기 바랍니다.

다. 신청서 양식 중 시가표준액 및 국민주택채권매입금액란, 취득세(등록면허세)란, 등기신청수수료란과 등기의무자의 등기필정보란은 기재를 생략하시기 바랍니다.

라. 날인이 필요한 곳은 ⑪으로 표시하시기 바랍니다.

마. 주어진 사항은 모두 가상이며, 주어진 사항 외에는 고려할 필요가 없습니다.

접 수	년 월 일	처 리 인	등기관 확인	각종 통지
	제 호			

소유권이전 및 신탁등기말소신청(매매)

	부동산의 표시(거래신고관리번호/거래가액)
규 43①1	서울특별시 중구 서소문동 37 [도로명주소] 서울특별시 중구 서소문로 11 　　철근콘크리트조 슬래브지붕 3층 단독주택 　　　지하층 120m², 1층 150m², 2층 150m², 3층 80m² 거래신고관리번호 : 12345-2022-6-1234560 거래가액 : 금 800,000,000원 - 이상 -

규 43①5	등기원인과 그 연월일	2022년 6월 20일 매매 및 신탁재산의 처분
규 43①6 법 87① 규 144①	등 기 의 목 적	소유권이전 및 4번 신탁등기말소

말 소 할 사 항 (말 소 할 등 기)		2017년 3월 13일 접수 제3123호로 등기된 순위 4번 신탁재산처분에 의한 신탁(신탁원부 제2017-5호)

	구분	성명 (상호·명칭)	주민등록번호 (등기용등록번호)	주소(소재지)	지분 (개인별)
규 43①2	등 기 의 무 자	이을순	790513-2052134	등기부상 주소 　서울특별시 용산구 원효로 10(원효로1가) 현 주소 　서울특별시 광진구 뚝섬로 20(자양동)	
규 43①2	등 기 권 리 자	최정순	800204-2456789	서울특별시 마포구 마포로 34 (공덕동)	

규 44	시가표준액 및 국민주택채권매입금액		
	부동산 표시	부동산별 시가표준액	부동산별 국민주택채권매입금액
	1.	금　　○○○　원	금　　　　　　　　　○○○　원
	2.	금　　○○○　원	금　　　　　　　　　○○○　원
	3.	금　　○○○　원	금　　　　　　　　　○○○　원
	국 민 주 택 채 권 매 입 총 액		금　　　　　　　　　○○○　원
	국 민 주 택 채 권 발 행 번 호		○○○○-○○-○○○○-○○○○
	취득세(등록면허세)　금　　○○○　원	지방교육세　　　금	○○○　원
		농어촌특별세　　금	○○○　원
	세 액 합 계　금		○○○　원
	등 기 신 청 수 수 료	금	○○○　원
		납부번호 : ○○-○○-○○○○○○○○-○	
		일괄납부 :　　　　건	○○○　원

규 43①7	등기의무자의 등기필정보		
	부동산고유번호	○○○○-○○○○-○○○○○○	
	성명(명칭)	일련번호	비밀번호
		○○○○-○○○○-○○○○	○○-○○○○

첨 부 서 면　　　간인

• 매매계약서 (전자수입인지 첨부)	1통	• 취득세영수필확인서	1통
• 부동산거래계약신고필증	1통	• 등록면허세영수필확인서	1통
• 등기필증 (이을순)	1통	• 등기신청수수료영수필확인서	1통
• 인감증명 등 (이을순의 매도용인감)	1통	• 건축물대장등본	1통
• 주민등록표초본(또는 등본) (이을순 및 최정순)		• 등기신청위임장 (이을순의 인감날인 및	
	2통	최정순의 날인)	1통
		• 자격자대리인의 등기의무자확인 및 자필서명정보	
		(이을순 확인)	1통
		• 수익자의 동의서 (김갑동)	1통
		• 위 인감증명 등 (김갑동의 일반인감)	1통

규 43①9	2022년 9월 20일
	위 신청인　　　　　　　　　　㊞　(전화 :　　　　　　)
	㊞　(전화 :　　　　　　)
	(또는) 위 대리인　법무사 강박사　직인　(전화 :　02-432-8765)
	서울특별시 서초구 법원로 26(서초동)
규 43①8	서울중앙 지방법원 중부등기소 귀중

- 신청서 작성요령 -

* 1. 부동산표시란에 2개 이상의 부동산을 기재하는 경우에는 그 부동산의 일련번호를 기재하여야 합니다.
  2. 신청인란 등 해당란에 기재할 여백이 없을 경우에는 별지를 이용합니다.
  3. 담당 등기관이 판단하여 위의 첨부서면 외에 추가적인 서면을 요구할 수 있습니다.

소유권이전 및 신탁말소등기 신청 시 말소의 대상이 되는 신탁등기를 특정하여 신청정보의 내용으로 제공하여야 하는지 여부(등기선례 제201906-1호)

신탁부동산에 대하여 **매매** 또는 **신탁재산 귀속**을 원인으로 **소유권이전등기** 및 **신탁등기의 말소등기를 신청**할 때에는 말소할 사항으로서 말소의 대상인 신탁등기를 특정하여 신청정보의 내용으로 등기소에 제공하여야 하는바,
다만 **이전등기의 대상인 소유권등기**와 **말소등기의 대상인 신탁등기**가 같은 순위번호를 사용하고 있는 경우에는 신청정보의 내용 중 "말소할 사항"에 관하여는 그 제공을 생략할 수 있다.

[첨부서면 해설]

1. 매매계약서(전자수입인지 첨부)(규칙 제46조 제1항 제1호 등)

   ① 등기원인을 증명하기 위하여, 매매계약서를 제공한다. 매매계약서에는 부동산의 표시, 매매대금, 계약연월일, 계약당사자의 인적사항 등이 기재되어 있어야 한다.
   ② 계약을 원인으로 하는 소유권이전등기를 신청하는 경우 계약서 또는 판결서에 검인을 받아야 하나, 사안의 경우 부동산거래계약신고를 하였으므로 검인을 받지 아니한다.
   ③ 계약으로 인한 소유권이전등기를 하는 경우에는 그 계약서에 기재된 거래금액이 1,000만원(주택은 1억원)을 초과하는 경우에는 일정액의 전자수입인지를 제공한다(증여계약서와 신탁계약서 등의 경우 인지 생략).

2. 부동산거래계약신고필증(법 제68조, 규칙 제124조 등)

   2006년 1월 1일 이후 매매계약서를 제공하여 소유권이전등기를 신청하는 경우 거래가액을 등기하여야 하므로, 부동산거래계약신고를 한 후 거래신고관리번호와 거래가액을 신청정보의 내용으로 제공하고, 부동산거래계약신고필증을 제공한다.

3. 등기필증(이을순)(법 제50조 제2항, 부칙 제2조, 규칙 제43조 제1항 제7호)

   ① 권리에 관한 등기를 공동으로 신청하는 경우 등기의무자의 등기필증을 제공하여야 하므로, 이을순이 소유권취득 후 교부받은 등기필증을 제공한다(법 부칙 제2조).
   ② 등기의무자가 등기필정보를 소지한 경우에는 일련번호와 비밀번호 등을 신청서에 기재하는 것으로 갈음한다(규칙 제43조 제1항 제7호).

4. 인감증명 등(이을순의 매도용인감)(규칙 제60조, 제61조, 제62조)

   ① 소유권자가 등기의무자가 되는 경우 등기의무자의 인감증명을 제공하여야 하므로, 등기의무자 겸 수탁자 이을순의 인감증명을 제공한다(발행일로부터 3월 이내). 등기원인이 매매인

경우에는 매수인 전원(최정순)의 인적사항(성명·주소·주민등록번호)이 기재된 부동산 매도용 인감증명을 제공한다.

② 인감날인 및 인감증명에 갈음하여, 서명하고 본인서명사실확인서 또는 전자본인서명확인서 발급증을 제공할 수 있다.

5. 주민등록표초본(또는 등본)(규칙 제46조 제1항 제6호)

(1) 등기의무자(이을순)

① 소유권이전등기를 신청하는 경우 등기의무자의 주소증명정보를 제공하여야 하므로, 등기의무자 겸 수탁자 이을순의 주민등록표초본(또는 등본)을 제공한다(발행일로부터 3월 이내). 다만, 등기기록상의 주소(또는 계약서상의 주소)와 등기신청 시의 주소가 상이할 경우에는 동일성을 증명하기 위하여 주소변동내역이 포함된 주민등록표초본(또는 등본)을 제공한다.

② 이 경우 규칙 제122조에 해당하면 등기관이 직권으로 등기명의인표시변경등기를 한다.

(2) 등기권리자(최정순)

새로이 등기명의인이 되는 등기권리자의 주소 및 주민등록번호를 기입하여야 하므로, 등기권리자 최정순의 주민등록표초본(또는 등본)을 제공한다(발행일로부터 3월 이내). 다만, 계약서상의 주소와 등기신청 시의 주소가 상이할 경우에는 동일성을 증명하기 위하여 주소변동내역이 포함된 주민등록표초본(또는 등본)을 제공한다.

6. 취득세영수필확인서(지방세법 시행령 제36조, 법 제29조 제10호, 규칙 제44조 등)

① 매매를 등기원인으로 소유권이전등기를 신청하는 경우 매매금액을 기초로 산정한 취득세 등을 신고·납부하여야 하므로, 이를 납부한 영수필확인서를 제공한다.

② 시장·군수·구청장 등으로부터 취득세납부서(OCR용지)를 발급받아 금융기관에 세금을 납부한 후 취득세영수필확인서를 제공한다.

③ 지방세인터넷납부시스템을 이용하여 납부하고 출력한 취득세납부확인서를 첨부할 수 있다. 다만 이 경우 국민주택채권매입금액 산정을 위해 시가표준액이 표시되어 있어야 한다.

7. 등록면허세영수필확인서(지방세법 시행령 제49조, 법 제29조 제10호, 규칙 제44조 등)

신탁등기말소에 대한 등록면허세 등을 신고·납부하여야 하므로, 이를 납부한 영수필확인서를 제공한다.

8. 등기신청수수료영수필확인서(법 제22조 제3항, 법 제29조 제10호, 규칙 제44조 등)

등기를 신청하는 경우 대법원규칙으로 정하는 바에 따라 수수료를 납부하여야 하므로, 이를 납부한 그 영수필확인서를 제공한다.

9. **건축물대장등본**(규칙 제46조 제1항 제7호, 제62조 등)

소유권이전등기를 하는 경우 <u>부동산의 표시를 증명하여야 하므로, 건축물대장등본을 제공한</u>다(발행일로부터 3월 이내).

10. **등기신청위임장**(이을순의 인감날인 및 최정순의 날인)(규칙 제46조 제1항 제5호, 규칙 제60조 제1항 등)

① 등기신청을 법무사 등 대리인에게 위임하는 경우 대리권한을 증명하여야 하므로, <u>이을순</u> <u>및 최정순 쌍방으로부터 위임을 받은 등기신청위임장을 제공한다.</u> 등기신청위임장에는 부동산의 표시, 위임인, 수임인 등이 기재되어 있어야 한다.

② 사안의 경우 <u>규칙 제60조 제1항 제1호에 해당하므로</u> 진정성 담보를 위하여 <u>등기의무자</u> <u>인 이을순의 인감을 날인</u>을 한다.

11. **자격자대리인의 등기의무자확인 및 자필서명정보**(이을순 확인)(규칙 제46조 제1항 제8호)

공동으로 신청하는 권리에 관한 등기 등을 자격자대리인이 신청하는 경우 등기의무자인지 여부를 확인하고 자필서명한 정보를 제공하여야 하므로, <u>법무사 강박사가 이을순을 확인하</u> <u>고 작성한 자필서명정보를 제공한다.</u>

12. **수익자의 동의서**(김갑동)(규칙 제46조 제1항 제3호)

등기관은 등기기록과 신청정보 및 첨부정보만에 의하여 등기신청의 수리 여부를 결정하여 야 하는 바, <u>신탁원부는 등기기록의 일부로 보게 되므로 "수탁자가 신탁부동산을 제3자에게</u> <u>처분할 때에는 수익자의 동의를 받아야 한다"</u>는 내용이 신탁원부에 기록되어 있다면 소유권 이전등기 및 신탁등기의 말소등기를 신청할 때에는 <u>수익자 김갑동의 동의가 있었음을 증명</u> <u>하는 정보(동의서)</u>와 그의 인감증명을 첨부정보로서 제공한다.

13. **위 인감증명 등**(김갑동의 일반인감)(규칙 제60조 제1항 제7호)

위 동의서에 대한 김갑동의 진정한 의사를 담보하기 위하여 인감증명을 제공한다.

박문각 법무사

김기찬 등기신청서류의 작성
2차 | 기본서

제3판 인쇄 2025. 5. 26. | **제3판 발행** 2025. 5. 30. | **편저자** 김기찬
발행인 박 용 | **발행처** (주)박문각출판 | **등록** 2015년 4월 29일 제2019-0000137호
주소 06654 서울시 서초구 효령로 283 서경 B/D 4층 | **팩스** (02)584-2927
전화 교재 문의 (02)6466-7202

저자와의
협의하에
인지생략

정가 28,000원
ISBN 979-11-7262-821-5

MEMO

MEMO

MEMO

MEMO